FERDINAND ULRICH

LEBEN IN DER EINHEIT VON LEBEN UND TOD

SAMMLUNG HORIZONTE

Neue Folge

32

FERDINAND ULRICH

LEBEN IN DER EINHEIT VON LEBEN UND TOD

DER TOD IN ERKENNTNIS UND LIEBE

Ein Fragment

DIE DIALEKTIK VON LEBEN UND TOD IM PHÄNOMEN DER KULTUR

ZEUGEN UND VERURSACHEN

Das Machen und die schöpferische Armut der suchenden Macht der Liebe. Zu Dschuang Dsi: «Der Holzschnitzmeister»

SCHRIFTEN II

Herausgegeben und eingeleitet von
Martin Bieler und Stefan Oster

JOHANNES

Erstmals erschienen:

LEBEN IN DER EINHEIT VON LEBEN UND TOD
Verlag Josef Knecht, Frankfurt am Main 1973

Bisher unveröffentlicht:

DER TOD IN ERKENNTNIS UND LIEBE. EIN FRAGMENT
Vorlesung Universität Regensburg «Leben im Angesicht des Todes»
(WS 1978/79)

DIE DIALEKTIK VON LEBEN UND TOD IM PHÄNOMEN DER KULTUR
Für: Universalité de la science et pluralité des cultures, IXe Rencontre internationale «A. Rosmini», Bozen (29.8.-3.9.1969)

ZEUGEN UND VERURSACHEN
Das Machen und die schöpferische Armut der suchenden Macht der Liebe
Zu Dschuang Dsi: «Der Holzschnitzmeister» (1975)

Druck: Freiburger Graphische Betriebe
ISBN 3 89411 358 8

INHALT

INHALT

DIE DIALEKTIK VON LEBEN UND TOD IM PHÄNOMEN DER KULTUR

EINLEITUNG

Wir stehen heute vor der Tatsache, dass in unserer christlich geprägten Kultur das Christentum zu einer in weiten Kreisen unbekannten Religion geworden ist. Insbesondere das Kreuz Christi als das Zentrum des Christentums steht wie ein erratischer Block in der geistigen Landschaft, der allenfalls bestaunt oder einfach zur Kenntnis genommen, aber kaum noch verstanden wird. Zugleich darf die Ernsthaftigkeit der zu beobachtenden Aufbrüche philosophischen und religiösen Fragens und Suchens in der heutigen Welt nicht unterschätzt werden. Die Kirchen sind gefragt, ob sie bereit sind, die Fragen heutiger Menschen so als ihre eigenen zu übernehmen, dass sie dazu befähigt werden, mit jenen zusammen auf die Antworten zu warten, die heute gehört werden können. Gelingen wird dies nur, wenn wir die Besinnung auf Christus als die Mitte, mit der wir immer beginnen müssen,[1] nicht als abgehobenen Akt missverstehen, der der heutigen Zeit einen äusserlichen Massstab anzulegen versucht, der als solcher die Dinge nicht von innen her zu erhellen vermag. Die Besinnung auf die Mitte ist fruchtbar nur im geistlichen Mutterleib der Kirche[2] möglich, die in der Nachfolge Christi immer schon in die Welt hinein verwoben ist und an deren Nöten teilhat, ohne deswegen in der Welt aufzugehen. Nur diese durch den Heiligen Geist qualifizierte Nähe zur Welt lässt uns die Nähe dessen entdecken, der das Heil «im Zentrum der Erde» gewirkt hat[3] und deshalb der «Mittelpunkt aller Herzen und Wesen» und «die Brücke und der kürzeste Weg von jedem zu jedem» ist[4].

1. Die Enzyklika Fides et ratio (1998)

In seiner jüngsten Enzyklika «Fides et ratio» weist Papst Johannes Paul II. zu Recht auf die entscheidende Bedeutung der Philosophie des Seins für das Nachdenken über die Substanz des

[1] *Bonaventura*, Hexaemeron I,1.
[2] *Thomas von Aquin*, Super Evangelium S.Ioannis lectura 3,1 (439).
[3] *Bonaventura*, Hexaemeron I,22.
[4] *Hans Urs von Balthasar*, Das Weizenkorn. Aphorismen, Trier ^{3}1989, 63.

Christlichen in der heutigen Welt hin[5]: «Der *intellectus fidei* verlangt... den Beitrag einer Philosophie des Seins, die es vor allem der *dogmatischen Theologie* erlaubt, ihre Funktion auf angemessene Weise auszuüben» (97). Ebenfalls zu Recht stellt er dabei die Verbindung zwischen Maria, dem Ort der Einverwurzelung Gottes in die Welt, und «der Berufung echter Philosophie» heraus (108). Die Anregungen, die der Papst in seiner Enzyklika zu einer zukünftigen Gestalt von Philosophie gibt, sind jenseits von konfessionellen Differenzen hochbedeutsam. Er vertritt die Auffassung, «dass die Wahrheit nur *eine* ist...» (51). Damit will er nicht Pluralität, wohl aber eine Zersplitterung ausschliessen, die den Menschen innerlich zerreisst. Der Mensch sei imstande, «zu einer einheitlichen und organischen Wissensschau zu gelangen» (85). Dies ist nicht ohne Rückbindung an die Theologie möglich, weil es nur vom *einen* Ursprung her die *eine* Wahrheit gibt. Der Ursprung des Geschaffenen zeigt sich nach christlichem Verständnis letztgültig in Jesus von Nazareth, in dem uns aufgeht, was kein Mensch von sich aus vermuten konnte: «Die Menschwerdung Gottes erlaubt es, die ewige und endgültige Synthese vollzogen zu sehen, die sich der menschliche Geist von sich aus nicht einmal hätte vorstellen können: Das Ewige geht ein in die Zeit, das Ganze verbirgt sich im Bruchstück, Gott nimmt die Gestalt des Menschen an» (12). Mit seiner Menschwerdung macht Gott nicht nur sich selbst zugänglich, sondern erhellt auch das Wesen des Menschen (12; 60; 80). Für die Philosophie ist dies von höchster Bedeutung, weil die «Begegnung mit der Wahrheit» von je her «im Horizont des Selbstbewusstseins der menschlichen Person» stattgefunden hat, die im Verlaufe der Menschheitsgeschichte immer ausdrücklicher zum Vorschein gekommen ist (1).

Besonderes Gewicht wird von Johannes Paul II. auf die Frage nach dem Sein, auf die Sinnfrage[6] und auf die Metaphysik gelegt

[5] Enzyklika FIDES ET RATIO von *Johannes Paul II*. an die Bischöfe der katholischen Kirche über das Verhältnis von Glaube und Vernunft (14. September 1998): Verlautbarungen des Apostolischen Stuhles, hrsg. vom Sekretariat der Deutschen Bischofskonferenz, Kaiserstr. 163, D-53113 Bonn. Diese Schrift wird im Text mit den Nummern der Enzyklika zitiert.

[6] Er kann auch vom «Sinn des Seins» sprechen (90). In der Sinnfrage verbirgt sich die traditionelle Frage nach dem Guten – in Verbindung mit dem Wahren (vgl.

(1; 4; 5; 26; 79; 81; 82; 83; 88; 90; 97). Bei seinem Postulat einer «Philosophie von wahrhaft metaphysischer Tragweite», die «das empirisch Gegebene zu transzendieren» vermag, «um bei ihrer Suche nach der Wahrheit zu etwas Absolutem, Letztem und Grundlegendem zu gelangen», hebt er die Einheit von Metaphysik und Anthropologie hervor. Die Metaphysik darf «nicht als Alternative zur Anthropologie gesehen werden, gestattet es doch gerade die Metaphysik, dem Begriff von der Würde der Person, die auf ihrer geistigen Verfasstheit fusst, eine Grundlage zu geben.» Umgekehrt eröffnet gerade das Phänomen der Person den Zugang zum Sein und ermöglicht dadurch ein wahrhaft metaphysisches Denken: «Besonders die Person stellt einen bevorzugten Bereich dar für die Begegnung mit dem Sein und daher mit dem metaphysischen Denken» (83). Man könnte noch stärker formulieren und die Person des begegnenden Anderen als *den* bevorzugten Bereich der Begegnung mit dem Sein bezeichnen. Implizit holt Johannes Paul II. dies zum einen mit der Feststellung ein, die fortschreitende Begegnung mit der Wahrheit habe sich «im Horizont des Selbstbewusstseins der menschlichen Person» entfaltet (1). Ausserdem verweist er ausdrücklich auf «die Person des anderen» als Ort der Eröffnung von Transzendenz (83). Alles in allem findet das Anliegen einer Metaphysik als Meta-Anthropologie[7] in Johannes Paul II. einen dezidierten Befürworter.

Obwohl in der Enzyklika ausdrücklich keine eigene, kirchlich approbierte Philosophie entwickelt wird (49), werden doch Desiderate einer zukünftigen Philosophie aufgeführt, die ein

Ferdinand Ulrich, Art. «Sinn, Sinnfrage», in: Lexikon der Pädagogik, Freiburg-Basel-Wien 1970/71, 86-87) –, wie sie z.B. eindrücklich Platon gestellt hat: «Auf dem Gipfel seiner Bedeutung ist das platonische Gute nicht mehr ein besonderer Wert neben anderen, etwa dem Wahren oder dem Gerechten, sondern die Werthaftigkeit überhaupt, das zu Schätzende und zu Suchende einfachhin, der Sinn in seiner absoluten Gültigkeit und Fülle. Und nicht nur als Gegenstand eines geistigen Aktes..., sondern als religiöses Geheimnis...»: *Romano Guardini*, Der Tod des Sokrates, Mainz-Paderborn [5]1987, 245. Bei Ferdinand Ulrich gewinnt das Sein als Liebe («Bonität») entscheidende Bedeutung. Vgl. *Martin Bieler*, Freiheit als Gabe. Ein schöpfungstheologischer Entwurf, Freiburger theologische Studien, Bd. 145, Freiburg-Basel-Wien 1991, 261-270; ders., Einleitung zu: *Ferdinand Ulrich*, Homo abyssus. Das Wagnis der Seinsfrage, Freiburg [2]1998, XVIII ff.

[7] Zu diesem Begriff vgl. *Bieler*, Freiheit als Gabe, 228.

markantes philosophisches Profil ergeben. Im Kontext einer solchen «*impliziten Philosophie*» (4) wird Thomas von Aquin ein besonderes Gewicht eingeräumt (43-44; 57-59; 78). Seine Philosophie, so wird gesagt, sei «wahrhaftig die Philosophie des Seins» (44). Das Seinsverständnis der Enzyklika konvergiert ganz mit demjenigen des Thomas: «Die Philosophie des Seins ist im Rahmen der christlichen metaphysischen Überlieferung eine dynamische Philosophie, welche die Wirklichkeit in ihren ontologischen, kausalen und kommunikativen Strukturen sieht. Sie findet ihre Kraft und Beständigkeit darin, dass sie sich auf den Seinsakt selber stützt, der die volle und globale Öffnung gegenüber der ganzen Wirklichkeit gestattet. Dabei überschreitet sie jede Grenze, bis sie Den erreicht, der allem Vollendung schenkt» (97). Offensichtlich wird hier – mit Thomas von Aquin – zwischen dem Seinsakt und dem subsistierenden Sein selbst so unterschieden, dass erst von der Theologie her eine volle Aufklärung über das Sein möglich ist, durch das bereits der Philosophierende an Gott rührt[8]: «Indem die geoffenbarte Wahrheit vom Glanz her, der von dem subsistierenden Sein selbst ausgeht, volle Erhellung über das Sein gewährt, wird sie den Weg der philosophischen Reflexion erleuchten» (79).

Die volle Eröffnung des Seins und somit des Sinnes von Da-Sein ist uns in der Gestalt des auferstandenen Gekreuzigten geschenkt. Das Kreuz Jesu ist der «wahre Knotenpunkt», «der die Philosophie herausfordert»: «Denn hier ist jeder Versuch, den Heilsplan des Vaters auf rein menschliche Logik zurückzuführen, zum Scheitern verurteilt.» «Die Vernunft kann das Geheimnis,

[8] Bestätigt wird dies im Apostolischen Schreiben von *Papst Johannes Paul II.* «Inter Munera Academiarum», in: L'Osservatore Romano (Wochenausgabe in deutscher Sprache) 23 (4. Juni 1999), 11: «Um die in meiner Enzyklika hervorgehobenen Anregungen in die Tat umzusetzen, schien es mir angebracht, die Satzungen der Päpstlichen Akademie des hl. Thomas zu erneuern, damit sie ein noch wirkungsvolleres Werkzeug zum Nutzen der Kirche und der gesamten Menschheit sei. Unter den heutigen kulturellen Gegebenheiten, die ich oben beschrieben habe, scheint es angebracht, ja sogar notwendig zu sein, dass diese Akademie gleichsam als ein zentrales und internationales Forum wirkt, welches sich der Vertiefung und genaueren Erforschung des hl. Thomas widmet, so dass die metaphysische Wirklichkeit des *actus essendi* (Daseinsakt), welche die ganze Philosophie und Theologie des ‹Doctor Angelicus› durchdringt, in einen Dialog mit den so vielfältigen Impulsen der heutigen Bildungs- und Wissenschaftswelt treten kann.»

das das Kreuz darstellt, nicht der Liebe entleeren; statt dessen kann das Kreuz der Vernunft die letzte Antwort geben, nach der sie sucht. Nicht die Weisheit der Worte, sondern das Wort von der Weisheit ist es, das der hl. Paulus als Kriterium der Wahrheit und damit des Heils festsetzt» (23). Das bedeutet aber, dass ein unverkürztes philosophisches Nachdenken über Sein und Sinn das Licht des Glaubens erfordert und in Tiefendimensionen führt, die mit dem Kreuz Christi verbunden sind. Nach der Lektüre der Enzyklika, in der notgedrungen vieles änigmatisch kurz bleibt, fragt man sich unwillkürlich, wie eine Philosophie aussehen könnte, die in der Lage wäre, die genannten Desiderate einer zukünftigen Philosophie aufzunehmen und die verborgene Relevanz dieser Desiderate auszuleuchten. Im vorliegenden Band sind einige Schriften Ferdinand Ulrichs versammelt, die in erstaunlich hohem Masse mit dem Philosophieverständnis der Enzyklika Fides et ratio konvergieren und dieser erst wirklich ihre ganze Plausiblität zu verleihen vermögen. Sie zeigen, dass die Enzyklika sehr tief ansetzt und eine philosophisch nicht zu unterschätzende Botschaft darstellt. Umgekehrt trägt sie durch ihre Eckpunkte dazu bei, die entscheidenden Grundlinien im Denken Ulrichs besser zu sehen. Aus diesem Grund wird hier Fides et ratio erwähnt.

Die genannten Eckpunkte sind die Betonung der Seins- und Sinnfrage, der Gedanke einer Meta-Anthropologie, die Ausrichtung der Philosophie auf die Christologie und die dadurch bejahte *eine* Wahrheit. Die *eine* Wahrheit, die die Pluralität nicht aus-, sondern einschliesst, gewinnt im vorliegenden Band, von den anderen Eckpunkten her betrachtet, eine prägnante Gestalt. Auf den spekulativen Ausführungen im Werk Homo abyssus aufbauend, wird in der Arbeit «Leben in der Einheit von Leben und Tod» in ausserordentlicher Dichte die existentielle Relevanz der philosophischen Grundintuition des Aquinaten aufgezeigt, indem dessen Metaphysik «vorlings» (nach vorwärts) wiederholt wird (S. Kierkegaard[9]). In den nachfolgenden Aufsätzen des vorliegenden Bandes wird diese Relevanz weiter konkretisiert

[9] Die Wiederholung/ Drei erbauliche Reden 1843, hrsg. von *Emanuel Hirsch* und *Hayo Gerdes*, Düsseldorf-Köln 1955, 3.

und in Auseinandersetzung mit anderen Denkern entfaltet. Die erhellende Kraft des dialogisch dimensionierten thomanischen Ansatzes wird dabei höchst eindrücklich unter Beweis gestellt. Was in Ulrichs Werk Homo abyssus auf den ersten Blick überfordernde philosophische Spekulation zu sein schien, wird hier in geradezu erschreckender Weise auf den konkreten Freiheitsvollzug des Menschen in seinen Versuchungen hin durchsichtig.

2. Die Wiederholung der Grundintuition des Aquinaten nach vorwärts

Für Ulrich ist das thomanische Seinsverständnis von grundlegender Bedeutung.[10] Von ihm ausgehend gelingt ihm die Verbindung von Seins- und Sinnfrage mit der Meta-Anthropologie und der Theologie. Es ist heute ein gesichertes Ergebnis historischer Forschung zur thomanischen Metaphysik, dass die ganze Originalität der philosophischen Synthese des Aquinaten ihren Herzpunkt im Verständnis des von Gott selbst zu unterscheidenden Seinsaktes als esse commune hat.[11] «Die metaphysische

[10] Vgl. zum Ganzen *Ulrich*, Homo abyssus.

[11] Vgl. ausser den Arbeiten von Ulrich vor allem *Aimé Forest*, La structure métaphysique du concret selon Saint Thomas d'Aquin, Paris 1931; *Gustav Siewerth*, Gesammelte Werke, Bd. 2: Der Thomismus als Identitätssystem, bearbeitet und mit einer Einleitung versehen von *Franz-Anton Schwarz*, Düsseldorf 1979 (enthält auch die erste Fassung des Werkes von 1939); *Ludger Oeing-Hanhoff*, Ens et unum convertuntur. Stellung und Gehalt des Grundsatzes in der Philosophie des Hl. Thomas von Aquin, Beiträge zur Geschichte der Philosophie und Theologie des Mittelalters, Bd. XXXVII/3, Münster 1953; *Cornelio Fabro*, Participation et causalité selon S. Thomas d'Aquin, Löwen-Paris 1961; *Fernando Inciarte*, Forma formarum. Strukturmomente der thomistischen Seinslehre im Rückgriff auf Aristoteles, Symposion 32, Freiburg-München 1970; *Wolfgang Kluxen*, Thomas von Aquin: Das Seiende und seine Prinzipien, in: Grundprobleme der grossen Philosophen: Philosophie des Altertums und des Mittelalters, hrsg. von *Josef Speck*, Göttingen 1972, 177-220; *Josef Stallmach*, Der «actus essendi» bei Thomas von Aquin und das Denken der «ontologischen Differenz», in: ders., Die Suche nach dem Einen. Gesammelte Abhandlungen zur Problemgeschichte der Metaphysik, hrsg. von *Norbert Fischer*, Bonn 1982, 198-208; *Fran O'Rourke*, Pseudo-Dionysius and the Metaphysics of Aquinas, Studien und Texte zur Geistesgeschichte des Mittelalters, Bd. 32, Leiden-New York-Köln 1992; *John F. Wippel*, Metaphysics, in: The Cambridge Companion to Aquinas, hrsg. von *Norman Kretzmann* und *Elenore Stump*, Cambridge 1993, 85-127; *Kenneth L. Schmitz*, The Root and Branch of St. Thomas' Thought,

Lehre vom actus essendi» ist «das persönliche Werk des Aquinaten».[12] In dieser Synthese gelingt es Thomas, den platonischen Gedanken der Teilhabe mit der aristotelischen Akt-Potenz-Lehre zu verbinden und damit eine ganz neue Synthese zu schaffen, die ihresgleichen sucht.[13] Wie Van Steenberghen zu Recht feststellt, gibt es nur ganz wenige Stellen im Werk des Aquinaten, an denen er persönlich wird.[14] In De potentia 7,2 ad 9 finden wir eine solche Stelle, die durch den Gebrauch des «ich» ein besonderes Gewicht erhält: «Deshalb ist offensichtlich, dass das, was ich *Sein* nenne, die Wirklichkeit aller Akte [actualitas omnium actuum] ist.» Dieses Sein, das in den Dingen nicht *subsistiert*, sondern *inhäriert* (ebd. ad 7), wird ausdrücklich von Gott selbst unterschieden: Das esse divinum, das subsistiert, ist *nicht* das esse commune (ebd. ad 4). So gelangt Thomas zur Kurzformel: «Verbi gratia esse significat aliquid completum et simplex sed non subsistens» (ebd. 1,1c).[15] Wie Inciarte einleuchtend gezeigt hat, stellt De potentia 7,2 ad 9 (und in Zusammenhang damit die ganze Schrift De potentia) eine Wende im Denken des Aquinaten dar: «Das esse bildet hier nicht deshalb eine Totalität, weil es sich extensiv auf viele erstreckt, die es potentiell enthält. Die Vollkommenheit des esse ergibt sich umgekehrt daraus, dass seine Totalität aktuellen Charakter hat. Im übrigen handelt es sich selbstverständlich um eine allumfassende Totalität. Zu beiden Merkmalen passt das emphatische ‹perfectissimum› des Textes.»[16] Die Vollkommenheit des Seins enthüllt

in: Thomas Aquinas and his Legacy, Studies in Philosophy and the History of Philosophy, Bd. 28, hrsg. von *David M. Gallagher*, Washington, D.C. 1994, 1-15; *Jan A. Aertsen*, Medieval Philosophy and the Transcendentals: The Case of Thomas Aquinas, Studien und Texte zur Geistesgeschichte des Mittelalters, Bd. 52, Leiden-New York-Köln 1996, 387-395.

12 *Fernand Van Steenberghen*, Die Philosophie im 13. Jahrhundert, München-Paderborn-Wien 1977, 326-327. Zur Terminologie «actus essendi» vgl. De veritate 1,1 ad 3 in contrarium: «Cum dicitur: *Diversum est esse, et quod est*, distinguitur actus essendi ab eo cui actus ille convenit. Ratio autem entis ab actu essendi sumitur, non ab eo cui convenit actus essendi...»

13 Vgl. ebd. 317-318.

14 Ebd. 293.

15 Vgl. auch Quaestiones quodlibetales 10,2 ad 4: «Esse creatum, quod non est per se stans, quia est aliud a substantia entis creati.»

16 L.c., 128. «Hoc quod dico esse est inter omnia perfectissimum» (De potentia 7,2 ad 9). Das Sein wird auch als «perfectio omnium perfectionum» bezeichnet (ebd.).

sich in seinem *Akt*-Charakter[17]. Das endliche Seiende subsistiert nur durch Teilhabe am Seins-Akt, der als Schöpfungsgabe aus Gott hervorgeht. Die Kreatur partizipiert *durch* die Seinsteilhabe an Gott.[18] Das Sein (esse commune) enthält deshalb alles «Nachfolgende» in sich. («Sic enim ipsum esse praehabet in se omnia subsequentia»: Summa theologiae I-II,2,5 ad 2.) Dergestalt ist das Sein als Vollständiges (completum) und Einfaches (simplex), als «prima rerum creatarum» (Exp. super librum De causis 4) geschenkte Lebens-Fülle.

Aber diese Fülle existiert nicht als vom endlichen Seienden abgehobene Hypostase für sich selbst, sondern sie ist durch das Schöpfungshandeln Gottes als *nicht subsistenter* Seinsakt immer schon in die endlichen Seienden hinein *entäusserte* Fülle und deshalb «Leere» aus Liebe. Aus dieser Selbigkeit von Fülle und «Leere» aus Liebe, Reichtum und Armut des geschaffenen Seins als Liebe, folgt, dass alles durch die Gabe des Seins von Gott geschaffen ist und alles von Gott her aus dem Empfangen-Haben des Seins als Gabe hervorgeht. Kraft der Armut (Nicht-Subsistenz der Fülle des Seins) entspringen die qualitativen Differenzen der Vielheit und Mannigfaltigkeit des Seienden dadurch, dass auch die Wesen (essentiae), die das Sein «zusammenziehen», «einschränken» und «limitieren»[19], aus dem Sein hervorgehen, *indem* sie durch Gott dem Seinsakt in realer Differenz voraus-gesetzt sind – denn das Sein ist *nie erst als motus unterwegs* zur Nicht-Subsistenz.[20] Durch die Nicht-Subsistenz (Armut) des Seins als «Gleichnis göttlicher Güte»[21] ist deshalb auch die durch die Vielheit der Formen mitbedingte Pluralität des Geschaffenen als Repräsentation der göttlichen Liebe offen-

17 Vgl. *Heinrich Beck*, Der Akt-Charakter des Seins. Eine spekulative Weiterführung der Seinslehre Thomas v. Aquins aus einer Anregung durch das dialektische Prinzip Hegels, München 1965.

18 Expositio super Dionysium De divinis nominibus 5,2 (660)!

19 De spiritualibus creaturis 1c; ad 15; Summa theologiae I,7,2c; 50,2 ad 4.

20 Die biblische Überlieferung, dass Eva aus einer Rippe Adams gebildet wird, der *schläft* und deshalb wie das *nicht-subsistierende* Sein nicht «von sich aus» Ursprung des ihm notwendigen Gegenübers ist (Gen 2,18-25), erfährt durch diesen ontologischen Sachverhalt eine bemerkenswerte Beleuchtung. Vgl. zum Thema *Bieler*, Freiheit als Gabe, 271ff., wo auch einschlägige Stellen bei Ulrich angegeben werden.

21 De veritate 22,2 ad 2.

bar.[22] Die Vielheit des Geschaffenen ist Manifestation des armen Reichtums des Seins als Liebe, nicht gnostischer Abfall vom geschlossenen Reichtum einer Ureinheit.

Dieser Gleichnis- und Gabecharakter des Seins als Liebe wird uns zugänglich im personal-verantworteten Empfangen und Verdanken der Freiheit als Gabe, denn im Freiheitsvollzug des Menschen wird die Verendlichungsbewegung des Seins in der Seinsmitteilung, d.h. in der Schöpfung, als Geschehen der Liebe «thematisch»: Durch die endliche Freiheit wird das Schöpferhandeln Gottes entweder ver-antwortlich empfangen,[23] vollbracht, d.h. fruchtbar ausgeboren, oder verweigert und getötet. Im gelungenen, d.h. durch die Gnade erlösten, befreiten, zu sich ermächtigten menschlichen Freiheitsvollzug als Glaube, Liebe und Hoffnung werden deshalb alle ontologischen Differenzen in der Struktur des geschaffenen Seins[24] auf die Grundgestalt der Liebe hin transparent: Die ἀ-λήθεια des Seins ist fruchtbar im ἀληθεύειν ἐν ἀγάπῃ (Eph 4,15). Deshalb ist der Mensch tatsächlich *«die Grundgestalt des Kosmos»*[25]. Allerdings ist er in seiner Gottebenbildlichkeit durch sein Nein zum Sein als Liebe verdeckt und verstellt. Seine wahre Ikone zeigt sich nur christologisch durch den *einen* Menschen, der Gott selber ist: Gottes Christus, der Mensch, der durch Gottes Menschwerdung wahrer Mensch, d.h. «Übermensch»[26] ist.

[22] Summa theologiae I,47,1c.

[23] «Per formam enim substantia fit proprium susceptivum eius quod est esse»: Summa contra gentiles II,55 (1298). «Manifestum est enim ex dictis quod substantia completa est proprium susceptivum ipsius esse»: ebd. (1301).

[24] Vgl. *Ulrich*, Homo abyssus, 235-524; *Bieler*, Freiheit als Gabe, 466-491.

[25] Ebd. 309.

[26] Hier im Sinne von *Blaise Pascal*: «L'homme passe infiniment l'homme» (Pensées [Br], Frg. 434). Mit *Augustinus* ist von den Menschen zu sagen: «Participando fiunt dii» (In Iohannis Evangelium Tractatus CXXIV, CChr.SL XXXVI, 417 [XLVIII, 9]). Primo, quod fructus incarnationis Christi, filii dei, primus est quod homo sit per gratiam adoptionis quod ipse est per naturam»: *Meister Eckhart*, Commentaire sur le Prologue de Jean: L'œuvre latine de Maître Eckhart, Bd. 6, hrsg. von *Alain de Libera* u.a., Paris 1989, 208 (§ 106). Aber die gnadenhafte «Vergöttlichung» des Menschen ist kein Überspringen der Menschlichkeit des Menschen, sondern deren Vollendung, wie *Irenäus von Lyon* bekräftigt: «Quoniam non ab initio dii facti sumus, sed primo quidem homines, tunc demum dii...» (Adversus haereses, IV,38,4 in: Fontes Christiani, Bd. 8/4, Freiburg i.Br. 1997, 340). «Quemadmodum igitur erit deus, qui nondum factus est homo?»: ebd. 39,2 (344).

Inwiefern Gott Ursprung und Ziel positiver geschöpflicher Differenz sein kann, wird durch die christologisch fundierte Trinitätslehre ersichtlich. Der Überstieg in die Christologie[27] ist deshalb für die Philosophie unausweichlich. Mit dem Überstieg in die Christologie wird auch die ganze Tiefendimension dessen, was göttliche und menschliche Liebe besagt, sichtbar, so dass philosophische Themenstellungen (wie die Erkenntnislehre etc.) auf das Kreuz Christi hin transparent werden und dadurch den Glaubenden geholfen wird, ihre *Freiheit als Geschenk absoluter göttlicher Liebe in* dieser Welt zu empfangen und die unterscheidende *Entscheidung* («Krisis»[28]) der Freiheit, ohne die es keine Übernahme und Weitergabe von Freiheit gibt, *konkret* und *radikal* zu vollziehen.

3. Leben in der Einheit von Leben und Tod (1973)

Die erste der im vorliegenden Band veröffentlichten Schriften ist bereits 1973 beim Verlag Josef Knecht unter dem Titel «Leben in der Einheit von Leben und Tod» veröffentlicht worden. Eine erste Entfaltung der Grundgedanken des Buches ist als «Philosophische Meditationen über die Einheit von Leben und Tod» in der Zeitschrift «Arzt und Christ» (15. Jahrgang 3-4/ 1969, S. 166-197) erschienen. Diese Meditationen gehen auf ein Referat zurück, das auf der Ärztetagung des Katholischen Akademikerverbandes zu Pfingsten 1969 in Regensburg gehalten worden ist.

Die hier neu publizierte Schrift «Leben in der Einheit von Leben und Tod» ist von grundlegender Bedeutung für das Verständnis der Philosophie Ulrichs. Das Besondere an ihr ist, dass sie die Quintessenz der thomanischen Metaphysik, wie sie – ausgehend vom Verständnis des Seins (esse) als «completum et simplex, sed non subsistens» – in Homo abyssus entfaltet worden ist, auf den Punkt bringt, indem sie das Sein im Lichte seiner Verdankung durch den freien Menschen und darüber hinaus im Lichte des Menschgewordenen, der allererst *in Person* erschliesst,

[27] *Ulrich*, Homo abyssus, 1.

[28] Vgl. zu diesem Begriff *Bieler*, Einleitung zu Homo abyssus, XVI, XXIV, XXVII-XXVIII, XXXI-XXXII, XL, XLIV, IL.

was «Verdankung» im Vollsinn heisst, als von Gott her *geschenkte Einheit von Leben und Tod* versteht (vgl. unten), die alles Geschaffene zuinnerst trägt und durchdringt. Mit der «Einheit von Leben und Tod», die die menschliche Freiheit in ihrer Radikalität als *zu gewinnende oder zu verlierende Ganzheit* thematisiert, indem sie sie dramatisch in der Perspektive von «Sein» (Leben-Geburt) und «Nicht-Sein» (Tod) und damit von Herkunft, Zukunft und Gegenwart betrachtet[29], gewinnt Ulrich Anschluss an die grossen Themen des Neuen Testamentes: Kreuz (Tod) und Auferstehung (Leben). Es wird damit aber auch die Verbindung zur philosophischen Tradition (Platon, Hegel, Kierkegaard, Nietzsche, Feuerbach u.a.), zu den Humanwissenschaften (Freud u.a.) und zu anderen Kulturen (Dschuang Dsi) möglich, und zwar so, dass der Mensch unmittelbar auf seinen konkreten Freiheitsvollzug hin angesprochen wird und damit die existentielle Relevanz der Gedanken Ulrichs klar hervortritt. Deutlich wird dabei auch, wie wirklichkeitsgemäss und wie erhellend für das Verständnis des Menschen die scheinbar spröden und lebensfremden Analysen thomanischer Metaphysik sind. Die Art und Weise, wie z.B. Ulrich, ausgehend von den in «Leben in der Einheit von Leben und Tod» explizierten Grundlagen, mit Thomas die Eckpfeiler der freudschen Psychologie deutet (vgl. unten S. 231-341: «Die Dialektik von Leben und Tod im Phänomen der Kultur»), ist nicht nur als theoretische Leistung sehr beeindruckend, sondern auch ganz praktisch äusserst hilfreich. Auch in dieser Schrift wird eindrücklich gezeigt, inwiefern die «einheitliche und organische Wissensschau» der Enzyklika möglich ist, ohne einem problematischen Einheitsdenken zu verfallen. So zeigt z.B. das vehemente Plädoyer Ulrichs für die Vielfalt der Kulturen (unten S. 332-341), dass sein Denken keinesfalls mit dem in der Postmoderne bekämpften Einheitsdenken[30] verwechselt werden darf.

«Leben in der Einheit von Leben und Tod» ist ein sehr dichter Text. Die vielen Anführungszeichen signalisieren die Vielfalt der Bezüge, die hier nicht explizit ausgeführt werden, aber in

[29] Vgl. dazu auch von *Ulrich*, Gegenwart der Freiheit, Einsiedeln 1974.
[30] Vgl. *Wolfgang Welsch*, Unsere postmoderne Moderne, Berlin ^{5}1997.

ihrer Fülle im Hintergrund präsent sind, wie aus vielen anderen Publikationen Ulrichs zu ersehen ist.[31]

In der ersten Meditation wird zuerst über Notwendigkeit und Legitimation der Frage nach dem Tod meditiert. Angesichts der Grenze des Todes wird der Mensch sich selbst zur Frage und wartet auf eine Antwort (7), denn die Todesgrenze lässt die Frage nach der Transzendenz aufbrechen (13, 15). Ulrich zeigt, wie die Frage nach dem Tod verdrängt wird, wie versucht wird, das Leben gegen den Tod «rein» zu erhalten (13). Der Versuch, den Tod gänzlich aus dem Leben auszuklammern und in «reiner Endlichkeit» eine blosse Immanenz zu leben (14-15), führt zum Bestreben, das in Raum und Zeit Getrennte in einer Art Ersatztranszendenz innerweltlich zu einen, denn: «Trennung bedeutet immer Tod. Du und das Andere sind Nicht-Ich: Warum dann nicht alles, unter dem altruistischen Vorzeichen von Sozialisation, zum Gross-Körper eines Wir=Ich umbilden... Warum nicht alle Andersheit aufheben und damit das bedrohliche Darüber-hinaus zu meiner (unserer) ‹Grenze› auslöschen?» Es ist deutlich, dass hier der Ansatz zum totalitären Denken jeglicher Art liegt, wie es im Turm zu Babel versinnbildlicht ist (15). Der Preis für die Verdrängung des Todes ist der «Tod» des Lebens: Ekel, Langeweile, Erstarrung, blosse Reproduktion des Gewesenen, Gleichgültigkeit, kein Platz für Überraschung, Staunen, «keine Empfänglichkeit im *gelassenen* ‹Verkosten› von Neuem» (18). So lässt sich nicht leben, und deshalb müssen Ersatzformen für den verdrängten Tod gesucht werden: «Eine dynamische ‹Pluralisierung› aller Lebensbereiche bricht durch; eine forcierte Trennung durch ‹Spezialisierung›, Vereinzelung und Besonderung im Feld sozialer und wissenschaftlich-technischer Mobilität... Das Eis schmilzt, die öde Langeweile entschwindet, das ‹Leben› wird abwechslungsreich.» Dieser gemachte Tod ist aber «nur die Kehrseite eines *toten* ‹Lebens›» (19). Es zeigt sich, dass Leben und Tod nicht voneinander geschieden werden können, ohne nachträglich in irgendeiner Form wieder miteinander verknüpft zu werden. Daher muss zwischen einer *ursprünglichen* und einer

[31] Vgl. das Literaturverzeichnis bei *Reinhard Feiter*, Zur Freiheit befreit. Apologie des Christlichen bei Ferdinand Ulrich, Bonner dogmatische Studien, Bd. 17, Würzburg 1994, 277-283.

falschen Einheit von Leben und Tod unterschieden werden (22). Die ursprüngliche Einheit ist nur zu finden, wenn die Unterscheidung zwischen positivem und negativem Tod möglich ist. Zum positiven Tod sagt Ulrich: «Leben ist im Tod: Aufbrechen ins Mehr-werden als man faktisch war und ist; Verlassen der Daseinskreise, Lebensringe und Denkformen, in die man sich ein-gewohnt hat. Leben ist Über-gang und deshalb Abschied vom Gewohnten, Aus-zug, Wagnis des Exodus... Der Tod prägt den Durchbruch ins grössere Leben und ist dessen Reifegang zutiefst innerlich. Sammlung des Lebens geschieht durch diesen *positiven* Tod» (22-23). Dort, «wo ein freies und befreites Leben sich selbst bis auf den Grund los-lässt, d.h. liebt» (27), und auf die Seite eines Du tritt, indem es «wie der Aquinate sagt: ‹der Andere wird›» (33)[32], kann von einem guten Tod die Rede sein. Demgegenüber ist der negative Tod die Verhärtung des Menschen in der regressiven Selbstwiederholung seines Ich=Ich[33] durch alle gemachte Selbstvernichtung hindurch, die Weigerung, das eigene Selbstsein zu bejahen (23). In diesem negativen Tod, in dem der Mensch nicht über sich hinauskommt und insofern gerade *nicht* sterben kann (71-73)[34], kommt nichts Neues mehr zum Durchbruch, weil der Mensch hier in sich anderen Wesensformen keinen Raum gibt. Der negative Tod ermöglicht deshalb «das Anders-werden, eröffnet hingegen das ‹ein-Anderer-werden› nicht» (26). An dieser Stelle setzt die Stellvertretungsproblematik ein, wie sie in «Der Tod in Erkenntnis und Liebe» entfaltet wird und in «Leben in der Einheit von Leben und Tod» bereits anklingt (127, 134-136).

Der Mensch «stirbt als ‹ganzer›» den guten Tod, weil er «zum absolut Neuen vermögend ist», das ihn in Anspruch nimmt. Diese «humane Kapazität für's ganz Andere» verbindet Ulrich mit der Lehre von der unsterblichen Seele (27), die gerade nicht meint, dass der Mensch nicht oder nur teilweise sterbe (28-32). Sie

[32] Vgl. *Thomas von Aquin*, De malo 6,1 ad 13: «Amor dicitur transformare amantem in amatum, in quantum per amorem movetur amans ad ipsam rem amatam.»

[33] Mit dem «Ich=Ich» ist das in sich verschlossene Ich gemeint, das seine eigene innere dialogische Verfasstheit (aufgrund des Gabecharakters menschlicher Freiheit) negiert. Vgl. dazu *Bieler*, Einleitung zu Homo abyssus, XLVI-XLVII.

[34] Vgl. *Sören Kierkegaard*, Die Krankheit zum Tode, hrsg. von *Emanuel Hirsch* und *Hayo Gerdes*, Düsseldorf-Köln 1954, 13 ff.

will vielmehr sagen, dass der Mensch *wesentlich* und nicht nur zufällig auf das Ganz-Andere bezogen ist, das es dem Menschen *ermöglicht*, ein Anderer zu werden (30-31), denn die ursprüngliche Einheit von Leben und Tod und damit auch der positive Tod lassen sich nicht herstellen, sondern nur *empfangen*. Wenn der Mensch versucht, die Einheit von Leben und Tod empfängnislos «von sich aus» zu vollziehen, lebt er nicht aus dem «Umsonst» der Liebe, sondern verfolgt letztlich seine eigenen Zwecke (34-35). «Solange es der Mensch selbst ‹machen› will, stirbt er auch nur um seiner selbst willen» (36). So mündet die Suche nach der ursprünglichen Einheit von Leben und Tod in die bedrängende Frage, *wer* uns denn zur echten Liebe befähigen kann: «Wer tritt so restlos und unumkehrbar auf unsere Seite, dass wir auf *Seine* Seite und dadurch auf die Seite *aller* Anderen treten können – jenseits des ‹Ich›-will?» (36). Nur der Tod eines Anderen, durch den dieser auf meine Seite tritt, bringt mich in den Tod, in dem ich ins grössere Leben durchbreche, das aus dem Umsonst der wahren Einheit von Leben und Tod lebt.

In der zweiten Meditation wird genauer aufgezeigt, wie sich die Einheit von Leben und Tod in positiver und negativer Form in den verschiedenen Bereichen menschlichen Daseins darstellt. Zuerst wird das menschliche Erkennen thematisiert, das vom Sehen ins Schauen aufbricht und in den Erscheinungen die Wesenstiefe der Dinge erkennt (43, 44-46). U.a. wird der moderne Funktionalismus als Flucht vor dem «Sterben des Schauens» (gen. sub.), d.h. als Ausgrenzung der *vernehmenden* Vernunft zu Gunsten von isolierten Verstandesbegriffen, dargestellt (45). Im Urteil («So ist es»), das implizit oder explizit die Konstitution der Dinge in der Seinsmitteilung als Geschehen der Liebe nachzeichnet (49 Anm. 10), zeigt sich die Einheit von Leben und Tod als *geschenkte* Einheit, die nur als solche der Zusammengehörigkeit von Seins- und Wesenstiefe der Dinge mit deren sinnlich wahrnehmbaren Erscheinungen gerecht zu werden vermag. Die lebendige Vermittlung von Einheit und Vielheit, Teil und Ganzem im Erkennen nennt Ulrich im Anschluss an Thomas «Meditation» (48-49)[35].

[35] Vgl. dazu auch unten S. 155 Anm. 5.

Danach betrachtet Ulrich in einem zweiten Schritt den Menschen als Wollenden. Dabei kommt nicht nur der Eros «als ‹Kind›: der Vermählung von Reichtum und Armut, Leben und Tod» (51) in den Blick, sondern auch die Hoffnung, in der sich der Mensch in all den Schwierigkeiten irdischer Existenz liebend für das Kommende offenhält (52). Sowohl im Erkennen als auch im Wollen ist immer der ganze Mensch engagiert, mithin auch der Leib des Menschen, der diesen «in das Hier und Jetzt» bindet (58) und dadurch zum konkreten Tun anhält, das nicht bloss in der Sphäre des Allgemeinen verbleibt (57). Der Leib lässt den Menschen im Gegenüber zum Anderen den *ganzen* Weg der Liebe gehen, so dass gerade die *Leiblichkeit* die Transzendenz eröffnet, auf die der Mensch als unsterbliche Seele bezogen ist: «Durch die Verleiblichung wird der Geist, der sich im ‹reinen Sein› zwischen Gott und der materiellen Welt angesiedelt hatte, entthront. Er verdeckt das Absolute nicht mehr. Der Anspruch Gottes an den Menschen wird direkter, unausweichlich. Ja, man kann sagen, dass das Wagnis der Transzendenz des Menschen in das Geheimnis Gottes hinein im Masse seiner Verleiblichung nicht ab-, sondern zunimmt. An der liebenden Todesrückkehr zur Erde, von der der Mensch gekommen ist, wird die Intensität seiner Bereitschaft zur Todesheimkehr ins ewige Leben hinein sichtbar» (59-60). Die versuchte Spaltung von Geist und Leib ist deshalb eine besonders schwerwiegende Form der Spaltung von Leben und Tod (63).

Nach dem Abschnitt über den «Tod in der Verleiblichung» zeigt Ulrich im grundlegenden vierten Abschnitt der zweiten Meditation, wie die ursprüngliche Einheit von Leben und Tod in der Gabe des Seins als Liebe zu finden ist, durch die der ganze Mensch mit all seinen Vermögen von Gott her gesetzt ist. Weil es nicht selbstverständlich ist, das Sein als Liebe wahrzunehmen, wird ausgehend von Kierkegaard gezeigt, dass der Mensch als «Synthese aus Unendlichkeit und Endlichkeit» verzweifelt, d.h. in Unendlichkeit und Endlichkeit zerrissen ist, weil er sich weigert, das Sein als Gabe der Liebe anzunehmen. Das Sein erscheint als eine vorenthaltene Gabe, die als completum et simplex nicht wirklich ins Endliche hinein entäussert ist. Weil das Unendliche nicht *im* Endlichen zu finden ist, werden

Unendlichkeit und Endlichkeit gleichermassen entmächtigt und der Mensch als Synthese aus Unendlichkeit und Endlichkeit innerlich zerrissen: Unentschieden schwingt das Sein «zwischen Gott und Welt hin und her». Es ist «gegeben und doch nicht gegeben». «Sehnsüchtig streckt der Mensch mit der ohnmächtigen Gebärde seiner ganzen Existenz die Hände nach diesem, ihm immer wieder entgleitenden ‹Ja› der absoluten Erfüllung aus» (66). Damit ist die ursprüngliche Einheit von Leben und Tod zerstört und das Sein nicht mehr als Liebe wahrnehmbar (70).

Im Lichte des Glaubens betrachtet, erweist sich das Sein aber als Gabe, in der Leben und Tod ursprünglich eins sind. Als «Leben» ist die «urbildliche Identität von Geber und Gabe» (70) zu fassen: «Je tiefer und ursprünglicher eine Gabe von Herzen kommt, der Innerlichkeit dessen, der sie schenkt entstammt, um so reiner zeichnet sich die Gestalt des Gebers in sie ein, um so gegenwärtiger ist der Ursprung seiner Gabe, desto inniger ist die ‹urbildliche Einheit› von Schenkendem und Gabe. Wer daher die Gabe dessen sieht, der aus seinem eigenen Leben mitteilt, der sieht in ihr den Ursprung selbst. Auf ihn ist die Gabe als Bild des Gebers bis ins kleinste ‹durchsichtig›... Jede Gabe lebt aus dieser Einheit mit ihrem schöpferischen Ursprung, in dem sie geborgen, aufgehoben und bewahrt ist: als Leben vom Leben» (70-71). Zugleich bedarf es aber auch der «Trennung der Gabe vom Schenkenden (‹Tod›)»: «Die Nabelschnur muss zerschnitten werden, damit sich der Blutkreislauf dessen, der die Gabe empfängt, verselbständige; damit er auf die eigenen Füsse komme...» (71). Nur durch die Trennung von der Gabe hindurch kann sich der Geber wirklich als Schenkender in der Gabe vergegenwärtigen (72). Der «Tod der Trennung» gehört deshalb «wesentlich in die Lebenseinheit des Schenkenden und seiner Gabe» (72). In dieser Art zeigt sich *im Vorgang des Schenkens aus Freiheit* die ursprüngliche Einheit von Leben und Tod. In diesem Vorgang, d.h. in der Liebe, ist tatsächlich alles enthalten. Auf das Sein (esse) bezogen entspricht das completum et simplex dem Leben, während die Nicht-Subsistenz des Seins für den «Tod der Trennung» steht. Beide, Leben und Tod, können im Sein nicht getrennt werden. Damit ist der Kern von «Leben in der Einheit von Leben und Tod» bezeichnet, der allerdings nicht in einer

Formel dingfest gemacht werden kann, sondern nur im lebendigen Mitvollzug der Liebe zugänglich wird (3, 99, 143).

Der Empfang des Seins wird vom Menschen durch die Freigabe des *Anderen* in der Selbstmitteilung[36] vollzogen (72-74). Damit wird bezeugt, dass das Sein ins Andere entäussert ist und «dem Endlichen die Kraft eigenständiger Selbstüberbietung schenkt, sich mitten im Endlichen zur ‹Aufgabe› macht» (74). Die Wahrnehmung dieser Aufgabe ist vielfach gefährdet: durch die Versuchung, in immer neuen Spielformen die urbildliche Einheit von Geber und Gabe zu zerstören (75-76) und die Trennung von Geber und Gabe aufzuheben (76-77). Weil das Zerbrechen der ursprünglichen Einheit von Leben und Tod den Menschen als durch die Gabe des Seins gesetzte Freiheit sich selbst entfremdet, zieht das Zerbrechen der Einheit den Versuch nach sich, diese Einheit künstlich wieder herzustellen (77-79). Konkretisiert wird dies sehr anschaulich anhand der Beziehung zwischen Eltern und Kind und dem Reifegang menschlicher Selbstwerdung insgesamt (80-103), durch die die Verendlichungsbewegung des Seins in der Horizontalen zwischenmenschlichen Gegenüberseins thematisiert wird (92). Insbesondere die Darstellung der verschiedenen Versionen des «dia-bolische(n) ‹Geviert(s)› der Spaltung von Leben und Tod», das die Illusion echter Einheit von Leben und Tod vermittelt und die Teufelskreise entfremdeter Freiheit in Gang hält, ist hier wichtig (94-99).

Den Ausklang dieser Meditation bildet der zentrale Abschnitt über den «Tod im ‹Umsonst› der Liebe als Einheit von Leben und Tod» (104-108). Wenn die ursprüngliche Einheit von Leben und Tod zerstört ist, kann sich der Mensch nicht mehr in der «ausgeruhten ‹Gegenwart›» aufhalten, sondern muss ins Vergangene und ins Zukünftige fliehen, um das zu erreichen, was ihm scheinbar vorenthalten wird. Der Tod setzt dieser Flucht ein Ende, indem er den Menschen vor die Entscheidung stellt, ob er sich dem «Umsonst» der Liebe überlassen will oder nicht (104). Ulrich charakterisiert dieses Umsonst als Einheit von «vanité» und «gratuité» (104-108). Mit «vanité» ist gemeint, dass

36 «Omnis enim res, quae dando non deficit, dum habetur et non datur, nondum habetur, quomodo habenda est»: *Augustinus*, De doctrina christiana, CChr.SL XXXII, 6 (I,1).

der Mensch im Tod *alles* loslassen muss, auch alles «warum»[37]: «Der Tod ist ‹endgültig›, alles wird ‹mir› genommen, auch das ‹mir›, ‹das› sich verliert. Diese Herausforderung betrifft mein äusserstes ‹Umsonst›; alles Woraufhin, an dem ich mich orientieren könnte, durch das ich Gründe und Begründungen für mein Handeln beibringen würde, wird vernichtet. Es gibt keinen Fleck von Wirklichkeit, an den ich mich halten könnte, am allerwenigsten an mich selbst» (105). Dieses «letzte Sich-genommen-sein» ist zugleich «Befreiung des Lebens zu sich selbst». «Der Tod ist also höchste Freiheit der Selbstbestimmung». «Umsonst» heisst deshalb auch «freiwillig»: «gratuité» (106).

Die dritte Meditation vertieft das Vorangegangene explizit auf die theologische Dimension hin und führt damit das Gesagte einer weiteren Klärung zu. Nach einem Abschnitt zu «Leben und Tod in der Sprache des Menschen» (111-121) wird die trinitarische Urgestalt der Einheit von Leben und Tod als die ewige Beziehung von Vater (Geber), Sohn (Gabe) und Geist («die personale *Wir-Gestalt* der *Einheit* von Leben und Tod der Liebe in Vater *und* Sohn»: 124) dargestellt (122-124). Danach wird noch einmal die Frage aufgeworfen, wer denn den Menschen inwiefern zur gratuité als Freiwilligkeit der *Liebe* befreie. Es ist Gott, der kommt, «weil ER will (in der absoluten Einheit von Leben und Tod jenseits alles ‹Ich›-will!)» (125). Die in der Anbetung bejahte trinitarische Freiwilligkeit Gottes (133) jenseits eines «‹Ich›-will» verhindert, dass Gott zum Idol gemacht wird, an das sich der Mensch mit *seinem* «‹Ich›-will» klammern könnte oder müsste (128-129), um der vanité, dem «Umsonst» der Vergeblichkeit, zu entgehen.[38] Von daher ist zu sagen: «Nur *um Christi willen* kann ich mein Leben wirklich verlieren. Nur auf

[37] «Die Ros' ist ohn warumb / sie blůhet weil sie blůhet / Sie achtt nicht jhrer selbst / fragt nicht ob man sie sihet»: *Angelus Silesius*, Cherubinischer Wandersmann, hrsg. von *Louise Gnädinger*, Stuttgart 1984, 69.

[38] Dies ist gerade im Gespräch mit dem Buddhismus wichtig, der jegliche Gottesvorstellung als problematische Anklammerung interpretiert und entsprechend empfiehlt: «Triffst du den Buddha, töte ihn» (*Kakichi Kadowaki*, Zen und die Bibel. Ein Erfahrungsbericht aus Japan, Salzburg 1980, 106). Umgekehrt ist aber der Buddhismus zu fragen, inwieweit er die Schärfe des personalen Gegenüberseins ausklammert, die *Sören Kierkegaard* dazu veranlasst hat zu sagen: «Gott ist Liebe heisst: er ist Dein Todfeind» (Der Augenblick, übers. von *Hayo Gerdes*,

ihn hin gibt es lebendige Einheit von Tod und Leben. Alles andere ist Sterben auf sich selbst hin» (132). Wahrnehmbar ist dies im Raum der Kirche, die in Gestalt Marias als Jungfrau (Armut) und Mutter (Reichtum) zugleich, als «geschaffene Liebe in der Einheit von Leben und Tod» meditiert wird (125-130). Sie zeigt, was «Tod im Leben des Frucht-Seins» bedeutet (130-131). Die beiden letzten Abschnitte des Buches handeln vom Tod als der Überlassung an die Bewegung der Sendung, damit durch diesen Tod «die Einwurzelung im Erdreich der Demut beginne» (136), und vom «Tod der Ambivalenz von Leben und Tod» (141), wie er «in der TAT des lebendigen Wortes» vollzogen wird (143).

4. Der Tod in Erkenntnis und Liebe (ein Fragment) (1979)/ Die Dialektik von Leben und Tod im Phänomen der Kultur (1969)/ Zeugen und Verursachen (1975)

Wie fruchtbar Ulrichs Einsichten sind, zeigt sich besonders an den drei folgenden Texten, die hier erstmals zusammengefaßt und veröffentlicht werden. Sie zeigen konkret, wie auf der Basis philosophischer Einsichten ein Gespräch zwischen der Theologie, den Wissenschaften und anderen Religionen geführt werden kann. Von Originalität und intensiver denkerischer Durchdringung erweist sich zunächst vor allem seine Erkenntnislehre, die programmatisch im Fragment[39] «Der Tod in Erkenntnis und Liebe» entfaltet wird. Die Frage nach dem Wissenkönnen des Menschen wird hier von einer scheinbar marginalen anfänglichen Unterscheidung her gestellt: Wie verhält sich das «Kennen» zum «Er-kennen»? In der Differenz zwischen beiden Begriffen und dem semantischen Gehalt, den Ulrich jedem von ihnen zuord-

Düsseldorf 1971, 176). «Todfeind» ist Gott, indem er als die Liebe selbst den Menschen vor die Entscheidung der Ganzhingabe stellt. Im Hinblick auf die Liebe selbst kann mit *Johann Gottlieb Fichte* gesagt werden: «Nicht der Tod tötet, sondern das lebendigere Leben...»: Die Bestimmung des Menschen, Stuttgart 1981, 190. Was bleibt, ist das «Sich halten – an den Unfassbaren», so der Titel eines Aufsatzes von *Hans Urs von Balthasar*, in: Geist und Leben 52 (1979), 246-258.

[39] Dem hier gedruckten Text liegt ein Manuskript aus dem Jahr 1969 zugrunde, das in einzelnen Fußnoten auf vorausliegende Kapitel verweist, die von Ulrich – aus nicht mehr rekonstruierbaren Gründen – nicht mehr verfaßt wurden. Ulrich selbst hat vorgeschlagen, den Text als «Fragment» zu bezeichnen.

net[40], eröffnet sich die Diastase von Tod und Leben. Die These ist die: Es gibt eine Art von Wissen, das in sich bereits vergangen und vergreist, das bereits tot ist. Solche Kenntnis hat die Welt vermeintlich durchschaut; sie «kennt» und verwaltet sie aus der beherrschenden Perspektive einer verfügenden Ich-Zentrale. Die Sprache solcher Erkenntnis ist eindeutig, es gibt ein bestimmtes Quantum an jederzeit und beliebig verfügbarem Wissen, das durch feststehende Begriffe präzise bezcichnet wird. Mögliches Neues wird dem Kenntnisstand entsprechend zurechtgeschnitten (prä-zisiert) und einverleibt, so daß es mit dem schon Gewußten kompatibel ist und bleibt. Die Welt wird registriert und datiert – und so im bestimmten Sinn nur noch archiviert. Sie ist vergangen und als solche (scheinbar) beherrschbar. In Wirklichkeit aber er-kennt der solchermaßen Kennende nichts mehr. Er bleibt in der eigenen Todesgestalt von Erkenntnis gefangen, weil alle seine Versuche von Selbsttranszendenz zur Welt hin Funktionen des an sich haltenden sich selbst gleichen Ich bleiben (147-152) .

Dem steht das lebendige, nach vorne offene Erkennen gegenüber, das sich in der Verwandtschaft zum Er-fahren auf das Wagnis eines Erkenntnisweges einläßt, auf dem von vorne das Neue als Zukünftiges zu-kommt. Solches Erkennen hält nicht an sich, es hat nicht alles Neue je schon durch methodisch vorweg feststehende Verwaltungsakte hinter sich und in die eigene Verfügung gebracht. Es läßt sich nicht nur selbst auf den Weg ein, sondern läßt sich vom Begegnenden den Weg und die Methode (met-hodos; hodos = Weg) auch geben. Der so Erkennende «er-kann», d.h. er ver-mag das Andere seiner selbst, weil er es in einem zugleich tut und erleidet, weil in diesem Erkennen actio und passio nur zwei Seiten desselben Vollzugs sind (152-157).

Ulrichs Erkenntnistheorie lebt aus seiner Einsicht in die Ursprünglichkeit des Seins als Liebe, und so gehen hier wie von selbst wesentliche Fragen und Disziplinen der Philosophie aus einer gemeinsamen Mitte ineinander und in ein ausgedeutetes Zueinander: Die Ontologie stiftet den Grund und eröffnet eine

[40] Ulrich weist zugleich darauf hin, daß sich der Gehalt der Begriffe in den hier vollzogenen Zuordnungen nicht erschöpft. Er vollzieht eine Abgrenzung, die im Dienst seines Anliegens steht, die Gestalt von lebendigem und totem Wissen herauszuarbeiten.

Erkenntnistheorie, die an sich selbst bereits Dialogphilosophie ist. So lernen wir Überraschendes: Wie etwa aus dieser Sicht echtes Erkennen als ein «Einsehen mit dem Anderen» zugleich Verzeihen sein kann, weil der/die/das Erkannte sich als zu Kennendes gewährt, schenkt und dadurch vom Erkennenden auch be-kannt werden kann. Wir erfahren, welche ursprüngliche oder zerbrochene Zeitgestalten dem Erkennen zugrunde liegen, wie sich Erkennen zeitigt. Wir erinnern uns an Vertrautes, aber vielfach Vergessenes aus der Tradition: wie echtes Erkennen ein Zeugungsvorgang ist, weil das Wort als Kind des Geistes (das «interius verbum» und «proles mentis» des Aquinaten) geboren wird aus dem Ineinander (aus einer «Vermählung») von Wirklichkeit und Erkennendem (166-176). Schließlich lernen wir auch wesentlich Neues: eine tragfähige Entfaltung dessen, was Stellvertretung aus der Sicht der Philosophie meinen kann – als fruchtbare Voraussetzung für das Gespräch um denselben Begriff in der Theologie[41] – weil der wirklich Erkennende so auf die Seite des/der Anderen seiner selbst tritt, daß er ihn/sie/es «er-kann», ver-mag. Und weil er ihm bei sich den Raum zu geben vermag, in dem der Andere sich an sich selbst zeigen kann, darin er selbst werden kann. Der liebend Erkennende wird in bestimmter Weise der Andere, weil er diesen dort erkennend berührt und übernimmt, wo der Andere zutiefst er selbst ist: in seinem Seinsgrund. So eröffnet er dem Anderen in und durch sein Erkennen die Möglichkeit zu dessen ursprünglichem Selbstvollzug. Der Erkannte wird durch das Erkannt-sein seiner selbst gewahr und lernt dadurch sich selbst zu übernehmen, weil er vom Erkennenden je schon übernommen ist (157-166).

Ulrichs Einsichten sind hier verblüffend und haben dennoch zugleich das Gepräge einer selbstverständlichen Folgerichtigkeit. Begreift man einmal die Radikalität und Konsequenz des Denkens aus dem Sein als Liebe, erhellen einerseits Weite und Tiefe des Denkens, andererseits aber auch sein bleibender Weg-

[41] Vgl. zur aktuellen Debatte vor allem die beiden in den letzten Jahren erschienenen größeren Studien von *Karl-Heinz Menke*, Stellvertretung. Schlüsselbegriff christlichen Lebens und theologische Grundkategorie, Freiburg 1991 und *Martin Bieler*, Befreiung der Freiheit. Zur Theologie der stellvertretenden Sühne, Freiburg-Basel-Wien 1996. Beide nehmen ausdrücklich Bezug auf die Arbeiten Ulrichs.

charakter. Dieses Denken lebt aus dem Gehen, aus dem Be-gegnen auf dem Weg. Daß auf diesem Weg manchmal wie nebenbei, und daher überraschend auch große philosophische Fragen nicht nur gestellt, sondern auch beantwortet werden, unterstreicht diesen Charakter noch einmal. Daß dieses Denken nicht allzu leicht modischem Zeitgeist erliegt, ergibt sich aus dem Gesagten von selbst. Dabei ist es dennoch alles andere als unmodern. So muß man die folgenden Sätze Ulrichs über die «reifizierte Sprache» (von «res» im Sinn von «verdinglicht») nur einmal gegen die Zweideutigkeit heutiger global vernetzter Kommunikationskultur halten, um zu ahnen, wie deutlich hier bereits 1969 gesehen wurde: «Erkenntnis durchbricht und schleift die Bastionen der reifizierten Sprache, die als etabliertes Zwischenreich eines bloß funktionierenden Denkens alle Wirklichkeit in sich *aufgesogen* und die Freiheiten zu funktionalen Momenten des Gesprochenen (dessen, was *man* sagt) entselbstet hat. Denn sie gaukelt dem Erkennenden vor, daß er, um beim Wirklichen und den Mitmenschen zu sein, sich bloß in der Sprache als Sprache zu bewegen brauche. Namenlos durchlaufen dann die Subjekte die Vernetzungen und medialen Klammern des toten Sprachbestands der fraglos alle, jeden auf jeden, alle auf jeden bezieht, in der Hypostase des ‹einen Namens› , in dem keiner dem anderen in Freiheit gegenwärtig ist, vielmehr nur in antlitzloser Faktizität trifft. Keiner kann den anderen loslassen, gerade dort, wo die Iche im medialen Verbundnetz einander vereinsamt und in der qualitativen Ursprünglichkeit ihrer Freiheit entmachtet und voneinander geschieden sind: in einer Scheidung, die in pervertierter Form die verlorene *Urdistanz* freier Verantwortung zu rekonstruieren versucht. Keiner ist dem anderen erschlossen, in erkennender Stellvertretung übereignet, obwohl sie im Magnetfeld verordneter Kommunikationsstrukturen voneinander nicht lassen können: in einer Gleichheit, die in pervertierter Form die verlorene Einung zu ersetzen trachtet. Im Zwischenreich des toten Sprachbestandes sind alle über sich hinaus ‹gestorben›, ohne das Leben des Anderen freiwillig zu übernehmen. Sie sind in einem Sprachspiel zusammengerückt, das eben dadurch ihre universelle Dissoziation und Zerstreuung betreibt. Das Scheinleben der trennenden Vereinzelung in privatisierende Iche und die kollektive Vermassung in der Buchstäblichkeit des Gesprochenen sind zwei Seiten ein und desselben Vorgangs der Destruktion» (181).

Hier zeigt sich, wie grundlegend hilfreich Ulrichs Einsichten auch für gegenwärtige Fragestellungen sein können, etwa in der Debatte um den Einfluß und die Reichweite je neuerer und schnellerer medialer Formen von Kommunikation der gegenwärtigen Zeit, oder in der Frage nach übergreifenden Rationalitätsformen für die postmoderne Vielfalt.

Ulrich holt in diesem Text auch Grundkategorien der Psychologie ins Gespräch, hier besonders im Anschluß an Fritz Riemanns «Grundformen der Angst»[42] die schizoide und depressive Existenz (200ff.). Er zeigt, daß beides Weisen verfehlten Selbst- und Weltverhältnisses und eben darin existentielle Verhaltungen sind, sich der Kenosis des Seins als Liebe zu verweigern. Der Schizoide vertraut nicht darauf, daß das Sein wirklich ganz gegeben ist, daß das Geschaffene wirklich ganz sich selbst übereignet ist. Er verdächtigt die Gabe, insgeheim noch im Geber absorbiert zu sein, nicht durch den Tod der Trennung hindurch gegeben zu sein. Deshalb schafft er sich Distanz. Er will nicht etwas empfangen, das ihn mit seinem Anspruch besetzen und überfremden würde. Er will sich selbst bestimmen, und nimmt sich daher, was er braucht.

Weil der Mensch gerade durch seine geistigen Vollzüge er selbst ist und wird (Thomas: «Intellectus, a quo homo est id quod est»[43]), ist die ursprüngliche Annahme oder Ablehnung des Seins als Gabe zugleich die Weise, in der er erkennt. Schizoides Erkennen kann sich nichts geben lassen, sondern muß (gewaltsam) weg-nehmen, weil es sich nur so die Dinge aus dem vermeintlichen Festgehalten-sein in die eigene Verfügung, ins eigene Festhalten bringen kann, als Gewähr dafür, eben nicht überfremdet zu werden. Schizoides Erkennen und Sprechen bleibt bei sich selbst, weil es sich das Begegnende im Erkennen so aneignet, daß diese Aneignung kein «Töten» ins je größere Leben (von Erkennendem und Erkanntem!), also Verwandlung, bedeu-

[42] *Fritz Riemann*, Grundformen der Angst. Eine tiefenpsychologische Studie, Basel [11]1976.

[43] In duodecim libros Metaphysicorum Aristotelis expositio 1,1 (2).

tet, sondern es tötet so, daß es im Erkennenden, der nicht wagen, d.h. sich nicht wandeln will, tot bleibt, weil der solchermaßen Erkennende dem Erkannten die eigene Todesgestalt aufprägt.

Spiegelverkehrt dazu der Depressive: Auch dieser vertraut nicht auf das wirkliche Gegebensein, d.h. das Getrenntsein des Seins als Gabe vom Geber in die freie Übergabe des Empfangenden. Vielmehr hat er Angst, sich das Gegebene, das der Geber vermeintlich besetzt hält, durch den Riß des bejahenden Nehmens anzueignen. Er will diese Trennung überspringen und paßt sich dem Gegebenen so an, daß er von dem, was ihm begegnet, in eine schlechte Abhängigkeit gerät. Um dem Begegnenden unter allen Umständen entsprechen zu können, unterwirft sich der Depressive dem Gegebenen so, daß er dabei seiner Freiheit verlustig geht. Einheit ist für ihn nur als angepaßte Gleichheit denkbar, sein Erkennen zielt a priori auf Entsprechenwollen, auf ein Wissen von dem, was die vermeintliche Einheit mit dem Anderen seiner selbst befördert. Weil aber solches Erkennen aus der Angst vor der Unterschiedenheit lebt, lebt es nicht aus dem wirklichen Ja zum Anderen, zu dem, was oder wer ihm in dialogischer Differenz entgegentritt, sondern letztlich aus einer Verneinung seiner selbst. Der Depressive kann deshalb nicht als Liebender erkennen, weil liebendes Sich-weggebenkönnen wesentlich die Selbstannahme voraussetzt. So bleibt sein Erkennen kraftlos, ohne die Fähigkeit zum Ja, ohne das wirkliche Nehmen des Anderen, ohne tötende Verwandlung ins Leben. Im depressiven wie im schizoiden Erkennen bleibt der Erkennende jeweils bei sich, bleibt damit wandlungslos tot, weil er sich da wie dort nicht wirklich – d.h. in eigener Freiheit und Selbstbejahung – zum Anderen seiner selbst hinauswagt.[44]

Ebenfalls in ein intensives Gespräch mit der Psychologie tritt Ulrich im nächsten Text («Die Dialektik von Leben und Tod im Phänomen der Kultur»), in dem es um Sigmund Freuds Thesen zur Genese von Kultur geht. Ulrich setzt auch hier wieder ursprünglich an: bei der Frage nach der vom Menschen erstrebten Einheit mit dem ihm umgebenden Wirklichen im Erkennen. Die Welt als im Erkennen Versammelte bedeutet sowohl das Bei-der

[44] Vgl. zur Thematik auch *Bieler*, Freiheit als Gabe, 199, v.a. 287-297.

Welt-sein des Menschen als auch das Beim-Menschen-sein der Welt – im Medium des Erkennens. Als Erkennender sucht der Mensch je schon Denken und Sein gemäß der ursprünglichen Zusammengehörigkeit beider zueinander zu vermitteln. Diese Vermittlung steht jedoch von Anfang an unter einer unheimlichen Zweideutigkeit: Als Auskehr des Menschen zur Welt (Thomas: «conversio ad phatasmata») und Rückkehr zu sich selbst («reditio in seipsum») kann sie entweder geleitet sein vom seinlassenden, liebenden Ja des Menschen zu allem Begegnenden. Oder aber der Mensch sucht in einer vorweg vollzogenen Selbstidentifikation seines Denkens mit dem Sein die Vermittlung als Dialektik selbst zu leisten – unter Umgehung des wirklichen Ja seinlassender Liebe. In dieser im Ansatz schon verfehlten Vermittlung von Einheit (Leben) und Trennung (Tod) in das Leben (des Geistes) bleibt das Leben des Geistes notwendig Scheinleben, gemachtes Leben unter der Vor-*macht* des alles Leben verfügenden sichselbstgleichen Ich.

Der Mensch steht aber in jedem Moment seines Sich-hinwendens zur Welt und der reflektierenden Einkehr in sich selbst im Vollzug dieser Vermittlung – und besteht oder verfehlt sie auch hier wieder. Damit überschattet aber die Zweideutigkeit aller Vermittlungsversuche auch jegliche Kulturleistung des Menschen: Ist sie bloß gemachte, aus der Verfügung eines selbstherrlichen Egos hervorgebrachte Selbstdarstellung, in der der Mensch sich selbst abbildet, um seiner selbst in der produzierten Leistung gewahr zu werden? Oder ist es echte schöpferische Tat aus dem Freiheitsgeschehen fruchtbarer Begegnung von Welt und Mensch? Eine Spielart der ersten von beiden Alternativen sieht Ulrich vor allem im Universalisierungsanspruch der rationalen Wissenschaften heraufziehen, die im Streben nach Allgemeingültigkeit jeglicher Aussageform des Menschen alle besonderte kulturelle Eigenart wissenschaftlich aufzuarbeiten sucht, um sie dadurch auf den allseits versteh- und durchschaubaren Begriff zu bringen – und sie dadurch letztlich in den eigen*mächtigen* Griff zu bekommen. Eine solche Alternative ergibt sich für Ulrich (in einer Unzahl von je anders nuancierten Spielarten) zwangsläufig dann, wenn der Bedingung der Möglichkeit der zweiten Alternative nicht geglaubt wird. Diese Bedingung ist die Anerkenntnis und Annahme des Unbedingten: der unbedingten und je schon übereigneten Gabe des Seins als Liebe. Schöpferische Freiheit ist letztlich nur möglich, wo sich der Mensch ganz weggeben kann, weil er sich je schon als sich ganz gegeben erfahren hat und erfährt. Vertraut der schaffende Mensch diesem Ursprung nicht, dann ist er notwendig gezwungen, sich die Bedingungen seines Daseins selbst zu erleisten und unter anderem als «kulturelle» Äußerungen der Welt und der Geschichte zum Zwecke seiner Daseinslegitimation einzuprägen. Wo der Text hier (1969!) vom «Großkörper Menschheit» in «globaler Interaktion» spricht (241), erhält er im Blick auf heutige Entwicklungen hin zu vereinheitlichter, vor allem durch die Dominanz des Marktes vorangetriebener «Kultur», nahezu prophetischen Charakter.

Ulrich zeigt nun, wie Freud in seiner Deutung der Kultur in Anlehnung an seine Trieblehre gerade dieser Zweideutigkeit gewahr wird. Freud empfindet ein «Unbehagen in der Kultur», weil diese eben nicht aus der freien, bejahenden Kreativität des schaffenden Menschen in der Einheit von Rezeptivität und Spontaneität entsteht, sondern immer auch Produkt ist aus des Menschen Ringen um seine eigene Integrität, in der nach Freud ursprünglichsten Spannung zwischen Lebens- und aggresivem Todestrieb, aber auch zwischen der Objekt- und der Ich-Libido des Anfangs, zwischen Es und Über-Ich, die das Ich zueinander zu vermitteln sucht. Kulturentwicklung bleibt demnach immer gebunden an des Menschen Versuch, seine Triebe (besonders seine Libido) zu bekämpfen, zu verdrängen, sie zu kanalisieren oder zu sublimieren – und so Kultur zu schaffen, als «Prozeß im Dienste des Eros, der vereinzelte menschliche Individuen, später Familien, dann Stämme, Völker, Nationen zu einer großen Einheit, der Menschheit, zusammenfassen wolle.»[45] Gleichzeitig aber steht dieser Entwicklung der Aggressionstrieb (ein «Hauptvertreter des Todestriebes»[46]), destruktiv und «als Feindseligkeit eines gegen alle und aller gegen einen» entgegen.

[45] *Sigmund Freud*, Das Unbehagen in der Kultur, in: ders., Studienausgabe, Bd. IX: Fragen der Gesellschaft/ Ursprünge der Religion, Frankfurt/M. 1982, 249.

[46] Ebd.

Für Freud muß daher die Analyse der Kulturentwicklung: «uns den Kampf zwischen Eros und Tod, Lebenstrieb und Destruktionstrieb zeigen, wie er sich an der Menschenart vollzieht. Dieser Kampf ist der wesentliche Inhalt des Lebens überhaupt, und darum ist die Kulturentwicklung kurzweg zu bezeichnen als der Lebenskampf der Menschenart.»[47]

In Ulrichs Auseinandersetzung mit Freud kommen in einprägsamer Weise dessen Trieblehre, seine Deutung menschlicher Selbstwerdung und seine Kulturauffassung zur Geltung. Die Analyse erfährt ihre Anerkennung aber zugleich ihre Krisis, weil sie vom Dualismus von Lebens- und Todestrieb durchherrscht bleibt. Ontologisch liegt diesem Denken eine Verbegrifflichung des Seins zugrunde, was Ulrich im Blick auf die hegelsche Denkform zeigt. Ulrich selbst setzt im Ursprung seiner eigenen Daseinsdeutung nicht in der Diastase von Leben und Tod (Eros und Thanatos) an, sondern in der Einheit lebendiger Seinsfülle, die ihr Nichtsein («non subsistens») nicht dadurch bekundet, daß sie gegen das Leben geschieden wäre, sondern dadurch, daß sie sich so an das Andere ihrer selbst verschenkt hat, daß dieses gerade dadurch das Leben hat. So bleiben in diesem Gespräch Freuds Deutungen seelischer und kultureller Phänomene tiefe Einsichten, die aber in der denkerischen Bewegung einer «Wiederholung nach vorne»[48] gereinigt und so – auch in der Kritik – von neuem vergegenwärtigt werden. Besonders das große Thema des Reifeweges menschlicher Selbstwerdung erscheint hier – in der Analogie zur Genese von Kultur – in eindringlicher Gestalt und Durchdringung – als Ergebnis eines echten Gesprächs zwischen Philosophie und Tiefenpsychologie[49].

Steht im Gespräch mit Freud der «unbehagliche», d.h. zweideutige Aspekt schöpferischen Tuns im Vordergrund (und in der Kritik), so führt der abschließende und den Band als Ganzes abrundende Text über den «Holzschnitzmeister» von Dschuang

[47] Ebd.

[48] Vgl. dazu *Stefan Oster*, Metaphysik in der «Wiederholung nach vorne» – Zu einer wesentlichen Dimension im Denken von Ferdinand Ulrich, in: *Johann Ev. Hafner* u.a. (Hg.). Nachdenken der Metaphysik – Alois Halder zum 70. Geburtstag. Augsburg 1998, 205-222.

[49] Vgl. dazu auch *Ferdinand Ulrich*, Der Mensch als Anfang. Zur philosophischen Anthropologie der Kindheit, Einsiedeln 1970.

Dsi schließlich einen authentischen, «heilen» Vorgang menschlicher Kreativität vor Augen. Ulrich zeigt darin, wie sich im ursprünglichen Tun das Thema von Leben in der Einheit von Leben und Tod wiederholt. Der wahrhafte Künstler lässt los, er fastet, vergißt sich selbst, wird leer («stirbt»), so dass das Andere in ihm Raum gewinnt, in ihm lebendig wird. Ebenso in Analogie das Begegnende (das zu vollbringende Werk): Es zeigt sich dem Künstler, es er-gibt sich ihm in bestimmter Hinsicht von selbst. Das Schöpferische Loslassen des Künstlers gewährt der verborgenen Gestalt des Anderen das Von-selbst ihres Aufgehens. Ist der Künstler in dieser Weise in gelassener Freiheit offen, zeigt sich ihm wie von selbst der Baum, von dem er nur noch das Holz wegschlagen muß, um den Glockenständer in seinem Dasein freizulegen. In dieser schönen Betrachtung wird deutlich, wie fruchtbar Ulrichs Denken auch für das Gespräch mit den östlichen Traditionen sein kann[50] – gerade weil es tief in der abendländischen Überlieferung beheimatet ist und von dort seine wichtigsten Impulse empfängt. Dieser abschließende Text über die heile Gestalt menschlichen Ringens weist schließlich auch auf den ursprünglichsten Antrieb für Ulrichs Denken hin, der in allen seinen Schriften explizit oder implizit thematisch ist: die Gestalt der «heilen Endlichkeit», die als Erlöste (d.h. durch die Erfahrung des Seins als Liebe Befreite, ermöglicht und verbürgt durch die Erlösungstat des menschgewordenen Gottes) mitten in der Zerbrochenheit von Leben und Tod als deren Einheit gegenwärtig ist.

[50] Vgl. dazu auch die Hinweise von *Martin Bieler*, in: Einleitung zu Homo abyssus, LIII-LIV; Ulrich weist an anderen Stellen immer wieder darauf hin, daß das Thema «Schaffen als Wegnehmen» auch in der abendländischen Tradition zu finden ist. So bereits bei *Plotin*, Enneaden I,6,9 (PhB 211a: Plotins Schriften [Harder], Bd. 1, 22). Die Linie setzt sich fort über *Gregor von Nyssa* (Homilien zum Hohenlied 14, in: Fontes Christiani, Bd. 16/3, Freiburg i.Br. 1994,728); *Bonaventura* (Hexaemeron II,33) und *Meister Eckhart* (Deutsche Predigten und Traktate, hrsg. von *Josef Quint*, München 1963, 144) bis hin zu *Nikolaus von Kues* (Idiota de mente 2, in: Philosophisch-theologische Schriften, Bd. 3, hrsg. von *Leo Gabriel*, Wien ²1982, 492 ff.).

LEBEN
IN DER EINHEIT
VON LEBEN UND TOD

VORWORT 9

Die drei Meditationen dieser Arbeit sind *einem* Gedanken verpflichtet, um dessen Kern sie sich sammeln. Die Mitte kann nicht aufgeschrieben werden, – darin leuchtet ihre freie Gegenwart auf. Dennoch will sie sich vor dem Tod der Buchstäblichkeit nicht «rein» bewahren, da sie ein an ihr selbst weggeschenktes Leben ist. So öffnet sich unser Denkweg in der Form einer «Wiederholung», die «nach vorne erinnert», wie Kierkegaard sagt.

Wer glaubt, mit dem Leben schon «fertig» zu sein, es im Begriff hinter sich gebracht zu haben, der kann auf einem *solchen* Weg freilich nichts «Neues» erfahren. Ihm wird «lebendiges» Denken durch Fortlaufen im hektischen Wechsel von immer «Anderem» sich ausweisen; in der aufgeblasenen Modernität des Noch-nie-dagewesenen, d.h. durch Entwicklung nach vorne (auf der Zeitlinie) sich bewahrheiten müssen. Verzicht auf forciertes Wachstum, Verweilen in der Wüste, wo nichts «Neues» keimt, bedeuten ihm Tod. Er vermag sich nicht zu «lassen» und *flieht* vor dem Tod, durch den er in das Leben der «Freiheit im Heute» (Péguy) hinein sterben könnte.

Unserem Thema ist die «Wiederholung» angemessen: Leben – in der Einheit von Leben und Tod; Dasein voller Gelassenheit inmitten all der Todesarbeit, die das Leben *gegen* den Tod zu sichern versucht, indem sie die Zeit durch die Zeit aufzuheben trachtet.

In der Einheit von Leben und Tod, sie lebend, verliert sich mancherlei hektische Nötigung; auch die, zu schreiben. Ich hoffe daher, daß dieses Buch aus dem Überfluß stammt und selbst bezeugt, wie «überflüssig» es ist: nur jenseits der «Not», unverzweckt, wird Gunst möglich und erfahrbar. Wer dagegen, was «überflüssig» ist, nur entbehrlich findet, sei gebeten, bei Kindern
nachzufragen. Vielleicht ist es «umsonst» – in der doppelten Be- 10
deutung des Wortes – wie dieses Buch!

Es wurde gleichwohl geschrieben – im Vertrauen darauf, daß die Unterscheidung des zweideutigen «Umsonst» menschlichen Daseins in seiner «überfließenden Nutz-losigkeit» endgültig in der *Freiheit* geschehen ist, die als die «reine Endlichkeit»: Leben – in der Einheit von Leben und Tod ist; aber auch im Glauben, daß das Leben nur im Tod der Vergeblichkeit stark ist und siegt.

Regensburg, 15. August 1972 Ferdinand Ulrich

ERSTE MEDITATION:

«LEBEN» IN DER EINHEIT VON LEBEN UND TOD

|I. DER VERDRÄNGTE TOD UND DAS SICH SELBST SUCHENDE LEBEN 13

1. Leben (Einheit) gegen Tod (Zerstörung)

a. Die «Selbstgewißheit» des Lebens im Kampf gegen den Tod

Das ernsthafte Fragen nach dem Tod verursacht nicht selten ein quälendes und lähmendes «Unbehagen», dessen emotionaler Hintergrund in dem Wunsch: «Störe meine Kreise nicht!» sich ausformuliert. Da redet jemand vom «Ende», von der Endlichkeit des Daseins – und man hat doch «kaum zu leben begonnen...». Eine Grenze tritt hervor, die unmittelbar die Frage nach dem «Darüber-hinaus» aufdrängt: «Was ist oder kommt: *dann?*» Der Mensch weiß um diese Grenze und wird sich selbst im Blick auf sie zu einer energischen Frage. Aber, die Antwort auf diese Frage besitzt er nicht im vorhinein. Er muß vielmehr auf sie warten. So schaut er fragend nach einer Antwort aus.

Indes, was soll dieses «Warten»? Entspringt es nicht einer gewissen frustrierten Praxis, einer Lebensmüdigkeit, die unfähig ist, mit «dem Leben *fertig* zu werden», mit seinem «sicheren Ende» sich abzufinden? Fragt man also nicht nur deshalb nach dem Tod, weil man nicht imstande ist, schon mitten im Leben die Daseinsproblematik als bewältigte *hinter sich* zu bringen, sie als «vergangene» zu betrachten? Also: Vor-Blick auf den Tod als Funktion eines nicht voll «lebendigen» Lebens?

Und wird so nicht der Blick von eben dem Leben, das ich selbst zusammen mit anderen unvertauschbar zu leben habe: von den Aufgaben, die anzupacken und zu erfüllen sind, auf ein unbekanntes Nachher, ein Jenseits hin abgelenkt? Läßt mich dieses jedoch nicht die «Forderung des Tages» vergessen?

Und will man sich nicht durch diese «andere Welt» gerade
für |ein nicht gelebtes Leben im Diesseits *entschädigen* lassen? 14
So scheint, in der Reflexion auf die äußerste und «letzte» Grenze

meines Daseins, mir eben das zu entgleiten, bedeutungslos zu werden, was ich hier und jetzt zu verantworten habe.

Ich suche «die» Wirklichkeit meines Lebens dort, wo es *mich* gar nicht «wirklich» gibt! Ist somit die Frage nach dem Tod nicht eine Flucht vor dem konkreten vis-à-vis zu mir selbst, zum Du und der Welt? Hier kann doch nur ein Egoismus dahinterstecken!

Mache ich mich denn an der Grenze, wo alles aufzugeben ist, nicht gerade «größer» als alles andere, das an dieser Markierung hinter mir zurückbleibt? Tod: die endgültige Möglichkeit des «Über-holens», in dem ich (aus meiner Perspektive) der «Erste» bin!

Und andererseits: Treibt mich die Frage nach dem Tod nicht in einen Zustand der Selbst- und Weltentfremdung hinein, da ich dorthin schaue, wo das mir anvertraute (von wem?) und zugelastete Leben: aufgehört hat zu sein, *nichts* sein wird? Ziehe ich in meinem Fragen daher nicht das Nichts dem Sein vor? Ja, hätte der Mensch nur den Mut, sein Leben hier und jetzt anzunehmen, dann würde er nicht mehr vergeblich zu hoffen brauchen, daß er es «jenseits» der Todesgrenze finde. Er würde sagen: «Mit dem Tod ist alles aus». –

Freilich, wir alle müssen sterben. Aber, muß man denn unbedingt, solange das Leben noch lebendig ist und uns seine Chancen zuspielt, schon jetzt vom Tod sprechen? Denn die Todesgrenze, die hier bedacht wird, fixiert mein Leben nicht nur ans Nachher; sie suggeriert mir auch die Vorstellung, daß alles, was ich betreibe und *diesseits* der Grenze vollziehe, als etwas bloß «Vorläufiges» zu werten sei, für das sich folglich der letzte Einsatz, die Preisgabe aller Kräfte gar nicht lohne. Im Grunde sei alles vergeblich und zerrinne schließlich in Nichts.

Lähmt das Bewußtsein des Sterben-müssens nicht mein weltliches Engagement, das produktive Dasein-für-die-anderen? Steigen da nicht aus allen Winkeln und Fugen der Welt bleierne Müdigkeit und Trauer herauf? Sollte man nicht lieber dem Leben seinen Schwung, seine evolutive Dynamik wahren und den Tod,
15 | wenn man schon nicht um ihn herumkommt, ans Ende verlegen, wo er hingehört? Bliebe dadurch nicht Zeit und Raum für die Wagnisse und Planungen der menschlichen Zukunft «durch und für den Menschen» aus einer aktiven Gegenwart heraus?

Müßte man nicht eher dem Leben seine Identität mit sich selbst sichern, anstatt es durch die Frage nach dem Tod zu zerfasern und zu vergiften; den Tod mit seinen Wandlungen und Trennungen im Herzen des Lebens anzusiedeln? All das unterbreche ja den Strom des Lebens, sprenge das Lebensgefüge in seiner fraglosen, unreflektierten Sicherheit auf.

Soll sich der Mensch nicht besser auf die vielen kleinen Tode *innerhalb* seiner Lebens- und Weltzeit (als solcher) konzentrieren, den Tod in den Lebensprozeß hinein funktionalisieren, statt dem einmaligen «Tod am Ende» nachzusinnen?

Verdrängen wir also den Tod aus dem Leben! Planen wir ihn ein! Zum einen als den Preis, den das Leben bezahlen muß, um über sich selbst hinauswachsen zu können; zum anderen als einen – zumindest bislang *noch* unvermeidbaren – «Betriebsunfall».

Dieser wird sich eines Tages sicher auch noch eliminieren lassen; nämlich dann, wenn das Leben selbst sich bis an die Grenzen «in der Hand hat», «sein» Eigentum geworden ist. Und eben *dafür* sei der Mensch ja da! –

Daher sei nur eines notwendig: die «Selbstgewißheit des Lebens» im Kampf gegen den Tod! Hieraus entspringen heute die forcierten Versuche, das «Leben im Ganzen» (bis an seine Grenzen) zu integrieren und allseitig faßbar zu machen. Es muß sich selbst «einigen», verfügbar und «durchsichtig» werden; in die «Selbstbestimmung der Freiheit» einrücken, die von keinem «Anderen», nur von sich selbst bewegt ist. Nur keine «weißen Flecken» auf der Landkarte des Daseins übrig lassen! Ich = Ich soll im Kampf gegen die Diaspora der Existenz siegen. Einheit = Leben *gegen* Vielheit und Zerstörung = Tod! Sein *gegen* Nichtsein!

Geht es nicht um die «eine» Menschheit? «Wir wollen uns *einen* Namen machen, damit wir nicht in alle Winde zerstreut werden!» Der Turmbau von Babel ist ein aktueller Grundriß des
| Lebensvollzugs[1]. Unter der Herrschaft des Jägers «Nimrod» 16
jagt das Leben nach sich selbst: *gegen* den Tod der Dissoziation und Entfremdung. Es kämpft gegen alles, was von außen her in

[1] Dazu ausführlicher: «Der eine Logos und die vielen Sprachen», in: «Salzburger Jahrbuch für Philosophie», Bd. XII/XIII, S. 183-224.

die geschlossenen Lebensbezirke des sich reproduzierenden Daseins einbricht, vorab den «Himmel». Er wird einerseits für «tot» erklärt: «es ist nichts mit dem Sein» (Nietzsche), da die «Wahrheit des Jenseits verschwunden ist» (Marx); andererseits will man ihn und die Schätze, die in seine Leere hinein verschleudert worden sind, «auf die Erde zurückholen» (Nietzsche).

Die jüdische Überlieferung berichtet, daß die Turmbauer von Babel den Himmel mit Pfeilen beschossen haben, um ihn auf die Erde herabzuzwingen.

Kampf gegen alles, was von der «anderen Seite» kommt, ein «Iwri» (=Hebräer) ist[2]. Was die Welt übersteigt, die ruhige Fahrt auf dem glatten Spiegel des Lebensmeeres stört, Stürme hervorruft, die das Ich-Schiff hin- und herwerfen, – das wird in das Wasser der Zeit geworfen. Jonah wird gefragt: «Wer bist du?» Antwort: «Iwri anochi» – ich bin ein Hebräer, d.h. «einer von der anderen Seite». Und das Los fällt auf ihn! Er soll in der Flut der Zeit ertrinken, in der verfügbaren Gesetzlichkeit dieser Welt und ihres rational kontrollierbaren Gesamt-Bestandes ersticken. Alle Erlösung, die nicht von dieser Welt ist, wird ins Wasser der Geschichte gestürzt: dann ist sie «gewesen», vergangen und liegt hinter uns – anspruchslos! Aber man täusche sich nicht. «Mosche» ist da, d.h. «der aus dem Wasser Gezogene».

b. Angst vor dem, was hinter der Grenze liegt. Der ent-tabuisierte und verplante «natürliche» Tod

Es gibt viele Möglichkeiten, um das andere Leben, das auf der Grenzlinie spricht, (in der «*letzten* Stunde», die «*da ist*», vgl. 1 Jo) zu töten, damit der Tod bewältigt werde. Man sagt: Redet ruhig über den Tod! Bringt ihn in die Reflexion ein und ver-
17 drängt ihn nicht. Was heißt schon Todesnot? Der Tod besitzt doch nur solange seinen verwundenden Stachel und Macht über den Menschen, als dieser in selbst verschuldeter Unmündigkeit sein Ende nicht ent-tabuisiert; es durch wissenschaftliche Analyse sich nicht (im wörtlichen Sinne:) «begreifbar» gemacht habe.

[2] Vgl. «Iwri» = «der von der anderen Seite». Dazu F. Weinreb: «Das Buch Jonah», Zürich 1970, S. 177ff.

Raubt also dem Tod seine tabuisierte Unantastbarkeit und entzieht dadurch dem «großen X» die Herrschaft. Dann wird der Tod seinen Schrecken verlieren. Ihr müßt ihm nur verständig und kritisch genug in die Augen blicken. Ihr werdet, indem ihr ihn begrifflich faßt, beim Namen nennt, ins Sprachzeichen hinein bindet: ihn der Anonymität, die euch ängstigt, entreißen. Stellt ihn ins Licht des wissenschaftlichen Wissens, entlarvt ihn durch progressive, rationale Analyse. Nur für das abhängige, noch nicht zu sich erwachte, seiner selbst nicht bewußte Denken bedeutet er ein nicht festgestelltes Faktum, ein stummes Verhängnis.

Man muß es also zum Reden bringen, indem man seine Notwendigkeit durchschaut und diese sich «dienstbar» macht. Der Tod hat als notwendige Funktion des Lebens keine Macht. Das kommende, junge, zukunftsträchtige Leben bedarf des Todes, in dem alles Alte, Erstarrte, Verbrauchte, das sich nicht ändern oder nicht abgeschafft werden will, verschwindet. So allein kann sich das Leben nach vorne hin entfalten.

Ihr müßt daher den Tod nur in das überblickbare Gegenstandsfeld eurer Reflexion einordnen; dann wird er euch vertraut, als das zuvor Un-heimliche im Dasein heimisch. Er kommt und trifft euch nicht mehr als Schicksal von außen, dem ihr fatalistisch ausgeliefert seid. Nein, er wird mitten im Leben präsent, als eine Form eurer freien Selbstbestimmung. Ihr selbst verwaltet ihn als ein registrierbares Moment des Lebens, das, zur Zukunft entschlossen, seiner selbst «inne» geworden ist. Was in die transparenten, klaren und distinkten Räume menschlicher Selbstgewißheit eingefügt ist, das kann die Freiheit nicht erschüttern. Die Reflexion des Todes immunisiert euch gegen die Todesangst. Denn alles Gewußte liegt ja nicht mehr draußen, es ist dem Wissenden (verfügbar) «innerlich» geworden. Sorgen wir in diesem
|Wissen dafür, daß jeder Mensch möglichst schmerzlos eines 18
«natürlichen Todes» sterbe! –

Die Verzweckung des Todes durch Reflexion hat aber noch eine andere Variante: das ideologische Vernutzen des Todes. Man fragt: Vielleicht wird derjenige, der über den Tod und die «unsterbliche Seele» redet, dieser nach «Hinter- und Überwelten» ausgreifende Phantast, von einem ganz bestimmten Interesse bewegt, wenn er so spricht?

«Braucht» er nicht *meine* Angst? Gibt er, als Philosoph oder Theologe, nicht vor, etwas darüber zu wissen: *wer* oder *was* «dann» kommt? Manipuliert er also die Schrecken des Todes nicht: in der geheimen Absicht, daß ich mich ihm, in meiner Not und Unwissenheit über das «Nachher», mit Haut und Haaren ausliefere, ihm als dem «tiefer» und «besser» Wissenden mich anvertraue, – und zwar «restlos», da «Sein oder Nichtsein» auf dem Spiele stehen?

Redet er nicht deshalb über den Tod, weil es ihm letztlich gar nicht um mein Leben geht, sondern er darauf abzielt: *Macht* über mich zu gewinnen und auszuüben? Ist hier nicht die List einer bestimmten Ideologie am Werk, die den Menschen durch die Rede vom Sterben-müssen an die «Transzendenz» bindet, der der Sprechende in die Karten geschaut zu haben scheint? Müßte man also nicht den ideologisch verzweckten Tod allererst einmal als solchen aufdecken und gesellschaftskritisch prüfen? –

In beiden Fällen geht es um Neutralisierung des Todes: durch analytische Reflexion und Ent-ideologisierung seiner «Prediger». Dahinter aber steckt der Versuch, Leben und Tod gemäß dem Gesetz der dissoziierten Zeit, der Spaltung von Herkunft, Gegenwart und Zukunft zu verrechnen. Wie wir nämlich das Leben ständig auf die beiden Fernen von Vergangenheit und Zukunft auslegen und deuten (als «gelebtes» oder noch «ausstehendes», dem man nachjagen muß), so schieben wir auch den Tod ins bloß Gewesene oder erst noch Kommende ab. Wir fliehen vor der *Gegenwart* des Lebens *und* des Todes. Selbst in unserem Sprechen trennen wir beide durch das Wörtchen «und». Wir sind versucht, Leben «und» Tod in die Abfolge unserer irdischen Zeitlichkeit punktuell einzuordnen, dem Leben eine
19 Strecke, |dem Sterben eine weitere (kürzere oder längere) und dem Tod die kürzeste, ein Moment, anzuweisen. Das Neben- und Auseinander der Räumlichkeit, das Nacheinander der Zeitlichkeit des Daseins verführen uns dazu, Leben «und» Tod gleichermaßen neben- oder nacheinander zu fixieren. Wir «*wissen*» zwar, daß wir uns das Leben nicht selbst gegeben haben, daß wir ungefragt in es eingelassen worden sind, daß uns von Anfang an ein nicht hintergehbares Vorweg umfängt und trägt;

wir «wissen» auch, daß das, was hinter der Todeslinie liegt, als ein «Unverfügbares» erfahren wird. Wir «*wissen*» um Geburt und Tod – und tun dennoch so, als seien Anfang und Ende zwei Punkte, die, räumlich und zeitlich getrennt, den zwischen ihnen dahinrinnenden Lebensstrom nicht betreffen.

Aber wie sich schon zeigte, motiviert ein tieferes «Interesse» diese Trennung. Nämlich die versuchte Verdrängung des Todes durch ein Leben, das sich vor ihm retten, gegen ihn «rein» bewahren will. Ein Leben, dem es so abgründig «um sich selbst» geht, daß es den Tod lächerlich macht, ihn ins Private hinein bagatellisiert, um als ununterbrochener allgemeiner Lebensstrom der vergesellschafteten Menschheit weiterfließen zu können. Wir rauben dem Tod die öffentliche und individuelle Präsenz. Man muß dem dunklen Punkt in der existenziellen Geographie des Daseins aus dem Wege gehen.

Beginnt hier nicht das große «Unbekannte», von dem her die Endlichkeit «frag-würdig» wird (in der doppelten Bedeutung des Wortes!)? Und zwar nicht der «Mensch überhaupt», als «Menschheit» (die, so glaubt man, den Einzelnen überdauere), sondern der *je Einzelne:* Ich und Du, Er und Sie!

Tabu als Grenze scheint für uns immer «Abhängigkeit» des Menschen von dem zu bedeuten, was hinter der Schranke liegt. «Abhängigkeit» jedoch besagt: ein Anderer ist Ursprung meines Lebens! Stehe ich dann aber noch «auf eigenen Füßen»? Denn mein Dasein ist «verdankt». So hänge ich bis in die letzte Faser meiner Existenz an einer Instanz, die mich von außen her «überfremdet», autoritär «entselbstet». Konsequenz: die entfremdete Freiheit müsse selbst-ständig werden, ihr Entzogen-sein im fremden Ursprung überwinden, vom «älteren Du» (Nietzsche) | weg: 20
in sich selbst zurückkehren, – und eben so habe sie auch die Grenze im Griff.

Je mehr der Mensch sich selbst aus dem Sog des ihn überherrschenden, ihm gleichsam an der Todesgrenze «auflauernden» Anderen befreit, nicht mehr über die Vermittlungsstation eines Fremden sich anschaut und weiß, sondern das «*direkte* Selbstbewußtsein» (Marx) gewinnt, um so radikaler glaubt er den Tod enttabuisiert zu haben. Er hat sich «sein» (*ihm* zugehöriges!) Leben angeeignet, ist sich selbst unmittelbar und deshalb endlich «bedingungslos *frei*» geworden. Er verharrt nicht mehr in der Todesdialektik von Herr (Reichtum) und Knecht (Armut), Jenseits und Diesseits.

c. Die Neutralisierung des Todes in der «reinen Endlichkeit»

In dem Augenblick, da die Welt als «weltliche Welt», der Mensch als «menschlicher Mensch» mit sich identisch geworden sind, hat die Drangsal an der Todeslinie ein Ende, denn die Grenze vergegenwärtigt jetzt scheinbar nichts anderes mehr als «das» Leben selbst. An jedem Punkt der Grenze ist das ganze, mit sich selbst «einig» gewordene Leben «da»: Alles definiert sich funktional durch jedes und alles. Jedes Ding ist «es selbst» geworden und nicht mehr, seiner selbst entfremdet, «ein anderes als es selbst» (Marx).

Was zuvor als jenseitiges «Darüber-hinaus» (zur Todeslinie und in ihr) den Menschen beanspruchte, ist «diesseitig» geworden, das unendliche Sein mit dem endlichen Werden verschmolzen. Solange daher noch ein jenseitiges Absolutes gedacht wird, an dem sich das Endliche in seiner Vorläufigkeit und Relativität messen muß, bleibt der Tod eine «Bedrohung». Löst sich der Himmel in «Nichts» auf, bricht das Absolute im Endlichen als Endlichen durch (in der Gestalt der «*reinen* Endlichkeit», die man nun nicht mehr mit dem Wort «Endlichkeit» bezeichnen kann, da sie an keinem «Absoluten» ihre Grenze erfährt), dann fällt, zusammen mit der Sehnsucht nach Unsterblichkeit, auch die Todesgrenze dahin, die Todes-Geburt in eine «andere» Welt hinein fort.

21 | Also: «Gewöhne dich an den Gedanken, daß der Tod uns nichts angeht. Denn alles Gute und Schlimme beruht auf Wahrnehmung. Darum macht die rechte Einsicht, daß der Tod uns nichts angeht, die Sterblichkeit des Lebens genußreich, indem sie uns nicht eine unbegrenzte Zeit dazugibt, sondern die Sehnsucht nach Unsterblichkeit wegnimmt[3].» –

Das Leben ist dadurch auf sich selbst zurückgekommen, dorthin, wo es im Grunde eigentlich immer schon war und hin-

[3] T. Lucretius Carus: «Von der Natur der Dinge», Leipzig ^{2}1831, Buch III, S. 35f.

gehörte, aber, aufgrund des fehlenden Mutes zu sich selbst, nicht zu sein wagte. Es ist jetzt «bei sich», in einer schier «grenzenlosen Endlichkeit». Ein «Ungeheuer von Kraft» (Nietzsche); in keinen Raum, der über «die Welt» hinausreicht, eingelagert, sondern von «nichts» begrenzt, «das» den Charakter des Ängstigenden verloren hat. Denn das «Nichts» ist jetzt nicht mehr das bloße Nicht-Sein meines zuvor ins Jenseits entglittenen Lebens, das ich in Fleisch und Blut nicht leben wollte, sondern es ist «nihil purum», blank und klar: wie das mit sich selbst zusammengeflossene Leben eins ist in seiner lichten Identität. Die Schleier des Nichts lüften sich nicht mehr auf ein tiefes Geheimnis hin. Man braucht daher den Tod nicht zu fürchten.

Im Element dieser «reinen Endlichkeit» treibt aber eine globale Integration hervor, die alles Getrennte, in Raum und Zeit Dissoziierte zu einigen und zu vermitteln trachtet. Alles Geschiedene wird in eine Einheit hinein flüssig, die in der *Welt als Welt* liegt: immanente Transzendenz! Dazu gehört eine bestimmte Figur von «Information», in der allen alles zugänglich gemacht wird; die Sucht nach «Gleichheit» unter dem Gesetz des «Gott ist tot». Abschaffung *aller* «Hierarchien», Reduktion der zum Absoluten noch «unmittelbaren» Stände auf «Klassen» im Element geschlossener Endlichkeit, die schließlich durch alles den *einen* «Strich» der (abstrakten!) «Gleichberechtigung» macht.

Trennung bedeutet immer Tod. Du und das Andere sind Nicht-Ich: Warum dann nicht alles, unter dem altruistischen Vorzeichen von Sozialisation, zum Groß-Körper eines Wir = Ich
umbilden? Warum nicht im Kontext des gemeinsam produzier- 22
ten Weltwerks die Getrennten als Geeinte anschauen? Warum den Mangel an Liebeseinheit nicht ersetzen durch die «Einheit», die dadurch zustande kommt, daß jeder seine «menschliche Wesensäußerung» durch Arbeit im hervorgebrachten gegenständlichen Werk (Bauwerk: «Turm») investiert; so, daß das Band, durch das alle miteinander verbunden sind, durch die Sachen geknüpft wird? Warum nicht alle Andersheit aufheben und damit das bedrohliche Darüber-hinaus zu meiner (unserer) «Grenze» auslöschen?

d. Isolierung der Sterbenden und «gesellschaftliche Wiedergeburt»

Was aus dem Kreis dieses sich festhaltenden Lebens ausbricht (auf welche Weise auch immer!), wird abgesondert und dem Vergessen überantwortet. Die Hauptsache: Das «Wir» der Lebendigen bleibt «ganz». Man verliert die Kraft, den Anderen loszulassen, ihn frei-zugeben, gerade im Tod. Der «soziale» Egoismus imaginiert die Präsenz des Toten.

Er wird dem Reich der Lebendigen durch Kosmetik erhalten, als bloß «Schlafender» vorgestellt, mit der Physiognomie eines bestimmten Lebensalters (nach Wahl) ausgestattet, damit die Trennung, der Abschied entschärft sei. Der Glassarg kann immer wieder aus der Nische herausgezogen, die «Gegenwart» des Toten «gesetzt» werden. Er ist letztlich vor dem Verfall geschützt. Er hat durch eine ihn konservierende, (be-«wahrende») Präparierung den *Schein* von Leben gewonnen. Ja, er ist einem scheinbar *nie endenden Leben* zurückgeschenkt (wenn auch in anderer Zuständlichkeit), das sich also «kreativ» selbst zu reproduzieren vermag und die *eine* Gemeinschaft der Lebendigen und Toten als Lebens-Einheit herstellt.

Möglicherweise kann der Tote wieder aufwachen, als der Eingefrorene wieder «aufgetaut» werden, wenn die medizinische Wissenschaft die Mittel zur Heilung seiner (vormals noch
23 un|heilbaren) Krankheit in der Hand hat. Eigentlich ist er nicht gestorben, kein Ab-geschiedener, sondern durch die «Kältetechnik» in eine immanente Hoffnung auf Auferstehung versetzt, den «jüngsten Tag» der Wissenschaft erwartend, an dem er auferweckt wird. So bleibt er in «abwesender Anwesenheit» dem an-sich-haltenden Leben vorbehalten und ausgeliefert: «Tod, wo *ist* dein Stachel?»

Der «Sinn» seines Lebens wächst ihm aus der wissenschaftlichen Progression zu. Die Gesellschaft hält seinem Tod das zukünftige Leben offen und begleitet ihn fortwährend durch neue Verheißungen, deren er zu gewarten hat. Sie ist ihm die Präsenz des Lebens, das Unterpfand der Auferstehung, die er nicht gewinnt, wenn er sich dem Organismus der Gesellschaft nicht preisgibt und völlig überläßt. Denn sie besitzt «*für ihn*» die

Funktion des «lebendig-machenden Pneuma» und in der Wissenschaft den «Logos der Wiedergeburt».

Nur dadurch, daß er sich «sozialisiert», empfängt sein erstorbenes «Leben» die Chance der Wiedergeburt. Er ist als abgeschiedenes Individuum im lebenspendenden Gedächtnis der Gattung «Menschheit» aufbewahrt, die das Nicht-sein des Einzelnen überdauert. Aber: in einem «Leben», das sich nur durch *Abstraktion* von den sterben-müssenden Individuen absetzt: «Illusion der Gattung» (Nietzsche).

Man versucht also, das eigene Leben vom Tode zu retten, indem man in das allgemeine Leben hineinstirbt: «Ich» bleibe in den Anderen. Im Hinblick auf *diese* Gesellschaft ist der Einzelne dann kein Einzelner mehr, sondern (auch als medizinisch Toter) der progressiven Sozialisierung, dem sich wissenschaftlich organisierenden Leben der Menschheit eingestaltet. Er gibt scheinbar, durch die (not-wendige) Flucht ins Allgemeine des ihn tragenden Gattungslebens, sein beschränktes und ohnmächtiges «Für-sich-sein» auf und wird ent-individualisiert. Er «benützt» jedoch diese Form des (pervertierten!) entäußerten Sich-anvertrauens dazu, «*sein*» Leben *gegen* den Tod zu sichern, «*sich*» zu bewahren! Der Tod wird für ein selbstisch-verkrampftes
Leben | ausgekauft und manipuliert. Er wird eingeplant, damit 24
die Gesellschaft ihre Macht demonstriere.

Unter dieser Rücksicht ist vor allem die moderne Medizin in der großen Versuchung: «human» (wie sie sich nennt) *alles* Menschenmögliche für den Menschen zu tun, *gegen* den Tod zu kämpfen, den Tod-Kranken vor dem Sterben zu schützen. Aber wie oft geschieht das, mitten in allem «selbst-losen» Aufwand gerade *nicht* um des Menschen willen, sondern aus dem Egoismus technisch-medizinischer Selbstbehauptung heraus? «Wir wollen einmal sehen, wie weit wir es mit unserem instrumentalisierten Wissen bringen! Wie weit unsere Macht über das Leben *gegen* den Tod reicht!» So wird das Leben dem Tod maschinell abgerungen in der Erhaltung einer biologischen Minimal-Existenz. In Wirklichkeit ist dieser humanistische Egoismus, der sich «ganz» auf das «Leben» konzentriert, leicht zu durchschauen, da er letztlich den Todkranken verzweckt, ihn als Material seiner eigenen Selbstbestätigung mißbraucht und nicht zuletzt selbst unter dem Gesetz des Toten steht, nämlich: des Geldes!

Durch Flucht in die Gattung verliert sich das Ich, ohne «wirklich» zu sterben, an ein Leben, in dem es sich niemals gewinnen kann, weil dieses Leben nicht den konkreten Menschen, sondern nur sich selbst, seine abstrakte, nicht sterben-wollende «Dauer» sucht. Im Grunde ist das Sich-verlieren des Ich an dieses Leben ebenso eine Frucht der Selbstsucht, die nicht sterben will, sondern glaubt, durch den Sprung ins «Allgemeine» den Tod überspringen zu können.

Allein, dieses «Allgemeine» ist leer, abstrakt, und so wird im Gegenzug dazu die sexuelle Potenz beschworen, der moderne «Fruchtbarkeitskult» (natürlich «ohne Frucht», denn durch sie werde ich ja überholt, relativiert). Das Leben demonstriert protzig seine Macht über den Tod, inszeniert eine biologische Selbst-transzendenz, ohne sich verlassen zu müssen, «arm» zu werden, dem Anderen Raum zu schenken. «Kreativität», die nicht imstande ist, dem Gezeugten eine *freie* Ortschaft des Dasein-Könnens zu eröffnen, sondern ihn zu einer Funktion der eigenen Selbstbehauptung macht.

25 |*2. Ersatz des verdrängten Todes durch neue Todesformen*

Der geschilderte Prozeß globaler Selbstintegration des Lebens *gegen* den Tod endet jedoch in einer «abstrakten Gleichgültigkeit» aller; in lebloser Erstarrung, im Ekel an der Langeweile, in der Reproduktion des Gewesenen, Gleich-bleibenden und schließlich in einer Selbstverdauung des Lebens, das «alles Andere» (als ein Getrenntes) mit sich selbst zur Deckung gebracht hat und deshalb gezwungen wird, sich selbst zu zerbeißen und aufzufressen Es wird sich selbst zum Schlachtopfer. Im perfektionierten System gibt es keinen Platz für Überraschung, Staunen, keine Empfänglichkeit im *gelassenen* «Verkosten» von Neuem: Alles ist in dieser «vergreisten Existenz» schon «gewesen», die menschliche Kreativität erschöpft.

Nun kehrt sich der Kampf um das Leben, die Einheit des Seins gegen die Trennung (den Tod) um! Man versucht, das

Nur-Leben, das gewonnen wurde, aber einzufrieren droht (das logifizierte Lebens-Pneuma), wieder flüssig werden zu lassen, indem man das (tote) Leben, das doch *gegen* den Tod sich aufrichtete, durch neue Todesformen aus der Erstarrung erlöst, es in die Esse der Negativität hält, damit es durch *diesen* Tod nicht erkalte!

a. Das sich in die «Pluralität» zersetzende Leben

Die en-bloc-Integration beginnt, sich (von selbst) der «Negativität»: dem Schmerz, der Not und Arbeit des Todes zu unterwerfen. Dies geschieht durch allseitige Pluralisierung, worin die «tote Einheit» ins farbige Leben, in die unabsehbare Mannigfaltigkeit, ins Werden hinein sich entäußert. Eine dynamische «Pluralisierung» aller Lebensbereiche bricht durch; eine forcierte Trennung durch «Spezialisierung», Vereinzelung und Besonderung im Feld sozialer und wissenschaftlich-technischer Mobilität. Im Tod des Todes (in der perfektionistischen Einheit) soll das Leben in seiner Unabschließbarkeit aufblühen. Der verdrängte Tod wird ins Leben zurückgeholt, das ohne ihn nicht lebendig sich zu gestalten vermag. Das abgestorbene, nur sich selbst genießen-wollende, sich haben- und besitzen-wollende | Leben 26
gerät auf diesem Weg scheinbar über sein «abstraktes Selbst» hinaus und verdorrt nicht mehr im vergifteten Element des In-sich-kreisens. Das Eis schmilzt, die öde Langeweile entschwindet, das «Leben» wird abwechslungsreich.

Aber *nicht*, weil das Leben aufgrund seiner *Fülle*, aus der Kraft schöpferischer Selbstmitteilung sich seiner selbst entäußerte; *nicht* weil die Vielheit in die Sinngestalt des sich selbst verströmenden Guten und der Liebe gehört, wie der Aquinate sagt, stirbt das lebendige Sein in die Pluralität hinein – sondern: aufgrund eines «*gemachten* Todes» der aggressiven Entwicklung, eines verkrampften Wachstums, das nicht durch «Leben=*Sein*» gedeckt, vielmehr nur die Kehrseite eines *toten* «Lebens» ist.

b. Flucht nach vorwärts und «gemachter Schrecken»

Eine alles auseinander-treibende Hektik ergreift das Dasein, das *nicht* «bei-sich-sein» kann (was es doch zuvor «nur» wollte!), und es flieht aus den Bezirken, in die hinein es sich selbst «vergangen» war: «nach vorne». Die Tendenz aller Bewegung beginnt sich auf die Zukunft, das Neue, noch «Nie-Dagewesene» zu richten. Und doch ist dieser Vor-stoß nur die Kehrseite einer kryptogamen Verstrickung im Gewesenen, das seinen Tod durch Sterben auf Zukunft hin zu negieren versucht. Wo sind die Mächte, die das lahm gewordene Leben erschüttern, in Gang bringen?

Daher der «gemachte *Schrecken*», ins «Bild» hinein objektiviert (er trifft «mich», aber tut nicht weh, ist abgefangen!); der *Todeskitzel,* das dosiert eingesetzte *Grauen,* der zum Schauspiel vergegenständlichte *Mord* und *Totschlag.* Genuß des Unvorhersehbaren, der das Grau in Grau des Systems aufsprengt, aus den Fugen bringt, das «Bestehende» in Flammen aufgehen läßt, in die tote Ordnung das Element des Zufälligen, Chaotischen einbringt, um sie anarchistisch von unten her neu, anders, aber beliebig, dem Zu-fall preisgegeben heraus-zu-spielen! Das Leben, das durch kein wirkliches Opfer an ihm selbst «arm» werden will, schafft sich selbst viele Schein-Opfer. Es ist nach «Opfer-Blut» süchtig (auch der Verkehrsopfer; da springt den Gaffern das «Andere» ins Auge und unter die Haut. Und wehe,
27 man be|kommt keinen Zuschauerplatz bei einer Verbrecherjagd! Wehe, wenn da niemand «abgeknallt» wird, kein Blut fließt – man ist enttäuscht: Es war wieder einmal «langweilig»). Das Leben, das sich nicht hingeben will, schafft sich den «Schatten», um außer sich zu geraten. Es will seine erstickende Sattheit durch destruktive Aggressivität (nach außen und innen) aus der Trägheit befreien.

So schleift man die Bastionen des Ghettos (in das man sich eingehaust hatte) durch einen ruhelosen Aktivismus. Das ausgeruhte Bei-sich-sein wird unerträglich; die «Gegen-wart» zu sich selbst, das ge-lassene, treue Stehen zum Anderen eine Qual; das schweigende Sich – und dem Anderen – Entgegen-warten eine Last, die man abschütteln muß.

Dasein, Schweigen, Schlaf, Sich-über-lassen... Formen des «Nicht-Tuns», d.h. des lebendigen *Seins,* das sich nicht ins Produzieren, Leisten, Verursachen hinein entgleitet, gelten als Figuren und Verhaltensweisen eines leblosen Lebens, das nicht fruchtbar ist und deshalb auch nichts «gilt». In seiner Unbrauchbarkeit läßt es sich nicht verzwecken! Das ist dem Herrn der Entwicklung (Pharao) ein Dorn im Auge.

«Sein» wird mit «Tod» identifiziert. Hier liegt eine der wesentlichen Wurzeln der «Gott ist tot»–Theologie. «Der Seiende» (Jahwe) ist tot[4]. Dem Menschen bleibt nichts anderes als seine «Selbsterzeugung durch menschliche Arbeit» (Marx) übrig, die er am «Produzierten» abliest.

Das Leben ist, so könnte man sagen, anal-fixiert, da es seine
Lebendigkeit am Toten, den gegenständlichen Werken, also an
dem, was sich dem «Realitätsprinzip» (Freud) unterordnen läßt,
mißt und bestimmt. Es ist für die lebendige Erfahrung seiner
selbst unfähig geworden. Denn diese ist nur möglich, wenn es 28
sich nicht nur auf *Sachen,* die «gehabt» werden, reduziert, sondern seine Gegenwart wagt, ohne Angst, sie könnte gleich wieder «verschwinden», dem «Tod» anheimfallen. Dies bedeutet jedoch: daß das Leben sich nur in der gelebten Einheit von Leben und Tod lebendig erfährt.

Nun wird das Sich-verlieren *gezielt* eingesetzt; der Tod eingeplant, damit das Leben im Geleisteten sich anschauen, messen und wägen kann. Es hat das Vertrauen zu sich selbst verloren und will seinem Egoismus nicht dadurch absterben, daß es sich als Gabe, d.h. jenseits aller falschen Selbstdurchsetzung, als «sich übereignet» annimmt. Es will in der Demut der Selbstannahme im existenziellen Gehorsam nicht sterben. *Deshalb* macht es jetzt eigensüchtig *seine* Tode!

[4] Buber übersetzt: «Ich bin da als Der ich werde dasein.» Aber dieses «Ich werde dasein» meint eben *nicht* eine von der Gegenwart getrennte, je «neue», immer nur «ausstehende» Zukunft Gottes auf der Zeitlinie, nach vorne gesehen (nicht: Gott als Funktion innerweltlicher Progression nach vorne; der die Zeit nur *in der Zeit* über sie selbst hinaus Lockende!), sondern absolute Unverfügbarkeit des Herrn *im* Festhalten des Menschen am Dasein in den Jetzt-Momenten oder: der Gott aus der Nähe *ist* der Gott aus der Ferne. Form und Sinn seines «Da»-seins liegt ganz bei *ihm.* Er tut den «ersten Schritt» im: «Hier bin ich», *wann Er will!*

29 II. DIE UNSCHEIDBARKEIT VON LEBEN UND TOD

1. Der «positive» und der «negative» Tod

Wir sehen: der Mensch kann Leben und Tod nicht scheiden, ohne beide *nachträglich* in irgendeiner Weise wieder miteinander zu verknüpfen; den verdrängten Tod selbstisch für die Produktivität seines «Lebens» einzusetzen bzw. das Leben dem Tode zu überantworten. Aber nicht deshalb, weil er ins Sterben einstimmt, sondern weil er in der Trennung des Lebens *gegen* den Tod diesem gerade sich ausliefert (dialektisch!). Andere Todesformen treten an die Stelle des Todes, der ins Wesen des (liebenden!) Lebens gehört. Denn lebendig ist das Leben nur im Maße seiner Hoffnung, des Hinauswachsens über sich selbst, der Selbst-losigkeit. Es ist nur in dem Maße reich: wie es *arm* zu sein vermag, d.h. liebt!

Daher springt die Frage nach der *wahren* und *falschen* Einheit von Leben und Tod auf. Wo liegt die *ursprüngliche* Einheit beider? Und wo die schlechte «Einheit», die nichts anderes als das Resultat der Spaltung von Leben und Tod ist? Einheit einer Trennung beider, die «dann» (gewissermaßen in einem zweiten Anlauf) mit den Mitteln der *Trennung* überwunden wird: *einerseits* durch den «gemachten Tod» zur Wiedergeburt des ansichhaltenden «Nur-Lebens», (das sich gegen den Tod richtete) und *andererseits* durch das «gemachte Leben», das sich im Ausschluß des Todes selbst zu ergreifen versucht, aber dies auch nur durch die Todesgestalten der ruhelos *arbeitenden* Selbstaneignung kann! – Um diese Frage einer Antwort näher zu bringen, ist es notwendig, den «positiven» vom «negativen» Tod zu unterscheiden.

30 Der Tod läßt sich nicht an den Endpunkt des Lebens | hinausschieben. Er gehört vielmehr mitten ins Leben: nicht im bloßen Wissen, sondern in der Tat. Leben ist im Tod: Aufbrechen ins Mehr-werden als man faktisch war und ist; Verlassen der

Daseinskreise, Lebensringe und Denkformen, in die man sich ein-gewohnt hat. Leben ist Über-gang und deshalb Abschied vom Gewohnten, Aus-zug, Wagnis des Exodus, Vertrauen im Noch-nicht der Hoffnung. Im Heute das Gestern hüten und das Morgen geduldig erwarten. Zu-kunft als zukommende Gabe in der Gegenwart ergreifen *und* formen, aber sie nicht mit dem Blick nach rückwärts vergangen machen wollen, damit sie gelebt und *deshalb* «sicher» sei: registriert verfügbar. Der Tod prägt den Durchbruch ins je größere Leben und ist dessen Reifegang zutiefst innerlich. Sammlung des Lebens geschieht durch diesen *positiven* Tod.

Der Mensch stirbt den negativen Tod, sobald er in regressiver Selbstwiederholung als Ich=Ich einfriert; in einer geschlossenen, «fertigen» Daseinsgestalt, im Ghetto der Besessenheit von sich selbst erstarrt. Wenn er in stumpfer Gleichgültigkeit, im satten Zufriedensein versinkt, den Appetit auf Zukunft verliert, das Opfer, die Wandlung ins Anders-werden verweigert, im Bann des Vergangenen einschläßt.

Der negative Tod gewinnt aber auch dann Macht über ihn, wenn er seine Fixierung in einer bestimmten «Rolle», die kraftlose Selbstwiederholung: durch Flucht nach vorwärts, die im Punkt Null der Gegenwart ansetzt, zu vernichten versucht. Wenn er das Leben traditionslos als eine nur «ausstehende» Zukunft vor sich sieht, die in das leere Jetzt der Gegenwart hereinzuholen ist: im Tod «arbeitender Selbstentäußerung». Das Leben schwebt vor ihm, ist nicht Gegenwart. So muß er sich Tag und Nacht ängstigen und ist versucht, die «offenen Möglichkeiten» des Daseins vorweg zu bestimmen, sie vorgreifend zu «durchleben», damit er sie so aus ihrer Unbestimmtheit befreie, die ihn «bedroht». Für diesen Tod gibt es kein Leben «nach dem Tod», weil sich im «negativen Tod» das Leben *gegen* das Sterben absichert.

Ich sterbe den «negativen» Tod, wenn ich mich in meinem
Selbstsein nicht bejahe, Abschied und Trennung von meiner
|Herkunft (in meine «Individuation» hinein) nicht verwirkliche, 31
sondern infantil an der Nabelschnur des Ursprungs hängen bleibe. Ich verfalle dem negativen Tod aber auch dann, wenn ich, nachdem die Nabelschnur einmal durchschnitten ist, den verlorenen, bergenden «sozialen Uterus» (Portmann) der Familie

auf meine Umwelt, eine Gruppe oder «die» Gesellschaft, «den» Staat und seine Institutionen oder «die» Kirche projiziere, um *dort* Schutz zu suchen, weil ich *nicht* zu mir selbst ja-sage, aus dem Haus der Herkunft nicht ausziehen will; das Sein nicht annehme, das (als Liebe) mich *an mir selbst* frei-gibt und seinläßt; wenn ich Dasein nicht als *Dank* vollziehe, der das Selbstsein versiegelt, sondern im Nein zu mir den Schoß der Herkunft durch die Höhle des «Man» ersetze. –

Der negative Tod läßt sich immer verplanen, weil er «gemacht» ist. Er wird dazu gebraucht, die «Freiheit» zu restaurieren. Der positive Tod läßt sich im Wissen niemals verfügbar gestalten, weil er im Zentrum des geschenkten Lebens liegt, das der alles überwindenden Macht des « je größeren Lebens» unterworfen bleibt. Er wird aus dem Dasein als Gabe heraus getan und ist selbst «gegeben».

2. *Die zweideutige Rede vom «Stirb und Werde»*

a. Der Tod als «immanente» Gestalt der Lebensformen

Die skizzierte Dialektik (des negativen Todes), die im «Stirb und Werde» dem «einen» Strom des Lebens das Weiterfließen zu ermöglichen scheint, ihn ständig über sich hinaustreibt, «in Fluß hält», ist freilich zutiefst zweideutig. Es besteht die Gefahr, daß der «tägliche Tod» zu einer Funktion des sich nach vorne schiebenden Lebens umgedeutet, dem «Werden und Vergehen» als ein bloß immanentes Moment desselben zugeschrieben wird. Dies will sagen, daß der Tod (im an sich gleich-bleibenden Leben) im Grunde nichts Neues, noch-nicht-Dagewesenes eröffnet, sondern nur den Ablauf des Formenreichtums und Gestaltwandels eines bestimmten, festumrissenen Quantums von materieller
32 Lebensenergie ermöglicht. Er erscheint somit als | negatives Moment an einer Lebensgestalt, die schon von allem Anfang an ihren endgültigen Untergang anzielt. Er ist eine Funktion des Negativen *innerhalb* der Dialektik des «Stirb und Werde» der Lebensformen. Er gibt zwar deren evolutive Abfolge frei, eröffnet (in *diesem* Sinne) Neues, versiegelt allerdings am Ende nur den unumkehrbaren Untergang des Gewordenen.

Ein Quantum von Materie beginnt, durch äußere mechanische Einflüsse stimuliert (Energiezufuhr!), aus dem (vormals) «anorganischen Zustand» (Freud) sich herauszuentwickeln und überwindet durch fortschreitende Teilung bzw. Reproduktion die primäre Trägheit seiner Ausgangslage. Es gewinnt durch Differenzierung jeweils eine umfassendere Komplexität und stellt sich dadurch als («lebendige»): «Einheit in Vielheit» dar.

Bildlich gesprochen: Das Samenkorn stirbt, der Keim bricht auf, das lebendige Gebilde geht, als die «eine» Gestalt erscheinend, in die Vielheit auseinander und verwirklicht sich darin... Die Knospe wird von der Blüte, diese durch die Frucht abgelöst. Eine Gestalt schließt die andere zugleich ein und aus. Das Neue tötet das Alte und bewahrt dieses als Aufgehobenes dennoch auf der neuen Stufe, um sich, zusammen mit dem Aufgehobenen, schließlich in eine weitere Stufe von Wachstum und Reife hinein zu überbieten... Die Frucht fällt ab, durch Trennung wird die Pflanze in einem «weiteren» Kreis über sich hinaus fruchtbar. Sie vermehrt sich.

Aber, die ausgestaltete, differenzierte Einheit des «Ganzen», die *eine* «flüssige Natur» (Hegel), die im Formenreichtum der werdenden und vergehenden Momente waltet und sich zeitigt, überdauert den Wachstums- und Reifeprozeß nicht. Was nicht als Leben durch seinen fortwährenden Tod hindurch sich auszeugt, das stirbt. Der Tod eröffnet zwar *innerhalb* einer bestimmten Lebensspanne, die eine bestimmte, materielle Energie deckt und bemißt, etwas «Neues». Aber, es bleibt «end»-gültig: «nichts». –

Die so erscheinende Lebensgestalt ist nämlich, so könnte man sagen, nur die mehr oder weniger gehemmte Rückkehr zum Toten, dem anorganischen Zustand, der am Anfang war. Die Lebenseinheit, die sich durch Teilung, Trennung, Differenzierung | usw. vermittelt und geeint hatte, geht unter. Der Lebens- 33
trieb, der neue Einheit schafft und dem Auseinander und Nebeneinander der materiellen Vielheit jeweils komplexere Formen abringt, ist der Vorherrschaft des Todestriebes preisgegeben, der zum anorganischen Ausgangspunkt des Prozesses zurücktendiert (Freud). Leben und Tod wechseln in der Immanenz einander ab; eins setzt das andere voraus. Jedoch kennt das letzte («ein-

malige») «Stirb» keinen Überschritt, kein «Werden» in ein Dasein, das jedes «Stirb» überwunden hat.

Wohl gibt es diesseits von Anfang und Ende dieser Lebensform eine Wandlung ins Neue hinein, aber das Neue ist schon von der gegebenen Wesensgestalt des Lebendigen, das hier wird, fest umrissen und umschrieben. Die Lebensform hat gewissermaßen nur Platz für «sich selbst». Das Ende enthüllt sich somit als Abbruch des Ganzen.

b. Das Unvermögen des Lebens zum Neuen im immanenten Tod und der Tod ins Ganz-Andere

Wir sehen, daß in diesem Tod nichts wirklich «Neues» zum Durchbruch kommt. Denn die Lebensform, die sich hier artikuliert und ausgestaltet, besitzt nur sich selbst, ihre eigene Wesensform und ist nicht imstande, anderen Wesensformen *in sich* Raum zu geben, um sie gerade dadurch an ihnen selbst «sein»-zu-lassen.

Die hier geschilderte Lebensform jedoch ist unvermögend ein «Anderes(r)» zu werden. Sie ist noch nicht reich genug, um so arm zu sein, daß sie Anderen (nicht nur «sich selbst» in gewandelter Gestalt) einen Ort der Gegenwart innerhalb ihrer selbst geben oder sich selbst in das (den) Andere(n) hinein aufgeben könnte. Es ändert sich bloß ein bestimmter Aggregatzustand des Lebendigen. Zwar fließt der Lebensstrom weiter. Aber, was er in seinem *Opferwerk* erreicht, das hat noch nicht sein Sinn-Ziel gewonnen, – *obwohl* dieses im Rhythmus von Stirb und Werde schon im Verborgenen waltet.

Trotzdem: *weder* wird etwas Neues, im Sinne einer schöpferi-
34 schen Selbstüberbietung des *Lebens*, *noch* stirbt das Leben|dige
wirklich in Neues hinein. Die Einheit von Leben *und* Tod ist als solche *noch nicht* hervorgetreten; die Gegenwart des Neuen als des Ganz-Anderen noch verhüllt. Als Katalysator des Lebensprozesses erschließt der Tod nur die möglichen Veränderungen materieller Lebensenergie, nicht jedoch die *bis auf den Grund* reichende Änderung, d.h. die selbst-lose Selbstüberbietung. Er ermöglicht das Anders-werden, eröffnet hingegen das «ein-Anderer-werden» nicht.

Die Einheit von Leben und Tod ist erst in einem Leben relevant, das nur insoweit «es selbst» ist, d.h. lebt: als es auf die Seite eines anderen Lebens tritt, sich selbst verläßt, los-läßt! Und dies nicht nur teilweise («arbeitsteilig»), sondern «ganz»: als Ganzes sterben, um als Ganzes neu zu werden; nicht nur «anders», sondern «ein Anderer» zu sein. Dieses Leben nennen wir «Geist»: das Leben der liebenden Freiheit. –

Der Tod als uneingeschränktes «Ende», als restloses Aufhören und Ganz-Hingabe wird daher dort gestorben, wo ein freies und befreites Leben sich selbst bis auf den Grund los-läßt, d.h. liebt. Dies ist nur möglich, sofern das Leben von einer Wirklichkeit in Anspruch genommen ist, die es nicht nur relativ, Teil für Teil, sondern restlos und ganz übersteigt. Das vom Ganz-Anderen, absolut Neuen eingeforderte Leben aber nennen wir «Mensch»: denn «der Mensch übersteigt um ein Unendliches den Menschen» (Pascal).

Nur das freie Leben weiß wirklich um sein Ende, weil es selbst-los sein kann, nichts «für sich» zurückbehält. Zutiefst vom «Neuen» betroffen: ist seine Hoffnung nicht nochmals auf es selbst zurückgebeugt, dem eigenen «Natur-Gesetz» verpflichtet. Sie reicht vielmehr mitten aus dem Dasein ins Ganz-Andere hinein. Der Mensch stirbt als «ganzer», nicht bloß partiell, weil er nicht nur hinsichtlich einer *begrenzten* Dimension seines Daseins, eines Teilbereiches seiner Existenz, also nicht nur im Blick auf eine relative Zukunft, sondern *an ihm selbst* zum absolut Neuen vermögend ist: zu einer absoluten Zukunft, die sein Leben von aller Anfang an konstituiert.

Die philosophische Tradition nannte diese, den Menschen in seinem *Wesen* formende Gestalt: die *«unsterbliche Seele»*, die
|humane Kapazität für's ganz Andere. Oder: das Leben «nach 35
dem Tode» definiert schon das Leben des Menschen «vor dem Tode». Das absolut Neue hat schon begonnen. Wer den Tod des Menschen bedenkt, der kann dies nur aus der Gegenwart des Lebens «nach dem Tode»: hier und jetzt. –

Wer das Leben im Fleisch des bloßen «Stirb und Werde» fixiert, der bewacht das Grab des Lebens, das in der Liebe stirbt; der will das Ende «als Ende» festhalten, es zum Schlußpunkt des Lebens machen; die Gegenwart des Neuen, die Auferstehung von den Toten vernichten. Er sperrt sich gegen die Ankunft der absoluten Zukunft in der Welt. Aber, das Leben (der Liebe) ist mitten im Tod da. Es durchbricht die Bewachung ... der Stein ist weggewälzt ... der Tod kann nicht ver-«end»-gültigt werden: «Er» ist wahrhaft auferstanden.

3. Der Tod und die versuchte Selbsterlösung durch die «unsterbliche» Seele

a. Zweideutiges «Leben nach dem Tod»

Man wird vielleicht einwenden, daß das Sprechen von «Geist», «absoluter Zukunft» und schließlich gar von «unsterblicher Seele» die beschworene Einheit von Leben und Tod doch wieder zerstöre: ein «Teil» des Menschen zumindest bleibt «ganz», löst sich nicht in Nichts auf! Und darin eben stecke der durch die Hintertür wieder hereingeschlichene Egoismus. –

Andere werden sagen: Gut, wozu das Gerede über den Tod? Ist seine Herrschaft nicht schon von vorneherein durch die «unsterbliche Seele» unterlaufen, überboten und kompensiert? Das «Ende» betrifft ja nur die vergängliche Leiblichkeit des Menschen, nicht aber seine unvergängliche, individuelle, «*geistige*» Identität, das Haus des «Ich». Ist der Mensch nicht so gebaut, daß er ein Stück seiner selbst – und zwar das «Eigentlichste» und «Wesentlichste» des ganzen Lebens – durch das er «Mensch» *ist:* in die Ewigkeit hinein retten könne? –

Hier liegt ein Mißverständnis vor, das nur schwer auszuräumen ist. Denn: Insoweit der Mensch freies, liebendes Leben
36 ist, | stirbt er als *Ganzer*. Paulus sagt es kristallklar: «Mortui estis»: Ihr *seid* tot! Von da aus gesehen muß und darf man das Wort: «Es ist aus» radikal aussprechen, rückhaltlos. *Alles* kommt an die äußerste Grenze und hört auf. Nicht nur teilweise, so, daß gewisse Dimensionen der Existenz dem Tode sich entziehen könnten; daß der Tod den Menschen nur unter gewissen Bedingungen träfe. Er erfaßt ihn bedingungslos. Kein aufgerichteter Damm hinter dem sich «Unsterbliches» versteckt, kann ihn aufhalten, ihm Einhalt gebieten. Am *allerwenigsten* das sogenannte «geistige Ich = Ich», das sich gegen das Opfer zu retten versucht

und im Kampf *gegen* den Tod sich selbst als «unsterblich» deutet! Im Gegenteil: *Es ist schon tot,* noch bevor der Mensch in seinem Leben die Todeslinie erreicht. Was der Macht des Todes entkommen will, eben das ist ihm eo ipso verfallen! Und zwar deshalb, weil der Mensch vom Wesen her nicht nur durch einen relativ «Anderen» definiert ist, auf ein partiell Neues hinlebt (das eine Funktion *seiner* (!) endlichen Daseinsgrenze wäre), sondern weil der Ganz-Andere den Menschen qualifiziert und erhellt. Er steht unter der Verheißung des wirklichen Neuen, dessen Gegenwart ihn freimacht und «frei» *sein*-läßt.

Der ganze Mensch stirbt. Aber nicht nochmals auf «seine», in ihm anwesende Unendlichkeit hin. Sondern «seine» Unendlichkeit ist das *absolut Neue selbst* in der Form des Menschseins. Nur in der Gegenwart des absolut Anderen kann das Nichts des Todes als unermeßlich «ermessen» werden. Der Mensch vermag von sich aus nur ein relatives Nicht-sein ins Auge zu fassen, denn er ist «endlich». Aber, weil der absolut Andere da ist, ist es wirklich «aus». Am *absolut* Neuen gemessen ist das endliche Dasein: «nichts».

b. Auf der Flucht zum anderen Ufer

Wir nannten «unsterbliche Seele» die den Menschen konstituierende Wesensgestalt: «Vermögen» zum Ganz-Anderen, Raum und Zeit durchbrechendes Leben der Hoffnung. Weil *diese* Form den Menschen als *Ganzen* bestimmt, weil Leib und Seele nicht zwei Substanzen, sondern im *einen und selben* Sein des
ganzen | Menschen geeint sind, d.h. weil die «Seele» die Seins- 37
form der menschlichen Leiblichkeit ist, so betrifft das Neue: den *ganzen* Menschen, genauso total: wie ihn das Ende total beansprucht.

Da der Mensch als «verleibter Geist» in die Offenheit auf das Sein im Ganzen verfügt ist, das alle Endlichkeit um ein Unendliches übersteigt, so tief, daß «dem Sein nichts äußerlich ist, außer das Nichtsein» (Thomas v. Aquin), *deshalb* vermag er das Nichtsein des Todes als Eröffnung der Epiphanie des Ganz-Anderen so ursprünglich zu erfahren. Sofern ihn jedoch diese Grunderfahrung als Menschen, im *Kern seines Daseins* bestimmt, so «stirbt er täglich», kann er das Leben nicht gegen den Tod abscheiden, ohne seine Menschlichkeit zu verlieren. –

Gerade *dadurch* jedoch ist er versucht, gleichsam diesem seinem «täglichen» Ende gegenüber, sich am «anderen Ufer», im Leben «nach dem Tod» festzumachen, um dann von dorther, im Schutz des unvergänglichen «Seins»: sein eigenes Ende «sicher» zu reflektieren.

Der Mensch ist zwar, wie Kierkegaard sagt «aus Unendlichkeit und Endlichkeit» zusammengesetzt; das macht sein «Existieren» aus. Es gibt jedoch keinen Punkt in dieser Existenz, von dem aus er sein vorläufiges Leben als «stiller Betrachter» von außen her anblicken könnte, um dann darüber zu befinden, ob sein Sterben ein «endgültiges Ende» oder ein bloßer «Überschritt» sei oder nicht. Er würde sozusagen mit einem Bein in der Ewigkeit, mit dem anderen in der Zeit stehen und die trennende Differenz zwischen den beiden Standpunkten (wobei der endliche «nur» vorläufig ist) den «Tod» nennen. Dieser bestünde darin, daß man das eine Bein zum anderen zieht, eben dorthin, wo der Mensch auf endgültig festem Boden «Stand» hat und «immer schon» gestanden ist.

c. Gegenwärtige Unsterblichkeit?

Die Rede von der «unsterblichen Seele» hat demnach nur einen Sinn, wenn man damit sagen will: Das, was der Mensch werden kann, liegt nicht als der *Nur-Andere* draußen, bloß *vor* ihm: ein ohnmächtiges absolutes Leben vor der Tür der Endlichkeit, der
38 | Gott kraftlos fremd bleibt. Sondern: das Neue gestaltet den Menschen im Zentrum seines Daseins: *als Mensch.*

Er steht dem Neuen nicht passiv gegenüber; er kann es «tun», «vollbringen»! Was «nachher» da sein wird, ist schon da. Es *wird* sein, *weil* es empfangen *worden ist!*

Der Mensch kann wirklich der Andere seiner selbst werden, da er sich nicht im negativen Tod der Progression nach dem Neuen zu verzehren braucht, ohne es je sein zu können; genausowenig wie die Gegenwart der «Unsterblichkeit» ihn zum schlechten Tod der regressiven Selbstwiederholung verdammt. Das *absolut* Neue ist als Zukunft: Gegenwart.

Vom Menschen her gesehen heißt das: Er ist unsterblich aufgrund seiner Preisgabe als *Ganzer*. Das Ja zum Tod als Ende ist die Antwort auf die *unverfügbare* Zukunft des Neuen. Die Hoffnung auf den Sieg über den Tod lebt aus dem Schon-angekommen-sein *dieser* Zukunft.

d. Versuchte Selbstbewahrung im Tod

Die «Seele» als die den Menschen prägende Wesensform, als sein Vermögen zum Werden des Ganz-Anderen, ist die Lebenspotenz der Liebe. Andernfalls (und so wird sie meist mißverstanden) hätte sie nur die Funktion, ihm die Selbstidentität zu sichern. Sie würde ihn gerade in der Lieblosigkeit eines an-sichhaltenden Ich=Ich fixieren, wäre Signum der Gefangenschaft des Lebens in sich selbst, d.h. Ausdruck des negativen Todes, Sinnbild der Unfähigkeit zur äußersten Verwandlung. Dann wird die «unsterbliche Seele» beschworen, weil man sein Leben nicht hingeben will, sondern es «sucht». Aber die Liebe «sucht nicht das Ihrige».

«Unsterbliche Seele» ist kein Alibi für Egoismus! Oder will
man sie zu einem Resultat der menschlichen Todverfallenheit
machen? Die Versuchung ist groß, daß der Mensch sich an die
Transzendenz bindet, über die «Brücke des Habens» (der Ewigkeit) ins Jenseits flüchtet, gerade weil er *nicht* frei ist, nicht *arm*
werden will, sondern das zu bleiben versucht, was er immer
schon «gewesen» ist (unvergänglicher «Geist», der gezwungen
|wurde – per Zufall – sich in der Welt schmutzig zu machen). So 39
erscheint das «Neue» als ein *Altes!* Und eben darin scheint die
Gewähr zu liegen, daß «Ich» der Alte bleiben kann, durch das
Neue nicht restlos arm zu werden brauche.

Wenn aber das Neue den Menschen wirklich verwandelt, zu einem «Anderen» macht, dann vernichtet es ihm auch alle «Bedingungen» seinerseits für das Opfer. Daher die Angst! Und weil wir dem Neuen nicht trauen, so nehmen wir seine Treue, die nach Vertrauen ruft (da sie es schenkt!), in der Unzerstörbarkeit einer «unsterblichen Seele» *vorweg*.

e. «Unsterbliche Seele» und kryptogamer Atheismus

Die Gegenwart des Ganz-Anderen darf jedoch nicht dahingehend mißverstanden werden: als könnte der Mensch das Angekommen-sein des absolut Neuen in sein «Haben» hinein verfügbar einordnen, d.h. sich aufgrund der «unsterblichen Seele», die er «hat», vor der «Verwüstung des Todes rein bewahren» (Hegel); als vermöchte er seine geistige Identität, sein «Ich=Ich» als «schöne Seele» *gegen* die Preisgabe ins Todes-Nichts zu retten.

Lieblosigkeit, Mangel an Vertrauen wären dem Menschen hier die Geburtshelfer der «unsterblichen Seele». Er will nicht der Ganz-Andere werden, d.h. nicht «er selbst» sein und macht sich deshalb zu einem «unsterblichen Wesen». Darin kommt er scheinbar: um das Sich-überlassen in die Hände Gottes *und* den Tod der Verdemütigung in der Annahme seiner selbst in der Endlichkeit herum!

Hinter der Rede von der «unsterblichen Seele» steckt daher oft eine perfide Gottlosigkeit, ein Atheismus, sofern wir uns im Ja zum Nichts des Todes nicht eingestehen wollen, daß uns *alles* geschenkt ist; daß unser Tun und Vollbringen aus einem Empfangen lebt und nur durch das Ja zum Empfangen-*haben* einen «ewigen Sinn» gewinnt. Nur das Ausgelöschtwerden im Tode rettet die Frucht des Lebens ins Leben «nach» dem Tod, das derjenige schon «vor» dem Tod lebt, der die Armut, das Opfer der Liebe wagt.

Dieses *unsterbliche* «Umsonst» der Liebe kann der Mensch
40 nicht «machen». Er kann sich die Bedingungslosigkeit der Hingabe seines Daseins nur schenken lassen. Im positiven Tod lebt er das bedingungslose Ja gerade *dazu!*

4. Die Nichtigkeit des Todes und die Liebe

a. Der Tod als Offenbarung des einsamen «Für-sich-seins» *und* der Liebe

In seinen «Gedanken über Tod und Unsterblichkeit» schreibt Ludwig Feuerbach: «Einmal nur bist du reines Ich, bloßes Selbst. Einmal nur für dich ganz allein: und dieser Augenblick ist der Augenblick des Nichtseins, des Todes[5].» Im Tod tritt der Mensch sozusagen für sich *allein* auf. Alle Bande, die ihn an Andere knüpfen, zerreißen. Hier taucht gleichsam das aus der Versenkung auf, woran er ein ganzes Leben lang immer wieder festgehalten hat: sein «Ich=Ich», das nicht liebend der Andere werden, nicht auf die Seite des Du treten, seiner selbst sich nicht entäußern: sondern «für sich sein» wollte. Im Tod enthüllt er sich daher als der Getrennte, Abgeschiedene und *eben darin* als der *«Nichtige»* – durch und durch! Aber, «eben weil er» (der Tod) «die Offenbarung deines Für-sich-seins» (in seiner Ohnmacht!), «ist er in einem die Offenbarung der Liebe» (ebd.).

Im Tod bekundet sich die Wahrheit, daß der Mensch «nichts» ist! «Nichts»: jenseits des Wortes, in dem er den *Anderen* und die Welt als Erkannte in sich selbst *so* vollzieht, daß er im Zur-Sprache-kommen des Anderen, sprechend an ihm selbst *über sich hinaus wächst,* sich «verliert». Und «Nichts»: jenseits der Liebe, in der er, wie der Aquinate sagt: «der Andere wird», in dessen Leben hinein dienend sich vergißt, so, daß das Leben des Anderen dadurch, daß Ich: «Er» wird, in seinem Eigensten fruchtbar wird und sich entfaltet. Im Tod «tritt dein Für-sich-
sein für sich selbst auf; aber eben darin, daß dieses Selbst» (dein 41
«Nur-Leben» *gegen* den Tod) «im Augenblick der Isolierung tot, Nichts ist, in dem Augenblick, wo es ohne Gegenstand» (ohne «Du») «sein will, *nicht ist*, ist er Offenbarung der Liebe» (ebd.). Offenbarung der Liebe, «die stark ist *wie der Tod»*. Der Tod offenbart mein An-sich-halten *und* meine Liebesfreiheit, die «der Andere» geworden ist.

b. Selbstverewigung durch «der Andere werden»?

Bedeutet dies aber, daß der Mensch durch progressive Sozialisierung in der «Menschheit» sich verewigen kann? Vermag er sein Leben in das Überleben der gegenwärtigen und zukünftigen Gesellschaft hinein zu retten? Kann er diese Armut der Liebe, durch die er «der Andere» wird, aus sich selbst leisten? Gerät er

[5] WW (Hrsg. v. W. Bolin u. F. Jodl), Bd. I, Stuttgart ^{2}1960, S. 19. Wir kommen später (in einem anderen Zusammenhang) noch eingehender auf diese Stelle zu sprechen.

nicht in die Gefahr, die Anderen als Gegenstände seines ihm not-wendigen Selbstverlustes = «der Lebensgewinnung» vorzustellen? –

Trotzdem sieht Feuerbach tief: Unsterblich ist an diesem Leben nur das, was in der Liebe bis auf den Grund hin: im «Werden des Geliebten», nicht im bloßen Wissen des «gedachten Anderen», schon gestorben, d.h. selbst-los ist. Ich bin ein Lebender «nach» dem Tod und zwar *jetzt*: insoweit ich durch liebende Mehrerschaft das Leben des Anderen lebe.

Oder: Ich *bin* überhaupt nur insoweit: als ich mein Sein als Gabe vollziehe, als verdanktes Dasein existiere. Der Dank überwindet die Vereinsamung meines getrennten Für-mich-seins, denn in ihm bin ich («eucharistisch») weggeschenkt.

Oder: Ich *lebe*, insoweit ich nicht nur In-dividuum, d.h. einer bin, der in sich ungeteilt (in-divisus in se) und von allem Anderen geschieden (divisus a quocumque alio) ist. Wie könnte ich, als einer solchen Lebens(=Todes-)Form verfallen, mich je wirklich mit-teilen, der Andere werden und gerade *so:* ein freies, *in sich gründendes* Selbst sein? Im nur in-dividuellen Für-michsein wäre ich nicht Nahrung, weder Speise noch Trank für die Anderen (weil ich nicht sterben will), sondern verwesendes Leben, das verfault und zerfällt.

42 | *5. Das Umsonst der Liebe als Sieg im Tod über den Tod*

a. Der Mensch: «Subjekt» des Todes?

Die Frage kehrt wieder: Kann ich das aus mir selbst? Diese Liebe? Und selbst wenn «ich» es von «mir» her wagte und wollte, die Initiative des Opfers ergriffe, mich auf das Du hin los- und fahren-ließe – wäre es dann nicht immer noch «Ich», der hier am Werk ist? Bliebe «Ich» nicht das «Subjekt» (als Garant des «Ich will»), das hinter und in seinem Tod agiert, aber, um «seinen» Tod vollziehen zu können, «selbst» *nicht* sterben darf? Handle ich da nicht nochmals bzw immer noch von «mir», von der unverrückbaren Substanz meines «Ich=Ich» aus und nicht aus dem äußersten Umsonst, das *keine* Voraussetzungen kennt, kein isoliertes Ich-Subjekt, keine «nicht wankende Substanz» zur Grundlage hat, sondern bis auf den Grund: «Sein als Gabe der Liebe» ist? Aus einem «Umsonst», das weder auf der Seite des Ich noch des Du eine andere Voraussetzung sich vorgibt als sich selbst: Liebe, die nicht verzweckt, nicht haben-will, sondern *sein*-läßt? An diesem Punkt stirbt *alle* Ideologie metaphysischer oder atheistischer Selbstverewigung!

Fragwürdig bleibt, ob der Mensch (abgesehen von seinem Egoismus) als ein endliches, sich selbst letztlich unverfügbares Wesen: dazu fähig ist, sich selbst restlos in den Anderen hinein preiszugeben. Er kann seinen Anfang, den Quellgrund seines Daseins nicht manipulieren. Wir haben alle schon irgendwie erfahren, daß wir, im Versuch uns selbst zu begreifen und zu erfassen, uns selbst (den Begreifenden) immer wieder entgleiten; unser Leben nicht zu umfassen vermögen, es nicht als rundes Ganzes in die Hand bekommen, um es so, gleichsam in *einem* Akt der Hingabe gebündelt, zu verschenken, Brot für das Leben der Anderen zu sein. Wir, von uns her, *sind* nicht das, was wir als Nahrung anbieten.

Aber wir suchen jemanden, der uns zu dieser Selbstentäußerung als Ganzer im Fragment (dem gebrochenen Brot, das zerbissen und dem Anderen einverwandelt wird) befreit.

|b. Der Tod und das Vorweg der Liebe 43

Wir suchen jemanden, der uns zum «der-Andere-Werden», zur Liebe, ermächtigt und erlöst. Nicht nur *relativ*, zu einer Entäußerung innerhalb der Zeitspanne unseres Lebens oder im Blick auf diesen oder jenen Teil unserer Existenz: sondern schlechthin ein Anderer: ein *neuer Mensch* zu sein!

Jemanden, der dies auch nicht im einsamen Für-sich-sein tut, sondern mitten in uns, für uns und durch uns, ohne dadurch von den Grenzen unseres Unvermögens eingeengt und beschränkt zu werden.

Wer befreit uns zum positiven Tod ins nie endende Leben hinein? Welches Leben offenbart in der Ohnmacht und Einsamkeit unseres Sterbens: die Liebe, in der wir Ich-Du-Wir sind: über den Tod hinaus, aber auch jenseits der *gemachten* Tode, in denen wir uns «das» Leben erleisten wollen?

Solange es der Mensch selbst «machen» will, stirbt er auch nur um seiner selbst willen; verliert er sein Leben noch auf seinen *eigenen* Namen hin! Hier steht er immer noch «für sich» da als «Subjekt», das «seinen» Tod sterben will und darin *«sein»* Leben sucht. Er lebt geschützt *hinter* der wirklichen Entäußerung im Tod der *Liebe!* Er verweigert ihre äußerste Armut. Denn dieser Tod hat *noch* eine Voraussetzung, die das letzte Umsonst verhindert: das «Subjekt» selbst, das da (nicht) sterben «will». –

Wer tritt so restlos und unumkehrbar auf unsere Seite, daß wir auf *Seine* Seite und dadurch auf die Seite *aller* Anderen treten können – jenseits des «Ich»-will? Daß wir das Leben nicht auf den Titel «Ich» hin verlieren und es dadurch umbringen, sondern auf *Ihn* hin los-lassen, der es uns durch *Sein* Todes-Nichts als immer junges Leben schenkt?

Wer nimmt meinen Anfang so in sich auf, daß ich, wenn dieser Andere in mein Leben kommt, imstande bin, ganz *zu* sterben, nicht mehr für mich zu leben? Will ich mich überhaupt dafür *«arm»* machen lassen, sterben *oder* nicht lieber nur die Kleider der Anderen anziehen, um das Schauspiel einer verlogenen Selbstlosigkeit auf der Weltbühne aufzuführen? Gibt es – oder besser: – gibt *sich* dieses Leben, das ich suche? Ein Leben in
44 dem | wir wissen, daß wir vom Tod ins Leben hinübergegangen, vom Tod im Ich=Ich auferstanden *sind, «weil* wir die Brüder lieben» (vgl. 1 Jo)?

Und wer befreit uns aus der mörderischen Versuchung, dieses «Weil wir lieben» nochmals zu einer «Bedingung» zu erheben, in der wir den Überschritt uns selbst zuschreiben und dadurch wieder im Tod des einsamen «Für-uns» scheitern?

Nur dort, wo der Mensch das Leben eines voraussetzungslosen, ideologiefreien, unbegrenzten *Umsonst* leben könnte – in der Einheit von Hingabe der Lebensfülle (gratuité) und Vergeblichkeit (vanité) – nur dort würde er wirklich sterben, weil er dort lebt: Einheit von Leben und Tod in der Liebe! Er lebt *jetzt* im «Nachher»: er *ist* vom Tod ins *Leben* hinübergegangen – aber nicht in das ewig sichselbstgleiche Leben des «Ich», das sich selbst «unsterblich» macht, sondern ins Leben des Einen für die Vielen.

ZWEITE MEDITATION:

DIA-BOLISCHE UND SYM-BOLISCHE «EINHEIT» VON LEBEN UND TOD IN FORMEN MENSCHLICHEN DASEINS

|I. DIE EINHEIT VON LEBEN UND TOD 47
IN DER VERMITTLUNG VON VERNUNFT UND SINNLICHKEIT, WESEN UND ERSCHEINUNG

Der erste Meditationskreis ist durchlaufen und, so hoffen wir, die Mitte ans Licht getreten, die als immer gegenwärtige die Aufgabe unserer Betrachtung ist. Sie wird im Folgenden «wieder» zur Sprache kommen, nicht bloß in der Weise, daß die Linie des Gesagten und Festgestellten nach vorne hin sich verlängert und somit in einer faden Gleichgültigkeit ausläuft, sondern so, daß das Zentrum (als altes = neues) aus seiner Fülle heraus sich in gewandelter Form sprachlich artikuliert, also die «Wiederholung» nicht nur «nach rückwärts» erinnert, einen fixen Wortbestand erweitert, sondern die *lebendige* Sache, um die es geht, «nach vorne erinnert», d.h. sie «wieder-holt» (Kierkegaard). –

Die Erörterung zeigt uns, daß man nicht einfachhin und bedenkenlos vom Tode als Schlußpunkt des Lebens sprechen darf. Es gibt viele Formen des Todes; nicht nur den biologischen, den wir nur allzu vorschnell als den «eigentlichen» Tod charakterisieren, da uns seine Unerbittlichkeit in die Augen sticht und er *schließlich* doch nur «einmal» (und dann «endgültig») gestorben wird. Aber, der Tod breitet sich in allen Dimensionen des Daseins aus: im Verhältnis von Mensch und Welt, Ich und Du, Individuum und Gesellschaft, Subjekt – Objekt; im Denken, Sprechen, Wollen; im Erfahren der Dinge, im Wahrnehmen und Begreifen. Unser Leben «ist» nur in der Einheit von Leben *und* Tod. Selbst dort, wo es sich *gegen* ihn wehrt, ihn aufzuheben versucht, geschieht dies, unter dem verborgenen Wesensgesetz des Lebens, nochmals durch verschiedene Formen des *Todes,* den das Leben dann in pervertierter Gestalt «wagt», um «leben» zu können.

48 |*1. Sehen und Schauen*

a. Vorausgesetzte Wirklichkeit als «tödliche Bedrohung»

Es gibt, wir haben es alle an uns selbst und anderen erfahren, ein Sehen, das nicht sieht; ein Hören, das nicht hört; ein Schmecken, das nur sich selbst schmeckt und deshalb nichts verkostet. Ihm «schmecken die Dinge nicht so, wie sie wirklich sind». Es macht sich vielmehr zum Maßstab dessen, was an innerer Qualität im Wirklichen liegt oder nicht liegt, zum Vorschein kommen darf oder nicht. Es gibt ein scheinbar verständiges Denken, das nichts vernimmt, gewahrt und begreift. Denn der Mensch hat Angst davor, aus dem Schneckenhaus seines in-sich-kreisenden Lebens auszuziehen und sich auf Gegebenes hin los-, in es einzulassen. Das entblößte, dem Anspruch der Wahrheit ausgesetzte Hören ist ihm zuwider. Er will sich nicht arm machen lassen und sieht ungern von sich weg. Er empfindet das Kommen, Eintreten, Sich-aussprechen eines Anderen (heiße dieses nun Mitmensch oder Welt) als eine tödliche Bedrohung und Zerstörung seines Ich. So hockt er auf dem brachen Acker seines Wesens und macht den Platz des Daseins nicht frei, damit Du und Welt in ihm Wohnung nehmen, zu Worte kommen, von ihrem «anderen» Leben her sich zeigen und mitteilen können. Das schweigende Raumgeben für die Selbstbekundung des Anderen erscheint uns als Tod unserer eigenen Produktivität. Der Mensch glaubt, daß das hörende und schauende Vernehmen die aktive Progressivität seiner Praxis vernichte. Daher geht es ihm immer nur um die Wahrung und Absicherung seiner eigenen «Lebensform», durch die er die fruchtlose, weil nicht «mehr»-werden-, nicht wachsenwollende Identität seines Ich=Ich aufbaut. Er sucht die ungestörte, lustvolle Einheit und Integrität seines Daseins und flieht vor dem Tod der selbstlosen Annahme des Wirklichen, das er in die geschlossenen Kreise seines «nur-leben-wollenden» Lebens hinein aufzulösen trachtet. Er flieht vor dem Schmerz und der Verwundung, die ihm die Realität des Anderen allein dadurch bereitet und zufügt, daß sie «anders» ist als er selbst; daß er ständig gleichsam über ihre Andersheit stolpert und sich
49 wehe tut. |So negiert er den Tod des Sich-anders-werdens, um die «Ganzheit» seines Lebens behaupten zu können.

Zugleich wird ihm bewußt, daß die störende und ihn ängstigende Wirklichkeit niemals restlos in die einförmigen Bezirke seines Daseins einholbar ist. Mag er sich auch noch so viel an Welt «einverleiben», ver-innern und im Wissen einverwandeln, es bleibt immer ein «Rest», eine je größere Tiefe, die sich begrifflich nicht objektivieren, in das bloße Bei-sich-sein des Geistes hinein nicht auflösen läßt.

Diese Tiefe ängstigt den, der dem Überholtsein seiner selbst durch gegebene Wirklichkeit nicht vertraut; der sich nur zu Hause weiß: wo der (und das) Andere zu einem Moment am sich selbst besitzenden «Ich» geworden ist: im Sehen der Realität die Todestrennung von ihr ins Auge gefaßt und *dadurch* der Tod ins Leben verwandelt wird.

b. Gegenwartsloses Sehen

Grenzenlos kann sich das Sehen an das jeweils Nächste, vor den Augen Liegende verlieren, zu ihm flüchten; ohne Anstrengung wandert es in der Landnahme, auf der Ebene des Vorhandenen und Zuhandenen fort. Ein Prozeß des Lebens läuft ab, der nicht zur Ruhe kommt. Beliebig wechselt die Szenerie der Welt. Das Sehen steht nicht still, sondern treibt im Feld des Vorläufigen immer weiter. Gesammelter Still-stand, ruhiges Verweilen, Gegenwart von Ich und Du, Mensch und Welt, absichts- und zweckloses «Schauen» bedeutet für es den Tod: Man kann nicht mehr «um-zu» leben und die Wirklichkeit «arbeitsteilig», «perspektivisch», nach Brauchbarkeitsgesichtspunkten werten: Sie wird «umsonst» angenommen; das Leben ist seinem Habenwollen gestorben[6].

[6] K. Marx sagt in diesem Zusammenhang, die Sinne seien allererst jetzt als «menschliche Sinne»: «Theoretiker geworden» (vgl. «Nationalökonomie und Philosophie» in «Frühschriften», hrsg. von S. Landshut, Stuttgart 1953, S. 241). Die «habenwollenden Sinne» sind *entweder* passiv (sie absorbieren dieWelt in sich hinein, so, daß der Mensch, aufgrund dieser Passivität, in der Entfremdung und Abhängigkeit vom Anderen existiert, das (der) sich ihm nicht «gibt») *oder* bloß «aktiv» (= bewältigend, so, daß der Mensch im Überherrschen des Anderen, das [den] er sinnlich in sich herein-arbeitet bzw. in das [den] er *sich selbst* hineinarbeitet, um von sich loszukommen, wiederum unfrei ist). Er steht nicht gelassen in sich selbst. Nur die an ihr selbst «*menschliche* Sinnlichkeit» (in ihrer apriorischen Vollendung, in ihrem *Reichtum!*) vermag *arm* ihrer selbst sich zu entäußern und

50 |Aus dem geheimen Interesse aber, diesen Tod zu umgehen, spaltet der Mensch die Sphäre seines Sehens, den Bereich der leiblichen Sinne gegen die Tiefe der vernehmenden Vernunft ab. Er trennt das Sehen vom Schauen, das «uti» vom «frui». Auf der Flucht vor der Ruhe, dem Schweigen als Gegen-wart, zerreißt er sein Heute durch die Sehnsucht nach der hinter ihm liegenden, registrierbaren Vergangenheit und der noch nicht angekommenen, zu planenden, durch Arbeit zu bewältigenden Zukunft. Seine Geschichtlichkeit dissoziiert. Das ihm wirklich zugehörige Leben der Gegenwart gibt er auf, um es von der toten Vergangenheit und der noch «toten», weil noch nicht gegenwärtig gewordenen Zukunft her zu erringen. Würde er sein Sehen ins Schauen übersteigen, würde das Gesehene in den Raum seiner Vernunft gelangen, durch das Denken ins Wort (logos-legein-sammeln) hinein sich versammeln, dann wäre der hektischen Flucht des verzweckten Sehens der Stachel genommen. Es wäre ins Schauen hinein gestorben, zum Wesentlichen aufgebrochen. Das darf nicht sein!

Deshalb werden die Bereiche des Sehens und Schauens umstrukturiert. Das Gesehene wird in seiner faktischen Vielheit und Mannigfaltigkeit zu einem meß-, wäg- und zählbaren Bestand kondensiert; die zu schauende Einheit, die das Viele bestimmenden, umgreifenden und ordnenden Wesensgestalten aber in fixfertige Vorstellungsmodelle und Denkformen umgedacht, die mehr oder weniger hypothetisch sein können und ihre «Präsenz» im Selbstbewußtsein des Ich=Ich gewinnen. Diesen allgemeinen Strukturen werden die Fakten der Empirie zu-, ein- oder untergeordnet. Verstandesbegriffe als Instrumente der «ratio» ersetzen die vernehmende Vernunft. Ihre Empfäng-
51 lichkeit wird durch die | aggressive, d.h. immer auch «tödliche» Macht, den ausschließlich spontanen Griff und Zugriff eines die Welt bewältigenden Denkens verdrängt, das, im Töten der «sich entziehenden Realität», zugleich den Tod der Gefangenschaft seiner selbst in der eigenen leeren Begriffs-sphäre zu negieren trachtet.

darin zugleich (*weil* sie *reich* ist) den Anderen nicht zu überfremden, ihn «sein-zu-lassen», zur «Sache sich um der Sache willen» (= *nicht* haben-wollend) zu verhalten!

Sehen und Schauen sind durch die Entgegensetzung von Faktum und Begriff auseinandergefallen. Der Mensch prägt einer an sich unbestimmten Faktizität des sinnlich Erfahrenen rationale Ordnungselemente ein, die eine scheinbar integrierende Funktion besitzen. Denn dem Sehen, das vom Schauen abgelöst ist, zeigt die Dimension der Erscheinungen keine Wesenstiefe mehr an; also muß sie das Subjekt von sich her konstituieren, um dadurch die Vielheit zu einigen, den Tod der isolierten Phänomene zu überwinden.

Wenn wir den Tod als «Trennung der Seele vom Leib» deuten, dann ist der Mensch in der eben skizzierten Situation: tot, «mors vitalis» (Augustinus). «Tod» heißt hier, daß Geist und Leib in zwei gegeneinander getrennte Bereiche dissoziieren, in die rationale Spontaneität und die isolierte Sinnlichkeit. Beide wollen nicht sterben, weil sich der Mensch der konkreten Einheit von Geist und Leib im einen und selben Sein seines lebendigen Daseins widersetzt.

c. Die «zweite Geburt» ins Schauen

Unendlich viel zieht tagtäglich, gesehen und doch nicht erblickt, durch den Sehraum unserer Augen. Wir sehen fraglos und konstatieren mühelos. Dennoch kann sich Wesentliches, angesichts der fehlenden Vorbereitung und Einübung unseres Vernehmens, nicht angemessen, von dem her, was es wirklich ist, zeigen und enthüllen. Man glaubt, einfach «sehen zu können», wenn die Physiologie des leiblichen Organs «stimmt». Daß man «objektiv» ist, die Sache als solche erreicht, wird von der «gesunden» biologischen Disposition her begründet und gerechtfertigt.

Im Schauen jedoch überbietet sich das Sehen nicht mehr in horizontaler Oberflächlichkeit nach vorne hin, sondern steigt gelassen in die Tiefe. Im Schauen wird die erscheinende Welt auf die in ihr sich bekundenden und zugleich verbergenden Wesens- 52
gestalten hin durchscheinend. Der Mensch hat Tieferes zu verantworten, das, weil es das Tiefere ist, eben deshalb gerade nicht weniger wirklich und maßgebend bleibt als die meßbaren Phänomene, in denen es sich entbirgt. Das Schauen durchstößt

das Vermögen und den Horizont des Sehens, die Grenze seiner biologischen Ermächtigung durch «leibliche Geburt».

Das Kind, das dem Mutterschoß entwächst und ins Offene der Welt kommt: «sieht». Aber erst der Mensch, der seiner selbst los-geworden ist, der die Nabelschnur, durch die er an sich selbst hängt, zerschnitten und die Todestrennung der «geistigen Geburt» bestanden hat: «schaut». Das Schauen folgt daher nicht einem «natürlichen» Funktionsgesetz, wenngleich es dieses (als leiblichen Wurzelboden seines Vollzugs) voraussetzt und seiner bedarf. Das Schauen gehorcht einem Ruf und Anspruch, dem es sich öffnen oder verschließen kann. Der Mensch ist «zum Sehen geboren, aber zum Schauen *bestellt*».

Wir können hier nicht der positiven Vieldeutigkeit des Wortes «bestellen» nachgehen, in dem die Aufforderung zum «Schauen» ergeht. Es sei nur angemerkt, daß das Wort die Bedeutung von «einladen» in sich birgt: Jemand wird als Gast «bestellt», er ist zu einem Treffen erwünscht –, und zwar mit dem energischen Akzent, daß der Gastgeber von dem, an den er sich wendet, auch erwartet: er werde und solle kommen! Das Wort zielt darüber hinaus auf den Sinn von «colere» (hüten, pflegen, bestellen), woher sich unser Wort «Kultur» ableitet, das ursprünglich soviel besagt wie «den Acker bestellen». Dem Schauen eignet also Pflege und Erziehung. Dies aber meint immer: Umbruch, Verwandlung, «Tod» des natürlichen Sehens. Das Schauen wächst oder nimmt ab durch geschenkte oder vorenthaltene Begabung. Es bedarf daher der Einübung und ist ein bildbares Vermögen, der Freiheit überantwortet und zugelastet.

2. *Wesen und Erscheinung*

a. Der Tod lebendiger Erscheinung und des wirklichen Wesens

Wer nicht in Freiheit dem haben-wollenden Sehen abstirbt, reift nicht zum Leben des Schauens. Er verfestigt sich in der Sphäre
53 des sinnlich Wahrnehmbaren. Er opfert das, «was» sich zeigt, als das Wesen der Erscheinung sich enthüllt, dem Feld des bloßen Scheins, der nichts mehr zu sagen hat. Er verdrängt die Wahrheit, die «Unverborgenheit» des Wirklichen und verschließt

sich dem, was Thomas von Aquin ein «manifestativum sui esse» nennt[7]. Durch die Negation des Todes, dem er sein Sehen nicht ausliefern will, reduziert er das Dasein auf einen physikalischen oder biologischen Positivismus und erhebt diesen zum eigentlichen Ganzen der Wirklichkeit. Da aber die Erscheinungen, werden sie von ihren Wesensgründen und ihrer Seinstiefe, die in ihnen aufleuchtet, getrennt, in eine nichtige, tote Unbestimmtheit zerfallen, so gerät der Mensch, durch den verweigerten Tod ins Schauen hinein, nun umgekehrt in den Tod, das Scheinleben der bloßen Beliebigkeit.

Er hat sich durch die Flucht vor dem Tod des im Sehen unmittelbar Habbaren retten wollen und hat ein «Leben» erreicht, das in seiner Wurzellosigkeit und Zerbrochenheit selbst Erscheinungsform des Todes ist. Der Tod, den er ins Schauen hinein nicht zu sterben wagte, kommt als verdrängter zurück und verunsichert ihm die (zuvor im Nur-sehen-wollen zur ausschließlichen *Basis* erhobene) Welt des materiell Erscheinenden. Daher löst der Mensch das (von den Wesensgründen und der Seinstiefe gespeiste) «Leben» der Erscheinungen, dem er im Festhalten am Nur-Sehen den Tod ersparen will, gerade in den schlechten Tod einer dissoziierten Vielheit hinein auf. Er versucht, diese Vielheit als solche selbst zu einer funktional in sich vermittelten «Einheit» zu machen. Die bloße Vielheit, deren Elemente sich durcheinander definieren, wird zur «Einheit» erhoben. Da ein Teil aller anderen Teile bedarf, um sich zu erklären, so erscheint die Einheit jedes Einzelnen mit den übrigen darin, daß das Denken haltlos von einem zum anderen forteilen muß, wodurch die vormals tote Vielheit gewissermaßen zum Leben erwacht. Die Einheit von Leben und Tod scheint gesichert. Zuvor wurde die Einheit, die die Vielheit überlagert, als Tod der «lebendigen» Vielheit erfahren. Nun ist dieser Tod überwunden, und zwar in einer Einheit, | die unscheidbar mit dem Vielen zusammenzufließen 54
scheint. Der moderne Funktionalismus ist ein einziges Ringen um diese *Einheit* von Leben und Tod.

Da die Vielheit jedoch aus einer sie übersteigenden Einheit lebt, so verfehlt der Mensch die Phänomene in dem Maß, wie er

[7] Vgl. De veritate I,1.

sie von diesem ihrem Grund trennt. Wir sahen schon, daß das verlorene Leben der Einheit durch das tote Werkzeug der allgemeinen, die Vielheit übergreifenden und zusammenzwingenden Verstandesbegriffe ersetzt wird. Tote Begriffe sollen tote Fakten zum Leben erwecken. Weil dies unmöglich ist, erfindet die «List der Vernunft» einen anderen Weg. Wie sieht dieser aus?

b. Die versuchte Synthesis des Toten ins «Leben des Geistes» hinein

Der Mensch erkennt, daß die beiden erstarrten Sphären (die Denkformen des Verstandes und die bloße Vielheit des sinnlich Erfahrbaren), werden sie jeweils isoliert für sich gesetzt, mit einem tödlichen Mangel behaftet sind. «Begriffe ohne Anschauung sind leer; Anschauung ohne Begriffe sind blind». Diese Leere und Blindheit sieht der Mensch an; er blickt, wie Hegel sagt, dem Toten in die leblosen Augen; er hält das Tote fest und begreift es[8]. Was geschieht dabei? Er erkennt, daß das Leben des Geistes, das Schauen, die Vernunft, die ihre Verleiblichung flieht, leer und tot ist. Er weiß auch, daß das Leben der Sinnlichkeit, die leibliche Erfahrung, die sich gegen die Innerlichkeit des Geistes abspaltet, lichtlos und blind, d.h. tot ist. Leere und Blindheit sind Formen des Todes. Aber wie kann man ihn überwinden? Durch den Versuch einer Synthese! Diese jedoch darf nicht Totes mit Totem vereinigen wollen. Das Produkt dieser Vermittlung wäre wieder ein Totes. Das Geschiedensein als solches
55 muß sich in seiner | Leere als die bewegende Seele der Vermittlung enthüllen: Nichts = Sein, Tod = Leben[9]!

Die Synthese muß daher mitten im Tod des lichtlosen Leibes und fleischlosen Geistes das Leben begreifen, gerade dadurch, daß sie vor der Todestrennung von Geist und Leib nicht davonläuft, im Wissen des Todes mitten in ihm ausharrt, ihn wagt.

[8] Vgl. «Phänomenologie des Geistes», Edit. J. Hoffmeister, Hamburg ^{6}1952: «... Er» (der Geist) «ist diese Macht nur, indem er dem Negativen ins Angesicht schaut, bei ihm verweilt. Dieses Verweilen ist die Zauberkraft, die es in das Sein umkehrt.» Denn: «Nicht das Leben, das sich vor dem Tode scheut und von der Verwüstung rein bewahrt, sondern das ihn erträgt und in ihm sich erhält, ist das Leben des Geistes» (S. 29).

[9] Vgl. Hegel: «Phänomenologie», S. 32!

Zuvor wollte das Sein des Geistes seinen Mangel nicht annehmen. Es hat sich entlastet, in dem es den Leib belastete, d.h. für nichtig und schuldig erklärte (und umgekehrt). Jetzt bejaht das Sein des Geistes seine eigene «Nichtigkeit» und das Nichtsein des Leibes seine «Positivität». Wird die Trennung bestanden, nicht übersprungen, dann kommt zum Vorschein, daß der Todesmangel des leiblosen Geistes als (freilich in sich erstarrter) leiblicher Reichtum schon «außerhalb» des Geistes liegt und daß der Todesmangel des geistlosen Leibes in der (allerdings fleischlosen, nicht entäußerten, d.h. erstarrten) Fülle des Geistes, jenseits des Leibes, auch schon «da» ist. Von hier aus gesehen werden dann die beiden, in der Todesspaltung verharrenden Bereiche gleichsam «einander bedürftig».

Zuvor waren der Nur-Reichtum des Geistes gegen die Nur-Armut des Leibes und der Nur-Reichtum des Leibes gegen die Nur-Armut des Geistes geschieden. In dieser Todesspaltung aber ist das Leben des Leibes noch nicht reich, weil es, gegen den Geist getrennt, nicht Ermöglichungsdimension seiner Präsenz ist; es ist für den Geist noch nicht arm genug, um wirklich «reich», d.h. geist-vermittelt sein zu können. Der Geist hingegen ist noch nicht «reich», weil er die Armut seiner Inkarnation im Medium der Materie außer sich hat. Er hat die Armut, die er an ihm selbst nicht vollzieht, in ein Anderes hinein übersetzt, das «er selbst» nicht ist, weshalb er abstrakt, nicht konkret, d.h. nicht in der Einheit von Leben und Tod existiert.

Also: ihre eigene Leere und Nichtigkeit «nötigt» Geist und Leib, sich als voneinander getrennte Sphären abzusterben, um jeweils durch und für einander «lebendig» zu werden. Sie wenden
durch und für einander ihre Not, den Widerspruch ihrer To|des- 56
zerrissenheit. Sie «nützen» die Leere und Blindheit ihres Todes dafür aus, sich selbst aus dem Tod ins Leben hinein zu erlösen. Der negative Tod der Spaltung wird durch den scheinbar «positiven» Tod gegenseitiger Entäußerung, d.h. durch Fleischwerdung des Geistes und Geistwerdung des Leibes überwunden. Eine der vielen Formen versuchter Selbstbefreiung und Selbsterlösung des Menschen aus dem Tod der Geschiedenheit von Geist und Leib; wobei das erreichte «Leben» nichts anderes als das zweideutige Resultat der diesem Leben voraufgegangenen, wider-

sprüchlichen Zerrissenheit ist. Von hier aus gesehen müßte die Philosophie Hegels als ein abgründiges Ringen um die Einheit von Leben und Tod gedeutet werden.

c. Meditierende Einheit von Vernunft und Sinnlichkeit

Durch ein solches Manöver sind wir nur dem wirklichen Tod ausgewichen. Denn dieser enthüllt sich uns gerade in der lebendigen Vermittlung von Geist und Leib im einen und selben «Sein» des ganzen Menschen, das als Einheit alles andere als eine bloße Funktion der Todestrennung von Geist und Leib ist. Im Blick auf den menschlichen Selbstvollzug heißt dies: Der Tod zeigt sich dort, wo das scheinbare Sehen der leeren Verstandesbegriffe und das scheinbare Gewahren der blinden Sinnlichkeit zum gesammelten, leibhaftigen Schauen, zur lebendigen Kontemplation des ganzen Menschen befreit werden.

Je tiefer ein Mensch vom Mitmenschen her und durch ihn (als «Freiheit zu Freiheit») auf den Grund seines Selbst kommt, je «gründlicher» er wird durch den Tod, den er *aus* der Verlorenheit in die materielle Vielheit heraus: in die Einheit des Seins «zurück» stirbt, um so vermögender und fähiger wird er auch, die Mannigfaltigkeit der sinnlich erfahrenen Phänomene auf den ihnen eigenen und sie einigenden Grund hin zu durchfragen.

Je tiefer der Mensch in den Grund seiner Seinsfreiheit, zur Wesensgestalt seines Lebens herabsteigt und zurückkehrt, mit sich selbst zusammenwächst (concrescere = zusammenwachsen), je radikaler er die Todesspaltung von «allgemeinem Geist» und «besonderer, individueller Leiblichkeit» überwindet, desto offe-
57 ner, erschlossener wird er für das in der Vielfalt der materiel|len Erscheinungen sich zeigende Wesen des Wirklichen; desto konkreter wird er denken. Er wird im Akt der Erkenntnis die unmittelbare, «reiche» und doch «arme» Gestalt der Ganzheit der gegebenen Phänomene ur-teilend zertrennen und das Getrennte, Tote zur lebendigen Einheit seines Urteils («So und so ist es») verknüpfen und vermitteln: aber in der bejahenden Annahme *geschenkter* Einheit im Sein, dessen Leben als Einheit von Leben und Tod, Fülle und Armut durch keine vom Menschen her erstellte Synthesis zustande kommt, sondern Gabe ist – und bleibt.

Ein jedes Urteil geschieht aus der Einheit von Leben und Tod. Daher bleibt der Mensch in diesem Vollzug weder bei der toten Vielheit des Getrennten noch bei der toten Einheit der allgemeinen Begriffe stehen. Er verfällt nicht dieser doppelten Vordergründigkeit. Vielmehr ist er, wie Thomas von Aquin sagt, einer, der «auf dem Weg des Urteilens meditierend voranschreitet». «Meditierend» jedoch heißt, von der dieses Wort bestimmenden Wurzel «med-» her verstanden: «messend», «unterscheidend», «erwägend», die Vielheit unter das Gericht der Einheit stellend. Im meditierenden Urteilen scheidet er das Unbestimmte vom Bestimmten, Wesentliches vom Unwesentlichen, aber so, daß diese Unterscheidung von Vorläufigem und Endgültigem, Sein und Nichtsein, Leben und Tod nicht eine bloße Unter-scheidung bleibt. Diese nämlich würde der Todestrennung von Geist und Leib entsprechen. Vielmehr kehrt der Mensch meditierend, im Vollzug der Vermittlung von Teil und Ganzem, Einheit und Vielheit immer wieder aus der berührten Wesens- und Seinstiefe zu den Bildern zurück, in denen die Wesensgestalten, will man sie nicht zu leeren und (im schlechten Sinne) abstrakten Begriffsgespinsten herabwürdigen, allein «da» und «gegenwärtig» sind[10].

[10] Es wird sich später noch zeigen, daß in diesem Vollzug die Verendlichung des geschaffenen Seins als Gabe der Liebe zum Austrag kommt, auf *deren* Einheit von Leben und Tod hin die *gespaltene* ontologische Differenz des Seins (Einheit) zum Seienden (Vielheit) durchfragt werden muß, damit das Denken im Austrag der geschenkten Einheit von Leben und Tod frei werde von der bloßen Synthesis derselben durch «Gebrauchen» der Spaltung von Leben und Tod.

58 # |II. DER TOD DES PHILOSOPHIERENDEN MENSCHEN UND DIE EINHEIT VON LEBEN UND TOD IN DER HOFFNUNG

1. Der Tod in der «philosophischen» Hoffnung

Somit kann man mit gutem Recht sagen, daß eine jede Meditation aus der Einheit von Leben und Tod erwächst; daß jeder, der sich auf die Frage nach der Einheit von Leben und Tod einläßt, dies in der Form der Meditation tun sollte. Denn sie ist die unserem «Gegenstand» angemessene «Methode» des Fragens, als solche schon Vollzug der Einheit von Leben und Tod, praktische Eröffnung dessen, worum es hier, inhaltlich gesehen, geht.

Plato hat das in seinen Dialogen tief erkannt. Er läßt im «Phaidon» (63 ef) den Sokrates, seinen Richtern gegenüber, Rechenschaft darüber ablegen, daß er «mit gutem Grund glaube, ein Mann, der sein Leben wahrhaft als Philosoph verbracht hat, müsse, wenn er sterben soll, zuversichtlich und von der freudigen Hoffnung erfüllt sein...». Zu Simmias und Kebes gewandt erklärt der Philosoph aber: «... Es sieht doch wohl so aus, als ob diejenigen, die sich auf die rechte Weise mit der Philosophie befassen, nichts anderes betrieben, als – ohne daß die anderen es gewahr werden – zu sterben und tot zu sein»[11]. Ja, sie wünschen, begehren und verdienen in ihrem ganzen Leben nichts anderes als dieses und empören sich nicht wider das, was ihnen in Hoffnung immer gegenwärtig war, wenn es kommt. Der Tod, den der Philosophierende (der nach Plato nicht ein verstiegener Esoteriker, sondern der wahrhaft «menschliche Mensch» ist) austrägt, ist nicht der «schlechte Tod» des bloß negierten, aggressiv oder masochistisch zerstörenden und zerstörten Lebens. Er ist
59 viel|mehr eine Trennung, die der Erfahrung des lebendigen Seins, der wahren Wirklichkeit entspringt, einer Tiefe, die alles andere als ein nur gedachter Begriff, ein «ens rationis» ist. Er ist

[11] Vgl. dazu vor allem R. Guardini: «Der Tod des Sokrates», 5. Aufl., Mainz und Paderborn, 1987, 157ff.

positiver Tod des Abschieds ins je größere Leben hinein; die Aufhebung des schlechten Todes im beliebigen Wechsel der Erscheinungen; die Negation des ohnmächtigen Auseinanderrinnens des Lebens in der zerbrochenen Unendlichkeit von Raum und Zeit. Dieser Tod lebt aus der Hoffnung.

2. Eros als Einheit von Reichtum und Armut, Leben und Tod

Seine Einheit aber mit dem Leben, das der Mensch anstrebt, enthüllt sich im Eros, der als «Kind»: der Vermählung von Reichtum und Armut, Leben und Tod entstammt. Eros ist aus dem Reichtum des Lebens geboren, weil sich das Ziel auf dem Weg immer schon geschenkt hat. Die Wahrheit selbst ist der «Weg». Denn das Kommende ist für uns nur insoweit verpflichtende Zukunft, als es schon, wenn auch verhüllt, gegenwärtig im Hier und Jetzt lebendig wirksam ist. Der Eros verdankt sich aber auch der Armut, dem Tod. Denn das Da-sein der Erfüllung wird nicht in ein statisches Jetzt eingeschlossen, das die Zukunft in die öden Täler einer leblosen Vergangenheit abgleiten ließe. Wirkliches Reichgeworden-sein durch empfangene Zukunft bedeutet nicht starre Fixierung des Lebens in sich selbst, abstrakte Identität von Ich=Ich! Gerade weil die Zukunft schon angekommen ist, macht sie den Menschen auf ihre je reichere Epiphanie hin «arm», ruft und lockt sie ihn immerfort über sich hinaus, «nach vorne», ins Wachstum, ins Mehr-werden, in die Seinsfruchtbarkeit hinein. In der Todesarmut des Eros wird offenbar, daß die Erfüllung weder auf die Vergangenheit noch auf das jeweilige Jetzt hin vernotwendigt werden kann, sondern daß sie «umsonst» geschenkt ist. Der Eros ist die Lebensquelle der menschlichen Selbsttranszendenz. –

3. Todesgestalten des Eros: Verzweiflung und Vermessenheit

Eros stirbt aber immer dort, wo Leben und Tod gegensätzlich
gespalten werden. Dann verfällt der Mensch entweder der |Ver- 60
zweiflung oder der Vermessenheit; er sinkt in die Todesgestalten der Hoffnung herab. Beide sind nur zwei Seiten ein und derselben Disposition. Eine Frucht des Ausbrechens der Freiheit

aus dem geduldigen Aushalten der Einheit von Leben und Tod im Noch-nicht der Hoffnung[12]. Die Verzweiflung zerfließt in der Nur-Armut, im Tod der nichtigen Endlichkeit. Dieser entzogen, ihr entfremdet: herrscht der Reichtum des Nur-Lebens dann in jenseitiger Abgeschiedenheit, im «Himmel». Er kann aber als Reichtum, seiner selbst entäußert, nicht «arm» werden, zur Welt kommen, in die Verendlichung eingehen. Das transzendente Leben des «Ursprungs» ist zur Selbstmitteilung unfähig. Diese «absolute Substanz», der «nur-reiche» Gott, ist daher seinerseits ohnmächtig und arm, weil er über das kalte Licht seines Ich=Ich nicht hinauskommt. Er besitzt nicht die Kraft der Preisgabe seines Reichtums. Er vermag die von ihm abhängige, tote Endlichkeit nicht an ihr selbst zu befreien. Daher glaubt die Verzweiflung der zukünftigen Vollendung nicht, daß sie schon gekommen sei. Sie muß also, angesichts der vor ihr aufgerichteten Mauern einer Zukunft, die nicht gegenwärtig ist, kraftlos in die Leere und Langeweile der unbestimmten, beliebigen Jetztpunkte herabsinken und sich darin verzehren.

Gott kann sich dem Menschen nur als ein unendliches Ideal vor-stellen, das unerreichbar bleibt; dem der Mensch nachjagt, an dessen eisiger Grenze er aber immerfort in die Niederungen seiner verarmten Endlichkeit, in die Nacht seiner Todesschuld untergeht. Die in-sich-geschlossene Herrlichkeit des Absoluten entmächtigt alles «Andere». Damit dieser Gott lebe, muß die Welt sterben. In der Verzweiflung entartet das Leben zur Todesjagd nach einer uneinholbaren Zukunft oder zur dumpfen Resignation bleierner Passivität, im Wiederholungszwang des Gewesenen. Verzweiflung ist im Grunde immer zugleich Erfahrung der Todesverfallenheit des Endlichen und (!) des Absoluten.

Die Vermessenheit der abgestorbenen Hoffnung hingegen ist die Kehrseite der Verzweiflung. Der Mensch erkennt die Hinfälligkeit des im Jenseits thronenden Tyrannen, der sein Leben
61 tö|tet, ihn der Sklaverei unterwirft, dem Tod überantwortet, um «Herr» sein zu können. Wir spüren die Kraftlosigkeit dieser «Autorität», die unser Dasein nicht um ein Unendliches zu

[12] Vgl. «Atheismus und Menschwerdung», Einsiedeln 1966, [2]1975.

vermehren (auctoritas – augere – vermehren!) vermag; die der Ohnmacht des Knechtes bedarf, um ihre Herrschaft überall durchzusetzen; die es sich nicht leisten kann, «Freiheit» neben und durch sich aufblühen zu lassen.

Und eben diese durchschaute Nichtigkeit des Absoluten kehrt das frühere Verhältnis von Knecht und Herr, Tod und Leben um. War zuvor das Leben dem Jenseits, der Tod dem Diesseits zugeordnet worden, so hat sich jetzt der Tod das (ohnmächtig gegen ihn geschiedene) Leben unterworfen, sich selbst ins «Leben» hinein überwunden. Denn der Herr, der den Tod des Knechtes braucht, um leben zu können, ist selbst eine ohnmächtige Funktion des ihm scheinbar unterworfenen Toten. Er ist Knecht seines Knechtes und dieser somit der Herr seines (scheinbaren) Herrn.

In der Vermessenheit erscheint daher der Himmel als das bloße «Nichts», die vormals entselbstete Endlichkeit hingegen als das «eigentliche Sein». Das Werden wird mit dem Sein identifiziert und schließt sich zum anfangs- und endelosen Kreis, zum «Ring der Ringe» in der «ewigen Wiederkehr des Gleichen» (Nietzsche) zusammen. War zuvor das «reine Leben» dem Tod des Werdens und Vergehens entrückt, so ist es jetzt, als transzendentes Leben «gestorben», mitten in der früher entleerten und ausgebeuteten Endlichkeit durch den «Willen zur Macht» als deren «wirklicher Sinn» erwacht. Leben und Tod scheinen in der Immanenz «Hochzeit» zu feiern. –

Der Mensch versucht daher, seine Auferstehung von den Toten durch eigene Kraft zu erleisten. Weil er, um dies realisieren zu können, das absolute Leben immer schon (jenseits von allem Empfangen!) in sich haben muß (weshalb, wie Nietzsche sagt, der «Wille zur Macht nicht geworden ist»)[13], so will er seine Endlichkeit nicht annehmen, im Tod sein Leben nicht «um-
|sonst» fahren lassen, gerade dort, wo sein Leben (im Tod einer 62
rückhaltlosen Selbstentäußerung) *scheinbar* für die letzte Sinn-

[13] Dazu: «Das theologische Apriori des neuzeitlichen Atheismus» in: «Il problema del ateismo», Brescia 1962, S. 342-377; «Die Macht des Menschen bei Fr. Nietzsche» in: «Potere e responsabilità», Brescia 1963, S. 154-198; sowie «Nietzsche und die atheistische Sinngebung des Sinnlosen» in: «Atheismus kritisch betrachtet», München 1971, S. 27-70.

gebung des Daseins frei wird. Er fällt aus der «Einheit von Leben und Tod» wieder auf sein Nur-Leben zurück. Er trinkt «die Flammen, die aus ihm schlagen, wieder in sich hinein»: «Licht bin ich, ach, daß ich Nacht wäre...» «Ich kenne das Glück des Nehmenden nicht», sagt Zarathustra[14]. Der Tod ist wieder aus dem Leben verdrängt.

Trotzdem wird er, wenn auch in pervertierter Gestalt, «wiederholt»: Die Vermessenheit ersetzt den negierten Tod durch die Entäußerungsformen eines blinden Sich-auslebens, durch die Verschwendung ihres *Scheinreichtums,* der sich *nicht* wirklich verschenken, einem Du nicht übereignen kann, da ihm das Signum des Empfangen-seins fehlt: Er wurde nicht durch den Tod des Empfangens hindurch angenommen. Die Verzweiflung ersetzt den negierten Tod durch die «Flucht nach vorne», durch das hoffnungslose Todeswagnis der Zukunft, die stumm und leer ist. Weil der Mensch nicht durch die Gabe der Zukunft arm wird, bringt er sich selbst «nach vorne hin» um. Oder aber er versinkt in der Depression und empfindet sich als ein lebloses Stück Holz. (Augustinus nennt eine der Todesfrüchte der Lieblosigkeit: «silvescere», d.h. «verholzen»).

[14] «Nachtlied» des «Zarathustra»; vgl. WW (edit. K. Schlechta) II, 362f.

|III. DER TOD IN DER VERLEIBLICHUNG: LEIB-SEIN 63

1. Rettung des «Ich» gegen die Entäußerung in die Leiblichkeit?

Wir sahen, daß der Tod des Philosophen eine Funktion seiner Selbstüberbietung in den lichten Grund des lebendigen Seins ist. Diese Deutung des Todes ist aber ihrerseits nochmals von der Versuchung zur Vermessenheit oder Verzweiflung bedroht. Es besteht nämlich die *Gefahr*, die Richtung des Sterbens nur nach einer Seite hin auszuziehen, vom «Nichtsein» ins Sein, von der Welt in die Transzendenz, vom «Hier»: «Dorthin», wie Plato sagt; aus der Leiblichkeit in den Geist und «seine Welt».

Das Sterben aus der endlichen Vielheit in die unendliche, beständige, werdelose Einheit des Ursprungs, der Abschied vom sinnlichen Gewahren ins Licht des die Einheit er-innernden bei-sich-selbst-seienden Geistes wird, falls wir der Versuchung erliegen, dann nur einseitig verwirklicht. Der Mensch ist nicht geneigt, den Weg umgekehrt zu gehen, d.h. aus der im Denken erfahrenen Seins- und Wesenstiefe des Wirklichen, aus dem Innenraum der Reflexion, in die Sphäre der Leiblichkeit, in die materielle Bildlichkeit der erscheinenden Welt hinein zu sterben. Er will nicht «zur Erde zurückkehren», nicht im Leib «zugrundegehen». Weil er nicht sterben will, siedelt er sich in den «unsterblichen» Regionen der «Seele» an; weil er nicht arm werden will, flieht er in den Scheinreichtum dieses «unvergänglichen Lebens», das sich (aus Lieb-losigkeit) ein Jenseits als letzte Bastion und Rechtfertigung seines mit sich gleich-bleibenden Ansich-haltens aufbaut. Die Flucht vor dem Tod läßt den Menschen in einem
Himmel schwelgen, der nichts anderes als die Projek|tion seines 64
versteckten Egoismus ist. Dann stirbt an der Todesgrenze nur der sterbliche Leib, die Seele bleibt das, was sie «gewesen» ist.

Das Jenseits, in das der Mensch flieht, hat keinen anderen «Zweck» als den Tod zu neutralisieren (wobei man sich, gerade in einer solchen Situation, sehr oft nicht genug daran tun kann, über den Tod zu reden)[15]. Der Mensch «braucht» hier die Transzendenz, um durch alle Abschiede hindurch als isoliertes Ich «überwintern» zu können. So gibt es, trotz aller «Höllenangst», den Trost, daß schließlich, im Himmel oder in der Hölle, «Ich» es bin, der da fortdauert. Auch in den «Flammen» hab ich zumindest ein «Stück» von mir gerettet. Die letzte, äußerste Preisgabe, die Verwandlung in der Unerbittlichkeit des Todes wird überflüssig. Es bleibt ein «Rest», der sich nicht fragwürdig wird, sondern zu bewahren vermag.

Die Materie erscheint als «gefrorener Geist», der im Todesfeuer als «Geist» auftaut und seine verlorene, im kalten Grab des Leibes erstarrte Lebendigkeit endgültig wiedergewinnt. Ein unantastbarer, substanzieller Kern von «Selbstsein», von Individualität, die nicht zerbricht, hält sich in allem Wechsel durch. Individuum heißt doch: «indivisum» (ungeteilt) in sich selbst und von jedwedem «anderen» abgeschieden (divisus). M.a.W.: der Tod, die Trennung, betrifft nur das Du und die Welt, das Andere und den Anderen, mich selbst aber nicht. Er ist immer schon außerhalb meiner selbst lokalisiert[16].

Ein unverlierbares Stück Identität meiner mit mir selbst erlaubt es mir, auf mich zurückgebeugt (reflektierend) innerhalb meines Ghettos zu verharren. Erkennend, wissend: vollziehe ich ja das Andere als Erkanntes und Gewußtes innerhalb meiner selbst. Wer könnte da leugnen, daß ich im Geist («wissend») die Todesspaltung, den Zerfall des Lebens in die Vielheit: zur Einheit gebracht habe? Wo sonst läge eine wirksamere Garantie für
65 die Überwindung des Todes als im «seiner-selbst»-bewußten Geist, im Denken, das sich als Denken innerhalb seiner «selbst-überbietet»[17].

[15] Viele «Prediger des Todes» verstecken hinter diesen «schönen Worten» nur das Nicht-Sterben wollen. Sprache und Sprechen ersetzt ihnen die Liebes-entäußerung in Fleisch und Blut.

[16] Vgl. dazu in der ersten Meditation II, 3: «Der Tod und die versuchte Selbsterlösung durch die ‹unsterbliche Seele›.»

[17] Dazu Marx, a.a.O.: «Das Bewußtsein, das Selbstbewußtsein ist in *seinem Anderssein als solchem bei sich*» ... «Darin liegt einmal, daß das Bewußtsein – das Wissen – als Wissen – das Denken – als Denken – unmittelbar das *andere* seiner selbst [zu] sein, Sinnlichkeit, Wirklichkeit, Leben zu sein vorgibt. Das im Denken sich überbietende Denken (Feuerbach).» (S. 277)

2. Kampf gegen das Eingewurzelt-Sein in der Welt und dem «kleinen Weg»

Im Grunde aber bin ich, trotz des unauflösbaren, nicht in sich geteilten Lebens, das ich gewonnen zu haben glaube: im Tod. Ich folge nicht dem Weg des auskehrenden, die Reflexion je neu durchbrechenden Wollens, das sich in der Liebe vollendet, die die Fleischwerdung sucht. Wir kämpfen in all unserem «Wissen» insgeheim gegen den Tod der leiblichen Entäußerung. Wir wollen nicht ins «Exil» der Materie; wir fürchten die «Verdunkelung» des «reinen Lichts» und widersetzen uns dem Abschied, der Trennung von den scheinbar unbegrenzten, klaren und eindeutigen Möglichkeiten des frei-schwebenden, unbestimmten «Allgemeinen», das seinen Ort in der Vernunft hat, die es doch von den «Verkrustungen» und Schranken der schmutzigen Materialität reinigen kann. Wir wehren uns gegen den Abstieg, die Besonderung inmitten der Vielheit. Der Kopf darf nicht in die Wasser des Lebens untertauchen. Wir haben Angst vor der Taufe der Inkarnation, vor dem Angenagelt-sein auf einem bestimmten, nicht auswechselbaren Platz, vor dem Pfahl des Kreuzes, der in das Erdreich einer unvertauschbaren Raum-Zeit-Dimension eingelassen ist. Wir haben Angst vor dem Tod in der pluralen Beziehungsfülle von Welt und Geschichte, vor der trennenden, schmerzlichen Differenzierung der festgehaltenen «Einheit» unseres Wesens. Das Samenkorn will bei sich bleiben, nicht sterben: nicht in die Erde fallen; denn es sagt sich, die Frucht am Ende werde schließlich nicht anders aussehen als es selbst: «jetzt»! – So bleibt es lieber «allein», will es sich der Erde nicht anvertrauen, der Auflösung seiner «Einheit» mit sich selbst 66
nicht preisgeben; es wagt nicht die Hoffnung in Wachstum und Reife, um am Ende als «Einer unter Vielen» fruchtbar zu sein. An-sich-haltend verfault es.

Dieses Bild vom sterbenden Weizenkorn enthüllt Tiefes über die Todesangst des Menschen in seiner Verleiblichung. Im «reinen Allgemeinen» (von dem der Aquinate sagt, es habe weniger Sein als das konkret Einzelne) ist er nämlich kaum verwundbar, sondern im «Beständigen» scheinbar geschützt und geborgen. In diesem Reich des Einklangs und der Harmonie kann er sich auch mit einem «ewigen Frieden» vertrösten (man hat noch nicht gehört, daß die Katzen-*Idee* die Maus-*Idee* aufgefressen haben soll). In Fleisch und Blut jedoch wird die verleibte Freiheit vom Anderen unausweichlich und konkret betroffen. Dort ist sie ausgesetzt und entblößt, daran-gegeben ins Opferwerk (von «Essen und Gegessen-werden»), in die Welt hinein «sinnlich» entäußert. Sie ist auf dem Weg (Sin-, «Sinn» heißt ursprünglich «Weg»), den sie nicht mit einem Schritt durchmessen kann, der sich auf dem Zeigstock des Allgemeinen nicht fein säuberlich aufspulen und verfügbar machen läßt. Im Fleisch ist sie der Wandlung ausgesetzt, die nicht willkürlich abgeschlossen und beendet oder beliebig unterbrochen zu werden vermag.

Der Leib bindet den Menschen in das Hier und Jetzt und nimmt ihm das selbstherrliche «Überall». Er bringt ihn zur Einwurzelung auf einem bestimmten Stück Erde; er ermöglicht es ihm, einem konkreten Anruf mit: «da-bin-ich» zu antworten. Die Verleiblichung zerschlägt dem Menschen die großen Synthesen seiner Systeme und führt ins «Spezielle», bricht das «Ganze» ins Fragment auf! Neue Beschränkung, Bescheidung wird erfahren und die gehabte, fraglos durchschaute Ganzheit *verwandelt* sich, indem sie aus einer überblickbaren Vergangenheit in die Zukunft rückt, zu einer Aufgabe wird, die vor uns liegt; eine Aufgabe, der man nur gerecht wird, indem man sprechend und hörend in das Gespräch eintritt, worin jeder die Not seiner eigenen Besonderung und Trennung nicht verendgültigt, sondern unter das Gericht der einen, aufgegebenen Wahrheit stellt. Die großen Schritte werden klein; der «grandiose» Weg
67 | der Ungeduld stirbt, Fleisch geworden, in den «kleinen Weg» (Therese von Lisieux) hinein. Die Herrschaft im «reinen» Sein weicht der Demut des «Sandkorns» (Therese). Und gerade in dieser Ohnmacht und Vergeblichkeit enthüllt sich die wahre «Reinheit», die treue Gerechtigkeit, die Herrlichkeit (*nicht* des gnostischen Pharisäertums, sondern) des Seins als Liebe!

3. *Verantwortung und Tod in der Fleischwerdung*[18]

Durch den Tod der Verleiblichung reift die Freiheit zur Selbständigkeit und Verantwortung. Der Andere ist nicht mehr ausschließlich als «Gewußter», reflexiv Eingeholter interessant. Er wandelt sich aus einem aufarbeitbaren Problem ins Geheimnis, als das er angenommen sein will, und das im Maße der Verleiblichung immer anspruchsvoller wird. Das Gegenüber gewinnt prägnante Konturen, es wird «konkret». Ich muß mich «stellen» und weiß mich von nicht hintergehbaren Ansprüchen herausgefordert und «gestellt».

Die Armut des Todes, der mich rückhaltlos zur Erde, von der ich genommen bin, zurücknimmt, dieser Tod, dessen Lauf meine Lebenslinien zeichnet und prägt, verfügt mich je neu, so ich ihn annehme, in die Mitmenschlichkeit, ins «Dasein für die anderen». Gerade weil er mir keine Hintertür, kein Zurück in die Unmittelbarkeit des bloß Allgemeinen offenläßt, ist er positive Frucht der Verleiblichung. Anzeige dafür, daß es dem «Sein» nicht um sich selbst, sondern um den geht, in den hinein es als Gabe verschenkt ist.

In der Verleiblichung stirbt daher die pseudo-metaphysische Emanzipation des Menschen ins «reine Sein», stirbt das geschlossene Wissen; werden erstarrte Worte und Begriffe wieder lebendig und flüssig, geraten alle Verendgültigungen der Vermessenheit und Verzweiflung in den Tod. Je tiefer der Mensch die Verleiblichung wagt, um so ursprünglicher entringt, befreit er sich also aus dem Bann des bloß Gewesenen, um so offener
|wird er für das, was auf ihn zu-kommt. Denkend und sprechend 68
ist er nicht einfach «fertig», sondern erhält die Chance, die Armut des Empfangens neu zu lernen, sich in das Schweigen einzuüben, sich selbst zu überbieten.

Durch die Verleiblichung wird der Geist, der sich im «reinen Sein» zwischen Gott und der materiellen Welt angesiedelt hatte, entthront. Er verdeckt das Absolute nicht mehr. Der Anspruch Gottes an den Menschen wird direkter, unausweichlich. Ja, man

[18] Dazu: «Evolution – Geschichte – Transzendenz» in: «Evoluzionismo e storia umana», Brescia 1968, S. 254-321.

kann sagen, daß das Wagnis der Transzendenz des Menschen in das Geheimnis Gottes hinein im Maße seiner Verleiblichung nicht ab-, sondern zunimmt. An der liebenden Todesrückkehr zur Erde, von der der Mensch gekommen ist, wird die Intensität seiner Bereitschaft zur Todesheimkehr ins ewige Leben hinein sichtbar. Deshalb ist die Rede von der «unsterblichen Seele» in einer beirrenden Zweideutigkeit gefangen, die am Leben der Liebe, die die Einheit von Leben und Tod ist, oft vorbeiredet. –

Aber, der Mensch stirbt lieber den einseitigen «Scheintod» in das (seiner selbst als fleischwerdende Liebe nicht entäußerte) «Sein» und blickt aus dem hypostasierten Licht des «reinen Geistes» auf das Nichtsein der materiellen Leiblichkeit und die Welt herab. Er flieht vor der Todes-Kenosis in die «Vielheit», in der sich der Liebes-sinn des seiner selbst entäußerten, geschaffenen Seins enthüllt, das *lebendige* «Gute» (kein abstrakter Wert), das als Herz des Seins nicht an-sich-hält, nicht für-sich-sein will, sondern sich verströmt und preisgibt («bonum est diffusivum sui»). Er möchte vielmehr, aus einem egoistischen Interesse heraus, das «eigentliche Sein» an ihm selbst zu fassen bekommen, als «reines Leben», abgeschieden gegen das Todesdunkel der «lichtlos-blinden» Materie. Er willigt nicht zustimmend in die Wahrheit ein, daß die Materie in ihrem Auseinander und Nebeneinander nichts anderes als die Ermöglichungsdimension des sich als Liebe entäußert schenkenden Seins selbst ist. Weil er vor dem Tod der liebenden Freiheit flieht, versteigt er sich in den gnostischen Haß von Fleisch und Blut, das er der in den Himmel entrückten, starren, leblosen, weil nicht arm werdenden, «unvergänglichen» und doch toten Macht des Ich=Ich opfert.

69 | *4. Dienst an der Leiblichkeit der Freiheit als Dienst an der reifenden Liebe*

Von hier aus gesehen liegt ein wesentlicher Auftrag des Arztes darin, dem ihm anvertrauten Menschen, durch die Sorge für sein leibliches Wohl und seine Gesundheit, gerade auch im Wandlungsprozeß einer Krankheit, neue Möglichkeiten der Selbsttranszendenz, der Liebesfähigkeit (durch «gewandelte» Leiblichkeit) zu eröffnen. Aus dem bisher Gesagten wird einsichtig, daß Krankheit immer wieder die Freiheit aufruft, ihr Verhältnis zur Liebe: positiv umzugestalten. Je tiefer (sich selbst genommen und der Macht des Todes unterworfen) der Mensch zur Erde zurückkehrt, je ursprünglicher er die Kenosis seines Seins austrägt, seine Verendlichung besteht, je unerbittlicher also sein Sein als entäußerte, arme, «umsonst» geschenkte Liebe (die gerade so Fülle und Reichtum ist) offenbar wird, m.a.W. je *reifer* der Mensch wird, desto wesentlicher wächst der Tod aus der Mitte seines Lebens, desto ununterscheidbarer geht das Ja zum Leben mit dem Ja zum Tode in eins, d.h. in der Liebe zusammen.

Jeder ärztliche Akt ist in den Dienst dieser Geburt des Menschen verfügt. Mag er sich auch, aufgrund der fortschreitenden Technisierung von Diagnose und Therapie, scheinbar noch so fraglos auf die Dimension des Leiblichen beschränken: gerade im Ernstnehmen derselben geschieht ein Stück Dienst am Geheimnis der Liebe. Eine solche Bescheidung kann der Wirklichkeit viel näher und verwandter sein als jeder ästhetisierende, das «Humanum» als «schöne Seele» oder als «moralisches Subjekt» retten wollende Überbau.

5. Leiblichkeit und «endgültiger» Tod[19]

Vielleicht wird man einwenden, daß das eben Gesagte ausschließlich für das «Stirb und Werde» im Lebensprozeß als solchen gelte. Es sei nur dort relevant, wo der Mensch durch
Ge|sundung wirklich ein positives Verhältnis zu seiner Leiblich- 70
keit verwirklichen könne, wo Krankheit in Gesundheit überwunden wird. Aber, meint der biologische Tod nicht etwas anderes? Zeigt er nicht gerade den totalen Zerfall des Leibes? Ist das Tun des Arztes nicht wirklich, aufs Letzte gesehen, im negativen Sinne «umsonst»? Und kann, auf der Seite des Sterbenden, dieser Untergang, dieser äußerste Zerfall in die Vielheit, dieses erbarmungslose Geschehen existenzieller Kenosis, durch die das Zelt der Leiblichkeit abgerissen wird –, kann diese Armut den unzerstörbaren Reichtum, die lebendige Einheit der

[19] Vgl. dazu in der ersten Meditation II,2: «Die zweideutige Rede vom Stirb und Werde.»

Liebe enthüllen? Kann dieses Geschehen noch als freie Tat gedeutet, als äußerstes «Umsonst» der Liebe begriffen werden? Endet im endgültigen Zerfall nicht auch alle durch den Tod der Entäußerung versuchte und verwirklichte Rückkehr ins Leben? Stirbt hier nicht alle «Einheit», zu der der Mensch im Bestehen seiner zeitlichen Untergänge gereift ist? Stirbt hier nicht jedwede gewachsene Einheit von Leben und Tod einen unumkehrbaren Tod? Was hilft da der Tod aus der Vielheit zur Einheit und der Tod aus der Einheit zur Vielheit, wenn das sich dadurch aufbauende «Leben» schließlich doch untergeht? Wir versuchen, diese Fragen ernst zu nehmen, selbst dann, wenn sie das Philosophieren in ein Auf-hören nötigen.

IV. DIE «EINHEIT VON LEBEN UND TOD» 71
IN DER GABE DES SEINS ALS LIEBE

Immer wieder zeigte sich, daß die Todesspaltung von Geist und Leib unsere Versuchung und Bedrohung bleibt. Diese Trennung wird nicht erst im biologischen Tod sichtbar, sie ist immer präsent. Ihr Stachel sitzt uns im Fleisch. Sie bestimmt die alltäglichsten Vollzüge unseres Daseins, sie reicht bis in die Räume von Wissenschaft, Philosophie und Theologie. Die Gestalt des menschlichen Lebens im unabsehbaren Spektrum seiner welthaften und geschichtlichen Konkretionen scheint nichts anderes als eine je neu versuchte Überwindung dieser Versuchung zu sein, die wir auf mannigfaltige Weise ausschalten wollen. Dennoch kehrt sie immer wieder zurück. In ihr verbirgt sich ein Geheimnis des Daseins, das seit eh und je philosophisches Denken beunruhigte und zum Fragen brachte. Der Tod, den wir als Trennung von Leib und Seele deuten, ist, wenn wir ihn auf seinen Grund hin befragen: Frucht der Spaltung von Leben und Tod, Anzeige einer Zerrissenheit, die wir im folgenden von ihrer Wurzel her zu erörtern uns bemühen.

1. Die Spaltung der Einheit von Leben und Tod in der «Krankheit zum Tode»

Der Mensch, so sahen wir, will den Tod immer einseitig sterben. Er flieht in die Einheit des Seins, um sich gegen das Nicht-sein des Endlichen abzuschirmen. Er flieht in die Endlichkeit, um sich aus der «Leere» des Seins, dem Nicht-sein und der Unnatürlichkeit des fleischlosen Geistes zu erlösen. Er sucht den Tod, um des «reinen», vom Nichts des Todes nicht angreifbaren Lebens willen und stirbt in diesem (!) «Leben», um wieder in den Tod hinabzusteigen, der jetzt, angesichts des als tot erfahrenen «Lebens», als das «eigentliche» Leben sich bekundet. Das 72
«reine Sein» erscheint ihm als sein «eigentliches Wesen», als «Fülle seiner Existenz».

Das Sein aber ist unendlich, der Mensch jedoch will «er selbst sein». Er entdeckt also, durch die voraufgegangene Identifikation seines Selbst mit dem Sein, sein wahres Leben «jenseits» seiner Endlichkeit, in einer Sphäre, die er nicht erreichen kann. Er «kann» sie nicht einholen, weil er nach Unendlichkeit verlangt und zugleich weiß, daß er «alles verliert», wenn er seine Endlichkeit aufgibt. Hätte er andererseits das Sein schon in sich hinein herabgezogen, so würde der Tod das letzte Wort über sein jetzt durch und durch «sterblich» gewordenes Leben sprechen. Der Mensch will aber nicht sterben – und deshalb muß das Sein «draußen» bleiben, «darf» er es sich nicht einverwandeln.

Nun ist, wie Kierkegaard richtig erkannt hat, die Formel für alle Verzweiflung: «verzweifelt sich selber los sein wollen»[20]. Der Mensch will sich selber los sein, d.h. sterben, weil er sich im «reinen Sein» sucht, in dem er sein Selbst zu finden hofft, das seinerseits wiederum nicht sterben «kann», weil es «ewig» ist. In der Dimension des Endlichen und Unendlichen also «kann» der Mensch in dieser Situation nicht sterben. Aufgrund der Todesspaltung von Leben und Tod ist es ihm unmöglich, durch den Tod sein angezieltes Leben wirklich zu besitzen. Er hat sein wirkliches Wesen im jenseitigen Sein; er «ist» also sein Ideal und kann es nicht werden. Er «ist» sein endliches, konkretes Dasein und kann es nicht werden, da der Kern seines Lebens «außerhalb» dieser Endlichkeit liegt. Er «ist» das ideale Selbst also nicht und kann es nicht werden.

Indem er einerseits verzweifelt «nicht er selbst» sein will, sein geschichtliches Dasein negiert, den Tod ins Leben seiner «eigenen», ihm aber entzogenen Unendlichkeit zu sterben sich bemüht, will er andererseits durch diese Flucht gerade «er selbst» sein. Das Ewige ist in ihm und doch nicht in ihm; das Sein seines Selbst ist «gegeben und doch nicht gegeben». Hätte er es
73 schon | in sich, so bräuchte er nicht von sich los-kommen zu wollen; läge es bloß außer ihm, so ginge es ihn nichts an, und er würde nicht verzweifeln. Da aber das Ewige in ihm und doch nicht in ihm, da er eine Synthese aus Unendlichkeit und End-

[20] Kierkegaard: «Die Krankheit zum Tode», in: WW, Abteilung 24/25, Düsseldorf 1957, S. 16.

lichkeit ist, zerreißt ihn die «Qual des Widerspruchs»[21], Er stirbt immerfort aus der Endlichkeit ins Ewige, aus dem Ewigen ins Endliche und kann doch nicht wirklich sterben. Er kann seine uneigentliche Endlichkeit nicht los-werden und seine Unendlichkeit nicht verendlichen, um «endlich» konkret «er selbst» zu sein.

«So ist dann die Verzweiflung, diese Krankheit im Selbst, die Krankheit zum Tode. Der Verzweifelte ist todkrank ... und dennoch kann er nicht sterben. Der Tod ist nicht das Letzte der Krankheit, aber der Tod ist immerfort das Letzte. Von dieser Krankheit durch den Tod befreit zu werden ist eine Unmöglichkeit, denn die Krankheit und ihre Qual – und der Tod ist eben, daß man *nicht sterben kann.*» [22]

2. Der Tod im «Widerspruch des Seins» und der Gott-Tyrann

Der diese Verzweiflung, den Tod, der nicht zum Tode kommt, bestimmende Hintergrund liegt, wie mir scheint, in einer spezifischen, sehr «praktischen» Auslegung dessen verborgen, was wir das «Sein» nennen. Denn die Verzweiflung enthüllt sich als die Verweigerung des Seins als Gabe der Liebe, die ihren Reichtum nur durch die Todesarmut ihrer Verendlichung bezeugt. Das gegen seinen Tod geschiedene Leben des Seins hat jedoch für die Welt nur den Tod übrig. Und der Mensch, der diesem Tod in seiner Endlichkeit entrinnen will, hat ein in sich verstricktes Leben, also den Tod in der schlechten Unendlichkeit, vor sich. Seine Sterblichkeit verzehrt sich nach einem toten Leben, das ihn nicht zu sich selbst zu befreien vermag. Er scheitert am Ansich-halten dieses Lebens, das doch im Grunde «sein Leben» sein sollte, und beginnt sich dort zu suchen, woher er
geflohen war, | da er sich hier und jetzt nicht finden konnte. Er 74
greift aber nochmals nach dem, was er los sein wollte, da er nicht erfaßte, wonach er verlangt hat; denn das Sein erscheint ihm als eine letztlich vorenthaltene Gabe, als ein gegen den Tod des Geschenktseins geschiedenes Leben.

[21] Ebd., S. 17. [22] Ebd.

Aber, man kann die Fülle des Seins nicht ernstnehmen, ohne dem Zug seiner Entäußerung zu folgen; das Licht des Anfangs nicht (an diesem selbst) denken, ohne in seine Preisgabe an die Welt einzustimmen. Die Wahrheit des Seins wird nicht jenseits der Liebe erfahren. Der Tod in das «reine Sein» hinein, der sich nicht zugleich in den Tod der Entäußerung des Seins verwandelt (und umgekehrt!): ist der Tod der Spaltung von Leben und Tod, Reichtum und Armut der Liebe. Er ist ein Tod, der ins je größere Leben hinein stirbt und nicht wahrhaben will, daß dieses Leben für ihn gestorben ist, damit er lebe. Der Mensch will das Sein neben dem Nichtsein, das Leben neben dem Tod finden.

In diesem schlechten Tod ordnet der Mensch den «Geist» der Fülle des Seins, den «Leib» hingegen der Materialität und «nichtigen» Vielheit des Seienden zu. Oder aber er macht den Geist zu einem Epiphänomen des Leibes, sofern er die Fülle des Seins, durch den einseitigen Tod seiner Einheit, in die materielle Vielheit untergehen läßt. In dieser Todestrennung werden Leib und Geist als zwei in sich geschlossene Schichten gedacht, die einander «ergänzen», wobei die Sphäre des Seins, d.h. der «Geist», eine zerfallende Endlichkeit, die Region des Todes («regio dissimilitudinis», könnte man mit Augustinus sagen) überlagert.

In einer solchen Deutung des menschlichen Daseins, in der sich eine abgründige Verzweiflung ausspricht, erscheint das Sein, durch das alles Wirkliche ist und lebt, als eine am Himmel hängende, in ihre eigene Herrlichkeit vergaffte und vom schenkenden Ursprung nicht loskommende Gabe. Es ist wie eine die Welt überfremdende Glocke dem Endlichen aufgesetzt, hinter deren leer tönendem und undurchsichtigem Erz sich der «Räuber hinter den Wolken» verbirgt, der «ehrsüchtige Orientale im Himmel» (Nietzsche): «Gott» genannt.

Dieser Gott läßt aus seiner ängstlich verkrampften Hand eine
75 |«Gabe» hervorgehen, die einerseits mitgeteilt, andererseits doch wieder nicht dem Empfangenden übereignet ist. In solcher Unentschiedenheit schwingt das Sein zwischen Gott und Welt hin und her. Sehnsüchtig streckt der Mensch mit der ohnmächtigen Gebärde seiner ganzen Existenz die Hände nach diesem, ihm immer wieder entgleitenden «Ja» der absoluten Erfüllung aus.

Er kann es nie empfangen; er bleibt im Hinblick auf dieses ihm je neu entzogene «Selbst»: ent-mannt, existenziell kastriert. Will er nicht dem Tod verfallen, so muß er dem Vorenthaltenen weiter nachjagen, und so treibt es ihn «zwischen» Leben und Tod hin und her[23].

3. Verweigerung des Seins als Liebe: Grund für die Spaltung der Einheit von Leben und Tod

Dieses Geschehen beschreibt jedoch keinen außerhalb des Menschen liegenden, sozusagen «gegenständlichen Sachverhalt», sondern ist die Todesfrucht seiner eigenen Lieblosigkeit. Das heißt: seine *eigene* Gespaltenheit in Leben «und» Tod setzt dem Sein die Physiognomie einer nicht gegebenen Gabe auf. Weil er selbst nicht sterben, im Grunde vom Ursprung sich nicht trennen will, vor der Selbst-werdung und Individuation Angst hat, erstrebt er sein Sein, sein Selbst in einem Anderen, in dem es «aufgehoben» ist. Er selbst ist es, der der Gabe die Verendlichung verweigert, um nicht sterben, Fleisch werden zu müssen. Daher fängt er das Sein immerfort durch den «reinen» Geist ab, der aufgrund seiner Todestrennung gegen die Armut entfleischt ist. Der Mensch denkt das Sein, er logisiert es: aber er lebt und liebt es nicht, denn: Der Mut zum Sein ist Mut zum Sterben. Der | Mensch läßt die Gabe nicht ankommen, weil er vor dem 76
Tod flieht.

Daher verliert er das Leben der Liebe in ihrem unvergänglichen Reichtum gerade dort, wo er an ihm gegen den Tod festhält. Weil dieses Sein tot ist, so kann es in die Endlichkeit hinein nur spröde zersplittern und auseinanderfallen. Die Fleischwerdung dieses Seins muß im bloßen Zerfall, in der Verwesung des Leibes enden. Dieses Sein kann in seiner Kenosis (die keine ist) nicht als unsterbliche Liebe sich bezeugen: Für es ist der Tod

[23] In der Sprache Hegels heißt das: die Freiheit ist noch nicht das «an sich», was sie «für sich» ist und nicht das «für sich»,was sie «an sich» ist. Noch ist nicht offenbar, daß es «nichts im Himmel und auf Erden gibt, was nicht zugleich Sein und Nichts», Leben und Tod wäre. Nietzsche drückt die Spaltung dadurch aus, daß er von der «Schizophrenie der Existenz» spricht; Marx deutet sie als «Entfremdung» des Menschen, als Herrschaft des Reichtums über die Armut.

nur Vermehrung der «stercora huius mundi» (Paulus) durch einen neuen «Haufen».

Vergessen wir aber *nicht,* daß es der Mensch selbst ist, der, aufgrund einer bestimmten Praxis, das Sein zu etwas Entzogenem, das nicht «umsonst» geschenkt ist, macht, weil er es sich durch Arbeit (in jeglicher Gestalt) verzweifelt erleisten will, weil er sich vom Sein als Liebe nicht betreffen lassen, nicht «umsonst» begaben, nicht «umsonst» leben, d.h. nicht sterben will und diesem Tod: den Tod der Aggression vorzieht. Deshalb projiziert er sein Nein zur Liebe in das Sein selbst hinein, so daß dieses als ein Licht «über» der Endlichkeit aufleuchtet, das «an seiner Herrlichkeit wie an einem Raub festhält» und sein Leben *gegen* die Todeskenosis sichert.

4. Die im Widerspruch des Todes zerrissene Gabe des Seins als Liebe und die Ohnmacht des schenkenden Ursprungs

Aus solch einer Perspektive verharrt die Gabe des Seins in einem abgründigen Widerspruch:

Einerseits ist sie *nicht* mit dem Schenkenden identisch. Denn, um ihren «Gabe»-Charakter zu gewinnen, muß sie sich von ihrem Ursprung trennen, gleichsam seiner Hand schon entglitten, gestorben und «gegeben» sein. «Ein wenig» muß sie sich also schon auf ihren Tod eingelassen haben. Andererseits jedoch macht sie vor den Pforten dessen, der sie empfangen soll, halt. Sie will sich ihm nicht übereignen, nicht das Leben des Empfangenden werden. Sie hat Angst davor, in ihn hineinzusterben und durch den Tod hindurch sich ihm einzuverwandeln. Lieber
77 | bleibt sie ein «Leben», das demjenigen gegenüber, der es aufnehmen und einlassen will, fremd ist, nicht sein Eigentum wird. Der negierte Tod der Gabe, das Nein zu ihrer Entäußerung verfügt den Empfangenden (der in Wirklichkeit gar nichts empfängt) in eine negative, d.h. in eine Todesabhängigkeit vom Schenkenden (der in Wirklichkeit nichts gibt). Der Ursprung raubt dem Menschen die ausgeruhte Subsistenz, den gelassenen Selbstand, die Gegenwart *seiner zu sich selbst*, den Ich-Du-Bezug seiner Freiheit, die sich (Ich = Du) als geschenkte Gabe (Du = Ich) an sie selbst: vollzieht. –

Einerseits ist das «eigentliche Sein», mein «Ich-Selbst», in der Ureinheit aufgehoben, weilt es im Raum der Herkunft, von der es sich nicht trennt. In dieser gegen den Tod abgeschirmten Seligkeit eines «Lust-Ich» schwingt es narzißtisch in sich selbst, will es nicht sterben. Andererseits bringt mich eben dieses «mein» Ich-Selbst, aber als entzogenes, verjenseitigtes: in den Tod bloßer Passivität, in den schlechten Todesgehorsam des entselbsteten Knechtes, der seine Todesohnmacht in tödliche Aggressivität, in Aktion umsetzen muß, um das nicht Empfangene an-sich-zureißen, in die Endlichkeit herunterzuholen. Da mein Ich-Selbst als Gabe nicht in mich hinein «gestorben» ist, so ersetze «ich» diesen Mangel an Tod durch tötende Aggression, die sich nach außen wendet. Der Tod wird in dieser Wiederholung kompensiert und zugleich «abgeleitet». Bildlich gesprochen könnte man sagen, daß eine nicht gestillte «Oralität» in eine entfesselte «Analität» umschlägt und schließlich in der «Selbstbegründung» endet, in der der Mensch als sein «eigener Vater» sich selbst *das* gibt, was der «absolute Vater» als sein «Sein» ihm vorenthalten hatte.

Denn die im Widerspruch gefangene Gabe des Seins zieht sich immer wieder regressiv in die Wohnstatt des Ursprungs zurück und bleibt daher für den Menschen eine «ausstehende Zukunft», die sich in der Gegenwart nicht entfaltet und fruchtbar wird. Da sie nicht verendlicht im Empfangenden ankommt, hat sie die Armut ihrer Preisgabe von sich abgestoßen und will, wie gesagt, «erleistet» werden. Ihr «Umsonst» weicht der *Forderung des Gesetzes*, das der Mensch von sich her nie erfüllen kann, da es | von ihm etwas verlangt, was es selbst nicht hergibt. Die Ent- 78
fremdung wächst und mit ihr der Tod. Dieser Tod ist aber dem Nur-Reichtum der nicht geschenkten, weil verweigerten Fülle des Lebens völlig äußerlich geworden, denn das Scheinleben des «reinen Seins» will in diesem Tod nicht Fleisch-werden, den Tod nicht auf-sich-nehmen, nicht sterben. Seine ihm *wesentliche* Armut ist ihm fremd geworden, der «Knecht» als der «Andere» aus dem Herzen des «Herrn» herausgerückt; der Herr als Lebensfülle des Armen diesem ebenso ein «Anderer». –

Die Negation des Todes macht in dieser Situation jedoch offenbar, daß Gott als der sogenannte «Geber», der sich im

Anderen seiner selbst nicht aussagen kann, als «Herr» zugleich der Knecht seines nicht entäußerten Reichtums ist. Die nicht verendlichte Gabe des Seinswortes verunmöglicht die göttliche Selbstmitteilung und zugleich die Antwort des Menschen. Sie zerstört den dialogischen Bezug der endlichen zur absoluten Freiheit und trennt beide, wie zwei isolierte, tote Seiende gegeneinander: Gott wird durch die Todesgrenze des nicht entäußerten Seins beschränkt; die Welt aber durch die Todesmacht eines sich ihr vorenthaltenden, bloß zukünftigen Reichtums in den Tod hinein verarmt.

Weil das Sein als Fülle und Leben nicht an ihm selbst arm ist, kann die Armut des Endlichen nicht an ihr selbst reich werden. Die Todesohnmacht des Endlichen und die Todesschwäche des in sich gefangenen Absoluten reißen die Einheit von Leben und Tod dualistisch auseinander. Die Liebe wird zerstört. Vermag sich der Mensch jemals aus dieser Zerrissenheit zu befreien?

Vielleicht kann eine Philosophie aus dem Glauben (eine Philosophie, die durch den Glauben zu sich selbst befreit und wirklich «philosophisch» geworden ist) darauf eine Antwort versuchen.

5. Geber und Gabe des Seins in der Einheit von Leben und Tod [24]

a. Die urbildliche Identität von Geber und Gabe («Leben»)

Wenn «alles Wirkliche ein Sich-ähnliches erwirkt», dann ist das
79 |Leben des Seins «Gleichnis Gottes», der es schafft und erwirkt. Denn je tiefer und ursprünglicher eine Gabe von Herzen kommt, der Innerlichkeit dessen, der sie schenkt, entstammt, um so reiner zeichnet sich die Gestalt des Gebers in sie ein, um so gegenwärtiger ist der Ursprung seiner Gabe, desto inniger ist die «urbildliche Einheit» von Schenkendem und Gabe. Wer daher die Gabe dessen sieht, der aus seinem eigenen Leben mitteilt, der sieht in ihr den Ursprung selbst. Auf ihn ist die Gabe als Bild des Gebers bis ins kleinste «durchsichtig». Sie ist ja ein Zeichen der mitgeteilten Wirklichkeit, die sich in ihr bekundet und bezeugt.

[24] Zum Ganzen: «Homo abyssus», Freiburg ^{2}1998.

Jede Gabe lebt aus dieser Einheit mit ihrem schöpferischen Ursprung, in dem sie geborgen, aufgehoben und bewahrt ist: als Leben vom Leben. Das gilt erst recht für das Seinswort des absoluten Lebens schlechthin. Was Gott schenkt, kann ihm nicht äußerlich sein. Er kennt keine Voraussetzungen endlicher Art; er gibt «umsonst». Wer «umsonst» gibt, der gibt frei. Für den gibt es, außerhalb seiner selbst, kein Gesetz, keine Notwendigkeit seines Tuns. Der wird nur von sich selbst, aber von keinem Anderen bewegt: weil er liebt. Die Liebe gibt, ohne zu zählen und zu wägen. Sie schafft also, indem sie sich selbst bejaht. Weil sie in ihrem Reichtum arm ist, ist sie auch ihr eigenes Motiv, der Beweggrund ihrer Selbstmitteilung. In diesem Geheimnis wurzelt die urbildliche Einheit von Gabe und Schenkendem. Man darf sie auch dadurch ausdrücken, daß man sagt: die Liebe tut immer den «ersten Schritt»; ihre Initiative ist nicht hintergehbar; ihr Lieben ist ein «absolutes Vorweg».

b. Die Trennung der Gabe vom Schenkenden («Tod»)

Und dennoch würde die Gabe dem Schenkenden nicht entsprechen, seiner Intention nicht gerecht werden, ihm nicht «gehorchen», seinen Willen nicht erfüllen, bliebe sie in der urbildlichen Einheit mit dem Geber gefangen, würde sie den Reichtum ihres ursprünglichen «einen und ganzen» Lebens, das wogende Meer ihrer «unendlichen Möglichkeiten» gegen die Todesarmut der Entäußerung, gegen die Verendlichung und Todestrennung vom Ursprung retten wollen. Die Nabelschnur muß zerschnitten
| werden, damit sich der Blutkreislauf dessen, der die Gabe emp- 80
fängt, verselbständige; damit er auf die eigenen Füße komme, sich be-haupte und aufrichte, seinen Weg gehe, auf den hin ihn das geschenkte «Ja» des Seins ermächtigt und befreit. Mit dem Ursprung bloß verklammert, der Ungeschütztheit und Todesnot der Geburt nicht ausgesetzt würde er zur Totgeburt erstarren und verwesen.

Dann hätte die Gabe, die sich vom Schenkenden nicht trennt, demjenigen, der sie geben will, nicht innerhalb ihrer selbst Raum gewährt. Der Vollzug des Schenkens friert ein, das Leben der freien Selbstmitteilung wird vergegenständlicht, der Schenkende schrumpft zu einer isolierten Substanz mit sich zusammen. Die Gabe aber wird leer, nichtig und demonstriert eben dadurch auch die Ohnmacht ihres Ursprungs. Damit dieser in ihr sich wirklich aussage und schenke, damit also die urbildliche Einheit der Gabe mit dem Schenkenden, die Lebensfülle des Anfangs, aufleuchte und zur Sprache komme: ist die kenotische Todestrennung, die Fleischwerdung des «einen» Seinswortes in der Vielheit des Endlichen notwendig; nicht in einem der urbildlichen Einheit äußerlichen, sondern ihr zutiefst innerlichen Sinne. Der Tod wäre dem Leben äußerlich, wenn die Gabe des Seins einer schon vorausgesetzten, hungrigen, ungestillten Endlichkeit (als des «Negativen»!) bedürftig wäre, damit sie aus der regressiven Bindung an den Geber befreit, vom Ursprung weg- und aus den himmlischen Gemächern in die Endlichkeit herausgetrieben werde. Nein, der Tod der Trennung darf nicht verdrängt werden, denn er gehört wesentlich in die Lebenseinheit des Schenkenden und seiner Gabe.

6. Freigabe der empfangenden Freiheit in der Einheit von Leben und Tod des Seins als Liebe

Wer wirklich gibt, d.h. liebt, dem geht es nicht um sich selbst, um sein Ich=Ich, sondern um das Reicher- und Mehrwerden, um die befreite Fruchtbarkeit und Selbstüberbietung des begabten Du, des Empfangenden. Eben darin enthüllt sich aber auch das Ja zu mir selbst, das Ja zu meiner eigenen Produktivität:
81 denn | nur das wirklich Geschenkte, im Du Ankommende, ihm Zueigen-werdende bezeugt, daß es mir entstammt, Frucht meines Lebens, urbildlich mit mir «eins» ist. Wer schenkt, der entdeckt durch die Trennung von sich selbst sein Wesen im Anderen. Er gewinnt sich im Ja zum Du. Die Andersheit des Anderen ist ihm nicht Todesstachel, der sich ihm ins Fleisch seines Ich=Ich bohrt, keine zu überwindende «gegenständliche Provokation»! Vielmehr nimmt er die Andersheit des Anderen, aus der die Trennung entspringt, so an, daß sie ihm innere Ermöglichung seiner Selbstmitteilung wird. Erst dadurch bezeugt er, daß seine Gabe sich von ihm getrennt hat, daß sein Sein als Gabe gelebt wird, d.h. empfangen ist. Erst durch die Trennung vom Du vermag

sich also das Ich selbst anzunehmen und in diesem Akt den Ursprung seines eigenen Seins (zusammen mit dem Anderen) zu bejahen. Nur wer sich gibt, stirbt –, der hat, oder besser: der «ist» und lebt.

«Der Denkende und der tiefer Schauende überwindet den Tod, denn er erkennt den Tod als das, was er ist ... die Tat seiner eigenen Liebe und Freiheit» ... «Wo soll denn der Tod herkommen, wenn er nicht aus deinem Innersten kommt?» ... «Er ist nur die Erscheinung des Aktes des inneren Ablösens, Trennens, Scheidens, die Bewahrheitung deiner Liebe, die Verkündigung, die du während deines ganzen Lebens im Stillen getan hast, daß du ohne und außer dem geliebten Gegenstand Nichts bist. Aber ist denn Trennung noch ein Akt der Liebe? Wie kannst du so fragen? Der letzte, der äußerste und höchste Akt der Liebe; wäre die Trennung nicht Nichtsein, nicht Tod, dann freilich nicht.»[25] Der Tod ist also Offenbarung der Wahrheit, daß das reine Fürsich-sein des Seins gegen die Kenosis, gegen die Trennung vom Ursprung, aus dem es *lebt*, also auch *von sich selbst:* Nichts ist; daß das Leben «für sich» keine Subsistenz hat: weil es Liebe ist. «Einmal nur bist du reines Ich, bloßes Selbst, einmal nur für dich ganz allein, und dieser Augenblick ist der Augenblick des Nichtseins, des Todes. Und der Tod ist daher, eben weil er Offenbarung deines Für-sich-seins ist, in einem die Offenbarung | der Liebe.»[26] Das Leben der Liebe enthüllt sich in der 82
Trennung! «Welche Mutter liebt mehr, die, die nur bei und um ihre Kinder sein kann, oder die, die um ihre Liebe zu bestätigen, sich vom Geliebtesten trennt?»[27]

Wir verstehen auch von hier aus Sigmund Freud besser, der die Todesangst mit dem «Objektverlust» verbindet, also mit der Trennung, der Kenosis; wenngleich ihm dieser Zusammenhang während seines ganzen Lebens ein großes Rätsel geblieben ist, das ihn immer beunruhigte. Vielleicht führt aber gerade die ontologische Deutung dieses Problems die Frage ein wenig näher an ihre Beantwortung: Weil das Leben des Seins nur durch die Todesarmut der Trennung, d.h. seiner Verendlichung, offenbar

[25] L. Feuerbach, a.a.O., S. 20.
[26] Ebd., S. 19.
[27] Ebd., S. 20.

wird, der Mensch das Leben jedoch gegen den Tod sucht, in der Spaltung von Selbstsein und Preisgabe verharrt, das Sein als Liebe in der Einheit von Leben und Tod negiert, so gerät er einerseits im «reinen Leben» des Bei-sich-seins in die Todesverlassenheit des Für-sich-seins. Um dieser zu entkommen, flieht er andererseits in die Todesabhängigkeit der Objektbindung, die, je stärker sie ist, ihn auch um so «abhängiger» macht. Die doppelte Todesangst resultiert daher aus der Spaltung von «urbildlicher Einheit» der Gabe mit dem Ursprung «und» Kenosis der Trennung. Sie kann nur dadurch überwunden werden, daß die Objektbindung durch Freigabe des «Anderen *an ihm selbst*» gelebt wird. Nur durch die liebende Todestrennung hindurch ist mir der geliebte Andere nicht ein Fremder, der mich als anonyme Macht absorbiert und dann umgekehrt: die «Enge» meines Nur-Lebens, die Todesangst des Für-mich-seins, in die «Enge» und Todesangst des dem «Anderen»-Unterworfenseins verwandelt[28].

7. Die Spaltung von urbildlicher Identität und Trennung der Gabe vom Schenkenden

Aus freier Notwendigkeit heraus wird das Sein als Liebe der
Andere und das Andere. Es hält nicht an sich fest, sondern
83 stirbt | den Tod der Teilung und Vervielfältigung in seiner Verendlichung

Es entbirgt sein Leben entäußert in der Vielheit des endlich Seienden, in das hinein es sich durch den Tod seines armen Reichtums aufgegeben hat. Dies geschieht so radikal, daß kein Rest von nicht-geschenkter, nicht gestorbener Fülle des Lebens zurück-, kein Stück nicht gegebene Gabe an den Himmel gebunden bleibt, so daß der Mensch nachträglich die Aufgabe hätte, sich auch noch den letzten Teil seines bislang «unvollständigen Wesens» aus eigener Kraft anzueignen. In diesem Sinne ist die Einheit des Seins nicht Aufgabe endlicher Freiheit. Vielmehr enthüllt sich die Selbst-aufgabe des Seins von oben nach unten im Tod seiner evolutiven Selbstaufgabe von unten nach oben. Daß die Gabe des Seins wirklich gegeben ist, offenbart sich

[28] Dazu später ausführlicher in: V, 3.

darin, daß sie dem Endlichen die Kraft *eigenständiger* Selbstüberbietung schenkt, sich mitten im Endlichen zur «Aufgabe» macht. Der Sinn aller Evolution ist die «eucharistische» Hingabe des Seins als fleischgewordene Liebe.

a. Die in der Todestrennung verlorene urbildliche Einheit von Geber und Gabe

Diese Aufgabe jedoch wird sofort von einer neuen Gefahr bedroht, nämlich von der Versuchung, die urbildliche Einheit der Gabe mit dem Schenkenden: der Todestrennung zu opfern; das Endliche in einen evolutiv «sich selbst ausgebärenden», durch die ihm immanent gewordene Fülle des absoluten Ja des Seins «schwangeren», in «unendlichen Möglichkeiten trächtigen Schoß» umzudenken, der gebiert, ohne empfangen zu haben. Dann geschieht der Tod des Seins wiederum nur einseitig. Die Welt wird «unsterblich». Sie braucht die «Heiligengestalt des jenseitigen Himmels» (Marx) nicht mehr. Und an eben diesem Punkt zitiert Ernst Bloch das Augustinuswort: «Dies septimus nos ipsi erimus» (Der siebte Tag werden wir selbst sein).

Die Welt unterwirft sich selbst auf Hoffnung hin, ohne sich unterwerfen zu lassen. Sie hat sich vom Tod «erlöst», denn alle Transzendenz ist immanent geworden; das äußerste und letzte
| Woraufhin des Daseins ist im Diesseits beheimatet, hier und 84
jetzt im Exil, das nur das vorläufige «Stirb und Werde» inmitten des Lebensstroms, nicht aber Tod, Auferstehung und Himmelfahrt der fleischgewordenen Liebe kennt. Man will nicht wahrhaben, daß die Todestrennung der Gabe vom Ursprung ihre urbildliche Einheit mit demselben nicht zerstört, sondern gerade enthüllt und bejaht: durch die Einheit von Leben und Tod, in der Liebe. Der «menschliche Mensch» Jesus von Nazareth hat die Autorität seines Vaters überflüssig gemacht. Wer das Absolute in der «weltlichen Welt», im «menschlichen Menschen» als solchem anschaut, hat die Todestrennung der Transzendenz nicht nötig: denn die urbildliche Einheit von Schenkendem und Gabe scheint mitten in der Endlichkeit «faßbar» geworden zu sein.

Die Spaltung von Leben und Tod besagt in diesem Zusammenhang immer ein Zweifaches: Einmal scheidet sich das Leben der urbildlichen Einheit von Gabe und Schenkendem gegen den Tod der Verendlichung des Mitgeteilten ab. Es bleibt dann nur die Nichtigkeit des Endlichen übrig, da dieses seinen «eigentlichen» Ort nicht in sich, sondern in einem Gott hat, der es nicht freiläßt. Das Ich ist in seinem wesentlichen Selbst in das Absolute hinein entfremdet und wird in einer «Affenliebe», die ihm die Selbständigkeit raubt, vom jenseitigen Tyrannen gegängelt. Sofern Gott aber als «Herr»: der Todesspaltung dieses endlichen Selbst, das in ein «endliches» und ein «unendliches» Ich auseinandergerissen ist, bedarf, so zeigt sich im Überschwang seiner «Liebe» zugleich seine Ohnmacht. Zum anderen meint die Dissoziation von Leben und Tod, daß die Todestrennung Macht über die urbildliche Einheit von Gabe und Schenkendem gewinnt. Dann saugt das Endliche die Fülle des Seins süchtig in sich selbst hinein auf, solange, bis alles «gegeben», d.h. «gehabt» wird.

b. Urbildliche Einheit von Geber und Gabe *gegen* die Todestrennung

Die urbildliche Einheit der Gabe mit dem Ursprung wird hier von vorneherein als ein Entzug, ein Raub an der Welt gedacht,
85 |als absoluter Egoismus Gottes definiert, dessen «Nur-Leben» zerstört, dessen Autorität entthront werden muß, damit der Mensch triumphierend vom Tod ins Leben hinübergehe. Wenn, so sagt man, die Gabe mit dem Ursprung, den wir «Gott» nennen, wirklich «eins» ist, dann kann doch dieser, sofern er wirklich gibt, nicht nochmals, gleichsam hinter der Gestalt seiner Selbstmitteilung, hinter dem Sein, im jenseitigen Himmel zurückbleiben. Wäre dem so, dann hätte doch Gott gar nicht alles, d.h. nicht «sich selbst» gegeben; also muß er «restlos» sterben, damit der Mensch für den Menschen «alles», d.h. «Gott» sein könne. Durch den verabsolutierten Tod der Entäußerung des Seins hindurch versucht der Mensch, die vom Tod nicht zu erschütternde Selbständigkeit «seines» Lebens zu gewinnen.

Dieses «Leben» braucht er nicht mehr zu verdanken, da ihm, durch einen totalen Abschied, durch die vollkommene Trennung der Gabe vom Ursprung, auch der Schenkende «immanent» (innerlich) geworden ist. Der «metaphysische Kastrationskomplex» scheint aufgelöst zu sein, alle Abhängigkeit ist (scheinbar ganz «legitim») entschwunden. Der Geist, der zuvor ins Sein entrückt war, ist durch und durch verleibt, und der Leib, zuvor dem «Schnitter Tod» unterworfen, von den Toten auferstanden: Die Einheit von Leben und Tod feiert ihren Sieg, der in der *Trennung* von Leben und Tod gründet. Der Mensch hat das Gefühl, von einer «neuen Morgenröte angestrahlt» (Nietzsche), von einer noch «nie dagewesenen Verheißung» über sich hinausgerufen zu sein; in ein Land, auf das niemand «vorweg» seine Hand gelegt hat, das nicht von einem fremden Willen «präformiert» ist, in das er daher, wie in einen grenzenlosen Raum hinein, sein ganzes Wesen schöpferisch auslegen und investieren kann. Überall kommt nur «er selbst» vor, das Ärgernis des «Anderen», die Todesgrenze ist verdrängt.

c. Trügerische «Hoffnung»

Trotzdem ist diese Hoffnung trügerisch! Denn schon von vorn-
herein ist das Empfangen der geschenkten Gabe, das Armwer-
den durch die Ankunft der je größeren Zukunft Gottes elimi-
niert. In | Wirklichkeit kann gar nichts Neues kommen, und der 86
alte Wiederholungszwang kehrt im Gewand einer grenzenlosen Progression wieder, die endlich das absolut Ganze in der Immanenz glaubt erreichen zu können, weil sie es zuvor in sich hat «vergehen» lassen, es zu ihrer *eigenen* «Vergangenheit» gemacht hat. Versucht man die urbildliche Einheit von Gabe und Schenkendem zu vernichten, damit die Todestrennung der Gabe in den Empfangenden hinein restlos geschehe, dann wird dadurch auch die entäußerte, verleibte Präsenz des die Welt befreienden Seinsja zerstört. Der Mensch gleitet in den Tod der Selbstwiederholung ab.

8. Die versuchte «Selbsterzeugung der Freiheit» in der gemachten Einheit von Leben und Tod

Im Tod der «religiösen Entfremdung» hatte der Mensch seinen Reichtum, sein Leben, das er nicht zu leben wagte, «an den Himmel verschleudert» (Nietzsche). Er hatte sich selbst zu einem «außer der Welt hockenden Wesen» (Marx) gemacht und konnte daher «für den Menschen», den Anderen (er besaß sich ja nicht «selbst») auch nicht «menschlich» da-sein. Er hatte den Tod seiner Unmenschlichkeit durch die Konstruktion des jenseitigen Himmels (durch diesen Reflex seines eigenen Todes!) gerechtfertigt und perpetuiert. Dieser Himmel aber stirbt, wenn der Mensch seine Wesenskräfte im «positiven Humanismus» entäußert, verleibt lebt; wenn er die Einheit von Leben und Tod vollzieht; sich «sinnlich» zur Sprache bringt und «vergegenständlicht». Diese «Verleiblichung», die wir oberflächlich «Materialismus» nennen, entstammt dem Todestrieb, der zur Erde zurück will und dadurch versucht, die zuvor verlorene, noch nicht verwirklichte Entäußerung des Seins, die Todestrennung von Gabe und Ursprung durch eigene Kraft auszutragen. Der Mensch will das «tote Sein», die nicht geschenkte Gabe töten, um den Tod seiner Unmenschlichkeit durch eine unendliche Bejahung mitten in der Endlichkeit als solcher zu überwinden.

Was über diese Zone hinausreicht, wird als tote «metaphysische Leerformel» abgetan. Er will durch Aggression das Sein in
87 die Armut zwingen, es sich «gegeben» sein lassen, weil er nicht glaubt, daß es immer schon geschenkt ist.

Die Spaltung von Leben und Tod verkennt die Wahrheit, daß die Fülle des Lebens demjenigen zukommt und «sein wird, der glaubt, daß er sie schon empfangen hat» (vgl. Mk 11,24); der nicht ein Baum ist, der erst «Frucht macht» (denn es sei ja «noch nicht Sommer»), der durch arbeitende Selbstentäußerung, durch den «gemachten Tod» sich zu vollenden versucht, sondern schon «Frucht ist», den Tod gleichsam hinter sich hat, d.h. ihn in der Einheit mit seinem Leben «lebt». Das Unreife, noch nicht zur Frucht Gekommene, will daher nicht sterben. «Alles Reife will sterben.»[29]

«Und auch ihr, denen das Leben wilde Arbeit und Unruhe ist: seid ihr nicht sehr müde des Lebens? Seid ihr nicht sehr reif für die Predigt des Todes?

[29] Nietzsche, WW II («Zarathustra»), S. 556.

Ihr alle, denen die wilde Arbeit lieb ist und das Schnelle, Neue, Fremde – ihr ertragt euch schlecht, euer Fleiß ist Fluch und Wille, sich selber zu vergessen.
Wenn ihr mehr an das Leben glaubtet, würdet ihr weniger euch dem Augenblicke hinwerfen. Aber ihr habt zum Warten nicht Inhalt genug in euch – und selbst zur Faulheit nicht.»[30]

[30] Nietzsche: «Von den Predigern des Todes», WW II («Zarathustra»), S. 310.

88 # |V. DIE EINHEIT VON LEBEN UND TOD IM REIFEGANG MENSCHLICHER SELBSTWERDUNG

1. Das Eltern-Kind-Verhältnis und seine Transparenz auf die Einheit von Leben und Tod im Sein als Liebe[31]

Obwohl die eben dargelegten Gedanken ihrem Schwergewicht nach in den Raum der Ontologie hineinreichten, so waren sie für den kritisch Mitdenkenden zweifellos auf sein «Leben» hin offen und durchsichtig. Nietzsche sagt einmal: Je abstrakter eine Wahrheit sei, desto mehr müsse man die Sinne zu ihr verführen! Das konkrete Bild nun, in dem die philosophischen Erörterungen dieser Betrachtung sich symbolisch verdichteten, ist, wie man wohl schon gespürt haben wird, das Verhältnis der Eltern, besonders der Mutter, zum Kind.

a. Geburt als «Tod»: für Kind und Eltern

Jede leibliche Geburt hinterläßt, wie dieTiefenpsychologie uns anschaulich gezeigt hat, ein mehr oder weniger tief sitzendes Trauma, eine Verwundung, der die Erfahrung der Trennung, der Todesangst zugrundeliegt. Denn die Geburt ist ein Riß; ein Heraustreten des Kindes aus der Geborgenheit, der urbildlichen Einheit mit der Mutter; ein Weg zum Selbstsein, Prozeß der Individuation. Dieser Riß gleicht einer Vernichtung. Das im Leben der Mutter kreisende Leben des Kindes wird aufgebrochen, «ausgesetzt». Es trennt sich vom Ursprung. Die Atmung verselbständigt sich, d.h. Innen und Außen treten hervor; Einatmen «und» Ausatmen, Nehmen «und» Geben implizieren als
89 solche | eine Trennung, in die das Kind mit dem Geburts- und Todesschrei sich einläßt und eingelassen wird. Der Blutkreislauf stellt sich um. Die Nabelschnur ist endgültig durchschnitten

[31] Dazu: «Der Mensch als Anfang. Zur philosophischen Anthropologie der Kindheit», Einsiedeln 1970.

und die aufgenommene Nahrung, die der «getrennte» Andere gibt, verdaut und wieder ausgeschieden, ins Andere abgesetzt, das «Nicht-ich» ist. Das Kind ist dem nährenden, tragenden Uterus der Mutter entwachsen. In der Fruchtblase war es gewissermaßen der Schwerkraft der Erde durch den Auftrieb des Wassers, zumindest gemildert, enthoben. Durch die Geburt beginnt aber schon die erste «Rückkehr» zu ihr. Das Kind geht zu-»grunde», kommt auf den Boden (wenngleich nicht unmittelbar zur Erde). Ein Abstieg ins «Tal» bricht auf, der das Sichaufrichten ermöglicht, Halt und Stand gewähren wird. Das plastische, nachgiebige Element des Wassers weicht der Härte des Gegenständlichen, des Unausweichlichen und Bestimmten, den Kanten, Ecken der widerständigen Welt. Ein neuer Uterus, der «soziale Uterus» (Portmann), der «uterus spiritualis familiae» (Thomas v. Aquin) umfängt das junge Leben und schenkt ihm, durch die Trennung hindurch, ein gewandeltes, tieferes, weil in sich gründendes vis-à-vis. Kind und Eltern blicken einander in die Augen.

Dadurch, daß die Mutter das Kind gebiert, sich von ihm trennt, bezeugt sie, daß die Frucht ihres Schoßes nicht nur ihr selbst, sondern zugleich einem Anderen, ihrem Mann, dem Vater des Kindes verdankt ist. Weil ein Anderer in dem mitspricht, was aus ihr hervorgeht, wird nicht nur das Kind, sondern auch die Mutter ihrer Endlichkeit überführt. Ein möglicherweise sich selbst genügendes «Ich» stirbt!

Und weil dem Mann (als Vater) das Kind vom Anderen her entgegenkommt, so hat er ebenso die Wahrheit zu verantworten, daß das Kind nicht eine bloße Verlängerung seines Selbst, sondern (auch von ihm) «empfangene» Gabe ist. Was er schenkte, war einem Du übereignet worden, hat sich *dessen* Leben als Gabe einverwandelt und muß sich, da der Empfangende die Frucht nicht (sich selbst genügend) aus den eigenen Tiefen hervorgehen lassen kann, nochmals von ihm trennen. Die Frau ist durch ein Empfangen-haben hindurch fruchtbar geworden und die Freigabe des Kindes in der Geburt, seine Trennung und Ent-
äußerung | ins Selbstsein hinein bekunden eben dies. Die Zwei- 90
heit im Akt der Zeugung: wird im Akt der Trennung von Mutter und Kind ausdrücklich.

b. Das durch die Todestrennung aufgebrochene neue «Zwischen»

Der Abschied aber ermöglicht ein neues «Zwischen» von Ich und Du, eine gewandelte Reifeform der Einheit von Ursprung und Kind. Eine vorläufige Gestalt des Daseins in- und füreinander stirbt, eine beschränkte Offenheit des Kindes zum Du und der Welt geht unter und wird in eine verwandelte Gemeinsamkeit des Mitseins hinein «aufgehoben» (aufgehoben, d.h. durch Trennung vernichtet: aber auch «bewahrt», denn das Getrennte ist in neuer Weise dem es entlassenden Ursprung zu- und anvertraut –, und «hinaufgehoben», weil zum Mehr-werden für- und durch einander befreit).

An der Mutterbrust erfährt das Kind eine neue Form der Vereinigung durch Trennung: im «Zwischen» eines Gegen-über von Ich und Du, aus dem heraus es allmählich sein «Ich» gewinnt; als Gabe der Liebe mit sich selbst zusammenwächst, sich als Geschenk vom Anderen her übereignet wird, sich annimmt und eben dadurch schon seine eigene Endlichkeit, seinen Tod im Aufgang und Wachstum des Lebens implizit mitbejaht. Es kann hinter diesen es überholenden Anfang nicht zurück. Die unbedingte Selbstverfügung ist ihm versagt. Es lebt aus einem nicht hintergehbaren Vorweg. Daher wird der Kreis «oraler Einheit» des Kindes, das die Fülle, den Reichtum des nährenden Ursprungs verkostet, immer wieder schmerzlich zerbrochen. Das Kind erfährt die Spaltung von Ich und Welt, Subjekt und Objekt. Sein «Lust-Ich» (Freud) wird vom Entzug der «Welt», für die das Du, die Mutter steht, je neu aufgerissen und verwundet. Dies geschieht durch die Erfahrung einer grenzenlosen Abhängigkeit, die, wenn sie fehlte, das Kind ins Nichts seines Todes versinken lassen würde. In Schmutz und Elend würde es untergehen, wenn sich ihm der nährende, sorgende, es bejahende, sein-lassende und ansprechende Lebensquell entzöge. Dennoch
91 ist die Trennung|vom Schoß, von der Mutterbrust der Herkunft gerade im freigebenden Liebesakt, der das Kind an ihm selbst ernstnimmt, eingeschlossen. Es kann den Weg der Selbstwerdung nur beschreiten: durch je neuen Abbruch der «sicheren» Brücke, die die beiden Ufer miteinander verbindet, im Zerreißen

des Lichtfadens, der das Geborene an den Ursprung bindet. Nur so ereignet sich die Liebe, die spricht: «Ich will, daß *du* bist», durch Empfangen ins Eigene gelangst.

2. *«Zweideutige» Todestrennung von Eltern und Kind*

Von hier aus wird die Ambivalenz eines zweifachen Todes offenbar: Bliebe das Kind im Mutterschoß gebunden, müßte sein sich selbst überbietendes Leben, das ja vom Wesen her «quodammodo omnia» (Aristoteles) ist, in den Schranken der bloßen Leiblichkeit innerhalb des besonderten, aufs Partikulare hin determinierten sinnlichen Lebens sterben («Natura materialis determinatur ad unum», Thomas v. Aquin). Trennt es sich aber ausschließlich, «um» seine Selbstwerdung zu erreichen, dann erfährt es eine abgründige Todesohnmacht. Es kann sich selbst nicht helfen und muß doch von dem Grund Abschied nehmen, in dem ihm «alles» Leben bereitet und geschenkt wird. Was ist zu tun? Wie beantwortet der Mensch die ihm notwendige Vermittlung von urbildlicher Einheit mit dem Ursprung und der Todestrennung, die Einheit von Leben und Tod? Wir können das Geschehen von zwei Seiten her betrachten, die wesentlich zusammengehören (das darf man nicht vergessen): vom Kind selbst und von seinen Eltern her.

a. Vom Kinde her

Das Kind ist in der Versuchung, vor dem Tod der Verselbständigung: in den Uroboros seines im Ursprung aufgehobenen Lebens zurückzufliehen. Es verdrängt die Realität seiner Geburt und die es dadurch betreffende, auf es zukommende Andersheit des Anderen. Es will nicht wahrhaben, daß es die Einheit mit seiner Herkunft nur leben kann: durch die Todeskenosis hindurch. Es | will sich nicht als «gegeben» annehmen, die Gabe 92
seines Ich (an sich selbst), die im mütterlichen Ursprung ihre Wohnung hatte, nicht in sein «eigenes» Leben hinein sich verendlichen, zur Subsistenz, zum Selbst-stand kommen lassen. Es verweigert sein Sein als geschenkte Gabe der Liebe und will ihren Reichtum vor dem Tod der Entäußerung in die Tiefe seines

Lebens, das es zu verantworten berufen ist, nicht bejahen. Es negiert also die Trennung und zieht sich ins «reine Sein» (psychologisch gesprochen: ins «Lust-Ich») zurück. Es will sich nicht in der endlichen Vielheit und Mannigfaltigkeit differenzieren, sondern «unmittelbar eins» sein: «Ich und der Andere sind eins» (Narzißmus). Es wird, biologisch gesprochen, zu einem primären «Nesthocker», der sich fortwährend im Gewesenen des Einen und Ganzen seines Ursprungs bestätigen will.

In dieser Fixierung an das Nest will es daher die Gabe der befreienden Liebe nicht in sich fruchtbar werden lassen, sondern verweigert ihr das Sich-auswirken. So bleibt das Kind in einem monadischen «Ich» *gegen* sein «wahres Selbst», das in den Anderen liegt, gefangen. Die Struktur der ontologischen Danksagung als Grundgestalt der Freiheit ist zerbrochen. Denn Empfangen-*haben ist: Sich-verdanken,* was nur möglich ist: durch die Entäußerung der Gabe in den Empfangenden hinein; weshalb gerade im Empfangen-*haben* der Beschenkte nicht in der bloßen Identität der Gabe mit sich (als Empfangenden) verweilen kann. Als Beschenkter ist er be-gabt, an ihm selbst lebendig (= reich) geworden und *deshalb arm*! Er bricht über das isolierte Ich hinaus *dankend* auf und bejaht im Ja zu sich selbst, zu *«seinem»* Sein: den Geber! Selbstwerdung als Dank ist Rückkehr zum Ursprung: durch Annahme und Fruchtbarwerden meiner selbst! –

Aber das Kind sucht sowohl «sich» als auch den «Anderen» jenseits der Entäußerung des Seins als Gabe der Liebe. Weil es sein Leben gegen die Todestrennung sucht, durch die ihm das Du als der Andere gegenwärtig würde, so negiert es gerade in der Flucht vor dem Tod, d.h. in der Flucht zum Du: dieses als Du. Ein unbedingter Wille, eine unaufhörliche Sehnsucht zum Ursprung, ein grenzenloses Ja zur Herkunft scheint hier der Motor des Lebens zu sein. Die Eltern sind «alles» – und doch ist
93 dieses|Ja des Kindes zum Ursprung nichts anderes als ein einziges Nein zu den Anderen; es ist ein bloßes Ja zum abstrakten Ich=Ich, also eine Flucht ins «unbegrenzte Sein», in dem der Geber, der Andere, nicht transparent werden darf. Denn *diese* Unterschiedenheit des Schenkenden von der Gabe des Ich (an sich selbst) würde schon wieder Trennung, Tod bedeuten: Aufforderung zur Selbstwerdung!

In der Flucht zum Ursprung wird dieser also *negiert.* Er darf mich nicht als Anderer beanspruchen, sondern muß mit meinem eigenen «Ich», d.h. mit der Gabe zusammenfließen oder, was dasselbe ist, hinter dieser verschwinden!

Was das «Ich» über sich hinaus sucht, ist: Tod seiner Herkunft, der es sich völlig auszuliefern schien. Es will sich selbst gewinnen, gerade dort, wo es sich verliert. Es verliert sich aber *nicht* um der Liebe, sondern um *seiner selbst willen.* Daher schlägt die erste Versuchung in eine zweite um, die ihre Kehrseite ist.

Das Kind flieht also im Nein zum Ursprung, durch den Tod der Herkunft, zu sich selbst, d.h. in den Tod der Individuation, den es als sein «eigentliches» Leben anzielt. Es rettet sich vor der Abhängigkeit vom Vergangenen dadurch, daß es sich ihm ausliefert, in den Ursprung zurücksteigt, um ihn mundtot zu machen und auszulöschen. Einerseits ist der Ursprung «vernichtet», *andererseits* wird er, durch die Identifikation des Kindes mit ihm, gerade dort, wo er vernichtet ist, durch die «Flucht nach vorne» wiederholt: die gewonnene Zukunft enthüllt sich als wiederholte Vergangenheit. Das Kind löst die Macht des Ursprungs auf, indem es sich ihm unterwirft, und verwandelt dadurch den Tod der Trennung von ihm ins «Leben».

Wo es sich passiv bestimmen ließ, alles vom Anderen erwartete, in bloßer Rezeptivität verharrte, genau dort behauptet es jetzt sein Ich durch die Vernichtung des Anderen; es bricht zur reinen Spontaneität auf, zum bloßen Bestimmen von Du und Welt, zum Verfügen, das nicht mehr hört und schweigt. Alles andere wird zum *Gegensatz,* zur *Gegenwelt* und zum *Gegenmenschen,* zum Tod meines Ich, der bewältigt werden muß.

Zuvor versuchte das Kind, sich in das «reine Lust-Ich» zu-
|rückzuziehen, alles andere in sich einzuholen. Es versetzte die 94
Integrität und Ganzheit seines Ich jenseits seiner Individuation und Endlichkeit. Es konstruierte ein «ideales Selbst», das dem Werden und Vergehen, dem Tod enthoben zu sein schien. Zugleich aber machte es dadurch offenbar, daß sein Ursprung ohnmächtig ist, da die Gabe des Ich an sich selbst aus der Verklammerung mit ihrer Herkunft nicht frei wurde, die Gabe nicht gegeben war, die Eltern also als machtlos sich enthüllten:

Sie können mich mir selbst nicht schenken. Mein «Ja» zu ihnen ist eine einzige Demonstration ihrer impotenten Autorität.

Sie sind «alles für mich», und da ich-selbst angesichts dieses «Alles» verschwinde, bedeutet das Alles «nichts» für mich. Es ist ein in sich selbst kreisender, toter Reichtum, ein scheinlebendiges Sich-austoben, eine Selbstverschwendung, die nicht von sich loskommt, ihr eigener Knecht ist.

Diesem «Kapital» (im «familiären» Sinne!) entspricht das erstorbene Empfangen des Kindes. Da es dem «Alles» der Eltern gegenüber nur «Nichts» sein kann, vermag es auch, aus der Leere *dieser* Offenheit heraus, die *nicht* im Selbstsein gründet, *nichts* zu empfangen. Es verweigert sich dem echten Tod, der Armut *durch* Empfangen-haben und entartet zu einem bloß «formbaren Stoff», zur verfügbaren Möglichkeit: selbst-verliebte Ohnmacht!

b. Hintergrund: «a-religiöser Theismus» der Ich-sucht

Wenn das Kind durch seine Urbeziehung zu den Eltern ins Gottesverhältnis eingelassen wird, dann heißt das jetzt: es gibt einen a-religiösen Theismus, der Gott depotenziert und tötet, wo er ihm die «Ehre zu erweisen» glaubt. Es gibt ein Jenseitsdenken, das, schlimmer als mancher Atheismus, alle echte Transzendenz zerstört; einen Glauben an den Himmel, der die Frucht eines versteckten Unglaubens an die verendlichte, arm gewordene Liebe ist: die ungläubige «Religion» der Spaltung von Leben und Tod.

In der Flucht vor dem Tod, im Festhalten am unmittelbaren
95 «Sein» des bloßen «Lust-Ich», scheint alle Trennung von Sub|jekt-Objekt, Ich und Du überwunden zu sein. Denn was könnte diesem Sein äußerlich sein, außer das Nichtsein? Ist mir darin nicht alles gleich- und «einförmig» geworden? Habe ich mir nicht darin alles angeglichen? Ist die «adaequatio intellectus ad rem» hier, da es sich um eine grenzenlose «Sache» (das «Sein») handelt, nicht vollendet? Läßt sich in diesem Medium nicht alle Andersheit aufarbeiten und einholen? Lassen sich Du und Welt nicht zu «Momenten» an meinem Selbstbewußtsein machen? Das ist die Versuchung des Menschen, der im leeren Begriff des «allgemeinen Seins» gefangen ist, d.h., das Sein als lebendige

Gabe der Liebe verweigert, es logisiert; die Liebe wißbar macht und sich so gegen den Tod der Inkarnation retten möchte.

Und doch ist dieses leere, unmittelbare «Sein» des «Lust-Ich» nur die Kehrseite der Spaltung von Subjekt und Objekt, Ich-Du; das Instrument, durch das ich die Todestrennung beider aufzuheben versuche, der Fluchtpunkt, zu dem ich eile, weil ich die Zerrissenheit des Todes nicht aushalte, nicht dem Wirklichen dienen, das Du nicht annehmen, mir selbst nicht sterben, sondern «Ich=Ich» sein will.

Das Lust-Ich, das die Realität verdrängt, die Dissoziation, die in der Abhängigkeit aufbricht, auszuschalten versucht, kann aber durch seine Emanzipation ins unmittelbare, «reine Sein» den Anspruch des Anderen nicht zum Verschwinden bringen. Es ist kraftlos, weil es von der Negation des Anderen her lebt. Es ist also gerade ein Resultat der Subjekt-Objekt-Spaltung. Es ist der «Nur-Reichtum» der zerbrochenen Liebe, die sich gegen die Armut der Entäußerung sichert und eben *deshalb* eine Funktion des ausgeschlossenen Anderen bleibt, dem sie sich nicht öffnen will, den sie vielmehr durch die aggressive Todespraxis des Wissens sich einzuverwandeln trachtet; den sie nicht empfangen, sondern nur zerstören kann. Der in den Ursprung zurückfliehende, dem Tod entkommen wollende «Nur-Nesthocker» ist daher im Grunde primär ein «Nest-flüchter», der in die Welt hinein ausbricht, nicht hoffen kann, vielmehr schon «fertig» ist, alles schon antizipiert hat, nichts mehr zu vernehmen braucht, sondern in aller Vereinigung mit dem Anderen nur das «erinnert», was «immer schon» in ihm ist.

|c. Von den Eltern her 96

Wie aber zeigt sich die Trennung von Leben und Tod in der Dimension von Vater und Mutter?

Wenn das Kind ursprünglich seinen Eltern anvertraut ist, durch ihr Wort zur Sprache, durch ihr Ja zu sich selbst kommt, aus ihrer Sorge und Achtung sich selbst annimmt, weil übereignet wird, dann muß man wohl sagen, daß die gespaltene, zerbrochene Liebe nicht nur *seine* Versuchung und Tat ist, sondern daß sie ihm *zugleich* vor- und eingelebt wird. Denn das Ich des

Kindes «wandert» aus dem Raum des elterlichen Lebens in sich selbst hinein; das Kind wird durch Selbstempfängnis vom Du her: es selbst. Dieser Akt seines Sich-gegeben-seins aber ist zerspalten[32].

In zweifacher Hinsicht können die Eltern dem Kind die Einheit von Leben und Tod zerbrechen, d.h. die Liebe verweigern.

Einmal dadurch, daß sie es nicht ins Eigene seines Selbstseins hinein freilassen. Sie vorenthalten ihm die Verendlichung seines Seins, binden die Gabe des Ich des Kindes (an sich selbst: «als Kind») auf ihre an-sich-haltende elterliche Autorität zurück. Sie machen nicht offenbar, daß «das Sein als Gabe *nicht* Gott ist», d.h. im Raum der elterlichen Verantwortung gedeutet: ihnen selbst geschenkt worden ist. Sie behüten das Kind vor dem Tod des Selbstseins, wollen die Frucht der Liebe nicht freigeben, saugen sie regressiv an sich: Sie wollen das Kind nicht als den Anderen, der ihnen letztlich unverfügbar bleibt. Sie negieren ihre eigene Endlichkeit. Durch die Identifikation des Kindes mit ihnen selbst (als «Ursprung»), durch die aufgehobene Trennung, wollen sie sich selbst in diesem Anderen «vernotwendigen»: «Ohne mich bist du nichts».

Scheintod der perversen Liebe, die nur «Opfer» für den Anderen bringt, nichts «für sich» will, nicht imstande ist, sich selbst
97 zu bejahen – (*aber:* «Gott schafft, indem er *sich selbst bejaht*» sagt der Aquinate!), alles für das Kind hingibt, jedoch eben darin nur die *eigene* Unabkömmlichkeit für den Anderen behauptet und durchsetzt! Man will im Kind, dem «Erben», die eigene Todesgrenze überdauern, die Vor-läufigkeit nicht annehmen. Die Eltern fliehen also vor ihrem eigenen Tod, sie umgehen den Abschied. Indem sie das Kind haben wollen, vergotten und vergötzen sie sich ihm zu einem «absoluten Ursprung». Die entschwundene Transparenz der göttlichen Liebe im Bezug der Eltern zum Kind ist identisch mit der durch die Eltern verweigerten Trennung des Kindes vom Schoß seiner Herkunft.

[32] Es wäre aber völlig unsinnig, ja verantwortungslos, wollte man das Zerbrechen der Freiheit einseitig nur auf das schicksalhafte Verhalten der Eltern reduzieren. Man hätte dem Kind (indem man ihm die «freie Annahme der Schuld» *in der Unterscheidung* von den Eltern verwehrt) gerade das geraubt, was man ihm sichern will: die Freiheit.

Und eben dadurch enthüllt sich ihre eigene elterliche Ohnmacht, die Unfähigkeit zur Selbstmitteilung. Durch die Negation ihres Todes negieren sie sich als mehrerschaftlicher (auctoritativer) Ursprung des Kindes. Negation der eigenen Endlichkeit durch die verdeckte Trennung vom Kind bedeutet aber: Negation Gottes! Dem Kind wird der Atheismus, der «Tod Gottes», eingelebt. Da die Eltern ihr Sein dem Kind nicht «umsonst» (als Gabe) einleben, bekunden sie eben damit, daß sie es nicht von Gott her empfangen haben wollen. Ihr nicht verdanktes Sein muß sich dem Kind als Entzug seines Selbst durch die «Anderen» anzeigen. Hieraus entspringt die Todesangst der «Kastration», von der wir schon früher gesprochen haben.

Das Kind erfährt: Ich muß mich dem Willen meines «absoluten Herrn» konform machen; wenn ich ihm nicht gehorche, dann entzieht er mir die «Subsistenz», denn ohne ihn kann ich nicht sein. Werde ich nicht anerkannt, indem ich mich mit meinem Ich, das die Anderen verwalten (und nicht loslassen), zur Deckung bringe, so muß ich sterben. Mein Leben ist durch die Macht eines Anderen gegen meinen Tod geschieden und zugleich dem Tode ausgeliefert. Das «Ja» des Anderen zu mir: wird mir nicht «umsonst» gegeben, sondern nur insofern: als ich das Gesetz, das er mir vorstellt, erfülle. Seine Liebe zu mir ist «verzweckt». Das zerstörte Umsonst der Liebe ist der Tod meines Selbstseinkönnens. Der Wille des elterlichen Du jedoch ist «beliebig» und «willkürlich». Ich kann mich ihm daher nicht anver-
|trauen; sein Ja kann zugleich Nein sein. «Yes and No together, 98
that is no good divinity» (King Lear).

Die Dauer unzerstörbarer Treue ist vernichtet. Um mir eine pervertierte «Treue» zu erhalten, ihre Eindeutigkeit mir je neu zu produzieren, das scheinbar «befreiende» Ja auf mich, d.h. in meine Todeswelt herabzuziehen, damit ich sie ins Leben hinein überwinde, muß ich den unbestimmten Sprüngen des Willens, der mich überfremdet, parieren. Mein «Gehorsam» also macht das elterliche «Ja und Nein» erst eindeutig, erlöst es aus seiner «Zweideutigkeit»; mein Gehorsam bringt den Widerspruch von «Ja und Nein zugleich» zur eindeutigen Entscheidung, das «Sein=Nichts» meines Anfangs zur Vermittlung. Meine Ohnmacht ist der Grund des «Anerkanntseins» und die Macht über den ohnmächtigen Ursprung.

Ich selbst kann daher nicht mehr «umsonst» leben. Um überhaupt zu leben, muß ich ständig «um-zu» handeln. Mein Dasein ist bis auf seine Wurzeln hin verbraucht und mißbraucht. Es wird dazu vernutzt, den elterlichen Nur-Reichtum zu vermehren, ihm einen familiären «Mehr-Wert» zu verschaffen, eben dadurch, daß ich nur «für den» bin, der «alles für mich» ist. Die Erfüllung des aufgezwungenen Gesetzes rettet mich vor dem Tod und stößt mich, da ich «nach» seiner Erfüllung nochmals dem mich überherrschenden Willen des Anderen (gegen den ich mich nicht zum Selbstsein befreien kann!) ausliefern muß, wieder in den Tod. Hätte sich mein Ich als «Gabe des Ursprungs an mich selbst» vom Geber getrennt, wäre es also «umsonst» gegeben, würde sich in der Gabe der «Schenkende» nicht selbst meinen, dann könnte ich glauben, vertrauen: d.h. den Tod der Verendlichung in mich hinein sterben und zugleich die freie Einheit mit meinem Ursprung verwirklichen.

d. Zur Selbständigkeit verdammt

Zum anderen manifestiert sich in der Unfähigkeit der Eltern zum «Umsonst» der Liebe jedoch ihr eigener Tod. Sie «hängen» gerade dort am Kind, wo sie sich zum «Alles» für es machen. Der Herr läßt sich vom Sklaven «auffressen», denn er möchte
99 sich aus|dem Bann seines Nur-Reichtums befreien, seine Gefangenschaft im Nur-Geben-müssen, das doch nicht im Selbst-sein des Kindes ankommt, zerbrechen. Das Zerrieben- und Aufgefressen-werden soll den Mangel der fehlenden eigenen (elterlichen) Armut ersetzen. Also: keine Selbst-über-lieferung des Schenkenden, sondern der Hunger des Kindes erzeugt den Überschwang dieser verlogenen Selbstmitteilung; das «Nichts» saugt das an-sich-haltende «Sein» in die Tiefe herab! Der negierte Andere als Anderer, der schlechte Tod des Kindes, wird zur Todesgrenze der Eltern; sie sind die Knechte ihres Knechtes. Um sich aber von diesem Tod zu erlösen, stoßen sie das Kind einfach ab: um es dadurch ins «Selbstdasein» hineinzutreiben, des Anderen als einer sie von außen her beschränkenden, ständig herausfor-

dernden und nötigenden Grenze ihres eigenen Lebens «ledig» zu werden. Sie versuchen: durch Ausstoßen des Anderen ihr Leben zu retten. Die urbildliche Einheit, die zuvor verabsolutiert war, gerät unter die Herrschaft der Todestrennung. Das, was Gabe des Ich an das Ich-(Du) des Kindes sein sollte, wird einfach als endgültiges, aller weiteren Mehrerschaft beraubtes Potenzial in den Empfangenden hinein investiert, damit das junge Leben ein für allemal auf eigenen Füßen stehe, sich monadisch von und aus sich herausentwickle. Der elterliche Pan-theismus schlägt in den Deismus der Trennung um. Die Analogia entis als Grundgestalt aller Paideia und befreiten Mitmenschlichkeit ist vernichtet.

Das Kind wird «zu seinem eigenen Ursprung», der sich ebenso nicht mehr zu verdanken braucht, weil der Geber in der Gabe ausgelöscht, das Dasein also nicht empfangen, d.h. vom Kinde nicht angenommen, daher aber auf die Anderen hin auch nicht mehr «umsonst» gelebt werden kann. Das junge Leben wird dazu verurteilt, sein Selbstsein durch die Todesarbeit selbst zu erzeugen, das ausstehende Leben aggressiv in sich hinein zu arbeiten *oder* es aus den Tiefen seiner selbst herauszuarbeiten, indem es sich, aus dem Abgrund und der völligen Ungesichertheit seines «Nicht-seins» heraus, «zum Sein entschließt». Schließlich ist ihm ja, durch die *falsche* «Verselbständigung», alles schon einverwandelt, innerlich geworden. Das Kind kann den ihm scheinbar total verfügbaren Reichtum seines Lebens nur noch
|verschwenden, jedoch nicht schenken, weil er ihm nicht als Gabe 100
eingelebt worden ist; was die Präsenz des Gebers voraussetzen würde. Alle Gestalten des Mehrwerdens sind im Kinde vorweg schon «gewesen». Es kann nur einen ursprünglich «fertigen» Zustand ändern, nicht aber sich selbst wirklich überbieten. Es bleibt ein isoliertes «Ich=Ich». Da das Umsonst der Liebe (im doppelten Sinn) vernichtet ist, so vermag der Mensch *einerseits* deshalb nicht zu sterben, weil er nicht er selbst sein will; *andererseits* nicht, weil er sich nicht empfangen will.

Die wirkliche Antwort auf das «Umsonst» heißt: Danksagung als Vollzug des Daseins in der Einheit von Leben und Tod, Ja zur Endlichkeit im Ja zur Transzendenz: durch das Sein als Liebe! Bejahung des Anderen im Sich-verströmen des Reichtums der

Freiheit, aber im Dienst und in der «armen», ihrer selbst ledigen Frei-gabe des wachsenden Mehr-werdens des Du. Vollzug der Verendlichungsbewegung des Seins als Gabe, der Schöpfungsthematik. Schöpfung (hebr.: briah-barah) heißt ursprünglich so viel wie: dem Wirklichen Ortschaft und Raum des Daseins schenken, es ins Selbstsein hinein entlassen: im selbstlosen Zurücktreten des Schenkenden, im Schweigen des Schöpfungswortes ... in seinem Verstummen am Kreuz.

3. Die Flucht zum «Nächsten» aus dem Zerbrechen der Einheit von Leben und Tod

a. Zerstörte Selbstliebe

Das Zerbrechen der Einheit von Leben und Tod im Reifegang menschlicher Selbstwerdung enthüllt sich uns als die zur Horizontalen gewendete Form der «Krankheit zum Tode», die wir im Gespräch mit Kierkegaard zu deuten versuchten. *Einerseits* war dem Kinde die Fülle des Selbstseins im «älteren Du» entzogen, im Anderen seiner selbst vorenthalten worden; *andererseits* aber wurde es gerade durch diesen Entzug zu einer schlechten «Selbständigkeit» verurteilt, auf *sich* selbst, *seine* Möglichkeiten zurückgeworfen, wodurch es in seinem monadischem, selbstgenügsamen «Ich» eingesperrt ist, aber nicht die Kraft hat, sich zu verschenken.

101 |Hinsichtlich des Entzugs ist das Kind also gezwungen, durch regressive Flucht zum Nächsten, in dem es sich freilich der nicht gewährte, ihm nicht übereignete «Fernste» ist, den Kern seines Lebens zurückzugewinnen. Was aber seine Gefangenschaft im isolierten Ich betrifft, so wird es genötigt, von sich selbst fort zum Anderen zu eilen, ihn als draußen liegende Instanz anzuzielen, um durch *diese* Flucht zum Nächsten: sich verlieren, sich aufgeben, ein entäußertes und allererst *so* «reiches» Leben vollziehen zu können.

In beiden Fällen beruht die «Nächstenliebe» auf einer «schlechten Liebe zu sich selbst». Denn die Sucht nach «Sich-gewinnen» und nach «Sichverlieren» ist die Frucht zerbrochener Einheit von Leben und Tod im Akt menschlicher Selbstwerdung. Das

Kind konnte sich nicht bejahen, die Gabe des Seins nicht als Wurzel *seiner* Freiheit zum Austrag bringen, weil die Gabe in der falschen «urbildlichen Identität» mit den Eltern verklammert blieb, in ihre Verendlichung hinein nicht preisgegeben wurde.

Da jedoch in dieser primären Erfahrung des Anderen (als *«die»* Welt!) *alles* die Physiognomie des Vorenthaltenen, eines erst durch aggressive Arbeit oder passives Erwarten An-zu-*eignenden* gewonnen hatte, so gestaltet sich die Flucht zum (ursprünglichen) «Nächsten» um in die absorbierende Bindung an *sekundäre* «Uterus»-Figuren, aus denen heraus der Mensch sein Wesen sich einzuverleiben trachtet.

Dasselbe gilt für die falsche «Trennung» vom Ursprung, die das kindliche «Ich» in einer Weise potenzierte, daß ihm das Dasein als «Ganzes» in der Gestalt und Last einer nicht zu bewältigenden Forderung «überantwortet» wurde.

Einmal liegt das «Ja», das eigentlich *ihm* zugehört (*sein* Ja ist), außer ihm: Es kann *sich* nicht bejahen und annehmen. Zum anderen liegt das Ja «in ihm», aber nicht als geschenktes, sondern als ein durch den Akt der Absonderung und Vereinzelung erlogenes Schein-Ja: Das Kind vermag sich nicht dem es tragenden Grund des Daseins zu über-lassen, sondern wird (aus einer Schulderfahrung heraus!) dazu gedrängt, das ihm pervertiert
zugestaltete | Ja nun von sich her «zu bestehen», ihm «zu ent- 102
sprechen», um es auf diesem Wege in sein «eigenes» Ja zu verwandeln.

Nietzsche hat das tief gesehen:

«Ihr drängt euch um den Nächsten und habt schöne Worte dafür. Aber ich sage euch: eure Nächstenliebe ist eure schlechte Liebe zu euch selber.

Ihr flüchtet zum Nächsten vor euch selber und möchtet euch daraus eine Tugend machen: aber ich durchschaue euer ‹Selbstloses›.

Das Du ist älter als das Ich; das Du ist heilig gesprochen, aber noch nicht das Ich: so drängt sich der Mensch hin zum Nächsten.»

«Der eine geht zum Nächsten, weil er sich sucht, und der andere, weil er sich verlieren möchte. Eure schlechte Liebe zu euch selber macht euch aus der Einsamkeit ein Gefängnis.»[33]

[33] WW II, «Zarathustra»: «Von der Nächstenliebe», S. 324/325.

b. Flucht zum Nächsten im Sich-gewinnen-wollen

Das tote, arme Ich, das sein Leben als «Besitz eines Anderen» weiß, im Exil des «älteren Du» lebt, versucht: vom Anderen her sein «Leben», das nicht in das Ich-Selbst hinein sterben durfte, sich anzueignen, in sich hereinzureißen – unter dem *Schein* des «Daseins *für* den Anderen», eines sozialen, altruistischen Bezugs zum Du. Man sucht das «eigene» Leben, um dem Tod zu entkommen und *braucht* dazu den Nächsten. Dieser ist für mich nur als Vorratskammer meines Selbst interessant: *als Du* jedoch völlig bedeutungslos.

Konsequenz: Meine Begierde nach dem «Ich-Leben» tötet den Anderen, damit «Ich» in Fülle lebe. Das Gefäß, in dem mein Leben außer mir eingefaßt ist, wird weggeworfen, wenn ich seinen Inhalt in mich hinein verschlungen habe. Hinwendung zum Nächsten aus *Hunger* nach mir selbst. Ich habe ja letztlich gar nichts zu geben; denn das, was ich geben «könnte», liegt beim Du. Ich handle nicht aus dem Überfluß, bin auf das Du hin nicht deshalb arm, *weil* ich lebe, als Lebendiger reich bin.

103 | Der Bezug zum Nächsten klafft vielmehr in der Differenz von Tod (Ich) und Leben (Du) auseinander. Der *Nächste* ist *Nur-Leben*, das nicht gibt und *«Ich»* bin *tot* (als leere Potenz).

Wir sahen freilich schon, daß dieses *Nur-Leben* des Anderen eine *tote* Herrschaft, Ohnmacht des Herrn ist, die zum Schenken, zur Selbstmitteilung unfähig war. Ist die Macht des Herrn jedoch tot, dann scheint dadurch der mir zuvor entzogene Reichtum meiner selbst in mich eingegangen zu sein. Das Verhältnis kehrt sich um: Das (zuvor) tote *Ich lebt,* weil das Nur-Leben der *Herkunft tot* ist[34].

In der Flucht zum Nächsten versucht der Mensch das «Geviert» dieser Spaltung der Liebe in der Einheit von Leben und Tod in die reine (heile) Gestalt einer Symbolik zu überwinden, die ihm die wahre Einheit des Zerbrochenen, Zerrissenen (dia-

[34] In einer Formel verdichtet könnte man schreiben:

Ich (Tod) → Du (Leben)
Ich (Leben) ← Du (Tod)

ballein!) zu gewähren scheint. Indem das (tote) Ich sein Leben aus dem nur-reichen (an-sich-haltenden) Du (= dem Nächsten) zurückgewinnt, verwandelt es seinen Tod ins Leben, übersetzt es seine (ausgebeutete) Armut in den Reichtum: Tod wird Leben. *Aber*, dadurch ist der Nächste für das sich selbst gewinnende Ich nun auch kein Nur-Leben mehr, das das *Ich* im Tode beläßt. Meine Ich-Sucht hat den Anderen *scheinbar* zur Selbstmitteilung gebracht: Das Leben ist nicht bloß im Du, sondern auch in mir. Somit ist im selben Augenblick der Ich-gewinnung: das (zuvor) tote Nur-Leben des Du, das sich nicht schenken konnte, in die Entäußerung aufgebrochen, d.h. aber: gestorben und dadurch eigentlich erst lebendig (sich schenkend!) geworden, in die «Einheit» von Leben und Tod erwacht (Reichtum *durch* Armut).

Angesichts des *toten* «Nur-Lebens» des Anderen, der Ohnmacht seines Schenkens, hatte das Ich seine Ohnmacht als «Leben» deuten können, das sich durch den Tod seiner Herkunft (des Anderen) aufbaute: Ich (Leben) ← Du (Tod). *Dieses* Leben des Ich war allerdings bloß ein abstraktes Leben, das durch das | «Nichtsein» des Anderen zustande kam, aber *nicht* an ihm 104
selbst (dem Ich) lebendig war.

Nun hat sich auch *dieses* (vormalige) Schein-Leben des Ich verwandelt. Denn die tote Herrschaft des Du über das Ich hat sich in eine (scheinbare!) Macht in der Einheit von Leben und Tod umgestaltet; sie ist zur «Selbstmitteilung» befreit: Ich *empfange* jetzt *«mich»* vom Anderen her. Und dieses Empfangen (Armut) bringt mich (mitten im egoistischen Akt der Selbstgewinnung) scheinbar in einen neuen Tod: Ich «sterbe» im Vollzug eines Vernehmens, Empfangens. Mein Leben, das sein «Ich» gewonnen hat, ist nicht mehr «Nur-Leben», sondern Leben aus der Einheit von Leben und Tod[35].

Das dia-bolische «Geviert» der Spaltung von Leben und Tod scheint in seine sym-bolische Einheit eingerückt zu sein: Leben und Tod werden auf beiden Seiten (Ich und Du) in der Pseudo-Gestalt liebender Mitmenschlichkeit ausgetragen, in der die «Zwei»

[35] In einer Formel: Ich (Tod=Leben) → Du (Leben=Tod)
Ich (Leben=Tod) ← Du (Tod=Leben).

(Ich und Du) nun endgültig im «Dritten» (Wir=«Einer») – der «einen» Liebe, im «Zwischen», das den Bezug von Ich und Du freigibt und doch von ihnen erstellt, erzeugt wird – *eins* geworden sind[36]!

c. Flucht zum Nächsten im Sich-verlieren-wollen

Hier versucht das pervertiert «verselbständigte» Ich sich selbst dadurch aus dem Ghetto zu befreien, daß es sich in eine gemachte Kenosis stürzt, einen selbstverfügten Tod stirbt, um den Tod seiner *Vereinzelung* zu überwinden. Eine Scheinliebe kommt zum Vorschein, die ebenso von einem perversen Egoismus geleitet ist. Man flieht zum Du, opfert sich auf, gibt sich preis, weil man es bei sich selbst nicht aushält; nicht imstande ist, aus gesammelter, erfüllter (bejahter) Existenz sich zu ver-
105 strömen; aus | dem Ja zu sich selbst heraus *arm* zu sein, zu sterben. Nicht die Lebensfülle, sondern die «Todessucht» steht im Vordergrund. Man «braucht» die Kenosis, die Negativität, um von der Beschränkung durch das eigene Ich loszukommen. Der Altruismus wird ein Abstoßungsmanöver, das mich der eigenen Vereinsamung entreißen soll: in die «soziale Interaktion» hinein. Man «verbraucht» sich, um aus der Leere des steinernen Ich Lebensfunken herauszuschlagen, die Egozentrik aufzusprengen, lebendig «überströmend» zu werden.

Auch hier gilt: Nicht aus Überfluß gebe ich mich hin; nicht, weil ich «umsonst» (=frei!) handle, bringe ich die Opfer; nicht, weil ich den Anderen «nicht brauche» und *so* selbst-los für ihn dasein kann, schenke ich mich ihm! Nein, das Du wird verzweckter *Gegenstand,* den ich vor mich hinstelle, mir vor-stelle, um die Dynamik der sich am Anderen brechenden, im Aufschäumen erst als «wirklich» erfahrenen Lebensfülle zu ermessen. Von mir her vermag ich die Kraft schöpferischer Entäußerung nicht einzusetzen. Meine Über-gabe (tra-ditio) ist bloßes Aufge-

[36] Die Struktur «4:3» ist die Systemstruktur Hegels. Wer ihn kennt, weiß: in welche Dimension das Gesagte verweist. Es ist hier nicht der Ort, darüber ausführlicher zu sprechen. Nur darf jeder, der versucht, seine «Logik» auf eine «Dialogik» hin zu durchbrechen, den geschilderten Vorgang in seiner Zweideutigkeit nicht aus den Augen verlieren.

fressen-werden, nicht kreative Liebe, die *sich* selbst austeilt in der Nacht, da sie überliefert *wird!* –

Die schlechte «Verselbständigung» hatte das «Ich» von vorneherein isoliert. Es war nicht durch Empfangen zu sich selbst gekommen; nicht durch Begabung zu sich selbst ermächtigt worden. Deshalb kann es auch nicht in der Gabe-Form, d.h. im Dasein als Weg-gegeben-sein, existieren. In sich selbst entäußerungslos hineingekrümmt, ist es unfähig: im Sichgeben dem «Ich=Ich» abzusterben. Es braucht also den Nächsten, um sich verlieren zu können, damit es in den Daseinsringen, die sich wie Schalen kon-zentrisch um den Ich-Kern legen, nicht eingeschnürt bleibe, nicht bloß um sich selbst kreise.

Wie aber sieht das «Geviert» der zerbrochenen Einheit von Leben und Tod im Sich-verlieren-wollen aus?

Das abgesonderte Ich ist (als kleiner Erwachsener) von vorneherein mit einem «Ja» betraut, das ihm, wie sich zeigte, nicht geschenkt, sondern durch bloße Trennung von der Herkunft (mit dem Auftrag: «Jetzt bist du da, lebe dein Leben, – Schluß»!) zuteil wurde.

|Hinsichtlich *dieses* Ja steht es (scheinbar) *einerseits* in einem 106
«Nur-Leben» («Alles ist ihm innerlich»); *andererseits* ist es *tot.* Denn es kann sich nicht verlassen, sich nicht hingeben, nicht sterben. Das Verhältnis liegt also umgekehrt zum Verhältnis von Ich und Du im Sich-gewinnen-wollen.

Diesem Ich gegenüber steht ein Du, das, angesichts der dem Ich schon (pervertiert) zu eigen gewordenen «Fülle», völlig unmaßgeblich ist. Vom Anderen habe ich nichts zu erwarten; er hat mich in einem «deistischen» Akt der Freisetzung auf die Beine gestellt. Nun muß *«ich»* laufen. Eine je größere Unähnlichkeit von Ursprung (Herkunft) und Kind (Ich) bricht auf, ein Riß, den das Licht der «urbildlichen Identität» von Geber und Gabe (die «Ähnlichkeit») nicht mehr aufhellt (zerbrochene Analogie des Seins in der Intersubjektivität!)

Also: dem *Nur-Leben* des (nicht sterben-könnenden) Ich entspricht der *Tod* des Du und dem *Tod* des Ich (als in sich fixes Leben) das *«Nur-Leben»* des fremden Du, das sich (aus der Gegenwart von Ich und Du heraus) auf sich selbst zurückgezogen hat. Das Ich ist sich selbst überlassen.

Es stehen in *diesem* Geviert also: «Nur-Leben» des Ich und «Tod» des Du, *andererseits:* «Tod» des (entäußerungslosen) Ich und «Nur-Leben» des Du einander gegenüber[37].

Aber, das Du ist im Bezug zu meinem Ich, das sich verlieren will, für mich zugleich ein «Leben» verheißendes Du. Denn ich «brauche» das Du, um einen Raum, eine Dimension des «Empfangen-werdens» zu gewinnen, in die hinein ich mich weggeben kann: um in der Einheit von Leben *und* Tod (durch Entäußerung) *wirklich* zu leben! Das Du eröffnet mir *dieses* (Schein-) Leben, weil ich mich auf es hin «verlieren» kann. Nicht, weil der Andere einen *positiven* Wert besitzt, auf den hin ich bejahend, verschenkend *arm* sein, mich «vergessen» könnte! Nein, es geht ausschließlich um eine *verlogene* Positivität des Du «für mich». –

107 |Wir fragen: Wie versucht der Mensch das «Geviert» der Spaltung von Leben und Tod durch den «gemachten» Selbst-verlust in seine reine (heile) Gestalt hinein zu erlösen? Indem das (zuvor) nur-reiche Ich (als Nur-Leben) sich auf das Du hin verliert, stirbt sein Nur-Leben in der Ich-Fixierung: «Leben»= Tod. Dadurch ist es jedoch als *entäußertes* Leben erst «lebendig», reich; sich verlassend, «schenkend» geworden. Das Nur-Leben stirbt, und sein Tod wird im Tod des egoistisch verfügten Selbstverlustes (Tod!) ins «Leben» verwandelt.

Der Andere war, hinsichtlich des Ich in seinem abgesonderten, fertigen Nur-Leben, ein «nutzloser» Anderer (=tot!). Jetzt, da er im Akt meines «Selbstverlustes» *gebraucht* wird, erfülle ich ihn mit Leben; ich überbrücke den Riß der Trennung und stelle ihm sozusagen die (zuvor fehlende!) «Ähnlichkeit» meiner selbst mit ihm vor die Augen. Er erfährt mich als einen, der zu ihm gehört und begreift *sich* dadurch: als ein *mir* Zugehöriger. *Nicht,* weil er sich mir geschenkt hat! Sondern: Den Mangel *seiner* Verweigerung mir gegenüber hebe *ich* dadurch auf, *daß* «ich» ihn jetzt *brauche.*

Andererseits: Meinem (zuvor toten) «Nur-Leben» gegenüber war er die Lebensverheißung; jedoch ein völlig fremdes Nur-Leben

[37] Die Formel: Ich (Leben) → Du (Tod)
Ich (Tod) ← Du (Leben).
Die Umkehrung zum ersten Verhältnis tritt deutlich hervor; vgl. Anmerkung Nr. 34!

(im «Deismus» der Abwesenheit von mir). Jetzt hingegen, da mein Nur-Leben stirbt, das «Ich» sich verliert und «arm» wird, *stirbt* das *Nur-Leben* des Anderen in mich hinein, hat es Raum in mir gewonnen, bin ich nicht mehr nur isoliertes Ich (Monade) für das Du. Endlich scheint auf *beiden* Seiten die Einheit von Leben und Tod erstellt (durch Egoismus!); scheinen die zuvor Getrennten (Ich und Du) im Dritten der «Liebe» *eins*-geworden[38].

d. Diabolische Trinität in der Endlichkeit

Solche Intersubjektivität erzeugt, unter dem Schein der Liebe, einen teuflischen Abglanz des Geheimnisses der absoluten Liebe | in der Endlichkeit. Soziale Interaktion rekapituliert in 108
perverser Form das Mysterium der Trinität, das die Theologie in ihrer Sprache als: *vier* Relationen («Vater⇄Sohn» und «Vater→Geist←Sohn») auslegt, in denen die *drei* Personen (Vater, Sohn und Geist) ewig an ihr selbst weggeschenkte Liebe: als der *eine Gott* sind.

Wer ein Gespür für mitmenschliche Bezüge und Strukturen besitzt, wird nicht in die Versuchung kommen, das Gesagte auf bloße Formeln hin zu reduzieren. Denn die dialektische Formel (mag man sie auch «spirituell-pneumatisch» bzw. «spekulativ» flüssig werden lassen) gehört selbst in die Dia-*«logik»* der zerbrochenen Liebe.

Würde man fragen, ob sich denn die wirkliche Einheit von Leben und Tod nicht «sagen» lasse, z.B. in der Gestalt einer Grundformel, eines Grundwortes, so ist darauf zu antworten: *Nein!* Nur die in Fleisch und Blut gelebte Liebe, das Wort der Liebe sagt *alles.*

4. Die «gemachte» Einheit von Leben und Tod in der Gesetzeserfüllung (die Pseudo-Moral)

Selbstgewinnung und Selbstverlust in der Flucht zum Nächsten «wiederholen» die Einheit von Reichtum und Armut der Liebe.

[38] Ich (Leben=Tod) → Du (Tod=Leben)
Ich (Tod=Leben) ← Du (Leben=Tod)
wiederum in Umkehrung zur ersten Formel; vgl. Anmerkung Nr. 35!

Der Satz: «Wer sein Leben verliert, wird es gewinnen, und wer es gewinnt, wird es verlieren» ist *zweideutig*. Es wird sich noch zeigen, daß er nur in der «reinen Gegenwart» der Liebe eindeutig ist, d.h. dort, wo die geschilderte Dialektik der «Vier zu Drei» von dem EINEN überholt, in den Tod geführt und verwandelt wird, auf den hin, d.h. *um dessentwillen gelebt und gestorben werden muß,* damit die ursprüngliche Einheit von Leben und Tod gelebt werde.

Daher: «Wer sein Leben verliert (= verloren hat) um *meinetwillen...!*» ER in Ich und Du! Nicht ersetzbar durch Ihn, den «Freund», den «Fernsten und Künftigen» (Nietzsche) auf der Linie der Nächsten, sondern von oben her in die Welt einbrechendes Wort des Lebens.

109 |Die Spielregel der Liebe heißt: «Wer verliert, der gewinnt» und «wer gewinnt, der verliert». Wir aber wollen immer gewinnen, ohne wahrhaben zu wollen, daß wir so immer die *Verlierer* sind. Nur wenn wir, in *Seinen* Tod hinein getauft, auf Ihn hin sterben und leben, der sich liebend in uns hinein verloren hat (in der Einheit von Macht und Dienst, Leben und Tod!), also: *Nur wenn* die Enteignung auf die reine «Objektivität», den «Einsatz» der absoluten Liebe hin geschieht, die den *ersten* Schritt getan, uns zuerst geliebt hat, ist Sich-verlieren ein nicht auf das Ich zentriertes Sich-gewinnen.

Wer sein Leben durch «gemachte» Tode verliert, um es sich dadurch selbst zu schenken, wird es für immer verlieren. Denn der Mensch kann die echte Todes-Armut der Hingabe nicht selbst inszenieren und verwalten. Er *empfängt* sie durch *Gehorsam* Gott gegenüber, durch und in dessen Tod ihm das Leben in Fülle vereignet ist.

Einer unter vielen falschen Toden heißt: «Selbstwerdung durch Gesetzeserfüllung», worin der Mensch sein Leben durch eine von ihm her überblickbare und steuerbare «Entäußerung» zu leisten versucht.

Unter der Herrschaft des Gesetzes wird er von außen bewegt; der Impuls, die Initiative der Freiheit liegt nicht mehr in ihr selbst, sondern in einer als «Regel» *wißbar* gewordenen Forderung, im «gedachten Guten». Dieses hat als Gedachtes *einerseits* seinen Ort in mir, der es «weiß»; *andererseits* wurzelt es in der

Macht des Anderen, der mir dieses Gesetz gibt, es in und durch seine Macht zu realisieren trachtet, in mir durchzusetzen versucht. Denn von sich her besitzt das bloß gewußte Gesetz (das verbegrifflichte = logisierte Gute) als «Verstandesding» (ens rationis) kein Leben. Es schenkt sich, *insofern* es draußen bleibt, mich von außerhalb meiner selbst her bewegt, nicht *mir* selbst, dem Kern der Freiheit: Es wird *nicht* Fleisch und Blut, sondern steht mir fremd gegenüber.

Daß es mir «innerlich» ist, bedeutet nur: Gedacht-sein, reflexive Aneignung des Guten. Daher brauche ich mich auch auf das lebendige Gute hin, das in der Wirk-lichkeit des Wirklichen
| gründet, nicht mehr zu entäußern, wollend nicht über mich 110
hinaus zu gehen. Das «Gesetz» (in dem genannten, spezifischen Sinn!) sitzt als Forderung mitten in meinem Wissen, im Raum des Selbst-Bewußtseins des Ich=Ich, das die Forderung deshalb *innerhalb* seiner selbst anzuzielen vermag, ohne sich verlieren, in Fleisch und Blut darangeben zu müssen. Es wächst im *eigenen* Binnenraum über sich hinaus, ohne wirklich zu sterben. Der ursprüngliche Tod im Leben der Liebe ist eliminiert.

Zugleich steht aber hinter dem Gesetz die *Macht*, die es mir in der Gestalt eines unumgehbaren Sollens aufzwingt. Dies will sagen: die Macht reißt mich aus dem Kreisen-in-mir-selbst heraus, da sie durch das auferlegte Gesetz die Erfüllung *ihres* Willens verlangt, der mir ein *fremder* Wille ist. Daher kann ich unter der Herrschaft des Gesetzes *sowohl* an meinem Leben (das nicht stirbt) festhalten, wie ich *auch* fortwährend dem Tod ausgeliefert werde, da ich der Macht des Anderen preisgegeben bin, der mich enteignet und entselbstet.

In dieser Weise lebt der Mensch eine Einheit von Leben und Tod, die ihm als Gesetzesgestalt das lebendige Gesetz der Liebe er-setzen soll.

Ein Übermaß an sittlicher Leistung, moralischer Praxis, mitmenschlicher («humaner») Aktion, Askese, Selbstüberwindung, Entäußerung «in guten Werken» bricht durch, in denen sich das letztlich *bei sich* verharrende Ich=Ich nach außen hin vergegenständlicht, objektiviert und «preisgibt», sich «anders» wird. Aber, die «guten Taten» legen sich als «Leistungsringe» um einen Ich-Kern, der nur zum Schein wächst, weiterkommt, sich selbst überbietet. Denn *diese* «Fruchtbarkeit» ist dem Lebenszentrum der Freiheit fremd. Mag auch alles Gesollte erfüllt, die Regel bis aufs letzte Jota eingehalten, das Gesetz durchgeführt werden: Es fehlt die Hingabe des Herzens, das nicht sterben will, sondern sich vielmehr durch *diesen* Tod *gegen* den Tod der Liebe retten möchte.

Jedoch: «Wenn ich meinen Leib hingäbe zum Verbrennen, hätte aber die Liebe nicht, so wäre ich nichts.» Das Maß, die Intensivität und Wucht, dieWahrhaftigkeit des Liebestodes (nur
111 in | ihm stirbt «Ich» wirklich) lassen sich nicht gegenständlich «quantifizieren», nicht «summieren». Die Zahl der Überweisungsscheine von Liebes-Paketen garantiert nicht «Liebe», denn die Liebe kann sich als eine fixe, überschaubare Größe nicht außerhalb ihrer selbst gegenständlich betrachten. Die Armut und der Tod sind ihr niemals äußerlich (gegenüber einem «vor» der Entäußerung an ihm selbst «nur-reichen» Leben), sondern ihr innerlich: Sie ist *ewig* an ihr selbst weggeschenktes Leben!

Im Gesetzestod verlangt das an-sich-haltende (= tote), aber so gerade *nur* leben-wollende Ich=Ich nach einem Tod, durch den es sich selbst aus dem verkrampften Gefangensein innerhalb der eigenen Mauern zu erlösen versucht. Auch hier herrscht, unter dem Schein von Hingabe, Opfer, Sich-Aussetzen und Entblößung: die Selbstsucht, das bohrende Interesse an der «eigenen» Vervollkommnung, der Rettung der «eigenen Seele» – auf Kosten der Geburt ihres wahren Lebens im Opfertod der Liebe, die täglich stirbt und aufersteht.

Der Mensch baut das Wachstum seiner Freiheit durch die vielen Tode seiner «moralischen» (auch «religiösen») Leistungen als den In-Begriff des «Gut-Seins»: zählbar außerhalb seiner selbst auf. Und wenn er gefragt wird (direkt oder indirekt), «*wer*» er sei, dann lädt er seinen «Rucksack» ab, stellt ihn vor sich und den Anderen hin, zeigt darauf und sagt: «*Der* bin *ich*» (Entfremdungsfigur des *schlechten* Todes!).

So ist er gar nicht an ihm selbst, als lebendiger Mensch «anerkannt»; sondern das Ja zu ihm trifft ihn außerhalb seines Herzens, weshalb er gezwungen ist, in fortwährender, nach außen fallender Aktion (actio trans-iens!) das Ja «zu sich selbst», das *ihn* doch *nicht* trifft, zu sichern: noch mehr «zu leisten». Er wird genötigt, das Ja zu sich selbst dort aufzufinden bzw. es dorthin zu dirigieren, wo er selbst als dieser wirkliche Mensch gar *nicht* existiert. Und wie er sich selbst nicht bejaht, so sieht ihm auch die durch das Gesetz herrschende Macht nicht in die Augen. Sie kann ihn nur «dort» meinen, an dem Ort «ernstnehmen» (= im Grunde bloß verfehlen!), wo die Leistung der Forderung entsprochen, das von außen bewegende Gesetz «bestanden» ist. Aber, dieser Ort liegt nicht in ihm.

|Das gegenseitig gesprochene «Ja» oszilliert *zwischen* Ich und 112
Du. Es hängt im Widerspruch von «Ja und Nein zugleich», ist gegeben und doch nicht gegeben. «Krankheit zum Tode» in der Moral! –

Der Liebe graut vor solchen «Schlachtopfern» (und diese gibt es in unendlich vielen Formen); vor dem verlogenen Tod einer Entäußerung, hinter der sich das Herz versteckt, sich nicht beschneiden, nicht taufen lassen, nicht sterben will, sondern sich «rein» erhält und steinhart bleibt.

113 |VI. DER TOD IM «UMSONST» DER LIEBE ALS EINHEIT VON LEBEN UND TOD

Ist die Einheit von Reichtum und Armut des Seins als Liebe zerspalten, dieVermittlung von «urbildlicher Einheit» und «Todestrennung» im Verhältnis von Schenkendem und Gabe zerstört, dann ist auch, wie sich immer wieder zeigte, das «Umsonst» der Liebe verloren. Die Freiheit wird ihrer ausgeruhten «Gegenwart» beraubt und flieht entweder, durch Identifikation mit dem Ursprung, ins Gewesene oder (da die Identifikation: Nein zum Ursprung besagt) wurzellos, aller Tradition verschlossen: in die Zukunft. Der Tod jedoch, der «nur einmal» gestorben wird, setzt der Flucht ins «Gewesene» der nicht entäußerten Einheit von Geber und Gabe und der Flucht ins bloße Ausstehende, Kommende einer sich vorenthaltenden Zukunft, also dem «Fruchtmachen» und dem Sich-erleisten-wollen der an sich «umsonst» geschenkten Liebe (in der zerbrochenen Zeitlichkeit), ein Ende. Er fordert den Menschen zur äußersten Entscheidung heraus: ob er das Sein als Liebe wählen wolle oder nicht. Der Tod ist diese Entscheidung! Er verlangt von uns, daß wir darüber «befinden», ob wir «umsonst», d.h. bedingungslos, voraussetzungslos (in diesem Sinne «ver-geblich») und arm, aber zugleich eben deshalb reich, überströmend, (aus der Einheit von vanité und gratuité) leben und sterben wollen oder nicht.

1. Alles ist «umsonst» (vanité)

Im Tod kommt der Mensch an die Grenze, die ihm das existentielle Bekenntnis dazu abverlangt, daß alles, was er erstellt und produziert hat, ihm vorweg durch die Gabe des Seins als Liebe geschenkt worden ist. Der Tod verlangt die Einstimmung ins
114 |Geheimnis des Daseins, das da heißt: Es war alles «umsonst»! Das macht die Radikalität, den Ernst des Todes aus. Ich bin aufgerufen: ja dazu zu sagen, daß das Sein als Liebe im Ursprung nicht an-sich-hält, so daß ich es erst «nachträglich» mir «aneig-

nen» müßte; ich muß bekennen, daß es seine Todestrennung durchgestanden, sich «umsonst» in mich hinein verendlicht *hat.* Nicht ich selbst bringe meine Vollendung hervor, sie ist mir vorweg übereignet. Die Frucht, die ich mehr oder weniger gelungen in die Ewigkeit einbringe, eben sie «wartet» dort auf mich. Sie ist mir von Ewigkeit her bereitet, zugedacht in untrüglicher Verheißung, durch Gottes Treue. Alles «wird» mir, kommt auf mich zu, weil ich schon empfangen *habe.* Ich werde unerbittlich darauf geprüft, ob ich mein Dasein verdanke oder nicht. Das enthüllt sich in der Erfahrung: Ich selbst, mit allem was ich bin und habe, bin «am Ende», das meine Nichtigkeit enthüllt. Im Tod muß ich meinen Anfang bestehen, durch dessen Reichtum ich alles empfangen habe, denn dieser Gabe «ist nichts äußerlich, außer das Nicht-sein»[39]. Das eben bedeutet die Herrschaft des Nichts im Tod.

Nicht nur ein Stück meines Lebens «kann» angesichts dieser Infragestellung meines Selbst entschwinden, nicht «ein Teil» mir entzogen werden, ein anderer sich bewahren. Das Sein ist mir ja nicht in Teilen geschenkt, da «es nicht in Teilen partizipiert wird». Es ist kein spaltbarer Gegenstand. Der Tod ist «endgültig», alles wird «mir» genommen, auch das «mir», «das» sich verliert. Diese Herausforderung betrifft mein äußerstes «Umsonst»; alles Woraufhin, an dem ich mich orientieren könnte, durch das ich Gründe und Begründungen für mein Handeln beibringen würde, wird vernichtet. Es gibt keinen Fleck von Wirklichkeit, an den ich mich halten könnte, am allerwenigsten an mich selbst. Je vernichtender, unüberspringbarer der Tod in seiner Schrecklichkeit als das Auslöschende erfahren wird, um so abgründiger geht das «Umsonst» der Liebe auf, die sich auslöschen läßt. Ohne Rest, denn der Tod meint sie nicht «teilweise», er verwundet sie nicht partiell, sondern «ganz». Die Liebe ist stark «wie» der Tod, | nicht in irgendeinem Sektor sich bewah- 115
rend: «stärker». Nichts kann sich vor dem Zerfall retten, keine Dimension des Daseins in solcher Armut aus eigener Kraft ins unzerstörte, unzerstörbare Leben zurücksteigen, die Kenosis ist vollkommen. Der Mensch hat die urbildliche Einheit seiner

[39] Thomas v. Aquin: De potentia 7, 2, 9.

selbst als Gabe (an sich) mit dem absoluten Geheimnis des Ursprungs auszutragen, dem er sich rückhaltlos verdankt. Er muß dem «Umsonst» seines Lebens sich überlassen, das ihm innerlicher ist, als er sich selbst je innerlich sein kann; vor dem er sich also nicht schützen kann.

2. Alles ist «umsonst» (gratuité)

Aber –, gerade darin stimmt er ein ins Sein als «Gabe», die nicht sich selbst, sondern *ihn* meint. Das Ja zu ihrem Reichtum macht ihn bis auf den Grund hin arm, er fällt ins Nichts, über das er sich nicht, durch das Festhalten an einem schlechten «Jenseits», hinwegtrösten kann, indem er, mit dem Blick aufs substanziell Ewige, durch die «unsterbliche Seele» sich sichert. Dennoch vermag er das äußerste Umsonst der Gabe des Lebens nur zu bejahen, indem er sich ihrer Kenosis unterwirft, d.h. im Nichts seiner Verlassenheit das Ja annimmt, das ihn durch die Preisgabe einer absoluten Verendlichung hindurch: trifft und ins Leben befreit. Die im Widerspruch gefangene, im «Ja und Nein zugleich» zerrissene Gabe des Seins als Liebe wird in der Einheit von Leben und Tod, als das unbedingte *Ja* offenbar, in dem «alles geschenkt» ist. Der Tod ist in seiner äußersten Armut, unüberbietbare Entscheidung des Menschen über die Annahme seiner selbst als Gabe der Liebe, Ja oder Nein zum entäußerten Seinsja der Liebe. Das letzte Sich-genommen-sein, die (scheinbare) Passivität des Todes ist Befreiung des Lebens zu sich selbst, gesammelte und sich sammelnde Frucht der Freiheit. Im Tod bringt der Mensch seinen Anfang in der Einheit von Armut (Nichts) und Reichtum (Sein) zum Austrag. Er vollzieht das Sein «umsonst». Der Tod ist also höchste Freiheit der Selbstbestimmung durch tiefste Ohnmacht der Selbstlosigkeit, nicht in dieser oder jener Hinsicht, sondern schlechthin.

116 |Die bloße Konfrontation mit dem an-sich-haltenden Sein stieße den Menschen ins Nichts des schlechten Todes, der, wie wir sahen, Negation der Selbstwerdung ist. Sein Dasein würde sich nicht als Danksagung entbergen. Würde er aber das «Ja von oben her» für sich selbst erreichen, gegen das Nichts des Todes an das «Sein» sich klammern wollen, so würde er ebenso den

schlechten Tod des nicht verdankten Daseins sterben. Das bloße «Es ist aus» und das bloße «Die Seele ist unsterblich» sind Formen der zerbrochenen Liebe, Gestalten der nicht gelebten Einheit von Leben und Tod. Einmal flüchtet der Mensch gegen die Trennung vom Ursprung in diesen hinein und will die Gabe sich nicht auswirken lassen. Er will nicht «zur Erde zurückkehren», nicht in Staub zerfallen; zum anderen «sucht» er die Erde, den Staub, gegen seine Heimholung, gegen die Ankunft des absoluten Ja, das ihn allererst bis auf den Grund hin arm machen, d.h. wirklich «sterben» lassen kann. Er sucht den Tod des Zerfallens, den Tod des durch und durch «nichtigen Endes» gegen den Tod der Armut, in der er, weil Gott selbst durch seinen geschenkten Reichtum diese Armut, diesen Tod konstituiert, viel ärmer und dem Nichts preisgegebener ist, als im «gemachten» Tod, über dessen Pseudo-Armut er selbst verfügt.

Wir haben Angst vor dem Tod, weil wir unser Dasein nicht «umsonst» verdanken, uns des eigenen Nicht-seins nicht überführen lassen wollen. Wir fürchten, vom ersten Augenblick an, die Trennung der Todesverlassenheit, in der doch nur die Einheit unseres Seins mit dem Ursprung, der die Gabe wirklich gibt, sie also von sich trennt, zur Sprache kommt. Wir wollen vom Kreuz der Einsamkeit und Verlassenheit von allem, auch von Gott, herabsteigen, um, wieder auf die Beine gekommen, das Getrennte zu suchen, da wir nicht glauben, daß eben dieser restlose Abschied ins Geheimnis des unzerstörbaren Ja der Liebe, in die Einheit von Schenkendem und Empfangendem gehört. Weil wir nicht lieben, können wir nicht verstehen, daß das Fallen ins Nichts: Bewegung der Heimkehr ist. Daher fliehen wir entweder aus dem Tod in das «rettende Jenseits» oder versuchen, die Nägel des Kreuzes zu lockern, der Trennung zu entgehen.

Der Schrei: «Mein Gott, warum hast du mich verlassen», ge-
|hört ins Herz der Liebe. Diese jedoch liebt bis zum Ende! Sie 117
will nicht aus der Trennung «zurück» zur Herkunft. Sie stirbt aber auch nicht den Tod ins bloße Nichts des Für-sich-seins, sondern gibt sich «umsonst», durch die Nacht der Trennung hindurch, zurück! Darin bezeugt sie die unzerstörbare Wesenseinheit mit ihrem Ursprung: «Vater, in deine Hände» – und

allein so vollendet sich die Gestalt des verdankten Daseins im zweifachen «Umsonst» der Trennung und Übergabe, die Eucharistia des Seins als Liebe: «Mors meditatio vitae».

DRITTE MEDITATION:

DIE EINHEIT VON LEBEN UND TOD IM WORT DER LIEBE

|I. LEBEN UND TOD IN DER SPRACHE DES MENSCHEN 121

1. Die Todestrennung im lebendigen Sprechen

«Sprechen» heißt: Sich-mitteilen im Aussprechen dessen, was im gesprochenen Wort besprochen wird und zur Sprache kommt. Wer redet, der geht im Wort über sich selbst hinaus. Er tritt von innen nach außen. Indem er durch das Wort *sich* zeigt (vgl. dicere zeig-en!) und darstellt, zeigt sich das Wirkliche, wofür das Wort als Sprachzeichen steht.

Das Wort, das beim Sprechenden, in seinem Ursprung verharrt, von diesem nicht loskommt, auf den Redenden fixiert bleibt, an der Nabelschnur seiner Herkunft hängt, ohne sich von ihr zu trennen, wird nicht geboren, erblickt nicht das Licht der Welt. Es erscheint als eine Totgeburt.

Dieses Wort ist eine Funktion selbstgenießerischen Sprechens, einer «narzißtischen» Rede: Instrument der Sprache der Macht, die nicht gibt, im Wort nicht das eigene zur-Sprache-Kommen des Hörenden, sein freies Verhältnis zur Wahrheit des Wirklichen frei-gibt, sondern sich bloß im Leer-Raum des Anderen mit Gewalt durchzusetzen versucht.

In einem solchen Sprechen rede ich nicht auf das lebendige, konkrete Du, sondern auf mich selbst hin (Monolog), d.h. auf einen «gedachten» Anderen, den ich in die geschlossene Sphäre meines Selbstbewußtseins eingebaut habe.

Will der Redende ein wirklich Sprechender sein, aus sich heraustreten, «sich» aus-sprechen, nicht im Wort nur in-sich-kreisen (= stumm bleiben, trotz des Redens!), dann muß er (im Wort sprechend) sich von sich selbst trennen, selbst-los sein. Nur so vermag er den Weg zum Du, zum Ihr (Euch) zu gehen.

|Diese seine Selbst-losigkeit enthüllt sich aber im Maße der 122
Trennung des Wortes vom Sprechenden. Das Wort des lebendig Sprechenden nimmt Ab-schied von seinem Ursprung. Und dieser gibt sich, in der dialogischen Differenz des Wortes zu ihm

als Sprechender preis. Jenseits dieser Differenz von Sprechendem und Wort hört das Gesprochene auf: Gestalt des *Sichzeigens dessen* zu sein, *der* es spricht.

Die nicht sterbende, um die Trennung, das Loslassen des Wortes herumkommen-wollende «Nur-Rede» ist tot. Sie entartet zu einer starren Maske des Sprechenden, der ebenso als ein sich (nicht!) Mit-teilender abstirbt.

Selbst-losigkeit im Wort und Trennung des Wortes vom Sprechenden gehören unscheidbar zusammen. Andernfalls fällt das Wort nicht in den Acker des Hörenden, es kann nicht empfangen, vernommen werden, sondern sinkt auf den Sprechenden zurück, verstopft ihm sozusagen den Mund. Trotz aller scheinbaren Dynamik friert der Akt des Nur-Sprechens ein, da es den Tod des Schweigens in der Trennung vom Wort nicht wagt.

Sprache wird lebloses Antlitz eines namenlos Sprechenden. Sie ist nicht mehr auf ihn transparent, denn er selbst sagt in ihr nichts mehr, sondern vorenthält sich dem Anderen in der Scheinrede. Er wird zum Dialog unfähig; die schöpferische, Leben zeugende, Sprache erweckende Rede stirbt (aber den schlechten Tod: *nicht* des Schweigens, sondern des Verstummens).

Der Sprechende, der die Trennung des Wortes verweigert, tobt sich in den Worten nur aus. Er verschwendet sich, ohne zu schenken und provoziert auf der anderen Seite ein Nur-Hören, den Tod eines Verstummens, dem das Wort fremd ist. Er redet sich in den Hohlraum (Tod!) des Anderen hinein, ohne sich selbst auf diesen hin ver-lassen zu können.

Nur in der Einheit von Leben und Tod sucht der Sprechende nicht sich selbst. Nur die an ihr selbst arme Macht des Sprechenden, ein Leben in der *Einheit* mit dem Tod der Hingabe: ist zum Wort schöpferisch vermögend. Wer im Wort (in irgendeiner Weise) sich nicht der «Andere» wird, das Wort als einen toten Stempel benützt, mit dem die Macht des Redenden einen formlosen Stoff (den «Hörenden») prägt – der sagt nichts.

123 |*2. Der Tod im lebendigen Hören*

«Hören» heißt: Empfangen des Wortes und in ihm Annahme des Sprechenden *und* der Wirklichkeit, für die das Wort steht;

schweigendes Sich-auftun. Nicht ein stummes Offen-stehen, sondern ein vom Wort ermöglichtes, durch das Wort ausgeräumtes, im empfangenen Wort geweitetes Erschlossen-sein. Schweigen, das im Sprechen-können wurzelt, Tod im Leben des Daseins im Wort!

Wer nur von seinem eigenen Leben besetzt, sich sucht, sich hört, in den eigenen Gedanken und Begriffen gefangen ist: *nur* «seine Sprache» spricht, in die hinein er sich verhört hat, wer *nur* die Stimme seines Ich=Ich vernimmt, der kann den Sprechenden und sein Wort nicht hören. Der treibt beide zusammen vor den Grenzmauern des eigenen Ich in den Monolog zurück; der schenkt der Mitteilung des Anderen nicht freien Empfängnis-Raum des Sich-auswirkens und Fruchtbringens. Er verschließt dem Samen-Wort seinen Schoß.

Wer den Abschied, die Trennung von sich selbst und dem «eigenen» Wort nicht wagt, im Hören nicht sterben will, d.h. nur sein Leben reproduziert (schein-fruchtbar ist, ohne wirklich arm zu sein!), in den kann das Wort nicht eingehen; der kann nicht zur Sprache kommen: durch den Tod des Empfangens, nicht sprechend leben, weil er nicht stirbt. Er gebiert «sein» Wort, ohne daß er des Wortes «ledig» sein könnte. Er vermag es nicht (als geschenktes Wort des Sprechenden) freizugeben, weil er es nicht empfangen hat.

Deshalb verschluckt das Hören (in der Spaltung von Leben und Tod) *entweder* das Wort und erstickt es im Wuchern des «*eigenen* Redens» *oder* aber das Wort fällt auf «steinigen Boden», der ihm das Hineinsterben in den Acker (das Aufgehen der Saat) verweigert. Er will dadurch den Sprechenden nicht «sich» sagen, nicht «sich» mitteilen lassen, da er das Wort als *Gabe* tötet. Der Sprechende darf im Gesprochenen *nicht* offenbar werden; das Wort darf *nicht «für»* den Hörenden sterben.

Nur wenn der Hörende schweigend sterben kann, im Hören nicht *seine* Position durchsetzt, das Vernommene nicht in den
| ihm eigenen Sprachgittern abfängt und in das hinein umdenkt 124
und transformiert, was er selbst schon gedacht und gesprochen hat; wenn er also das Gehörte nicht einfach auf die gewesene (vergangene) Kreisbahn *«seiner»* Sprachspiele setzt: ist er im-

stande: zu hören, wird er durch das gegebene Wort reicher, lebendiger, an ihm selbst *sprechend,* fruchtbar: «mehr».

Hält er hingegen am Raster seiner Vorstellungen und Denkformen fest, in die er sich eingehaust hat, will er aus dem Haus seiner Sprache in schweigendem Denken nicht je neu ausziehen, dann tötet er das Wort in seiner Ankunft. Er will in der Metanoia nicht sterben, nicht umdenken, kein Anderer werden.

Er flieht vor der Verwandlung im Wort, da er dem noch nicht ein- und angepaßten Wort, das seine Horizonte aufsprengt (da es nicht auf Vergangenes hin abbildbar sein muß!), in der Tiefe der Existenz den Ort der Gegenwart nicht ausräumt. Er versucht, die Zukunft auf das hin festzulegen, was schon war. So wiegt sich dieses «Hören» (das hört und doch nicht hört) in der Illusion, nur das «Eigene» sprechen zu können, in dem kein Anderer auftaucht, niemand Anderer als «Ich» mitmischt und dazwischenfährt. Eine solche «Einbildung» ins Ich=Ich verdeckt solchem Hören jedoch die Tatsache, daß es *tot* ist, mögen auch die physiologischen Funktionen intakt sein.

Dieses nicht sterben-wollende Hören wird das gesprochene Wort wie einen «Raub» ansichreißen, es *haben*-wollen, um es «sich» einzuverleiben, nach den Maßen einer Assimilation, die das Gesetz des Ich=Ich vorschreibt. Es spannt das Wort in einen fertigen Rezeptionsrahmen ein, um dadurch den sprachlich verfaßten Wissensbestand zu erweitern, der schon da-*gewesen* ist.

Denn es kann, aufgrund seines Egoismus, nicht glauben, daß ihm etwas «umsonst», d.h. in der Einheit von Leben und Tod geschenkt, zugesprochen wird. Ich verschlinge alles in mich hinein, *weil* ich nichts «Neues» in mich einlasse, alle Zu-kunft mit mir zur Deckung bringen und nach dem Bild, das «Ich» *gewesen* bin, mir eingestalten will. Deshalb vertraue ich nicht darauf, daß das Wort aus dem Sprechenden nicht durch mich herausgeholt werden muß, sondern der Redende von sich her die Trennung des Wortes vollbringt; daß das Wort also nicht «sich
125 selbst» | sucht, sondern im Gehorsam zum Sprechenden: *mich* meint, den Angesprochenen, und die Wirklichkeit, die sich in ihm zeigt und enthüllt; daß ich angesprochen bin als einer, der durch das empfangene Wort im Raum der schweigenden, ihrer selbst ledigen Armut: an mir selbst ein Sprechender werde, einer,

der das Wort in Fleisch und Blut gebiert. Jenseits des Sterbens entartet das Hören daher zum passiven Konsumieren.

Andererseits dürfen wir nicht vergessen, daß das not-wendige Sterben keineswegs bedeutet, der Hörende müsse «seiner» Sprache *nur* absterben, alles eigenen Sprechens und Sprechenkönnens sich entledigen, um ein «Empfangender» zu werden. Das ist ein Irrtum! Denn im Nur-Tod würde er zu einer «tabula rasa», einem Stück unbeschriebenen Papier, das, aufgrund seiner Leere, gar nicht die Kraft besäße, das geschenkte, gehörte Wort sich zu *verinnern,* es im Hören zu ergreifen und sich einzuverwandeln. Nur wer ein Sprechen-könnender *gewesen* ist, vermag das zu-kommende *(zukünftige)* Wort schweigend zu vernehmen: Die Fülle des Daseins im Wort ist arm, nicht die bloße Sprachlosigkeit!

3. Der Tod im lebendigen Wort

Es gibt ein «Leben» des Wortes, das sich nicht in die *Wirklichkeit* hinein verschweigen will, für die das Wort steht. Sprache wird vom Sprechenden, Hörenden und der Wirklichkeit abgelöst und erstarrt zu einem toten, gegenständlichen Sprach-Bestand. Sprache wird *Ware*, totes Geld, fertige geprägte Münze; starres Etikett, das man den Dingen aufsetzt, um sie in die Hand zu bekommen. Ein lebloses Zeichen, das man wie einen Nagel in die Realität schlägt, um das begrifflich nie ganz zu fassende Leben (das einen deshalb verunsichert!) «end»-gültig festzustellen, «gewesen» zu machen, in den Produktionsprozeß allseitiger Lebenssicherung einzubauen.

Das Wort hat aufgehört: ein «Weg» zu sein. Es will, daß man *bei ihm* Halt macht; es sucht «seine eigene Ehre», nicht die Ehre des Sprechenden und der Wahrheit des Wirklichen. Es dient nicht mehr: Leben gegen Tod!

|Es will nicht sterben: *weder* auf den Sprechenden hin, dessen 126
Leben es ja bezeugen soll, *noch* auf den Hörenden hin, dem es das Gesagte, Offenbarte, Gezeigte nur in dem Maße enthüllt, wie es sich selbst zurücknimmt, verschwindet, damit der in ihm mitgeteilte Sinn in Fleisch und Blut empfangen werde und *da* sei. Es stirbt auch nicht auf die besprochene Wirklichkeit hin (für

die es steht), in die es sterbend sich verschweigen muß, damit das Be-sprochene an ihm selbst sich zeige, aus der Verborgenheit in die Unverborgenheit trete.

Die Wahrheit des Wirklichen kann sich im Wort nur entbergen, wenn das Wort sich nicht selbst meint, sondern auf das Wirkliche zeigt, das in ihm aufgeht und in den Lichtraum des Geistes eintritt: «da» ist.

Also: Nur das Wort in der Einheit von Leben und Tod ist wirklichkeitsgemäß. Nur das dienende Wort nimmt uns dorthin mit, wo *der* und *das* ist, von dem her es lebt und sich begreift. Nur im Über-maß seines Dienstes ist es lebendig, stiftet es Nähe von Sprechendem, Hörendem und besprochener Wirklichkeit.

Das Wort, das «seine Ehre sucht», gibt dem Sprechenden nicht in sich Raum, macht ihn mundtot. Es vergewaltigt als Wort der Macht (die als monologische zugleich Ohnmacht ist!) den Hörenden und verdeckt, verschleiert die besprochene Wirklichkeit; das Pneuma ist aus dem Logos vertrieben.

Das Wort in der Spaltung von Leben und Tod ist, *vom Sprechenden her gesehen,* ein totes Instrument des sich selbst behauptenden Nur-Lebens, das nicht stirbt; d.h. eine entmachtete Funktion des Nur-Sprechenden, der sich im Scheinleben des Geredes verliert. Andererseits enthüllt es sich als Signum einer von außen her in Gang gebrachten Selbst-mitteilung, in der der Redende jedoch sein Selbst-sein verloren hat. Er wird gezwungen, im Affiziert-werden durch einen fixen, etablierten Sprachbestand (= das, was *«man»* redet) zur Sprache zu kommen. Oder er bricht dadurch zur (falschen) Mit-teilung auf, daß das ihm gegenüberliegende (tote) Hören ihn zum Sprechen bringt: durch Absorption des an ihm (dem Sprechenden) klebenden Wortes: in den gierigen Rachen des nicht empfangen-können-
127 den | «Hörens» hinein. Das Wort liegt nicht mehr plastisch im freien Sprechen-können des Redenden. –

Ebenso ist es, *vom Hörenden her gesehen,* eine Sache geworden, die durch den *haben-wollenden* Akt des Hörens vom Sprechenden getrennt wird. In einer Scheidung vom Ursprung, in der der Hörende jedoch im «Hören» des Wortes auf den Sprechenden (der ja «nichts» sagt) sich nicht einläßt. – Oder es wird ein «Organ», durch das der Hörende, aufgrund eines bloßen

Miturteilens mit dem Sprechenden (nach dem Gesetz des fixen Sprachzeichens), sich selbst in den Sprechenden hinein zu enteignen, selbst-los zu werden versucht.

Sprache wird dem Realitäts-prinzip (Freud) unterworfen; das Wort hat die Wirklichkeit in sich aufgesogen. Hinwendung zur Realität kann demnach nur bedeuten: «An-nahme» des Gesprochenen. Aber, *diese* «verbuchstäblichte» Sprache ist eine Todessprache. Sie verwehrt jede *Kritik,* will sich *weder* vom Sprechenden *noch* vom Hörenden an der Wirklichkeit messen lassen, an der Wahrheit nicht maß-nehmen, sondern nur maßgebend sein. Sie ist die Sprache *aller* Ideologie (jedweder Provenienz). Sie hat Angst vor dem Relativiert-werden, vor der Verwandlung. Sie *verstellt* das freie vis-à-vis des Hörenden zur Realität, aus welcher Gegenwart heraus allein ein *freies* Urteilen möglich ist – und zwar auf der Basis der Frage: «Was ist wirklich?» Sprache stellt sich selbst als Wirklichkeit vor, der man sich ausliefern muß, um «realitätsbezogen», d.h. den «sozialen Tatsachen» angepaßt zu sein. Wer anders redet: gilt als «Esoteriker» und wird eliminiert, totgeschwiegen.

Es ist die Sprache der repressiven Informatorik und Programmierung, durch die der Mensch wie weiches Wachs geknetet und gemodelt wird, bis er «ent-spricht»; so, daß er in Passivität versinkt (stirbt), um aus dieser seiner Ohnmacht, durch die je neue Siegelung des ihn in-formierenden «Lebens»-(=Todes)-Wortes, als sozial Aus-und-durch-Geworteter vom Tode aufzuerstehen.

Die Todessprache ist «ein-deutig» geworden. Der «Geist» *positiver* Fülle, *positiver* Vieldeutigkeit ist ihr genommen. In solcher «Eindeutigkeit», die durch Leben *gegen* Tod erkauft ist, da das Wort nicht mehr in die je größere Wahrheit (und den
Spre|chenden) hinein stirbt, *weiß* scheinbar jeder ganz «genau», 128
was der Andere sagt; denn das Leben des Sinnes ist im Fleisch der gegenständlich-faßbaren Buchstäblichkeit eingefroren, verfügbar, «durchsichtig».

Und doch versteht keiner den anderen mehr (als lebendiges Du). Die Worte sind auf den Sprechenden und die Realität hin *nicht* transparent. Nur der *Schein* des «einen Namens», der eindeutigen, «einen Sprache», die man sich gemacht hat, «um nicht in alle Winde zerstreut zu werden» (Babel!), d.h. die gemeinsame «Sprachklammer», deren Ausläufer die Subjekte sind, verheißt die Befreiung aus dem tatsächlichen Tod der Dis-soziation. In Wahrheit aber ist es so, daß jeder nur das hören (ja «denken») kann, was die «eindeutige Definition» im etablierten Sprach-Spiel festgelegt hat. Im Bauwerk der Sprache und ihrer *toten* Elemente schauen die Menschen gegenständlich ihre «Einheit» an, ohne sie miteinander sprechend (trotz allen Dialogisierens!) wirklich zu leben.

Der Geist ist ausgelöscht, in dem das wahre Wort: Fleisch und Blut des Hörenden, d.h. ins «Eigene» dessen verwandelt wird, der es hört und aufnimmt. Wo der «Geist des Wortes» fehlt, will das Wort nicht Fleisch werden, in den Bildern sich seiner selbst nicht entäußern. Daher der Verlust des Symbols! Es löst sich in eine abstrakte Begrifflichkeit auf, gerät in eine Gnosis, die bei aller vorgegebenen «kritischen Rationalität» völlig weltfremd ist und gerade nicht «auf-klärend» wirkt. Dieser fleischlosen Verbegrifflichung entspricht die schlechte Fleischwerdung des «geist-losen» Wortes in der *faktischen Buchstäblichkeit,* in der es an der starren Prägung, dem manipulierbaren Genormtsein festhält. In beiden Fällen will es nicht, in der Einheit von Leben und Tod, *Symbol* sein!

4. «Geist»-loses Wort und Todesrausch

Deshalb erfindet der Mensch neue Todesformen, die ihn aus dem Exil im Sprach-Käfig befreien, ihm den «Geist» jenseits des Wortes ersetzen sollen, damit er über die leblose Identität der
129 |Sprachstrukturen und das Verhängnis seiner Selbstwiederholung in ihnen herauskomme.

Er verschafft sich den «Rausch», die «Trunkenheit» einer selbst verfügten «Bewußtseinserweiterung», eine Scheintranszendenz ins Sprach-lose durch «Drogen-Konsum» (im weitesten Sinn des Wortes). Eine Selbst-überbietung, in der er nicht unter dem Anruf der lebendigen, befreienden Wahrheit sich ver-läßt. Kein «Anderer» holt ihn liebend aus sich heraus. Nicht deshalb gibt er sich auf, weil er ein Leben erfahren hat, das größer, reicher, lebendiger ist als sein Todes-Ich, so, daß er sich nun losläßt (stirbt): nicht bloß um des Todes, sondern um der Fruchtbarkeit des Lebens willen!

Nein, er selbst ist es, der sich im «Rausch» mit (materiellen) «Mitteln» vom Ich-Punkt trennt, nicht den Tod der *Freiheit* stirbt, sondern den Tod «macht». In den Götzen, denen er sich dabei ausliefert, betet er freilich nur sich selbst an. Er bringt sich nicht *selbst* in den Spiel-einsatz! Das von sich selbst be-sessene Ich erweitert sich innerhalb seiner eigenen Grenzen.

Der «Welt-», «Zeit-» und «Arbeitsrausch» substituiert das Pneuma. Man will ins «Jenseits» des toten Wortes vordringen, «Neues» erfahren: im *resignierten* Nicht-tun (mitten in der *Seins*-Vergessenheit), in der *geist-losen* Gelassenheit, die nicht schöpferisch ist.

Man trachtet danach, den toten Sprachblock dadurch zu verlebendigen, daß man ihn «pluralisiert», vervielfältigt: *noch mehr* redet, *noch mehr* Worte (gesprochene – und geschriebene) produziert, um sich im *Vielen* die (Schein-)Lebendigkeit einer abgestorbenen Sprache vorzugaukeln. Der dialogische Aktionismus täuscht über den Mangel an lebendigem Sprachreichtum hinweg. Ich verliere mein Leben immerfort in diesem Gerede, höre nicht auf zu sterben, aber ich tue es falsch!

Es gibt ein Sprechen, das süchtig nach «Tod» ist, nach Gehörtwerden schreit, um *sich* abzusterben, bei einem *Anderen* ankommen zu können. Um der eigenen Selbst-überlieferung willen begehrt es den Raum des «empfangenden» (=passiven!) Hörens, damit es sich der eigenen «Aktualität» vergewissere, sich selbst bestätige. Die Sprache jeder Tyrannei lebt vom pseudo-|schwei- 130
genden Hören, dem toten Offensein ihrer Knechte, nach dem sie sich verzehrt. Sie bedarf jener sprach-los Ex-propriierten, der Ohnmacht der stummen Anderen, um das Kapital der Macht-Sprache in ihnen sich austoben lassen zu können, den Rausch des Sprechens *und* Gehörtwerdens zu genießen.

Die andere Seite dieses Rausches ist der *Todesrausch nach innen:* die alles auffressende, vertilgende Sprache, die die Welt im Ich=Ich zu speichern, zu verdauen versucht; eine Vorratswelt schafft, in der der «Objekt-Verlust» (Freud) aufgehoben, die Welt mit dem Ich zur Identität gebracht ist. Dem anal-aggressiven Rausch korrespondiert der oral-habenwollende. Sprache wird

Krankheit; versuchte Überwindung der Todestrennung von Ich-Welt, Ich-Du: durch einsaugende Identifikation: Ich und der Andere sind eins!

Daher die gefräßige Sprache des «erkennenden», «wissenden» Vertilgens: die Sprache im Konsum-Rausch, in dem der Erkennende das Erkannte «sich» angleicht und zugestaltet: ein Unterpfand der «Einheit» von Denken und Sein «sich» erstellt.

Gibt der Mensch aber im Erkennen durch das Wort das erkannte Wirkliche *nicht* an ihm selbst frei, läßt er im Ausworten des Wirklichen dieses nicht los und «sein», gewährt er *in* seinem Sprechen nicht durch Schweigen dem Du das Zu-Wort-Kommen (als der Andere), *dann* entartet die Sprache (der «Einigung» von Ich und Welt) gerade zur Sprache der Todestrennung beider.

Das Wort als Begriff schafft (scheinbar) Nähe: die gedachte Welt und das gedachte Du sind in mir, *aber* um den Preis: daß der Andere als *lebendiges* Du und das Andere als die *wirkliche* Welt aus meinem Dasein verdrängt = getötet werden. Ich schaue sie in «mir» an – und bringe sie um. Das orale An-mich-saugen des Anderen verwandelt sich dadurch nochmals in eine aggressive Trennung: unter dem *Schein* einer einigenden Vermählung! «Tod» durch Leben, das sich selbst sucht, nicht sterben will und den Mangel an eigenem Tod nach außen kehrt, ins Töten des Anderen umsetzt, die End-lösung durch totalen Krieg heraufbeschwört.

Die lebendige Einheit von Leben und Tod hingegen gehört
131 ins | Programm einer jeden «Erziehung zum Frieden», die freilich meist anders betrieben wird. –

Im Rausch der haben-wollenden Sprache stirbt alles in mich hinein, ohne daß ich über mich hinaus sterbe. Analog zur Spaltung von Leben und Tod im «Gesetz» messe ich an der quantifizierbaren Summe meiner Begriffe und ihrer systematisierten Konfiguration die Fülle der mit mir eins-gewordenen Welt, die Intensität der geglückten Einheit mit dem Anderen, den Sieg über die Todestrennung, den *Tod* des Todes.

Aber, wie sich zeigte, verliere ich *gerade so* das Leben (im *negativen* Verlust). Ich werde bezugslos, verweigere neue Erfahrung, verdaue mich selbst. Die Sprach-Einheit meines Lebens erweist sich als tot. Ich bin blind geworden für das lebendige Antlitz des Anderen und die mir immer neu zugespielte Gebärde seiner Liebe: und dies mitten im «Licht» allseitiger «Einsicht» und im «Wissen» der Wirklichkeit.

132 |II. DIE EINHEIT VON LEBEN UND TOD IM WORT DES LEBENS

1. Trinität in sich: ewig weggeschenkte Liebe

a. Vater

Gott, den wir im Glauben «Vater» nennen, ist als Sprechender der ursprungslose Ursprung des Sohnes, des Wortes, in dem er sich restlos und ganz aussagt. Der Vater tritt in seinem lebendigen Wort aus sich heraus, sofern er dem Sohn den ganzen Reichtum, die Fülle des göttlichen Lebens schenkt. Gott ist an ihm selbst ewig weggeschenkte Liebe: absolute Einheit von Reichtum und Armut.

In einem Bild, das, wie alle Bilder, vor dem Mysterium versagt, könnte man «sagen»: Der Vater teilt sich dem Sohn in der Einheit von «Leben und Tod» mit, da er im Sprechen des Wortes nichts für sich zurückbehält, sondern absolut in den Sohn hinein *arm* ist, die absolute *Trennung* der Gabe (die die göttliche Natur selbst ist) vom Schenkenden austrägt. Deshalb ist dem Sohn *alles* vom Vater übergeben, der Vater *im* Sohn gegenwärtig, der Sprechende ewig in seinem Wort enthüllt, so daß, wer den Sohn erkannt hat, auch den Vater erkannt hat: «Wer den Sohn sieht, der sieht den Vater». Die Macht des Sohnes ist die Macht des Vaters, und die Armut des Vaters der (Schoß-)Raum absoluter Freiheit des Wortes.

b. Sohn

Der Sohn empfängt sich durch eine absolute Gabe, den geschenkten Reichtum des *ganzen* göttlichen Lebens vom Vater her. Er geht als Wort aus dem Sprechenden hervor: Das ist die *Todesarmut* seines ewigen *Gehorsams,* die er (Fleisch geworden) *unter uns lebt. Gehorsam* dem Vater gegenüber, aus dem die Kenosis des Abstiegs entspringt, im freien Umsonst der Liebe.

|Dies will sagen: Das Leben des Wortes steht seinem Ursprung 133
nicht abgeschlossen gegenüber, sondern ist in seine Quelle absolut hinein entäußert. Ewiger «Tod» des Sohnes in die Hände des Vaters. «Vater, in Deine Hände empfehle ich meinen Geist» (= mein Leben). Durch diesen Tod (des Empfangens) *lebt* der Sohn ewig, sein Reichtum ist Armut. «Seine Speise ist es, den Willen des Vaters zu tun», dem er sich absolut verdankt.

Daher sucht das Wort des Lebens nicht «sein» Leben, nicht «seine Ehre», sondern «die Ehre dessen, der es gesandt hat»; es «nicht schont», sondern «über-liefert» aus der ewigen Überlieferung, der absoluten Tradition der «Trennung» des Wortes vom Sprechenden, der «größer ist».

Das Wort ist Dienst, reine Verfügbarkeit im Preisgegebensein an den Vater und an die Wahrheit, die Wirklichkeit des *einen* göttlichen Lebens. Es verschwindet in den Sprechenden hinein; ist reine Durchsichtigkeit auf ihn hin, die *Wirklichkeit* Gottes, die in ihm als Wort zur Sprache kommt.

Aber der Sohn stirbt *nicht* den schlechten Tod der Selbstauflösung in den schlechten väterlichen «Nur-Reichtum» hinein, in das «Nur-Leben» der Macht, die den «Tod» des Sohnes außer sich hätte. Nein, sein Todes-Gehorsam *ist* sein Leben, so, daß er als *Weg*, der sich überflüssig macht angesichts des Zieles, eben «*die* Wahrheit» und «*das* Leben» selbst ist.

Das Leben des Sohnes ist sein ewiger Tod in den Vater hinein. Aber, dieser Tod darf nicht als ein Tod *gegen* das Leben des Wortes gedeutet werden (in der *Dialektik* von «Herr und Knecht»). Andernfalls wäre der personale Selbstand des Sohnes vernichtet, das Wort nur eine Funktion der blinden Macht des Sprechenden, dessen Marionette: in der der Redende *sich selbst* nicht mehr mitteilt, im Wort *nichts* sagt. Die Negation der Freiheit des Wortes tötet daher die Herrschaft des Sprechenden *im* Gehorsam des Wortes ihm gegenüber. Deshalb ist der ewige Todesgehorsam des Sohnes in den Vater hinein das ewige *Leben* des Sohnes, absolute Freiheit dem Sprechenden «gegenüber», der *sich in ihm*, dem Wort (in der Wesens-Einheit mit dem Ursprung) ausspricht. Nicht, um den empfangenden, hörenden Sohn zu entselbsten, d.h. die väterliche Macht (durch einen sadistisch|verfüg- 134
ten Tod des Anderen) durchzusetzen! Vielmehr liebt der «alles»,

auch sich selbst schenkende Vater, weil er arm ist, den Sohn in der Fülle seines Reichtums an ihm selbst und «hört» auf ihn!

Im ewigen Wort verwenden sich Leben und Tod als Leben der Liebe selbig füreinander. –

c. Geist

Obwohl der Vater seinem Wort alles schenkt, alles in der Form des lebendigen Wortes hingibt, das Wort «reine Gegenwart» des Vaters ist, so fällt doch der sich absolut Aus-sprechende *nicht* in sein Wort *«hinaus»* und das Wort des Vaters nicht als dessen «ein-sinnige» Reproduktion auf den Ursprung zurück, in Gott hinein. Vielmehr stehen beide einander erkennend und liebend gegenüber: Freiheit zu Freiheit, die als personal Sprechender und als personales Wort in der «Todestrennung» absolut «wesenseins» sind. Keine zwei Pole, die sich linear (in der Logisierung der Einheit von Leben und Tod) miteinander verbinden ließen, sondern Einheit der erkennenden Liebe als Freiheit zu Freiheit im *einen* Wesen. *Daher:*

Obwohl alles geschenkt ist im Wort und dieses sich absolut dem Vater in ewigem Todesgehorsam verdankt, so bergen der Sprechende und das Wort, das den Vater hört, ewige Überraschungen füreinander, ewig neu, immer jung aufspringendes Leben: die personale *Wir-Gestalt* der *Einheit* von Leben und Tod der Liebe in Vater *und* Sohn, das überströmende Zueinander der Liebe beider, das wir «Geist» nennen.

Geist des Wortes, in dem das Wort sich in den Vater und die Wahrheit der göttlichen Liebe verschweigt, die es als Wort sagt und enthüllt – und *Geist des Vaters,* in dem der Sprechende sein Wort frei-gibt, in die Todestrennung entläßt und darin Gott selbst sich mitteilt.

«Geist», der vom Vater und vom Sohn ausgeht, aber *nicht* der Sprechende als solcher und *nicht* das Wort als solches ist. Eher: die positive Fülle seines Schweigens, Atem des Vaters im Wort.

Der Geist ist das Leben des Sprechenden und das Leben des Wortes – und reicht doch über beide hinaus. *Einheit* der Einheit
135 | von Leben und Tod im Vater und der Einheit von Leben und Tod im Wort.

Diese absolute Liebessprache Gottes hat sich in unser Fleisch hinein ausgesprochen. Alles menschliche Sprechen ist, mitten in seiner Zerrissenheit, in *dieses* Leben eingetaucht: Es bewegt sich, lebt und ist in ihm. Alle Sprache und alles Sprechen, so sie glükken, sind ein Schatten, eine Spur *dieses* Sprechens in der absoluten Einheit von Leben und Tod: der Liebe, die Gott selbst ist. –

2. *Kirche: geschaffene Liebe in der Einheit von Leben und Tod*

Wenn Gott spricht, *dann* spricht er «umsonst»; nicht von außen her genötigt, sondern weil ER will (in der absoluten Einheit von Leben und Tod jenseits alles «Ich»-will!). Und deshalb gibt er *alles.* Nichts kann ihn zur Selbstmitteilung zwingen, aus seiner «ewigen Einsamkeit» (Elisabeth von Dijon) herauszutreten: weil er *an ihm selbst* ewig weggeschenkte Liebe «ist». Nicht der Tod (des Sünders) zieht das «Nur-Leben» Gottes aus dem Himmel auf die Erde herab: Gott kommt «umsonst».

a. «Im Anfang» war (ist) das Wort

Und doch ist die dreifaltige Liebe ewig «außer sich»: «*Im* Anfang» war (ist) das Wort. Es ist in der Endlichkeit, im «reinen Anfang» ewig erhorcht, erlauscht, empfangen, vom Anfang (der «archē»), deren Leben darin besteht, in der Gestalt des Endlichen *als Endlichen* Zeugnis davon abzulegen, daß Gott den *ersten Schritt* tut, alle Anfänge in ihm liegen; daß er uns zuerst *geliebt,* uns vorweg *erwählt* hat: wie ER will.

Der «lebendige Anfang», die «reine Endlichkeit» ist das nicht gebrochene, zerfallene Zeichen der Freiheit dafür, daß, auf dieses absolute Vorweg Gottes hin gesehen, alle Endlichkeit «nichtig», «leer», unfruchtbar («steril») und arm ist. Sie kann als Endlichkeit, in der die absolute Gabe des Wortes ist (war), das gegebene Wort des Lebens nicht aus sich herausgebären, ohne es in abgründiger Armut (jungfräulich) zu verdanken, weil sie den Tod des Empfangens (= des Glaubens) gestorben ist. Das absolute
Leben in ihr ist absolute Gabe Gottes, die, weil sie *da* ist, als 136
unendlicher Reichtum die Empfangen-*habende* «unendlich» arm macht: *im* Reich-sein (Einheit von Leben und Tod).

Die «archē», in der der Logos immer schon ist, braucht also nicht im Haben-wollen eine ihr vorenthaltene Gabe sich zu verinnern. Sie muß das Leben nicht töten, um es besitzen zu können und durch seinen Tod «ihr Leben» aufzubauen. Nein, sie ist *reine* Offenheit, selbst-lose Armut, die sich nicht «verliert, weil sie sich gewinnen will» (Nietzsche), sondern «Jungfrau», arm im unendlichen Umsonst der in sie hinein verschenkten Liebe des Wortes: *Im Anfang* war das Wort.

b. «Im Anfang» ist das Wort auf Gott hin

Das Wort des Lebens ist in ihr; sie hat empfangen und vollzieht das Empfangene, indem sie stirbt, als «ihr» Leben. Sie ist die Gebärerin (Mutter) dessen, der sie geschaffen hat: Mutter der absoluten Liebe, der sie bis auf den Grund preisgegeben ist. Geschaffene Liebe in der Einheit von Leben und Tod. –

Der Logos ist in ihr, aber nicht in ihrem Schoß gefangen, in den Raum ihres Hörens hinein verbannt, durch die Nabelschnur des Egoismus mit seiner ihn an-sich-haltenden Mutter verknüpft. Sie ist ihrer selbst «ledig» (selbst-los = «tot») und gibt daher als Geburtsschoß der absoluten Freiheit in der Welt (Leben) im Tod des Glaubensgehorsams das Wort auf den Sprechenden hin frei: Sie entläßt es in die *Heimkehr* zu seinem *ewigen* Geburtsschoß und setzt sich nicht an die Stelle des Vaters. *So bleibt* der Sohn in ihr! Sie ist seine endliche Gegenwart mitten in der dissoziierten Geschichte des Fleisches.

In ihrem Empfangen *und* (!) Freigeben leuchtet also der ewige Gehorsam des Sohnes zum Vater auf: dem das Wort gehört, gerade dort, wo dieses, dem Sprechenden gehorsam, im Tod der Kenosis ganz auf die Seite des «reinen Anfangs», der reinen Endlichkeit getreten ist.

Im Akt dieses Gehorsams verdankt sich das Wort dem Sprechenden, ist es im Empfangenden nicht absorbiert, sondern: «Das Wort war (ist) auf Gott (den Vater) hin».

137 |c. Gott ist das Wort

Völlige Transparenz des Wortes «*im* Anfang» auf den sprechenden Ursprung hin: Wort des Vaters, den die Empfangende im

Hören und Gebären des Wortes nicht mund-tot macht, sondern, weil sie im Empfangen-*haben arm* ist, als *den* verherrlicht, der sich absolut selbst genügt, umsonst schenkt, so, daß *alles* durch ihn und in ihm ist: «Und Gott (selbst) war (ist) das Wort»...

Die Gabe ist nichts vom Geber Getrenntes (Tod *gegen* Leben!), sondern mit dem schenkenden Ursprung wesens-eins, die Vollgestalt des Schenkenden: *Dieser* Logos war (ist) *im Anfang:* auf Gott hin!

«*Im* Anfang»: D.h. *Gott* ist das Wort; der *absolut* Andere zur geschaffenen Endlichkeit. Aber das Wort bleibt demjenigen, der es hört, nicht äußerlich. Es stirbt in ihn hinein, wird die Lebens- und Seinsmitte des Hörenden, dessen «Da»-sein; ihm innerlicher als er sich selbst je innerlich sein kann: der Nicht-Andere, weil der Ganz-Andere in der Einheit von Leben *und* Tod ewig weggeschenkter Liebe.

d. Licht «in» der Finsternis. Erlöstsein im Leben mitten im Tod

Das Wort des Lebens setzt sich nicht eine *leere* Armut, keine für sich seiende Sterilität voraus, sondern *fruchtbare* Armut, lebendiges Leben im Tod; keine Nur-Wüste, um sich vom regenlosen Land als Nur-Leben in die Endlichkeit hinein aufsaugen zu lassen, in der entmachteten Ohnmachtsgestalt des Endlichen auszufließen. Der Schoß, der ihn empfängt, ist Armut der befreiten Freiheit, Hören *durch* die Kraft des vernommenen Wortes, Offenheit im Selbst-stand; keine nichtige Potenz gegenüber einem göttlichen Seinsakt. Aber, dies besagt nicht, daß das die Liebe empfangende Leben sich selbst genügte, sondern es genügt sich selbst in dem, der allein genügt: Gott.

Obwohl Gott für uns starb und seine Liebe uns in Christus schenkte, als wir noch Sünder, Gottes Feinde (Atheisten) waren, so geschieht die Erlösung doch nicht außerhalb unseres Todes. Gott stirbt in diesen Tod hinein: für uns zur Sünde geworden.
| Er stirbt im *einen* Tod jeden Tod, alle Tode – und *in ihnen:* 138
«seinen» (in den Gehorsam dem Vater gegenüber gehörenden) ewigen Lebens-Tod.

Das Licht (Leben) ist nicht die Finsternis (Tod), aber es leuchtet *«in»* der Finsternis, mitten im Tod. Diejenige aber, worin er immer schon in reiner *endlicher* Gegenwart da ist, sein Haus, ist das geschaffene Licht, das Gott im Anfang von der Finsternis schied: die «archē», *vor* aller Todeszeit, aber als «Fülle der Zeit» *in ihr*. Die Kirche! Sie ist dabei, (vor aller Zeit) vor Gott spielend, als die Feste der Erde gegründet wird und ihre Wonne ist es, in den Menschen, bei ihnen zu sein; unser geschaffenes Leben im Tod: «jetzt» und in der Stunde unseres Todes...! Die «Hoffnung» in der Einheit von Leben und Tod. Sie ist es, in der die diabolische Spaltung von Licht und Finsternis durch die Torheit der sich verschenkenden Liebe lebendig überwunden ist. Denn Gott selbst übergibt sich ihrer Todesarmut (ihrer *armen* – reichen Liebe), die *nicht* identisch ist mit der unfruchtbaren Todesarmut des Stolzes und der Verweigerung perverser Virginität (die nicht empfangen will, sondern Gott als ihr «Nur-Leben» – *gegen* den Tod – ins Jenseits abschiebt, damit sie ihn, der scheinbar «alles» für sie ist, los werde). Die Todesarmut der Sünde ist *nicht* arm, sie gehorcht nicht, sondern stößt das Samenwort von sich ab; will nur «Grünen» und «Blühen» – nicht Fruchtbringen, nicht Frucht-*Sein* und stürzt somit in die haltlose Hektik der «Entwicklung».

Da der Logos an seiner Herrlichkeit (Leben) nicht wie an einem Raub (Nur-Leben *gegen* den Tod) festhält, sondern gehorsam die Sendung bis in den Tod und Höllenabstieg hinein austrägt, d.h. immer «drunten» bleibt (in der Geduld: hypo-monē!), so ist auch die ihn empfangende Voraussetzung seiner Entäußerung nicht bloße Armut, die erst nachträglich die Verendlichung des Wortes «zu bestehen» hätte. Sondern das Leben der Empfangenden *ist* das verendlichte Wort des Vaters. Niemand braucht durch Todesarbeit in den Himmel hinaufzusteigen, um Christus aus seiner «Herrlichkeit» (Nur-Leben) in den Tod herabzuziehen, die Kenosis «zu bestehen». Und niemand braucht in die Unterwelt des Todes hinabzusteigen, um von dort her das
139 | Leben aus der Region des Todes evolutiv heraufzuholen! «Nah ist dir das Wort in deinem Mund und in deinem Herzen.»

Gott läßt den Menschen nicht allein zurück in der Armut, mit seinen sehnsüchtig ausgestreckten Armen. Er liefert ihn nicht dem Verschmachten aus, sondern übereignet ihm die Gabe restlos. Die «Sterilen» zeugen im Glauben, jene, die mit der Nase darauf gestoßen werden, daß sie mit dem biologischen (auch technischen) Produzieren am Ende sind. Der ausgetrocknete Schoß gebiert (Sarah); das «Leben», das mit dem Kampf der Selbstsicherung *gegen* den Tod aufgehört hat, in der Einheit von Leben und Tod lebt. *Nicht,* weil es nicht mehr weitergeht «wie bisher», sondern weil es im «Geist des Glaubens», in den *Anfang* der neuen Geburt hinein befreit ist.

Die Unfruchtbare wird Mutter vieler Kinder, die sie *weder* in sich hineinfrißt, um ihr verlorenes Leben wiederzugewinnen (in den Kindern nicht «sich» sucht) *noch* im schlechten Sinne «verselbständigt», damit die Kinder mutter-los («mündig») *ihres* Weges gehen.

Sie ist der Spaltung von Leben und Tod im Reifegang menschlicher Selbstwerdung nicht unterworfen. So gebiert sie das Wort des absoluten Lebens als ihren Erstgeborenen *in vielen Brüdern!*

e. Trennung vom Wort ist Einheit mit dem Wort im «Geist»: Weggegeben-*Sein*

In ihr verwenden sich Empfangen und Gebären, Tod und Leben, Fruchten und Loslassen selbig füreinander. Sie leidet die Trennung *liebend* durch: «Wußtet ihr nicht, daß ich in dem sein muß, was *meines Vaters* ist?» – «Weib, was ist zwischen mir und dir?» – «Wer ist meine Mutter, wer sind meine Brüder?» ... bis hin zu: «Mutter, sieh hier deinen Sohn» unter dem Kreuz. Letzter Abschied, äußerstes Hingeben, Freigeben des Wortes für alle, für die das Blut «umsonst» verspritzt – und doch ist sie es, die «das» Wort und alle seine Worte «bewahrt»: *Im Anfang* ist und bleibt das Wort.

Nicht sie selbst macht sich arm, sondern die Gabe des leben- 140
digen Wortes räumt sie aus, durch *Seine* Gegenwart in ihr. Sie verfügt nicht über ihren Tod, ihre Armut. Sie wird im Maße der Hingabe des Sohnes mit in den Tod ent-eignet. Je tiefer er in ihr ist, sie mit Herzblut erfüllt, desto ärmer wird sie im Gehorsam. Ihr Leben ist ihr Tod in Seinem Leben.

Indem sie das Wort, das zum Vater heimkehrt, losläßt, bejaht sie den absolut Schenkenden und die sich austeilende, sie mitausteilende Gegenwart des Wortes in ihr. Ihr Dasein ist *Dank* als Einheit von Leben und Tod, vertikal und horizontal.

Sie ist die austeilende, verschenkende Gebärerin des Lebens im Empfangen-*haben* mitten in der Entfremdung, der Finsternis. Leben, das nicht seinen Vor-«teil» sucht, sondern sich zerbrechen läßt, zerbrochen wird, sich nicht be-wahren will vor dem «Zerkaut-werden». Sie ist das im Tod des Wortes mitausgeteilte Leben der Schöpfung, weil Er in ihr *Fleisch* geworden ist.

Wenn es also heißt: «Nehmt und esset, das ist mein Leib; nehmt und trinket, das ist mein Blut», so wird keine Idee, kein Begriff, nicht etwas, das man «hat», keine Sache, die «ich» nicht bin, gegeben: sondern die Liebe selbst in Fleisch und Blut, das *Sein* als weggeschenkte Liebe. Keine periphere Vertröstung, nicht eine Maske, ein Kleid, nicht Worte in Tinten-«Blut», sondern *Lebensblut,* das eins ist mit dem Tod; Blut und Wasser, in denen der «Geist» ausströmt: im *Tod der Leben*-spender. Daher: Zerbrechen der Einheit in die Vielheit, so, daß die Vielen *Einer* im Einen werden, daß sie heimkehren in die reine, endliche Wir-Gestalt der Einen geschaffenen Freiheit.

3. *«Wer sein Leben verloren hat, ... »*

a. Tod im Leben des Frucht-Seins

Wir sahen immer wieder, wie zweideutig der «Verlust des Lebens» ist; wieviel Egoismus dahinterstecken kann und wieviel Eigensucht in der «Hingabe» wirkt. Der Satz: «Wer sein Leben behält, wird es verlieren – wer sein Leben verliert, wird es behalten» wird oft als handhabbares dialektisches Gesetz benützt,
141 mit | Hilfe dessen man die Einheit von Leben («Behalten») und Tod («Verlieren») in der Form befreiter Freiheit zu erstellen trachtet: Selbstgewinn *durch* Selbstverlust!

«Zum Glück» wird dieses Wort Jesu meist *falsch* zitiert. Denn, wenn es *so* wäre, dann würde damit eine machbare Einheit von Leben und Tod proklamiert. Ein Sterben, das im «Wissen»: «Nur *so* kannst du dein Leben reicher gestalten und vermehren»: aus der Selbstsucht entspringt. Darüber wurde schon einiges gesagt.

Dahinter steckt jedoch die Angst, daß man sich etwas schenken lassen müsse und dabei «nichts anderes tun» könne, als nochmals (in einem Geschenk, nämlich des Glaubens) *ja dazu* sagen, die Preisgabe der närrischen Liebe Gottes empfangen und im selben Atemzug mit ihr aus sich selbst herausspringen in den eucharistischen Einsatz.

Vor *diesem* Tod haben wir Angst, denn darin sind wir keine «Herren» mehr und müssen am Ende, da wir alles getan haben, bekennen: «Wir sind unnütze Knechte». Die *ganze* Frucht unseres Lebens, aller Arbeit und jedweder Entäußerung ist mir in der einen Gabe des lebendigen Wortes geschenkt; ich bin in allem reich geworden durch das Wort, das im Anfang, in der «reinen Endlichkeit» ist, die es als Frucht ihres (geschenkten) Glaubens gebiert. Die Frucht «meines» Lebens ist Frucht am Baum, der nicht nur «Frucht macht», sondern «*Frucht ist*» (Einheit von Sein und Tun; hebr. «ets pri ose pri» – «Baum Frucht macht Frucht»). Die Frucht kommt *nicht* dadurch zustande, daß ich vom Baum der Erkenntnis des Guten *und* Bösen, dem Baum der Spaltung von Leben «*und*» Tod esse und die «Einheit» von Leben und Tod aus mir selbst hervortreibe. –

Der Tod des Überflüssig-seins, des Umsonst, der reinen Liebe, die alles, was sie hervorbringt (gebiert: Mutter), durch Empfangen (ledige Armut der Jungfrau) vollzieht, *diese* Versöhnung von Frucht-sein und Frucht-machen ist uns zuwider. Da wird das «Ich» mit der Wurzel ausgerissen, beraubt (steresis!). Aus einem Empfangen ist alles Frucht meiner Freiheit, die «ich» Gott, zusammen mit mir selbst, überantworten muß. Er mache
|damit, was er wolle. Er gebe, *wem* er will. Er teile aus, *wie* er 142
will – und dies mitten *in* all «meiner» Arbeit und am Ende «meines» Lebens.

b. Tod, den «Ich» nicht «wollen» kann

Wie kann, so müssen wir fragen, der Mensch sein Leben in der Einheit von Leben und Tod verlieren? Antwort: «Wer sein Leben gefunden hat, wird es verlieren, und wer sein Leben um *meinetwillen verloren hat*, der wird es finden.» (Mt 10,39) –

«Wer sein Leben gefunden *hat*»: fertig damit ist, auf ihm als einem hinter ihm liegenden Haufen hockt; keine Zu-kunft auf die Gabe des lebendigen Wortes vom Vater hin riskiert; nicht mit dem Logos, im Anfang der befreiten endlichen Freiheit auf den sprechenden Ursprung hin sich verschweigt, sondern das Leben als «gelebtes» in sich absorbiert und sagt: «Das bin ich, ich hab's; so und nicht anders ist es und wird es: als ‹ich› es überschaue und kenne».

«Wer sein Leben gefunden hat»: auch durch die gemachten Tode aller egoistisch inszenierten Selbstentäußerungen; wer da glaubt Herr «seines» Lebens und «seines Todes» zu sein: *der* wird es verlieren, da er es nur als geschenkte Gabe besitzt: im Maße des Todes, des Weggegebenseins.

Aus diesem Teufelskreis kommt der Mensch durch eigene Kraft nie heraus. Nur die absolute Liebe kann ihn durch ihre Gegenwart *in ihm* bis auf den Grund enteignen, in ein wirklich armes=reiches Leben hinein erlösen. Nur Gottes absolute, in uns hinein gestorbene Fülle kann uns zur äußersten Armut des Sichverlierens befreien. Nur *um Christi willen* kann ich mein Leben wirklich verlieren. Nur auf ihn hin gibt es lebendige Einheit von Tod und Leben. Alles andere ist Sterben auf sich selbst hin.

Indem *Er* mich ausräumt, stirbt mein Ich einen Tod, den «Ich» nicht «wollen» kann: «Nicht mehr ich lebe, Christus lebt in mir» – «Ihr seid Tote, und euer Leben ist verborgen mit Christus beim Vater», sagt Paulus. «*Wer*» jedoch sagt hier: «*Ich* bin tot», «nicht mehr *ich* lebe»? Ist es Paulus? Aber Paulus ist doch tot, er lebt nicht mehr?! Wer spricht also?

Der Gestorbene, in der Gegenwart der fleisch-gewordenen Liebe Enteignete, der Knecht Christi redet hier in der *Kirche*, in
143 |der *einen* lebendigen Freiheit des «Wir» der geschaffenen Liebe, in der «reinen Endlichkeit». Sie, in der Das Wort lebt, von Anfang an: redet in ihm, mit ihm! Der «überflüssige Knecht» spricht, dessen überfließendes Leben: ER ist. Das überströmende Leben hat dem Paulus «den Paulus» genommen und in diesem Tod Christi in ihm, für ihn, dem Paulus die Wiedergeburt ins

Leben der befreiten Freiheit hinein geschenkt: Wir = Ich; Ich = Wir: *Einer* in Christus, eine lebendige Freiheit «reiner Endlichkeit», deren Leben Gott selbst ist.

In diesem Enteignet-sein ist Paulus *in allem* reich, so tief, daß er allen alles sein kann. Sein Leben ist als Fülle jetzt erst Armut des Hinsterbens für die anderen: vom Tode auferstandenes Leben, weil wir die Brüder lieben. Das vermögen wir nur in der Kraft dessen, in dem wir allein den wahren Tod sterben, weil das wahre, *an ihm selbst arme* Leben leben können. Nur so «hat» der Mensch sein Leben verloren, unwiederbringlich, reuelos, wie die Gegenwart der Liebe in ihm unumkehrbar und reuelos gegenwärtig ist.

Hüten wir uns also davor, die Armut Christi, seinen «Tod für uns» zu einer Funktion unserer eigenen, immanent «versuchten» Selbstaufgabe umzudeuten. Denn nicht «unser» gemachter Tod, «unser» Elend ist der Magnet, der ihn ins Fleisch zieht, sondern die Tat seiner Entäußerung ist Offenbarung seiner ewigen Entäußerung und Armut, des absoluten Gehorsams dem Vater gegenüber. Anders gesagt: Gott stirbt aus der Armut überfließender Liebe, *nicht* aus haben-wollendem Hunger.

Deshalb vollendet sich die Eucharistia als Feier der lebendigen Liebe in der Einheit von Leben und Tod nicht im ausschließlichen Blick auf das Für-uns, sondern in der *Anbetung*, in der wir für die große Herrlichkeit der ewig in der Einheit von Leben und Tod *an ihr selbst* weggeschenkten Liebe danken. Denn *so* und *nicht anders* ist sie das absolute Umsonst, unendliche gratuité!

Wenn es heißt: «*Mußte* Christus nicht all das leiden, um in seine Herrlichkeit einzugehen», dann bedeutet dieses «Muß» nicht, daß er sich die Herrlichkeit von unten nach oben sozusagen allererst erarbeiten muß: göttlicher Logos «werden» muß; daß seine Gleich-wesentlichkeit mit dem Vater eine Funktion
| seiner «geschichtlichen», «irdischen» Existenz sei. Die Herrlich- 144
keit, die er im Fleisch unter Tränen, Stöhnen, Leiden «gewinnt», *ist* seine ewige Herrlichkeit beim Vater, die aber im Fleischesleiden *nicht* als statische, fixe Größe, als Instanz absoluter Sicherheit rekapituliert wird, sondern ihm in der Heimkehr zum Vater *neu* aufgeht, im ewig jungen, *nie* logisiert abschließbaren

Wir des «Geistes», der die personale Nähe der «Getrennten» ist. Im Geist ist die Gleich-wesentlichkeit von Vater und Sohn ewige Überraschung, «unerwartetes», «unverhofftes» Aufspringen der unendlichen Herrlichkeit.

Wie die Kenosis des Sohnes seinen ewigen Hervorgang aus dem Vater enthüllt, dessen Geist der «Geist des Sohnes» ist, durch den das Wort Fleisch wird, so ist das «Vater, in deine Hände empfehle ich meinen Geist»: das Offenbarsein der ewigen Zuwendung des Sohnes zum Vater im Aushauchen des Geistes; Entbindung des Pneuma. Die *Härte des Muß* in seiner schrecklichen Notwendigkeit und Unausweichlichkeit ist zugleich zärtlichstes Spiel der Liebe, kein verbissenes sich Abquälen, sondern «leicht»: Einheit von Kreuz und Freude.

c. Tod der «unbrauchbaren» Unschuld

«Wer sein Leben verloren hat...», unschuldig, wie der Sohn es ewig in den Vater hinein verliert! Wir müssen die «Armut», die im Reichtum der Liebe selbst liegt, von der Armut, dem Tod, der darin offenbar wird, daß Gott seinen Sohn «für uns zur *Sünde* gemacht hat» (2 Kor 5,21), unterscheiden, ohne beide zu trennen, denn die zweite ist Offenbarung (und zwar restlose!) der ersten!

Also: Entäußerung der Liebe in den Tod nicht nur deshalb, weil die Liebe Einheit von Leben und Tod *an ihr selbst* ist, nicht das Ihrige sucht, – sondern Entäußerung als närrisches, unverrechenbares Liebesexperiment solcher Selbstlosigkeit, die auf die Seite der *Sünder* tritt: unschuldig! Der Sündelose, Unschuldige solidarisiert sich mit den *Egoisten*, mit den Atheisten! Nicht so, als würde er selbst ein Egoist, ein Atheist; als läge darin der «Tod» der Liebe! Denn unter diesen Voraussetzungen wäre eine Liebessolidarität nicht möglich. Ein Egoist tritt nie auf die Seite des Anderen. Vielleicht im *Sich*-gewinnen- oder im
145 *Sich*-|verlieren-wollen, – aber nicht «umsonst». Er *hat* «sein» Leben schon gefunden und daran hält er fest! Nur das unschuldige Leben kann den Tod der Schuld aufsichladen und wird darin unendlich zentraler von ihr belastet, gequält, zermartert und zerfleischt als der Sünder selbst, der die Schuld von sich weg-

schiebt, sich entlastet; sie nicht in ungeschützter Liebe erträgt, nicht wahrhaben will, *daß* er ein Sünder ist. Weil er «Gott zum Lügner macht» (1 Jo), indem er sich selbst rechtfertigt und sagt: er sei *ohne* Schuld. –

Was für einen Tod aber stirbt die Liebe, die als *Gericht* in die Welt kommt und den Sünder so verurteilt, daß sie seiner Todesschuld gegenüber *nicht* das hypostasierte, «reine» Leben bleibt, sondern, auf der Seite des Sünders stehend: mitverurteilt wird, das Gericht über ihn bis zum letzten ausleidet?

Das Gericht, das sie setzt, trifft sie selbst. Das Lamm, das alle Schuld trägt (und nicht als ein äußeres Kleid!) ist der *Verfluchte* Gottes: «Verflucht ist der am Kreuze hängt»; ans «Kreuz der Schande» genagelt ist (Hebr 12,7); seine «Schmach tragend» (vgl. Hebr 13,13 und 10,33). Und das Schrecklichste: Er wird für «überflüssig» erklärt, für «nutzlos» «unbrauchbar» (*ἀποδοκιμασθῆναι*: Mk 8,31; Lk 9,22; 17,25; vgl. auch 1 Kor 4, 10ff; 1 Petr 2,19f). *Das* ist der Weg in der Einheit von Leben und Tod bis ans Ende: *εις τέλος* (Jo 13,1); *alles ist umsonst!*

Und er nimmt dieses Weggeworfen-sein, die Erklärung seiner Nutzlosigkeit und Vergeblichkeit auf sich; öffnet mitten im Umsonst des Fleisches (vanité) das Umsonst der Liebe (gratuité). Das durchbohrte Herz gibt alles. Mitten in der Unbrauchbarkeit fällt es nicht resignierend auf sich zurück, sagt es nicht: «Es ist doch alles umsonst», sondern «geht» den Weg durch die Hölle auf den Vater zu; auch noch über den «*einen*» Tod hinaus: im Weg-losen der Unterwelt.

Das Unbrauchbar-sein erstickt ihn nicht, der Quell strömt fort, obwohl es Nacht ist, die Liebe hört nicht auf! Er hält am Leben nicht *gegen* diesen (!) Tod fest, rechtfertigt sich nicht vor Gott und den Menschen durch seine «Unschuld», beruft sich nicht auf seine ewige Armut im Hervorgang aus dem Vater. Er scheidet nicht von sich aus Gut «und» Böse, Leben «und» Tod,
| Liebe «und» Haß, Licht «und» Finsternis, wie wir, die «*wissen*» 146
wollen (und nur das), was Gut «und» Böse ist, ohne im Einsatz der je größeren Liebe dem Herrn in Tod und Auferstehung nachzufolgen, zu lieben.

Er aber nimmt das Urteil an, das Gericht über die Schuld, das *sein* Herz durchbohrt. Er glaubt dem Vater – und liebt bis zur Vollendung. Nicht: «Mein Gott, wie danke ich dir, daß ich *nicht* so bin, wie *diese...*» Obwohl er Macht hat, «sein Leben hinzugeben und es wieder an sich zu nehmen», so verliert er es nicht auf *seinen* Namen hin. Er zieht es auch aus der Entäußerung heraus nicht in «sich» hinein zurück. Der Vater auferweckt ihn durch den Geist, und dies ist des Sohnes Tat, weil der Lebendigmacher *sein* Geist ist. Die restlose Preisgabe an den, aus dem er ewig hervorgegangen ist, diese Offenbarung der nie «abgeschlossenen» (= abgebrochenen) Heimkehr des Sohnes zum Vater, mitten aus der Hölle der Lieblosigkeit (= Gottverlassenheit), *dies* ist die Todesarmut des Lebens der Liebe: Der Tod des Todes. Der Entstaltete, an dem keine Gestalt und Schönheit ist: Er ist die Herrlichkeit vom Vater in *Wahrheit* und *Tat.*

4. *«Wenn das Samenkorn nicht in die Erde fällt...»*

a. Sich-überlassen

Im «Fallen» lassen wir Leib und Seele gelassen los. Die Entblößung geschieht nicht durch einen Schwung, den wir uns selbst geben, sondern im Schwung, mit dem der Sämann die «Kinder des Reiches» wie Samenkörner ausstreut: in der Bewegung der Sendung – wohin Er will. «Fallen» heißt: sich nicht in den «vielen Möglichkeiten» des hierhin *oder* dorthin Fallenkönnens halten, an diesem *oder* jenem Platz wachsen können, sondern den Tod des Absterbens der vielen Möglichkeiten auf sich nehmen, auf dem Platz, wo man hinfällt, damit durch den Tod die Einwurzelung im Erdreich der Demut beginne. Also: nicht infantil «unbestimmt» bleiben oder gar diesen Mangel mit der Teilhabe am «unbestimmten Sein» identifizieren wollen. Das «Ganze» nicht gegen das Zerbrechen im Fragment schüt-
147 zen, sondern das Brot|brechen und der *einen* Liebe in der Zerbrochenheit des Fleisches gehorchen.

In die Erde fallen: Sich-überlassen, sterben, vergraben werden, verschwinden, sich nicht ober-irdisch (oder über-irdisch) ins Licht stellen (ich bin auch noch da, überseht mich nicht!) und dadurch gerade *auf* dem Boden zertreten werden, den schlechten Tod des aggressiven Überwältigtwerdens sterben, sondern: für die Oberfläche nutzlos sein, dadurch, daß man, im Erdreich der Demut selbst-vergessen, *wächst!*

Und jetzt: nicht damit zu rechnen anfangen: «Ich bin das, *was* ich bin, Samenkorn. Soll ich das, was ich bin ‹aufgeben›, oder nicht doch lieber das bleiben, was ich *war*? Wer weiß, was da herauskommt, wenn ich mich loslasse, mich einer unsicheren Zukunft überlasse, das Wagnis von Tod, Verwandlung, Wachstum, Reife auf mich nehme? Soll ich die verheißene Zukunft des dreißig-, sechzig-, hundertfachen Mehrwerdens nicht doch eher in diesem meinem ‹status quo› vorwegnehmen, meinen Bestand sichern, anstatt im Opfer zu vertrauen?»

Aber, am «Sein» festhalten hieße: in der Erde verfaulen. Wer sein Leben schon *gefunden «hat»*, nicht keimendes, aufgebrochenes Leben ist, der verliert es. Er bleibt mit sich allein, in der eigenen Ich-Form stecken, in der Verbannung ein *isoliertes* «Ich» unter anderen «Ichen», immer «einer» von *zweien:* dem Gesetz der Todesspaltung verfallen.

Sterben heißt da: sich entscheiden! *Entweder* ich wähle den Scheinreichtum, das «sichere» Leben der Ich-Form – und verfaule *oder* ich wähle die Verwandlung. Diese Entscheidung des Sich-überlassens ist jedoch kein passives Verschlungenwerden von der Erde, sondern freie Initiative der Liebe; nicht selbstisch verfügter Tod im rechnenden Blick auf das Ziel des «Mehrseins».

In die Erde gefallen hört das Samenkorn nicht auf, dem Wurf des sendenden Sämanns zu gehorchen: Sein Tod ist Gehorsam zu *dieser* Sendung. Also fängt es nicht an, von unterhalb der Oberfläche her «sich» durchzusetzen (getrennt vom Geber!); sondern sein Sterben vollzieht den Gehorsam bis zum Ende. So
ist der | Tod nicht bloß ein passives Verbrauchtwerden von der 148
Nacht der Erde, sondern *Sich*-ausliefern.

Abendmahl wird *vor* dem Kreuzestod gefeiert. Es *ist* dieser Tod, aber als Offenbarung der unbeschränkten, dem Herzen der Liebesfreiheit entquellenden *Tat* – und dies *in der Nacht,* da er überliefert «wurde» (= *Passiv*-Form!). Er überliefert *sich selbst* in die Nacht; die Initiative erstirbt nicht im Gefesselt- und Angenagelt-werden. Im Verraten-werden (tradere) waltet die *sich* überliefernde, in Fleisch und Blut schenkende Liebe (tradidit semetipsum!) unauslöschlich, weil sie *göttliche* Liebe ist.

b. Jenseits von Sadismus und Masochismus

Deshalb ist der Tod des Samenwortes keine masochistische Selbstvernichtung angesichts der Forderungen des väterlichen Willens, sondern Hingabe, Gehorsam *in der Einheit* mit dem schenkenden Vater, der das Korn nicht schont. Also Dienst, jedoch nicht geschieden vom Willen des Sämanns, der dann im Samenwort nicht «sich selbst» schenken würde, vom Tod der Gabe nicht betroffen wäre. Seine Macht würde sich bloß darin erweisen, daß er den Gehorchenden neben sich sadistisch vernichtet, damit in dieser «Nur-Armut» des Sohnes (der dann freilich nicht mehr *Sohn des Vaters* wäre) die perverse Omnipotenz des Vaters sich aufrichte und behaupte.

Dies will andrerseits sagen: Die Selbstüberlieferung des Samenwortes ist nicht aggressives Ausbrechen über sich selbst hinaus, «Selbst»-auslöschung, um der «Regel», dem abstrakten Gesetz des väterlichen Willens zu entsprechen, die «Sendung zu bestehen», einen gesetzlichen Imperativ abzuleisten.

Kein «Sich»-durchsetzen, das als Konsequenz *«dann»* auch noch den Tod nach-sich-ziehen müßte, im Sinne eines Nebenproduktes des «Ich-will»! – In solcher tödlichen Aggressivität würde das Samenwort «seine Ehre suchen», von innen her dem Vater sich nicht überlassen, einen nur «äußerlichen» Tod sterben.

Sein Tod liegt weder im aggressiv-verkrampften Ich-will noch in der masochistischen Selbstauflösung, um des Lebens
149 willen,|das *dann* kommt. *Dieses* Leben würde auch als fremdes aus dem Tod herausfallen, es wäre nicht *in ihm* gegenwärtig. Hier wäre der Wille des Vaters nicht nährende Speise und Trank für den Sohn, sondern blindes Töten, das den *Sohn* von außen trifft, seine Gleichwesentlichkeit mit dem Vater zerstört.

Die Kategorien der Psychoanalyse versagen angesichts der lebendigen Einheit von Leben und Tod, Hingabe und Gekreuzigt-werden. Nicht der Verrat erzeugt die Hingabe, obwohl der Ausgelieferte im Verraten-werden zum Willen des Vaters ein absolutes Ja spricht.

c. Die Versuchung des sechsten Tages: «das Leiden unterbrechen»

Daß die Liebe den *ersten Schritt* tut, heißt nicht, daß sie das Leiden, die Schläge, die Marter, die sie von außen her: *innen* treffen (wie anders sollte es sein, da sie ungeschützt sich preisgibt: als Kind!), von einem sicheren ewigen Apriori her verwalten und disponieren könnte. Sie spielt ihre Göttlichkeit nicht *gegen* die Todesarmut im Fleisch aus, weil die Todesarmut im Fleisch Offenbarung der Armut ihres göttlichen Reichtums ist, der nicht durch eine ihm fremde Armut (außer sich) arm «wird», wozu der Teufel Jesus in der Wüste versucht (Versuchung zur Spaltung von Leben «und» Tod). «*Wenn* du *Gottes* Sohn bist, *dann...»* – «Zeige deine Göttlichkeit neben der Armut, zerreiße die Liebeseinheit von Leben und Tod; beweise, daß du der Herr bist; überwinde den Hunger durch deine unbedürftige, unendlich *reiche* Macht, die keines anderen bedarf, um das zu sein, was sie ewig ist: ‹Nur-Leben›! Bekunde, daß du ‹frei› bist zum Leiden; ‹Herr› über dein Tun; ‹Herr› über Leben und Tod; daß du Gottes Sohn bist». – «Wenn du Gottes Sohn bist, dann steige vom Kreuz herab, nur für einen Augenblick – und wenn du *‹dann›,* nach diesem ‹Intermezzo›, dieser ‹Pause› stirbst, so wissen wir, daß du Macht hast, der Messias bist. Lege nur für ein paar Minuten deine Ohnmacht ab, nimm den Kelch von den Lippen, trinke ihn nicht in *einem* Zug, nicht in so kurzer Zeit, bis auf den Grund aus, sondern halte ein, bleibe stehen: und
|‹dann› gehe weiter! Brich nur ein wenig den Einsatz und unauf- 150
haltsamen Schwung deiner Hingabe ab.»

Das ist die Versuchung, den sechsten Tag (den Tag der Erschaffung des Menschen: den Freitag!), von dem die jüdische Überlieferung sagt: er sei «*der kürzeste Tag*», *zu* verlängern; «die Stunde» hinauszuschieben, noch «einmal», zum «letzten»-mal das Leben *gegen* den Tod auszuspielen, Sein *gegen* Nichtsein zu setzen: und zu triumphieren! «Ich hab dem Tod ein Schnippchen geschlagen und gezeigt, daß ich mein eigener Herr bin, daß ihr mir ‹im Grunde› nichts anhaben könnt und das ‹Unbrauchbarsein›, die ‹Vergeblichkeit› mich innerlich (wo ich ‹nur›-lebe!) nicht berührt und verwundet.»

Aber, der Herr bleibt am Kreuz hängen und wird als *Toter* vom Kreuz genommen. Er leidet bis zur Vollendung. Er will nicht vorschnell «vom Kreuz geholt werden». Er steigt nicht herab, verlängert den 6. Tag nicht, an dem die Sonne sich «*früher*» verfinstert als sonst – und anders.

An diesem Punkt ist allerdings sofort ein Mißverständnis abzuwehren. Das bedeutet nicht, man solle den Menschen ruhig in seinem Elend, in seiner zum Himmel schreienden Not verenden lassen, damit alles möglichst «schnell vorbei sei». Jesus bleibt nicht um eines *gegen* das Leben geschiedenen Todes willen crucifixiert. Er stirbt den Tod aus der Herrlichkeit des armen Reichtums der lebendigen Liebe, die den Tod vernichtet.

Unsere Versuchung ist: das Herumkommen-wollen ums Kreuz durch technische und soziale Manipulation. Wir möchten die Liebe in ihrer Narretei abschaffen: «Holt den Menschen vom Kreuz» (Motto einer Misereor-Sammlung). Zweideutig, wie alles in dieser Weltzeit. –

Aber, und darin liegt der Wahnsinn, angesichts dessen die Welt sich die Ohren zustopft und die Augen verdeckt: Die Liebe rechtfertigt letztlich das Leiden (so oder so !) *nicht* durch praktikable oder rationale Argumente. Sie überwindet es dadurch, daß sie ihm von innen her einen *Sinn* gibt. Sie steckt ihm nicht von außen ein auf-klärendes Licht auf. Je tiefer sie selbst zur Sprache kommt, desto wortloser wird sie: Sie steht einfach da: Ecce homo, stumm wie ein Lamm, das zur Schlachtbank
151 geführt wird... | «Was ist Wahrheit?» – Er schweigt! Und da is*t* sie: die Wahrheit, die Antwort auf die Frage in Fleisch und Blut: entstaltet vor dem Fragenden stehend. Die reine Geste der absoluten Liebe: Wort = Schweigen. –

«Kreuz» ist daher unendlich mehr als «verhindertes Leben» (Nietzsche), als eine Grenze, an der man scheitert; eine Mauer, an der man sich den Kopf einrennt. Die Liebenden verlangen nach Leiden – aber aus der *Überfülle* der in ihnen herrschenden *armen* Liebe heraus. Sie verlangen nach Leiden, weil sie *leben!* Nicht um sich selbst den Tod zu bringen; das Armsein, den Tod des Ich=Ich selbst zu fabrizieren. Sie haben das «Ich-will»-mich-verlieren aufgegeben. Wie die Liebenden (= Heiligen) die Liebe als geschenkte empfangen, so messen sie sich auch den Tod nicht selbst zu.

Es gibt eine Undurchdringlichkeit der Kreuzesnacht, deren Annahme sich vom Menschen her nicht auflichten und aufrechnen läßt, weil *da: alles* «umsonst» geschehen muß. Darauf gibt es nur *die* Antwort: in der Entäußerung der göttlichen Liebe, mit ihr verschmolzen, ihr nachfolgend: *Nicht* das Kreuz *direkt,* d.h. «*sich*» meinend suchen, sondern das Leben um *Seinetwillen* verlieren. Aber auch nicht die Nacht gelähmt anstarren, im Licht «draußen» bleiben. Wer das Kreuz auf sich nimmt, nagelt sich nicht selbst an, sondern liefert sich der Wucht der Liebe aus, die ihn mitnimmt. Er verläßt alles, läßt alles liegen und stehen – aber darin ist die Armut *noch nicht* vollendet. Dies geschieht erst dort, wo er dem «Folge mir nach» positiv gehorcht – und *geht!*

5. Der Tod der Ambivalenz von Leben und Tod

Das Leben, das wir im gemachten Tod (des Selbst-verlustes, der mörderisch-egoistischen Selbstvernichtung) schaffen: muß sterben, zusammen mit dem Tod, *durch* den wir es zu produzieren versuchen. Dieses Leben endet bei den «Kothaufen dieser Welt» (Paulus).

Nur wer vom Wasser des Lebens trinkt, wird aus der «ewigen
Wiederkehr» des Durstes erlöst. Nur wer das Brot des Lebens | ißt, 152
wird nicht hungern, auf neue «ausstehende» Zukunft hin, denn er empfängt den Reichtum der absoluten Zukunft im Heute: *umsonst.* In diesem Gestillt-sein genügt er sich jedoch nicht selbst: satt! Das Quellwasser, das er trinkt, springt in ihm auf als *Quell* ins nie endende Leben hinein, so voraussetzungslos – umsonst: wie die Initiative der absoluten Liebe, die in ihn hinein sich verströmt hat. Er wird Brot für die Welt; Brot das nicht in den Wirbeln von Töten und Fressen versinkt, sondern Frucht bringt, Sättigung, die *bleibt:* im Wasser der horizontal verrinnenden Zeit nicht verzehrt wird, wie Ägypten, das in den beiden *Vorratsstädten* «Pithom und Ramses» das Brot der antizipierten Zukunft speichert, die Zeit eingeholt haben will und im Meer der Zeit ertrinkt. Brot des Lebens, das nicht der Essende, der es zerbeißt, in *seinen* Tod einverwandelt, sondern durch das er im Glauben ins Leben, das für ihn gestorben ist, umgestaltet wird.

Hier wird jede vom Menschen versuchte «Einheit» (Identität) von Leben und Tod, jede manipulierte Dialektik von «In-sich-sein und Außer-sich-sein», «Ruhe und Arbeit», «Wort und Schweigen», «Einheit und Vielheit», «Identität und Nicht-Identität» bis an die Wurzel frag-würdig und als Scheingemächte entlarvt.

Alle Ambivalenz von «Leben», das durch Tod sich gewinnen will, *und* «Tod», der von sich aus zur Auferstehung vorzustoßen trachtet, muß sterben, losgelassen werden: in der *Hoffnung* auf ein Leben, das mir die Einheit von Leben und Tod als Liebe schenkt. So, daß «ich» (Leben) zusammen mit meiner «Entäußerung» (Tod) sterbe, *weil* ich *nicht* sterbe, durch Das Leben, das ewig weggeschenkte Liebe ist! «Ich lebe, ohne in mir zu leben. Und ein solches Leben erhoffe ich, daß ich sterbe, weil ich nicht sterbe» (Teresa von Avila).

«Ich lebe, ohne in mir zu leben» – das ist richtig und enthüllt die Einheit von Reichtum und Armut des geschaffenen Seins als Liebe. Aber *für sich genommen* ist es bloße Ambivalenz von Leben und Tod des «Ich». – «Und ein *solches* Leben erhoffe ich, daß ich sterbe»! An diesem Punkt bricht die Liebe auf, die diese Ambivalenz *absolut* übersteigt, sie als ganze in den Tod führt. – «Weil *ich nicht sterbe*»: der Tod der Ambivalenz von Leben
153 und | Tod geschieht nicht auf ein *außer ihm* (als Tod der Hoffnung!) liegendes Leben hin, sondern er ist der Tod des ewigen Lebens selbst in mir, weil «ich», der gestorben ist, «nicht sterbe» ... in Ihm, der *mein* Leben ist.

Menschliches, zumal philosophisches Denken ist versucht, diese Einheit von Leben und Tod in logisierter Form zu «wiederholen». Was in den Worten solchen logisierenden Sprechens «gemeint» ist, darüber kann (letztlich!) niemand richten. Aber die versucherische Bedrohung der Liebe soll im Blick auf Hegel kurz aufgezeichnet werden.

«Ich lebe» (Identität), «ohne in mir zu leben» (Nicht-Identität). Diese «horizontale» Dialektik von Leben (Identität) und Tod (Nicht-Identität) ist für Hegel schon unmittelbare Epiphanie des absoluten Geistes. Denn in dieser Dialektik enthüllt sich der «*Anfang*» (!) der *Logik:* Sein = Nichts (Leben = Tod)! *Nicht* in der lebendigen Gestalt des reinen Anfangs der geschaffenen Liebe, der archē; nicht in der Freiheitsgestalt der Hoffnung (spes nostra!), sondern in der «reinen Einfachheit des Denkens» als die «Unmittelbarkeit» des «absoluten Geistes», der sich im Sein = Nichts in seiner leeren Definition darstellt (Armut), die zugleich Entäußerungsgestalt der absoluten Vermittlung (Reichtum) ist.

Daher enthüllt «Und ein solches Leben erhoffe ich, daß ich sterbe»: den «Tod des natürlichen Menschen»! Die «Logik» überholt die horizontale Dialektik von Identität und Nicht-Identität der «Phänomenologie» und wirkt zugleich als «freie Notwendigkeit» in ihr. Einheit von gratuité und vanité in Begriffsgestalt, die sich nochmals gegen die nur vorstellende, «glaubende» Form der Einheit beider in die «Wahrheit des freien *Denkens*» hinein absetzt. Leben gegen Tod im Aussprechen des Lebens der Einheit von Leben und Tod.

«... daß ich sterbe, weil ich nicht sterbe»: absolute Vermittlung von Leben und Tod im «Geist» als dem sich wissenden Begriff und seiner «ewigen Geschichte»: in der Zeit, im Fleisch als «anschaubar» vorgestellt, getrennt, zerrissen – aber nur solange, als er (der Begriff) «nicht die Zeit tilgt» und sich als «reiner Begriff erfaßt»: «weil ich nicht sterbe». «Daß ich sterbe,
weil ich | nicht sterbe», dies ist «die» *Identität* des Lebens in der 154
Einheit von Leben und Tod! «Identität der Identität (Leben) und Nicht-Identität (Tod)».

Es ist gut, an dieser Stelle, da man meint «formal» am Ende zu sein, auf-zu-hören, d.h. «umsonst» zu *leben* ... Denn das Sprechen spricht es nicht; das Wissen weiß es nicht: die Liebe aber spricht und weiß es: in der TAT des lebendigen Wortes.

DER TOD IN ERKENNTNIS UND LIEBE

EIN FRAGMENT

I. DIE «VERSUCHTE» ERKENNTNIS UND DER TOD

1. Kennen und Erkennen

Wenn wir in der ersten Phase unseres Weges den Akt des «Kennens» und «Erkennens» vergleichend erörtern, dann keineswegs aus dem verborgenen Interesse heraus, zwischen beiden einen unangemessenen Gegensatz aufzurichten, der der methodischen Disposition des angezielten Themas dienlich sein könnte. Betrachten wir die beiden Vollzugsformen im Rückgang auf ihre ursprüngliche etymologische Sinn-Wurzel hin, so zeigt sich, daß sie sich in ihrer Bedeutungstiefe «selbig» füreinander verwenden.[1] Aber, die Worte unserer Sprache gewinnen und besitzen ihren je besonderen Ort, die Reichweite oder Enge und das Gefälle ihres Bedeutungsfeldes im geschichtlichen Kontext des alltäglichen Sprechens[2] und darüberhinaus aus der Mannigfaltigkeit meta-sprachlicher Bestimmungen des Sprechens, deren prägende Deutekraft eine unübersehbare Variationsbreite und Bezüglichkeit des Gesprochenen eröffnet.

Wir fassen eine besondere Perspektive und Artikulation der Worte «Kennen» und «Erkennen» ins Auge, die sich u.a. im Horizont gegenwärtigen Sprechens nahelegen; wissend, daß diese Thematisierung das überaus reiche, weil im positiven Sinne «vieldeutige» Spektrum dieser Wortgestalten keineswegs erschöpft oder abdeckt.

Das Wort «Kennen» bringt vereindeutigte Weisen des «gewohnten» Wissens zur Sprache, in dem wir uns scheinbar fraglos und selbstverständlich in einer sprachlich schon durchgängig eingerichteten (einrichten: instituere: Institution) Welt bewegen,

[1] Die indogerm. Wurzel ĝen-, ĝenə-, ĝnē-, ĝnō- bedeutet: «erkennen, kennen». [Hier und im folgenden vgl. Julius Pokorny, Indogermanisches etymologisches Wörterbuch I. Band, Francke Verlag, Bern und München 1959.]

[2] Dazu gehört in einem gewissen Sinne auch ihre lexikalische Lokalisierung und die Geographie ihrer Situation in der Sprache (langage) als solcher.

die uns in vielfältigen habitualisierten Handlungsformen gewissermaßen zur «zweiten Natur» geworden ist. Unter dieser Rücksicht bezieht sich das Denken im Wort «Kennen» auf den status quo festgelegter Konfigurationen von Sprachzeichen, in denen die gegebene Wirklichkeit durch eindeutige Wortmuster von Fakten und Signalen erschlossen und als ein in sich kohärenter Funktionszusammenhang aufgedeckt ist. Im Medium dieser gekannten Welt hat jedes und alles seinen ausgemachten, durch die geleistete Auswortung fixierten Platz. Es läuft nach rational durchsichtigen Interaktionsregeln ab und ist in einem allseitig durchschaubaren Beziehungsgeflecht situiert, das die Aufschlüsselung aller Prozesse in der linearen Abfolge von Ursache und Wirkung suggeriert.

Unser Denken, das sich oft ausschließlich im Medium der Sprachform des informierten «Kennens» bewegt, ringt sich manchmal in der Frage nach sich selbst zu einer Ortsbestimmung durch. Dann gewinnt es, mitten in seinem Sprachleib, Distanz zur Sprache, *in* der es denkt. Es wird in ihr: frei zu ihr, so daß das, was «Kennen» heißt, vor die Augen tritt. Wir erfassen dann jedoch nicht bloß eine aktuelle gebräuchliche Auslegung dieses Wortes in seiner sinnhaften Bedeutung, sondern vielmehr einen spezifischen *Imperativ*, der sich nicht auf die Frage: «Was bedeutet kennen?» einschränken läßt. Denn der Sinn von «Was heißt ...?» enthüllt einen Ruf und Auftrag («Ich *heiße* dich kommen, gehen, bleiben» u.s.w.)[3], einen An-spruch, dem menschliches Handeln *in* dieser Sprachform und ihrem Umfeld, je schon unterworfen ist. Wir werden daher auch zu fragen haben: «Was heißt ‹kennen› uns tun?», – wenn das Denken in seine (vorhin durch wenig Striche gekennzeichnete) Struktur eingelassen ist. Und in dieselbe Richtung wird bezüglich des Wortes «Erkennen» zu fragen sein: Woraufhin nimmt uns «Erkennen» in Anspruch, fordert es uns heraus? Was sagt es dadurch über sich selbst und uns, an die sein Ge-heiß sich richtet? Wie und in welchen Weisen zeigt sich der Sinn von «Erkennen», wenn es so «heißt»? Was ruft das (Akkusativ) Erkennen hervor? Wem ge-*hört* es?

[3] Vgl. M. Heidegger: «Was heißt Denken?», Tübingen [3]1971, S. 79ff.

a. Kennen in der Zeit-Form des «Perfectum» und die versuchte «Aufhebung» des Gewesenen

Innerhalb des von uns thematisierten Bedeutungsfeldes meint «Kennen» ein Haben von sprachlich disponierten Fakten und umschreibt den In-Begriff von gespeichertem Wissen; eine «vorrätige» Erkenntnis, die gleichsam schon für die Zukunft ausgesorgt hat. Sie kann sich nach vorne hin nur als jener Bestand erweitern, der sie allemal (konzentrisch addiert) schon gewesen ist. «Kennen» zeigt solchermaßen ein scheinbar unmittelbares Verhältnis zum Ge-kannten an, worin jedoch dessen Präsenz zu einer gleichgültigen, widerstandslosen Gegenwart entartet ist. Man «kennt sich aus», ist «Kenner», – und schließt den geschlossenen Horizont vom Ich-punkt aus um diesen herum: Die Welt ist «vertraut», ohne daß ich mich ihr zutraue oder sie sich mir anvertrauen müßte. Das Kennen enthüllt eine gegenseitige «Treue», die durch die Klammer des «Bekannten» umgriffen wird, aus dem die freie Selbsterschließung, das gegenseitige Sich-gewähren vertrieben und verdrängt ist. Aber, wer etwas kennt, der hat das Gekannte noch lange nicht er-kannt; er braucht es denkend nicht durch-laufen, nicht durch-messen zu haben.

Kenntnisse fangen ein bestimmtes Quantum von verfügbarem Wissen ein, das mehr oder weniger beliebig reproduzierbar ist. Man braucht sich dabei nicht zweimal auf den Weg zu machen, von sich fortzugehen, auf die bedachte Sache selbst einzulassen. Die Zähigkeit der Geduld, der Schmerz des Aufbrechens über sich hinaus, die Arbeit in und mit dem (mich positiv ver-fremdenden) «Anderen» ist dem Schein einer Leichtigkeit gewichen, den alles Registrierte und Datierte vermittelt. Kenntnisse repräsentieren in diesem Sinne die dem Subjekt eingelagerten Informationen in Gestalt eines erkalteten, unflexiblen, geronnenen Sprachbestandes, eines Begriffsystems von in sich geschlossener Größe, die nur das aufnimmt, was dem «Perfekt» ihrer Konsistenz paßte und ausschließt, was ihre einsinnige Identität stört und verunsichert.

In der Sprachlichkeit des bloßen «Kennens» erscheint das Wissen in der Form von «Buchstäblichkeit» (als Metapher für fixe, formale Tatsächlichkeit: das Ge-setz, die Sätze des Faktischen); ein Text (vgl. textere: weben: Gewebe: Ge*wirk*), der die Wirklichkeit in regressiver Richtung auf das «Ich» hin gleichsam in sich aufgesogen hat und sie in rei-fizierter (res: Ding), verdinglichter Sprache darstellt. Daher rückt die Welt in diesem Text einerseits völlig in das kennende Ich ein, andererseits fällt sie in der Gestalt der verdinglichten Sprache vom «Ich» ab, da dieses sich selbst als Freiheit im es-haft aufgeladenen Text nicht mehr zur Sprache bringt. Innerhalb des Ich bleiben der Mensch der Welt und die Welt dem Menschen fremd.

«Über die Wirklichkeit und aus ihr heraus sprechen» heißt dann: «Über die Sprache sprechen»; und «Sich auf die besprochene Sache beziehen» heißt: «Kenntnis von ihr intendieren». Das Weg-schauen von sich auf die gegebene Sache und das, was sie zu sagen hat, wird durch ein bloßes Hinein-schauen in sich selbst absorbiert. Die Re-flexion versetzt die gekannte Welt als nicht-andere in den Binnenraum eines von sich selbst besessenen Ich=Ich, dessen Realitätsnähe mit Wirklichkeitsferne identisch ist.

Das «Kennen» agiert demnach in einer fertigen Sprache, die sich innerlich weder auf den Sprechenden (Erkennenden) noch auf die besprochene Sache hin verschweigt. Sie funktioniert vielmehr wie ein gestanztes Münzgeld, als abstraktes «Vermögen», in dem alle Qualitäten des Wirklichen ausgelöscht und in gegenständliche Habbarkeit umgesetzt sind: Die Welt ist antlitzlos gleich-gültig, bezahlbar. Dieses Sprachgeld kann profitabel gebraucht werden: Wenn verlangt, dann werden Kenntnisse wiedergegeben, vorgelegt, der Speicher zur Kontrolle geöffnet, ohne daß man etwas von sich selbst oder von dem, wofür das Wort steht, mitzuteilen braucht. Sprechender und Hörender degenerieren zu den Instanzen «Sender und Empfänger», deren Konstellation das Ereignis personaler Selbstmitteilung für «unsachlich» erklärt und ins Private abdrängt. Dadurch wird die Beziehung funktional und das vis-à-vis von Freiheit zur Freiheit eine austauschbare Variable, d.h. in die Namenlosigkeit zweier interagierender Instanzen herabgesetzt. Diese benützen freilich ihrerseits den Zustand der Entfremdung, um sich durch gehabte Sprache selbst einen Namen zu machen, die eigene Position zu rechtfertigen, sich gegenseitig zu übervorteilen, die Weite des persönlichen Horizontes im Vergleich mit den «beschränkten anderen» zu artikulieren, sich zu ver-öffentlichen und so die herrschende Vereinsamung «medial» zu überwinden.

Man «kennt sich aus»; bewegt sich «heimisch» in der gewußten Welt und redet sich dadurch ein, Ortschaft und Heimat im Dasein zu haben. Jedenfalls sind, kraft des Kennens, wesentliche Aufgaben schon erledigt, als durchlebte, ausgestandene dem Kenner «im Rücken»; er ist mit Problemen fertig, die andere noch beunruhigen und bekundet dadurch Macht, ein bestimmtes Maß von Bewältigt-haben des immer verunsichernden Daseins in Welt und Geschichte. Und vor allem: Er «vermag», er «kann» das Ge-kannte, d.h. er hat es nicht mehr als fremdes, ausstehendes bedrohliches anderes *vor* sich, sondern leblos, unwandelbar, eindeutig festgelegt hinter sich: Das Tote rührt sich nicht mehr. Man hat keine Überraschungen zu befürchten.

Die lebendige Wirklichkeit ist in der Form des sprachlichen Begriffsgeldes angeeignet, als «Habe» interiorisiert, aber in demselben Maße dem Habenden zugleich fremd, *neben* ihn gestellt, nicht innere, freie Weise seines *seins*-mäßigen Selbstvollzugs. Und wie das Begriffsgeld als zuhandenes in der Vorhandenheit der handlichen Sprachmünzen und deren funktionaler Verflechtung im Kontext der Kenntnisse beliebig verfügbar ist, so erscheinen der Andere und die Welt als jederzeit, zu jeder Stunde (die «*immer* da ist») faßbare und brauchbare Instanzen. Was der Mensch im Medium dieser sprachlichen Faßlichkeit des «Kennens» ergreift, ist eben dies und nichts anderes als das, was er je schon hat, gehabt hat; eine gleich-gültige Habe, die auf keine *je größere* Wirklichkeit hin transparent ist. Deren Übermaß (ab-undantia) ist schon dressiert; der sprudelnde Quell des Seins von aller Anfang an abgeleitet und kanalisiert. Es er-gibt sich nichts Ursprüngliches mehr; wenn etwas fließt, dann wurde der Wasserhahn der Kenntnis-Speicher aufgedreht.

Auf diesem Hintergrund baut sich das «Ganze» der Welt- und Selbsterfahrung aus der methodisch und systematisch durchgeführten Komposition atomisierter Kenntnisse auf, die das «erkennende» Subjekt zum Zwecke der Vereinheitlichung seines Daseinsbildes koordiniert. Wenn Tod: Trennung, Zerfall, Dissoziation bedeutet, dann die Organisation des Toten unter der Maßgabe a-priorischer Einheitsentwürfe: den Tod des Toten. Die Verlebendigung der durch analytisches Töten (Auflösen, Zerspalten, Zer-fällen) getöteten Welt geschieht im Zuge der Dialektik einer Negation der Negation. Die gemachten Synthesen des zuvor Getrennten provozieren scheinbar eine Auferstehung des Toten ins «Leben», das doch nur mit den Mitteln des Toten erwirkt wird und deshalb selbst tot ist. Die im «Perfekt» vergangene, gehabte Welt soll dadurch in ein lebendiges Präsens übersetzt werden, daß man sie gemäß abstrakten Begriffsrastern «verallgemeinert» und so synthetisiert. Die Synthetik des «Neuen» ist aber nur eine abgewandelte Form des Perfectum, der ins bloße Kennen hinein zersetzten, vergangenen Welt. Freilich hat das Synthetisierte den Schein des «Unvergänglichen» bei sich. Die Plastik-Welt ist dafür eine sprechende Metapher: Es gibt kaum Bakterien, die die Synthetics zersetzen und in den ökologischen Kreislauf der Natur zurückführen. Man beginnt, solche Bakterien zu züchten, die das dem Perfectum des Kennens entrissene Neue, das nicht «sterben» kann, «vergehen» lassen.

b. Das Thema «Weg» in der Erkenntnis: Er-fahren. Der Weg wird gezeitigt und ausgeräumt

Besinnen wir uns jetzt auf den Unterschied, den die kleine Vorsilbe «er» im Worte «er-kennen» in unseren Gedanken einbringt. Was zeigt sich darin an? Verdeutlichen wir uns das Gefragte aus dem Verhältnis von «fahren» und «er-fahren», um die spezifische Weise und Qualität der *Bewegung* aufzuspüren, die in den beiden Vollzügen zum Vorschein kommt.

«Fahren» transitiv (einen Wagen, Karren u.s.w. fahren) und intransitiv (ich fahre nach München) meint eine besondere Form der Fortbewegung, in der – ganz allgemein gesprochen – der *Weg* in einem gewissen Sinne *vor-weg* da ist; ein Pfad, eine Straße, auf der die Fahrt geschieht, ist schon gebahnt; eine Richtung des Fahrens in der Gestalt des Weges selbst gewiesen, so, daß dieser, der Fahrt vorweg, in einem Plan dargestellt werden kann. Der Weg verbindet einen Ort (A) mit einem anderen Ort (B) und stellt somit eine meßbare Strecke dar, die durch einen Anfangs-

und einen Endpunkt definiert ist. Man kennt auf dieser Fahrt das Ziel des Weges, dem der Weg zuläuft. Er ändert seine Richtung nicht. Das Woraufhin bleibt als Zukünftiges eben das, was es als Zielpunkt des Weges schon gewesen ist. Der Ort, dem man sich nähert, ist zwar bezüglich der Fahrt, die als solche durchaus ein Wagnis sein kann, zukünftig, aber gerade so schon dagewesen. Der met-*hodos* (hodós: Weg) in Gestalt des dem Fahrenden verfügbaren Fahrplans ist einsichtig. Freilich lauert auch auf solcher Fahrt Ge-fahr auf dem Weg und im Ziel: Man ist im Verlauf der Bewegung ja unterwegs, noch nicht dort, man weiß nicht, was einem entgegenkommt, zustoßen kann. Wer mit dem Finger den gewußten, gekannten, buchstäblich gehabten met-hodos entlang fährt, der hat sich keineswegs schon auf die Fahrt eingelassen und ebenso den Weg nicht hinter sich. So mag Überraschendes bevorstehen, auch und gerade dann, wenn man den Weg kennt. Aber, der Weg als solcher ist, sofern er gekannt ist und die Bewegung der Fahrt leitet und führt, festgelegt. Im Wagnis der Fahrt wird manches zu erwägen sein; es gibt gefährliche Wege. Und doch ist der Weg nicht nur im Plan, sondern in die Landschaft eingezeichnet ein vorausgesetzter, gegebener und in *dieser* Zeichen- und Verweisungsgestalt nicht gefährlich. Man kann ihn schließlich einschlagen oder nicht; eine andere Bahn suchen. Die Fahrt bewegt sich auf einem mehr oder weniger sicheren *Vorweg* (a-priori), das die Handlung in spezifischer Weise regelt, das Aposteriori bestimmt.

Im Erfahren jedoch erschließt sich der Weg durch das Experiment.[4] In der ursprünglichen Erfahrung gilt: «Via tentanda et

[4] Was bezüglich des Verhältnisses von «Kennen» und «Erkennen» gesagt worden ist, gilt auch hier. Die Figur des schon «geplanten» Weges und der durch die Fahrt «werdende Weg» sollen nicht in einem künstlichen Gegensatz zueinander gebracht werden. Wie im Akt der sich leibhaftig zeitigenden Freiheit Setzung und Voraussetzung, Selbstbestimmung und Bestimmtwerden, Selbstwerdung und Selbstempfängnis nicht auseinandergerissen werden können, ohne daß dadurch Freiheit der Entfremdungsdialektik von Willkür und Unterwerfung verfällt, so schließt der dagewesene Weg das Experiment der Bewegung im Wagnis nach vorne nicht aus. Wäre der Weg *bloß* Produkt einer je neu versuchten Setzung, dann käme diese in keiner Richtung schöpferisch über sich hinaus und müßte auf dem Punkt stagnieren, auf der Stelle treten und bliebe so die Gefangene unendlicher Möglichkeiten, die der entschiedenen Notwendigkeit ermangeln. Das Experiment müßte der Verzweiflung der Möglichkeit erliegen, die darin be-

experienda est». Der Fahrende muß den Weg suchen, und zwar nicht als einen von seinem Suchen abgetrennten, vorfindbaren, fertigen, der ihm den Einsatz, die Hoffnung, das Austasten der Möglichkeiten erspart, die Akte der Freiheit und ihrer Darangabe überflüssig macht: als bräuchte man sich bloß in die Gesetzlichkeit eines schon Verfügten fallen zu lassen, um weiterzukommen. Nein, der Weg muß im Versuch gesucht werden; denn er ist kein vorfindbares Faktum, das mich vom Wagnis der Fahrt dispensiert. Im Gegenteil, er ist im Experiment gerade dort, wo ich ihn *finde*, je neu zu *erfinden*, als die Weise der Zeitigung meiner Freiheit zu vollbringen. Er ist im Experiment allererst zu eröffnen. Was sich als Weg erschließt und auftut, als Horizont der Zukunft zu erkennen gibt, dies erwächst aus dem Akt einer Selbstüberbietung, in der ich mich gleichsam vom Rücken her nach vorne hin «verlasse», ohne freilich dadurch meine Vergangenheit bloß durchzustreichen. Ich nehme sie vielmehr verwandelt in diesen Überschritt hinein mit und thematisiere in der Art einer Wiederholung eben das, was ich gewesen bin. Ich lasse vergessend los, weil ich die Kraft habe: zu erinnern.

So «wird» und «geschieht» der Weg durch die Fahrt: Die Be-wegung *wegt* (sit venia verbo) den Weg. Der Fahrende erfährt sich und anderen (Dativ) den Weg, so daß ihm die mögliche Gefahr nicht von außerhalb des Weges her, sondern in dessen Werden selbst aufbricht. Das Ziel steht nicht als abstrakter Endpunkt des Weges fest; es ist als Resultat eine Frucht aus dessen *Geschehen* heraus. Es ergibt sich kraft der Fahrt, der Bewegung, ohne eine bloße Verlängerung derselben zu sein, ein Schlußmoment, das aufbricht, wenn sie abbricht. In der Erfahrung kommt nicht bloß der Erfahrende auf das Ziel zu, sondern die-

steht, der Notwendigkeit zu entbehren, die der Bewegung innere Zielrichtung schenkt. «Läuft die Möglichkeit nun die Notwendigkeit über den Haufen, so daß das Selbst in der Möglichkeit sich selber entläuft, so daß es nichts Notwendiges hat, zu dem es zurück soll: dann ist dies die Verzweiflung der Möglichkeit. Dies Selbst ist eine abstrakte Möglichkeit, es zappelt sich müde in der Möglichkeit, aber es kommt nicht von Ort, und auch nicht zu irgendeinem Ort, denn das Notwendige ist eben der Ort ... Die Möglichkeit erscheint so dem Selbst größer und größer, mehr und mehr wird möglich, weil nichts wirklich wird. Zuletzt ist es als ob alles möglich wäre, aber eben dies geschieht, wenn der Abgrund das Selbst verschlungen hat», S. Kierkegaard: «Die Krankheit zum Tode», WW 24./25. Abt., Düsseldorf, 1957, S. 32/33.

ses kommt sich selbst zu, weil und insofern es auf jedem Schritt des Weges schon maßgebend *da* ist. Daher ist das Resultat aus dem Weg heraus und mit ihm gerade keine beliebige Größe, sondern der lebendige Inhalt des Weges, dessen Sinn. Eine Aufgabe, die nicht gegenständlich fertig am Ende des Weges harrt. Das Ziel ist im Wagnis eines jeden Schrittes aufgegeben und weil es in den Einsatz hinein entäußert ist, kann es den Weg auf sich hin aufgeben, ihn ausräumen, freigeben.

Er-fahren heißt, im Fahren den Weg werden lassen, jedoch nicht bloß aus der Perspektive des Fahrenden, der in einem willkürlichen Akt den Weg setzt, das befahrene Land vom organisierenden Ichpunkt aus mit einem Netz von Straßen überzieht, wobei die Landschaft, Bodenbeschaffenheit, Klima u.s.w. bedeutungslos wären. Als sei der Inhalt der Erfahrung eine fremde, anonyme Masse, die man überwinden, aufreißen, einebnen, jedenfalls bewältigen und äußerlich in die Herstellung, das Machen des Weges einbeziehen müßte. Nein, wer er-fährt, der *er*-fährt sich das Land so, daß dieses ihn zugleich in sich einläßt, sich ihm gewährt und Erfahrung schenkt. Er nimmt die Landschaft, den Boden, die Vielfalt der Gegebenheiten (auch in ihrer Widerständigkeit) gleichsam als objektive Inhaltlichkeit seiner subjektiven Bewegung in das Fahren, das «Wegen» (im Sinne eines Verbal-Substantivs), in die Erfahrung mit hinein. Er trägt das Land, das er durchmißt, in einer Art von «meditatio»[5] im Akt der Bewegung mit *aus*, nimmt das ganze objektive *Gewicht* der Sache selbst in sich hinein, leidet es im Suchen, Experimentieren aus, ohne vermessen eine fixe Gestalt des Weges und die schon dagewesene Zukunft des Zieles vorwegzunehmen. Er tastet sich geduldig im Noch-nicht der Hoffnung Schritt für Schritt voran und muß, um überhaupt weiterzukommen, fort-während und in jedem Augenblick das Ziel als einen abstrakten Endpunkt des Weges, gerade aufgrund der Absichtslosigkeit seines Handelns, in dem er das Ziel als «Geschenk umsonst» ernstnimmt, verges-

[5] meditatio: *med: messen, durch-messen, worin der Mensch zugleich maßgebend und maßnehmend ist; wie sich ja auch das urteilende Behaupten des Erkennenden (das *ist* so) darin vollendet, daß sich die Sache an ihr selbst zeigt, erscheinend *ihr* Wesens-maß enthüllt, das der Urteilende schweigend vernimmt – und dies mitten im Akt des messenden Behauptens.

sen.[6] Das macht die Lebendigkeit der Weg-werdung aus *und* die Entschiedenheit, mit der man sich auf das Ziel zu-bewegt.

Das Erfahren zeitigt und räumt den Weg aus. Die ihm innerliche Geduld der Hoffnung, deren Absage an die vermessene Vorwegnahme des Ziels von außen gesehen wie ein Zögern, eine Art von Verhaltenheit erscheinen mag, ein Säumen, eröffnet das Raumfeld der nächsten Schritte, eröffnet den Weg gleichsam von vorne her, läßt ihn sich erschließen. Das Warten-können räumt ihn aus. Die Raum-Zeitlichkeit des befahrenen Weges ist also nicht gleich-gültig, im Sinne einer quantitativ meßbaren Größe da, in deren Medium ganz beliebige Formen von Erfahrung möglich wären. Der Weg wird vielmehr durch die je besondere Qualität des Erfahrens gezeitigt und ausgeräumt, in seiner spezifischen Physiognomie allererst gestaltet und zur Einmaligkeit und Unvertauschbarkeit profiliert. Er gewinnt ein Gesicht. Und dies gelingt niemals dadurch, daß man darüber-hinwegfährt. Man muß sich in die Land-nahme einlassen, in die Sache selbst eintauchen, sich in sie versenken. Das ist nur durch ein Opfer möglich, während sich das Ich auf der breiten, gepflasterten Straße eher bewahren, auf dem schon fraglos erschlossenen Weg «seine» Zwecke verfolgen kann. Wer er-fährt, der muß sich in der Zeitigung des Weges (im «Wegen») das Land eröffnen und im Maße des werdenden Weges zur Nähe bringen. Die Ferne ringsum kommt nahe und verwandelt sich gerade aus der erfahrenen Nähe heraus. Aber, die Erfahrung versetzt sie nicht in eine indifferente, für jeden und alle gleichermaßen gültige, meßbare, feststellbare Nähe. Die Erfahrung transponiert die Ferne nicht zur Nähe des Bekannten, einfürallemal Gewußten; wie für sie auch die Ferne kein gewaltsam nahezubringender, zu bewältigender Horizont ist. Erfahrung vollbringt eine Nähe, die sich im Akt der Zeitigung und Einräumung des Weges selbst

[6] «Absichtslosigkeit» heißt in diesem Zusammenhang nicht: blindes Wegschauen vom Ziel, Sich-einschließen in einem herkunfts- und zukunftslosen Hier und Jetzt. In ihr kommt vielmehr zum Ausdruck, daß das Ziel als Weg getan wird, daß der Weg Ziel ist, in jedem «Punkt» alles auf dem Spiel steht. Und gerade dies öffnet den Weg über sich hinaus auf das Ziel hin. Er wird im Maße, wie «alles für das Heute» (Therese v. Lisieux) getan wird, ins Ziel hinein transparent und enteignet dieses deshalb nicht in den Fortlauf einer *schlechten* Unendlichkeit des Nacheinander.

erschließt: qualitative Nähe der Er-fahrung des «Anderen», d.h. *nicht*: vorhandene Präsenz, sondern Gegenwart des nahekommenden Anderen kraft der Tat des Erfahrenden. Er *tut* und *erleidet* die Nähe in einem. Er läßt sie sich geschehen, auf sich zukommen, nicht dadurch, daß er das Fremde an-sich-reißt, begrifflich aneignet, um es zu haben, sondern in dem er es nahebringend «von selbst» kommen läßt. Deshalb staunt er.

Wer er-fährt, dem hat die erfahrene Innen- und Außenwelt immer «mehr» zu sagen. Deshalb werden dem Erfahrenen oft apriorische Entwürfe, erstarrte Bilder, fixe Zweck-Vorstellungen, eigenmächtig konstruierte Zielfiguren, durch die er vor-weg das unbekannte Land abzudecken und schon kenntlich für sich selbst abzusichern versuchte: als Täuschungen ent-*täuscht*. Viele Projekte werden einer Metamorphose unterworfen, Verhaltensweisen und Einstellungen des Bekannten und schon Gekonnten radikal verändert, umgeschichtet oder intensiviert. Das Opfer der Verwandlung ist unausbleiblich.

2. *Erkennen: Können*

a. Erkennen als seinlassendes Er-können[7]

Er-kennen heißt in seinem ursprünglichen Vollzug eigentlich Er-*können*. Damit ist nicht gemeint, daß der Mensch durch Er-

[7] Wir versuchen im Folgenden nicht, den Akt der Erkenntnis am Geländer einer etymologischen Analyse des Wortes «erkennen» aufzulichten. Die Erörterung geschieht aus der Sache selbst heraus, im Kraftfeld der ihr eigenen Phänomenologie. Trotzdem vermag der eine oder andere Hinweis auf den Kontext der Wortwurzel in indogermanischen Sprachen den Horizont des Gedankengangs zu erweitern. «... Die lebendige Volkssprache überwältigt allemal das Denken des einzelnen Menschen, der sie zu meistern wähnt; sie ist weiser als der Denker, der selbst zu denken meint, wo er doch nur ‹spricht› und damit der Autorität des Sprachstoffs gläubig vertraut; sie leitet seine Begriffe unbewußt zu einer unbekannten Zukunft vorwärts», Rosenstock-Huessy: «Ostfalens Rechtsliteratur unter Friedrich II», 1912, S. 144. –

Es wird sich zeigen, wie in verschiedenen Sprachen wesentliche Aspekte der Sinnfülle dieses Wortes explizit thematisiert werden. In dem Maße, wie wir diese Aspekte ins Gespräch einbeziehen, kann sich das Zentrum des Gemeinten verdeutlichen. Wir gehen von der indogermanischen Wurzel ĝen-, ĝenə-, ĝnē-, ĝnō-: «erkennen, kennen» aus. –

Im Zuge dieses Unternehmens wird sich eine lebendige *Vielschichtigkeit* der Struktur des Erkennens ergeben, die auf den ersten Blick den Verdacht, hier

kenntnisvermögen sich zum «maître et possesseur» des Daseins «machen» könne. Desgleichen ist das Erkennen kein «Vermögen» im Sinne der Habe unter anderen Vermögen, die der Mensch besitzt, so daß es ihm erlaubt wäre, sie beliebig nach eigenem Entschluß instrumentell einzusetzen oder nicht. Erkennen kann «gekonnt» sein, aber es übersteigt von Wesen her jede kognitive Fertigkeit bzw. Möglichkeit des erkennenden Subjekts. Denn das Vermögen entspringt der Seinsmächtigkeit des Mögens, der schöpferischen Liebe, die der Grundakt aller Akte ist. Jede echte Erkenntnis entstammt dem Ja-sagenden (Sprechen = Handeln) Mögen der Existenz, die sich bejahend auf das (den) Andere(n) ihrer selbst (bzw. sich selbst) einläßt und dadurch mit ihm (sich) eins wird. Diese Macht, das Können als Mögen, ist durch kein «Warum?» hintergehbar, es geschieht warum-los, grundlos. Wenn jemand fragt: «Warum liebst du mich?» so bleibt als letzte Antwort übrig: «weil ich dich liebe». Oder: «Ich liebe dich, weil du ‹Du› bist» – und dieses Wort geht schon über ins Geheimnis der unverfügbaren Freiheit des Anderen, die durch keine ihr äußerlichen Bedingungen oder Voraussetzungen eingeholt werden kann. Jede Erkenntnis ist durch unableitbare Unbedingtheit, d.h. innere Absichtslosigkeit, geprägt. Sie setzt nicht in einem Privatkapital an, das das Ich von sich aus verwaltet, sondern in einem Können, das als geschenktes von aller Anfang an ver*antwortet* ist und somit aus dem Hören erwächst.

Wer erkennt, der läßt sich denkend so auf die «Sache» (den Anderen oder sich selbst) ein, daß er sie von innen heraus an ihr selbst, in ihrem Eigenen und Eigentümlichen durchsteht, ver-

werde recht «ungenau» gedacht, erwecken könnte. Im Grunde jedoch ist diese Ungenauigkeit nur die Erscheinungsweise des inneren Reichtums des Erkennens und seiner Weisen, d.h. der *positiven* Vieldeutigkeit des Aktes selbst, und deshalb viel genauer als die Genauigkeit jener Analysen, die den Erkenntnisvollzug, zum Zwecke rationaler Vereindeutigung seiner Form und seines Inhalts, in einen abstrakten Begriffsrahmen spannen, der nur eine einsinnige Thematisierung des Gemeinten zuläßt. – Wenn wir daher das Erkennen vor allem im Kontext des intersubjektiven Beziehungsgeschehens von Erkennendem und Erkanntem (Erkennendem) artikulieren, dann deshalb, weil so die auf der analogen Ebene des Verhältnisses von Ich und Gegenstand relevanten Aspekte klarer hervortreten. Es geht also nicht darum, die intersubjektive mit der «sachlichen» Dimension unangemessen zu vermischen, sondern letztere auf dem Hintergrund der ersten gerade in ihrer Eigentümlichkeit hervortreten zu lassen.

steht. Im Ja dieser Bejahung *steht* er das Maß ihres Selbstseins (die besondere Weise ihres Insichgründens, der Subsistenz) *aus* und versteht. Er vollbringt im Akt einer Stell-vertretung das Andere seiner selbst so, daß er selbst Dasein und Sein-Können des erkannten Anderen *kann*, d.h. vermag. Das Sprechen ist dieses Ver-mögen. Dies will nicht sagen: Du (es) bist (ist) für mich beliebig machbar, vor-stellbar; ich kann dich nach der Maßgabe meiner eigenen Bedürfnisse verfügen oder kraft meines Machtpotentials, dem du als leere Möglichkeit (eshafter Stoff) restlos unterworfen bist, jederzeit herstellen. Nein, ich vermag dich, *kann* «dich», weil ich dich *mag*. Kraft meines Mögens bist du mir *möglich*. Du bist mir freilich nicht als vorhandene Möglichkeit im Verhältnis Ich:Es möglich, sondern im Maße der Darangabe meiner Freiheit, meines Weg-gegeben-seins an dich, das sich «selbig» für mein Selbstsein, die Einmaligkeit meines Daseins in Welt und Geschichte verwendet. Ich *kann* dich, weil ich er-kennend dein Leben mit austrage, dein Schicksal in der Solidarität erkennender Einung mit dir als mein Schicksal vollziehe, ohne dadurch die dir (und keinem anderen) anvertraute Zeitigung deines Lebens ichhaft vorwegzunehmen und die Physiognomie deiner Freiheit mit den narzißtischen Zügen meines eigenen Gesichts im leeren Spiegel deiner entselbsteten Existenz zu identifizieren. Ich verstehe dich, weil ich nicht neben, sondern in dir stehe, dich durch-stehe, aus-stehe, ohne dich dadurch in dem, was du an dir selbst bist und wirst, zu verdrängen, zu zertrampeln oder zu erdrücken. Im Gegenteil, aufgrund dieser dich erkennenden Stellvertretung kannst du: du selbst sein, in der dir eigenen (durch meine Gegenwart in dir bejahten) Objektivität erscheinen, dich selbst verwirklichen und von dir selbst her in deiner Wahrheit zeigen.

Aufgrund meiner freien Selbst-ständigkeit dir gegenüber bin ich im-stande, deinen personalen Selbststand in der personalen Gestalt meines eigenen zu *tun* (Aktion), so daß ich dich eben dadurch zugleich als die maß-gebende Form meines Lebens erleide (Passion), weil das Antlitz deiner mir unverfügbar geschenkten Freiheit Form meines Selbstvollzugs ist und kraft deiner ungeschuldeten Selbsterschließung je neu als diese Form zu-kommt und wird. Weil die erkannte Wesensgestalt deiner selbst personale Struktur der Freiheit ist, kann sie Gesetz der Freiheit meiner freien Selbstbestimmung sein, in der ich mich verwirkliche. Da du mir aber gerade in dieser Form als geschenkter, sich selbst erschließender Anderer offenbar bist, nimmt mich deine personale Objektivität im Akt der erkennenden Rückkehr zu mir selbst zutiefst als Hörender, Ge-horchender in Anspruch. Deine Anwesenheit in mir als Erkennendem ent-bindet mich zu mir selbst, in dem du mich in das hinein bindest, was du von IHM her, kraft der Unvertauschbarkeit des dir übereigneten Seinsja (in dem du dich empfangen hast und du selbst bist), wesenhaft bist und sein kannst.

Ich erkenne dich: weil ich dich er-kann; ich verstehe dich, weil ich du geworden bin; ich ver-mag dich in der bejahenden Annahme deiner selbst und dies in dem Maße, wie ich eben dadurch zu mir selbst komme, bei mir und in mir ich selbst bin.[8] Meine im Akt der Erkenntnis – durch die ich dich als Erkannten mir ver-innere, in mich hinein um- und mir gleichgestalte – geschehende Rückkehr zu mir selbst, worin ich vollziehe und zum Austrag bringe, wer und was *ich selbst* bin und sein kann, – dieses gewagte Ja zu mir selbst ist gerade das Ver-mögen zu dir, in dir, für dich. Es ist die Macht, das Können, so in dir und bei dir zu sein, dir einzuwohnen, daß du in dem, wer (und was) du bist und sein kannst, an dir selbst, im Haus deines Daseins herauf-gehst, erscheinst, und dich offenbarst; bist, wer du bist.[9]

b. Er-könnendes Freigeben: Gewähren und Unterscheiden

Etwas er-kennen heißt also: es er-können im Sinne von ver-mögen.[10] Etwas vermögen meint: es liebend vollbringen: «Ich will,

[8] Diese *Rückkehr* ins eigene Wesen ist ja nichts anderes als der *Vollzug* des freien *In-sich-gründens* des Erkennenden und in diesem Geschehen beugt sich die erkennende Vernunft auf sich selbst zurück (reflectio intellectus super seipsum: redire ad essentiam: subsistere in seipso).

[9] Von der Wurzel, bheu-, bhū (wachsen, gedeihen, *wohnen*) gr. φύω: zeuge; φύομαι: werde, wachse; φύσις: Natur → lat. fui: bin gewesen; got. bauan: wohnen, bewohnen; ags. bēo: *ich bin*; ahd. bim.

[10] Dabei ist zu beachten, daß in den älteren Sprachzeiten etymologisch gesehen, «kennen» als geistiges Können Gegensatz zu «mögen» war. Das braucht uns nicht zu stören, weil es hier um die «Sache» des Erkennens selbst geht. Interessant ist der folgende Zusammenhang: got. kunnan: kennen, wissen; ana-kunnan:

daß du bist». Der Erkennende trägt in ihm selbst und zugleich auf der Seite des erkannten Wirklichen die ontologische Genesis des Erkannten aus, in der es durch die ihm von Gott übereignete Gabe des Seins (als Liebe) es selbst ist, und bringt es somit in schöpferischer Wiederholung aus den Tiefen seines Ursprungs an ihm selbst zu-stande. Er vollzieht die Zeitlichkeit seiner ontologischen Konstitution. Dadurch thematisiert er einerseits die transzendentale Bewegung seiner *Zu-kunft* zu sich selbst, durch die das Erkannte sich gegeben wird, und andererseits nimmt er es eben so in dem ernst, was es durch dieses Ja an ihm selbst *gewesen* ist. Er öffnet und aktualisiert das Feld seines Insichgründens in Gestalt der ontologischen Differenz des Seins zum Seienden. Deshalb kann man sagen, daß der Erkennende aus den beiden ontologischen Fernen von Zukunft (Sein als zu-kommende Gabe) und Gewesen (sich im Empfangenhaben der Gabe Gegeben-sein) die *Gegenwart* des Erkannten zeitigt, es sich selbst in seinem Dasein übergibt, und zwar gemäß der Weise, wie er die Zeitigung verwirklicht. Wer erkennt, der läßt «auftreten», der versichtbart, schafft Anwesenheit und erschließt das Erkannte in seinem welthaften Kontext. Hierbei handelt es sich nicht um einen abstrakten, allgemein-gültigen Vorgang, sondern um ein Freiheitsgeschehen, dessen vielfältige Physiognomie auf keinen begrifflichen Nenner zu bringen ist.

Können verhilft der Erkennende dem Erkannten *zu sich selbst* gerade dadurch, daß er es kann, auf sich genommen hat und kraft seiner Erkenntnis im Selbstvollzug austrägt. Er verzichtet in diesem Können auf das ichhafte, machende Her-stellen

erkennen; ahd. kunnan (kann): wissen, *können*; nhd. kennen. Man beachte den Zusammenhang von können – kennen – *Kunst*! ahd. kunst (*ĝn̥-tí-s): Kunst, Kenntnis, Weisheit. Jede elementare γνῶσις (*ĝno-ti-) ist Kunst, Dichtung. So geht jede ursprüngliche Kundgabe, Verkündigung, in der etwas zur Kenntnis gebracht wird, aus der Seinsmächtigkeit eines künstlerischen Könnens hervor, – got. kannjan (von *ĝon-): wissen machen (causativ) bekanntmachen, kundtun. – Erkennen ist ein genuin künstlerischer Akt, der das bloße Erarbeiten von begrifflich allgemeinen Strukturen und Wissensformen weit übersteigt und ohne den schöpferischen Einsatz der Freiheit überhaupt nicht zum Durchbruch kommt. Auf diesem Moment hat *Nietzsche* so unerbittlich insistiert: «Wir haben die *Kunst*, damit wir *nicht an der Wahrheit*» (die er im Modell des starren abstrakten Seinsbegriffs denkt) «*zugrunde gehen*», WW III (Edit. K. Schlechta), München [7]1973, S. 832.

des anderen und gibt es ins Eigene hinein frei. Deshalb ist der Verzicht identisch mit dem überströmenden, lebendigen Ja des Mögens. Indem der Erkennende das Erkannte in Freiheit ergreift, «er-kann» er es dadurch, daß er es um alle Freiheit vermehrt, die er in sich aufbringt. Der Reichtum des Erkennens lebt somit aus der Armut, der schöpferischen Ohnmacht des Nicht-könnens, durch das dem Anderen der Raum seiner positiven, unverfügbar von ihm selbst her aufgehenden Andersheit gewährt wird. Es ist ihm nicht ein anonymes, fremdes, widerständiges Anderes, in stummer, verschlossener Gegen-ständlichkeit von ihm abgesetzt, sondern, an ihm selbst bejaht, in sein *Sich*-zeigen hinein entlassen und entborgen, und gerade so mit dem eins, der es «kann». Erkennen erweist sich von hier aus gesehen als Gründungsgeschehen des Erkannten kraft der Tathandlung des Könnens, das als Akt der Freiheit seinerseits Gründungsgeschehen des Erkennenden selbst ist: er er-kennt (er-kann) sich selbst, wird seiner selbst je tiefer mächtig und «vermehrt» (augere-auctoritas) dadurch sein eigenes Dasein als Autorität des Gekonnten, das er zu sich kommen läßt.

Erkennen zielt also von Grund auf primär nicht auf das begriffliche Haben des Anderen zum Zwecke eines (technischen) Könnens und der dafür notwendigen Fertigkeiten. Indem der Erkennende das Erkannte «er-kann», bringt er es im Akt der Erkenntnis sprechend hervor und hat es (Akkusativ) gewissermaßen ihm selbst (Dativ) als Erkanntes geschenkt, übereignet, und so anerkannt.[11] Der Erkennende *gewährt* im Akt der Erkenntnis, kraft des Wahrheitslichtes seiner Vernunft, dem Erkannten das zeigende (= sprechende; *dic*-ere: *zeig*-en) Sich-entäußern seiner Daseinsgestalt, seinen Hervorgang, das offene Feld als Spielraum des Anwesens.

Jedes Wissen ist ein Voll-bringen, worin das Vollbrachte zu seiner Fülle (ins «Volle») kommt, so, daß es sich als ein in der Erkenntnis eröffnetes Wahres geben kann: «Verum est manifestativum sui ipsius.»[12] Der Erkennende *gesteht* dem Erkannten die ihm eigentümliche seinsmäßige Ortschaft seines Dasein-

[11] Vgl. ai. jānā́mi: ich weiß; anu-jñā: zugestehen, gewähren.
[12] Hilarius: Thomas v. Aquin: De veritate 1,1.

könnens *zu*, indem er das ganze Gewicht des Erkannten in den erkennenden Selbstvollzug hinein übernimmt und so die Last des Anderen trägt, erträgt und austrägt. Er verfällt nicht den «leichten», willkürlichen Setzungen des Gekonnten. Auf dem Umweg des Erkennenden geht das Erkannte seinen Weg. So wächst es als Gekonntes im Vollzug des Er-könnens mit sich selbst zusammen: in der «vis concretiva» (der Liebe) erkennender Einung. In seinem Können hat der Erkennende auf die Spaltung des Gekonnten in jenen «Teil», der dem Könnenden und den anderen, der dem Verfügten gehört, radikal verzichtet. Erkenntnis meint daher immer *Ganzheit* des Erkannten in seiner Selbigkeit, gerade dort, wo und wenn es sich vom erkennenden Anderen her *zu-kommt*, der es ergriffen, angeeignet und der Weise seines Erkennens gemäß *sich* einverwandelt hat. Es wächst von dorther mit sich zusammen, wo es als Erkanntes im Erkennenden *gewesen* ist. Diese seine *Gewesenheit* ist ihm der Ursprungsort seiner *Zu-kunft*, durch die es sich zugestanden wird und sein kann, was es an ihm selbst *gewesen* ist, so wie es umgekehrt, gerade dadurch, daß der Erkennende es in dem, was es *gewesen* ist (τὸ τὶ ἦν εἶναι : οὐσία), freigibt, ihm (Dativ) als Gegebenes von sich her *zukommt*. Der Wesensraum seiner Herkunft ist der Ort seines erscheinenden Auf-gehens und Sich-zeigens.

Wird das Erkannte in dieser Zeitgestalt vom Erkennenden «gekonnt» und sich in seiner Wahrheit *gewährt*, dann bedeutet dies, daß es dessen ganze Existenz durchläuft und durchmißt. Sein Sich-zu-kommen wird im Akt der Übereignung von der Geschichte des Erkennenden, der Art und Weise seines Daseins, seinem Verhalten und der Qualität seiner vielfältigen welthaften und personalen Beziehungen zutiefst mitbestimmt. Der Erkennende bringt also im sprechenden Hervorgehenlassen des Erkannten das volle Thema und den Rhythmus seiner eigenen Zeitlichkeit mit ein. Aber eben dadurch erfährt und bejaht er sich (implizit) selbst und nimmt sich in je spezifischer Weise als denjenigen an, der das Gekonnte vollbringt. Dies geschieht in einem doppelten Sinne: *Er* nimmt sich als *sich* selbst (Nominativ: Akkusativ) an, aber so auch als *den* (Akkusativ) erkennend zeugenden und das Erkannte bezeugenden Ursprung *des* (Genitiv) Erkannten. Da es im Erkennen ursprünglich nicht um die einsinnige, lineare («nominalistische») Setzung des erkannten Anderen geht, sondern um dessen (Genitiv) Vollbringen, so nimmt der Erkennende *sich* (Akkusativ) im Gewähren *des* Anderen (Genit. objectivus) an.[13] Dies heißt ver-stehende Stellvertretung in Gestalt der Verantwortung. Durch das Erkennen wird das Erkannte sich *gewährt* und als solches gewahrt: ohne neben den Erkennenden zu rücken; als spiele das Sich-gewährt-werden des Erkannten außerhalb des Erkennenden, so daß dieser sich aus diesem Geschehen heraushalten könnte. Nein, der Erkennende nimmt *sich* in der transzendentalen Genesis *des* Erkannten (den der Genitiv bezeichnet), *des* Anderen an; er hütet und besorgt es. Er *verwendet* sich selbst für es und hat dadurch, vermöge seines Könnens, je schon einen sprachlich relevanten konkreten Be-wandtnishorizont entworfen, in dem er sich, zusammen mit dem Erkannten als Gekonnten, bewegt.

In dem Maße wie er dem Anderen («sich»: als erkanntes, vermochtes) *zugesteht*, steht er freilich selbst im freigebenden Verzicht auf der Seite des Anderen, so wie dieses seinerseits auf der Seite des Erkennenden in seiner Wahrheit sich enthüllt («verum est in intellectu»). Das Stehen auf der Seite des Anderen heißt also: es als das an-erkennen, was es an ihm selbst ist, aber so, daß es dadurch selbst im Erkennenden aufgenommen, Form seiner Selbstverwirklichung geworden ist. Der Erkennende räumt ihm in der Gestalt des gesprochenen Wortes als dem Leib des Denkens innerhalb seiner selbst den eröffneten und offenbaren Daseinsort ein. Das erkannte Andere wird sich deshalb zugleich an ihm selbst und im erkennenden Anderen gewährt. Jeder bleibt und wohnt (als Gast) in je seiner Weise im jeweils Anderen. Nicht nur das Erkannte wird durch den Erkennenden gekonnt, sondern dieser kann das Andere seiner selbst in eben dem Maße wie er (es aufnehmend) sich von ihm und seinem Sein-können hindurch bestimmen und befruchten läßt. Er gewinnt Umfang und Intensität seines Könnens kraft des Gekonnten und dessen sprachlicher Anwesenheit in ihm.

[13] Vgl. die der Wurzel ĝen – entstammende Wortbildung im Avestischen paiti-zānənti: sie nehmen sich jemandes an; paiti-zānatā: ihr erkennt an, *nehmt auf*.

Der Erkennende eint im Akt der Erkenntnis sich selbst und das erkannte Wirkliche. Beide werden dadurch einander «gleich».[14] Dies geschieht jedoch im radikalen Vollzug des Unterscheidens. Indem der Erkennende das *Andere* seiner selbst erkennt, erkennt er sich als Anderen zum Anderen (= als *nicht* das [der] Andere: non aliud). Diese Unterscheidung bricht im Akt der Einung auf[15], worin er nicht nur der Andere zum Anderen ist, sondern, aufgrund des «Gleichens» in der Einung, der Nicht-Andere zum Anderen.[16] Der Rhythmus des Erkennens ist immanente Transzendenz und transzendente Immanenz.

Erkennen heißt somit «unterscheiden».[17] Aber das Unterscheiden artikuliert sich nicht nur zwischen dem Erkennenden und dem Erkannten, sondern ebensosehr auf der Seite des Erkennenden und des Erkannten als solchen.[18] Denn im Akt der Erkenntnis reflektiert der Erkennende auf *sein* Erkennen und kehrt dadurch aus der Vielfalt seiner leiblichen Sinnlichkeit und dem pluralen Feld rationaler Diskursivität *zu sich selbst* zurück. In diesem Rückgang unterscheidet er sich an ihm selbst in seinem Verhalten zu sich selbst, wird er sich als ein Verhältnis inne, das sich zu sich selbst verhält: Selbst-vollzug. Denn das Selbst ist ein Verhältnis, das sich zu sich selbst verhält oder das an dem Verhältnis, *daß* es sich zu sich selbst verhält (Kierkegaard). In diesem Selbstverhältnis ist er jedoch sich selbst: an ihm selbst: der Andere, so daß er im Maße der Selbstbejahung auch das Vermögen zum geschenkten Anderen seiner selbst, *sein* «Können des Anderen» entdeckt, da er sich (Dativ) selbst *gegeben* ist. Der Erkennende unterscheidet daher das (den) Andere(n) selbst nicht bloß nach außen hin, sondern im Akt der personalen, reflexiven

[14] Dazu insbes. M. Eckhart: Predigt 3 (Dt. WW, Bd. I, edit. J. Quint) «Nunc scio vere quia misit Dominus angelum suum...»

[15] Deshalb wird auch der Aquinate nicht müde zu betonen, daß die «Form» des Erkannten immer eine «forma alterius *ut alterius*» bleibt. Die erkennende Aneignung des Anderen ist identisch mit dessen seinlassender Freigabe, mit der Anerkennung *als Anderen*.

[16] «Intellectus in actu et intellectum in actu unum sunt.» Thomas von Aquin, S.c.G. I, 47.

[17] Vgl. von der *ĝen- her: afghan. pē-žanī: *unterscheidet*, erkennt.

[18] Dies ist oben schon in der auctoritativen Steigerung des Seinkönnens auf seiten des Erkennenden (Könnenden) und Erkannten (Gekonnten) deutlich geworden.

Selbstunterscheidung. Und da sich diese dem Sich-gegeben-sein verdankt, also niemals im Binnenraum der gleichgültigen Gewesenheit des Ich=Ich abschließbar ist, so thematisiert die Rückkehr des Erkennenden zu sich selbst die Zukunft des Anderen als geschenkte Gabe, und zwar *mitten* im Selbstvollzug, nicht daneben. Daher kann man sagen, daß der Erkennende im Selbstverhältnis je schon beim Anderen seiner selbst gewesen ist. Im Ich-selbst erschließt sich somit das (der) Erkannte im eigenen Daseinsraum durch den Unterschied von Insichgründen und erscheinendem Sich-zeigen bzw. im Selbstverhältnis. Weil der Erkennende es sich (als Anderes) zugesteht, sich selbst (Akkusativ) seiner, des Anderen (Genitiv) annimmt, steht das Erkannte fortwährend im Spielraum eines lebendigen Zuwendungsfeldes, im Unterschied des Sich-gewährt-werdens.

Erkennen meint aber auch, daß das Erkannte *als Anderes* erfaßt wird. Und dies bedeutet ausgrenzendes Unterscheiden desselben gegen Anderes, das freilich dadurch (explizit oder implizit) in seinen Konturen sichtbar, verdeutlicht wird, als nicht oder noch nicht Erkanntes zurücktritt oder anfänglich der Erkenntnis sich aufgibt bzw. als Umfeld des Erkannten schlicht auf sich beruht. Die Perspektivität dieses Unterscheidens ist grenzenlos. Immer aber handelt es sich dabei um eine je spezifische Artikulation des (der) «Anderen» zum Erkennenden und Erkannten, d.h. des sozialen und welthaften Kontextes, in dem das Erkennen sich vollzieht.

c. Verzeihen, Verheißen, Zeugen

Dem Erkennenden ist das Erkannte ein offenbares Wahres, d.h. er sieht es ein und hat dadurch ein Einsehen *mit* dem Anderen, da er ihm die Einsicht, seine Freiheit voraussetzend, als Geschenk widerfahren läßt.[19] Wenn der Erkennende dem erkannten Anderen das Selbstsein gewährt, so vollbringt er ihn kraft liebender Bejahung in der schöpferischen Mitte seiner Freiheit und er-

[19] Vgl. gr. γιγνώσκω: erkenne; lat. nōsco (= gnōsco): erkenne; i-gnōsco: habe Einsehen mit, *verzeihe*. Der Erkennende ist als Sprechender «vernehmlich» (gr. γέγωνα: bin vernehmlich, sage) und deshalb imstande, Einvernehmen zu stiften, sich dem Anderen zuzusprechen im tröstenden Verzeihen.

mächtigt ihn so je neu zu fruchtbarer Selbigkeit mit sich selbst (die nicht mit der abstrakten Identität von Ich=Ich verwechselt werden darf). Im seinlassenden Gewähren bringt der Erkennende den Erkannten aus Verfehlung und Entfremdung zu ihm selbst zurück und bricht ihm dadurch neue Horizonte der Zukunft über ihn selbst hinaus auf. Er ruft ihn in *seinem* Heute nach vorne und rückwärts hin mit seinem Namen an. Dies heißt *verzeihen*. Der Verzeihende gibt sein Leben für den Anderen, weil er sich dessen Leben zur Form und zum Inhalt des eigenen werden läßt. Er verwendet sich «selbig» für ihn und vermag dies, weil er «er selbst» ist, d.h. die Selbigkeit (mit dem Anderen) an sich selbst und so für den Anderen verwirklicht.

Erkennendes Verzeihen bedeutet daher nicht: verdrängendes Vergessen, erblindetes Wegschauen, Nicht-für-wahr-habenwollen, sondern das genaue Gegenteil! Ein offenes, durch und durch verwundbares, hellsichtiges, *sehendes* Sich-einlassen auf den Anderen, so, daß dieser kraft meines Erkennens (Könnens) neu zu sich erwacht, zu sich steht, weil ich erkennend für ihn einstehe, sich selbst bejaht und, gewandelt von sich selbst her, aus dem Geheimnis seiner Freiheit anzufangen lernt. Das Verzeihen streicht die Schuld nicht äußerlich, gleichsam neben dem Anderen, aus; es läßt ihn nicht so, wie er faktisch *gewesen* ist, fixiert ihn nicht in der Vergangenheit als ein gerichtetes Wesen, sondern richtet ihn auf, schenkt ihm die lebendige Ordnung des Daseins, erschließt ihm neue (= seine) Zukunft aus den tieferen, wieder und neu entdeckten, aufgerufenen Bereichen seines Ge-*wesen*-seins (nicht an seinem Wesen vorbei). Dadurch wird seine ganze Geschichte umgestaltet und er selbst im Praesens dazu ermutigt, seinen Weg – über das buchstäbliche «Daß» seiner Tatsächlichkeit hinaus – im Akt der Umkehr neu nach vorne hin zu wiederholen. Erkennen als Verzeihen ist zutiefst: Verheißung, aus der heraus ein neuer Weg gewagt werden kann, Geschichte auf einer anderen Ebene möglich wird. Verzeihen führt ins Freie, hilft den Kerker der bloß festgestellten Schuld zu durchbrechen. Erkennen heißt: verzeihendes Verheißen, das trennende Mauern niederreißt und Tieferes zur Sprache bringt als die einseitig ausgelegte «adaequatio intellectus ad rem».

Sofern das Verzeihen die liebende Freiheit des Anderen erweckt, ermächtigt sie den Anderen zur Annahme der Schuld, kann er seine Schuld erkennen und sie durch das befreiende Verzeihen aufsichnehmen, sie *be-kennen*. Er lernt sich nicht neben der Schuld kennen, durch die sein Leben dem Tod verfallen ist, sondern in ihr. Und im Maße, wie er das tut, gewinnt er sich an ihm selbst als einen «Anderen» und öffnet sich *im* Selbstverhältnis der Zukunft des ihm verzeihenden Anderen, der erkennend schon in ihm gewesen ist. Er tritt aus dem stummen Verlies der Schuld, frei zur Sprache gekommen, heraus, bricht in ein neues Können auf, ist als Erkennender gewandelt vernehmlich geworden. Nun sagt er sich als Anderen, indem er seine Schuld bekundet, so daß möglicherweise dadurch sowohl für ihn als auch für den Verzeihenden der Schmerz noch verschärft wird, – aber er tut es in der Freude des wieder auferstandenen, im Verzeihen belebten Könnens.

In diesem Sinne kann man sagen: Geschenktes Verzeihen «wieder-gebiert», genauso wie jedes ursprüngliche Erkennen ein genetischer Akt ist: Zeugen und Zeugnis, unabtrennbar von der Zeugenschaft (dem Martyrium).[20] Das Erkennen als entstehenlassendes, zeugendes Verheißen, «heißt» (!) also etwas anderes als ein bloßes Feststellen dessen, was es gibt: Es bedeutet ursprünglich nicht das Registrieren von Daten, das Finden von Tatsachen; kein Fassen und Einspeichern von Informationsmaterial, in dem die Welt schon auf einen verfügbaren Sprachbestand reduziert ist. Erkennen vollzieht einen Zeugungs- und Geburtsakt, in dem das Erkannte zugleich schöpferisch getan und empfangen, «guter Hoffnung» (in der Geduld des Nochnicht, auf dem Weg, nicht im vorschnellen Hinstürzen auf das fertige, vorzeigbare Resultat, das ohne den Weg doch nur eine Totgeburt ist) ausgetragen, im Schmerz geboren wird. Jedes

[20] Die Wurzelbildungen ĝen-, ĝnē-, ĝnō- bedeuten nicht bloß «kennen, erkennen», sondern auch *erzeugen*. Erkennen als Er-können ist Zeuge-macht, Kraft des Hervorbringens, des Anhebens und Hinaufhebens der «Lichtung» (wie der Anker gelichtet wird). Wer zeugt, der setzt einen Anfang, schafft Neues, in der Einheit von Tun und Empfangen. Vgl; ai. jánati: erzeugt, gebiert; alat. genō; gr. γενέσθαι; γίγνομαι: werde, entstehe; γιγνώσκω: erkenne; lat. gigno, ere: erzeugen, hervorbringen; ir. gnīu: mache, tue; engl. to *kn*ow: kennen, wissen.

Zeugen aber ist Akt der Selbstentäußerung, eine Art Tod, um des neuen Anfangs willen, für den das Leben des Erkennenden sich darangibt, opfert. Desgleichen lebt die Geduld des Austragens aus dem Opfer, das dem Kommenden Raum und Zeit gewährt; aus der freigebenden Verhaltenheit der seinlassenden Armut, die mit dem hervorbringenden zeugerischen (sprechenden) Ja identisch ist.

Der erkennende Austrag gibt und braucht Zeit, die nicht auf das Vorweisen von fertigen Ergebnissen ausgeworteter Wirklichkeit hin übersprungen werden darf. Denn die geschenkte Zeit ist das bejahende, ausgrenzende Säumen des gebärenden Selbst, die Weise seiner Gelassenheit, selbstlose Kraft des Lassens (wie ja auch das Wort «säumen», der Wurzel seu̯ā-: «(nach)lassen» entstammt; vgl. gr. ἐάω: «lasse»). Das Lassen stellt sich scheinbar als Versäumnis dar; man verpaßt etwas, läßt es vorübergehen, ist mit dem eigenen Namen nicht up to date, kann seine Brauchbarkeit für das Funktionieren des Systems nicht handgreiflich unter Beweis stellen; erscheint als «nutzlos». Und doch ist diese Unbrauchbarkeit die Fülle zweckfreier Freiheit, die «umsonst», bedingungs-los aus sich heraus aufbricht (vgl. I,1). Von außen her gesehen bekundet sie sich wie ein kraftloses Zögern, eine Art von Impotenz und Ohnmacht, ein Nachlassen der Spannkraft, ein Ausatmen (vgl. dazu später: Erkennen als «re-spiratio», Kierkegaard), ein Sterben, worin die Freiheit die tiefe Einsamkeit des Unbrauchbarseins wagt ... bis in das Verworfensein hin: «Mit dir kann man nichts anfangen; du bringst nichts zustande». Und doch ist die scheinbare Ohnmacht der Geduld: reine Epiphanie der erkennenden Zeugemacht, die den Anderen schöpferisch sein-läßt, so, daß er sich in je seiner Geschichte zeitigen, darstellen, als er selbst da-sein kann. Die Geduld grenzt ihn nicht als *Nicht*-ich aus, versetzt ihn nicht unter das Vorzeichen der Negation, sondern gibt ihn kraft des Säumens positiv frei und erleidet erkennend das einmalige Antlitz seiner Freiheit. Sie bejaht ihn an ihm selbst und eröffnet dadurch die unschließbare dialogische Differenz von Ich-Du-Wir, die produktive Leere der Urdistanz, die das Leben der Beziehung ist, in der jeder er selbst ist und um seiner selbst willen dasein kann.

Die Zeit der Geduld ist das konkret anschaubare Dasein für den Anderen, die belebende Gewähr seiner Selbstwerdung. Wird diese Geduld jedoch eliminiert, und zwar zum Zwecke der Ich-Bewahrung des Erkennenden, der dem Anderen seiner selbst nicht gastfreundlich in sich Raum gibt, sondern ihn im einsinnigen Fortlaufen des Ich=Ich in der eigenen linearen Zeit erstickt, dann entartet das Können zum organisierenden Machen, zum Messen des Produzierten in quantitativer Buchstäblichkeit. Der Gast (hospes) wird Feind (hostis), mit dem das Ich außerhalb seiner selbst durch die Arbeit des rationalen Diskurses fertig werden muß. Erkennen heißt dann, den pervertierten Anderen (Er) ins ebenso pervertierte «Du» zu transformieren. Macht und Intensität des Erkennens ermißt sich folglich an der Summe «herausgedrückter Erkenntnisbilder» (species expressae) und ihrer funktionalen Verknüpfung: dem Unterpfand des bewältigten Fremden und der geschlossenen, fälschlich negativ, d.h. als bloße Todes-Differenz (Trennung) gedeuteten Urdistanz. Dieser Prozeß mündet in die schlechte Nähe einer Dialogik aus, in der die positive *Ferne* von Ich und Du füreinander [Ich (Er, Sie): Du (Er, Sie)], die der warumlosen, ursprungslosen Ursprünglichkeit der Freiheit entstammt, in beliebige Zugänglichkeit verwandelt ist. Darüber später mehr!

Wenn also der lassende und in diesem Sinne säumende, Zeit schenkende Austrag des Erkannten im Erkennenden der setzenden Leistung weicht, die Stunde der Geburt nicht erwartet werden kann, die gelassene Arbeit der Hoffnung im Machen sich erschöpft, dann wird regelrecht *abgetrieben*. Das verkehrte Empfangen will sich als Ergriffen-haben des Fremden und in seiner Ich-Macht faktisch-handgreiflich bekunden und bewahrheiten. Seht, was ich mache (= wer ich bin)! Erkennen zielt dann nicht mehr auf die Selbstverwirklichung des Erkennenden (der selbst seine Frucht *ist*, indem er sie freigibt), sondern auf das Frucht-machen, das Erkennen (Sprechen) im Sinne gegenständlichen Wachstums. Was (und wer) die Freiheit ist, wird nicht aus ihrem Lebensvollzug sichtbar, sondern außerhalb ihrer selbst am Gemachten (Toten) abgelesen. Es kommen nur Totgeburten zur Welt, mag das Quantum des Produzierten auch ins Unermeßliche wachsen. Wer erkennend mit der Wirklichkeit bloß fertig werden, d.h. sie hinter sich bringen will, der gibt dem Wort als «Kind»[21] in allen Dimensionen des Daseins keine Chance. Für den ist die Stunde des produzierenden Herstellens immer da; während die gezeugte, empfangene, ausgetragene, geborene Frucht *ihre* Stunde hat, – wie auch jedes Können als Kunst seine Stunde hat. Es kann nicht zu jeder beliebigen Zeit alles Beliebige vollbracht werden.

Nur im freigebenden Loslassen, durch die schöpferische Ohnmacht eines Todesverzichts, bewährt sich die Macht des zeugenden Er-könnens. Dieser Verzicht geschieht jedoch nicht nachträglich zum zeugenden Hervorbringen der Frucht, sondern ist die innerste Qualität und Weise der Macht selbst. Sie gibt sich im ausatmenden «Schwinden», in der Kraftlosigkeit des Nicht-könnens, in der namenlosen Unbrauchbarkeit in ihrem Wesens-Namen zu erkennen. Jedes Festhalten zerstört hingegen

[21] Vgl. ai. jātá-h: geboren; lat. natus: geboren, auch: der Sohn; got. kunds: abstammend von («Kunde geben *von*» heißt also: im Genitiv den Ursprung (Genitor) des Wortes transparent werden lassen); ahd. Kind (⋆ĝén-tom), anord. kind (f): Wesen, Geschlecht, Nachkomme. In diesem Zusammenhang wird vielleicht noch verständlicher, warum der Aquinate das im Erkennen (Sprechen: intelligere est dicere) hervorgehende Wort ein «Kind» des Geistes nennen kann. –

Erkenntnis ist Akt der «Vermählung» (Hochzeit, Plato) von Erkennendem und Erkanntem, worin die im Sprechen gezeugte Gestalt des Kindes (als Wort) die lebendige Einheit der Einheit und Unterschiedenheit beider symbolisiert. Es stellt sowohl die Wirgestalt von «Mann» und «Frau» dar, als auch deren Differenz. Es ist somit die Verbindung von Verbindung und Nichtverbindung: «Identität der Identität und Nichtidentität» (Hegel), in der der Mann: Vater, die Frau: Mutter ist und wird. Von ⋆ĝén-, ⋆ĝénə-ter: ai. janitár: Erzeuger, Vater u. jánitrī: Erzeugerin, Mutter (lat. genitor, genitrix); das Kind, ist somit immer schon «Bruder», Schwester», jedenfalls γνωτός: Verwandter (Bruder). Meister Eckhart hat in dieser Richtung Tiefes gesagt (vgl. dazu insbes. die ersten 3 Predigten (DW Bd. 1 edit. J. Quint). –

Wie aber das Kind seinen welthaften und geschichtlichen Ort im Kontext des Geschlechts, der Art (ai. jātá-m) hat, im Raum der Herkunft, des Ursprungs (γένεσις) und deren kultureller, sozialer und politischen Struktur er-wirkt, ge-konnt ist und zu sich kommt, so hat auch das Wort als Kind des Sprechenden (und Hörenden) Wesen und Bedeutung nur im Kontext der Verwandtschaftsbeziehungen des «Sprachspiels» (Wittgenstein). Es ist als Gezeugtes je schon pro-nominal (durch ich, du, er, sie, es ..., mein, dein, sein, u.s.w.) bestimmt und abgewandelt; es taucht von aller Anfang an als «Verwandter», für andere und mit ihnen ver-wandt und anwesend auf: in seiner «Art» und Geographie (ahd: knot, knuot: Geschlecht; avestisch. ząϑa (n.) Geburt, Entstehung und damit zusammenhängend zantu: Landkreis, Gau, (= ai. jantú-ḥ̥: Geschöpf). Hier artikuliert sich im analogen Sinne die innere Geographie der Sprache, die geistige Raum-Zeitlichkeit der Sprachgeburt.

die Geburt. Denn die Trennung als loslassende Bejahung negiert die Einung von Schöpfer und Werk nicht, sie ist vielmehr der Grundriß ihres lebendigen Vollzugs.

Nur das Unter-scheiden (der Ab-schied: Tod), das ausatmende Loslassen, das Gelassensein des Erkannten im Wort durch den Erkennenden verbürgt die bleibende Erinnerung des Gesprochenen in seinen Ursprung. Das freigesetzte *Vergessen* der Herkunft ist die Weise der fruchtbarsten Erinnerung. Sich-verdanken zeitigt sich als Weg-geben (in der «Sendung»). Nicht dadurch, daß der Erkennende sich als sprechendes Subjekt krampfhaft im Gesprochenen durchsetzt, um als Sprechender namentlich präsent zu sein, nicht übersehen oder vergessen zu werden, bleibt er gegenwärtig, sondern dadurch, daß er in freiem Entschluß der Trennung nachgibt, in sie gelassen einwilligt, tradiert (über-gibt: tra-ditio: trans-dare) er sich zeugend, ist er im Wort-Werk «da». Und dies kann bedeuten, daß er in der Über-gabe selbst «tradiert» (verraten), verleugnet, vergessen wird – so daß scheinbar nichts anderes bleibt als das Gesprochene als Gesprochenes: und er selbst ins Schweigen der Verborgenheit verschwunden ist. Aber, eben dieses Schweigen *ist* sein Sprechen. Schweigend kommt er im gesetzten Sprachspiel (und dessen währender, dauernder Gewesenheit: τὸ τὶ ἦν εἶναι) offensichtlich nicht mehr vor. Er ist vergessen. Die Sprache (als Inbegriff des Erkannten) scheint sich mit sich selbst zu einer kohärenten Konsistenz zusammengeschlossen zu haben, inselhaft isoliert. Das Wort ist auf sich gestellt: «Die Sprache spricht» (Heidegger). Und doch liegt der Grund dafür nicht in einem negativen Verstummen des Sprechenden, sondern in der Zeugemacht seines sprechenden Schweigens, aus dem heraus das Gesprochene (als Erkanntes) sich fortwährend zu-kommt. Gerade kraft des Vergessens, in dem sich die Kund-gabe des Wortes in Gestalt der Sendung enthüllt, bewahrt jedes lebendige Sprechen (Erkennen) das Siegel der Genesis des Wortes aus seinem Ursprung. Wie auch das lebendige Wort das Geschehen seiner Zeugung, das Ereignis der Geburt, die geistige Geschichte seines Austrags nie von sich abstreifen kann. Das genetische Charakterprofil, die Art, *wie* das gezeugte Wort in seinem Hervorgang (Trennung) vom Sprechenden mit sich zusammengewachsen ist und gewesen ist, was es ist, bleibt ihm unauslöschlich als Werdegeschehen eingeprägt. Seine Gestalt eröffnet sich aus diesem inneren Genitiv (Wort wessen). So tritt es einerseits in *festen* Umrissen («sicut *res* procedens», Thomas v. Aquin) hervor[22] (als das, was es gesprochen [Perf.] *gewesen* ist) und *kommt* sich andererseits doch fortwährend im Genitiv *zu*. «Bestehend» weilt es im Entstehen! Geboren-sein und Sichempfangen gehören unscheidbar zusammen. Wer das Wort erblickt, der sieht seinen Ursprung. In der Buchstäblichkeit des Gesagtseins (gesetzt, als «Satzung») hat es die Lebenstiefe des schöpferischen Sprechens «verloren», ist es scheinbar zur Unlebendigkeit erstarrt, fixiert, angenagelt. Aber gerade dies ist die Epiphanie seiner Zeugung.

Im Akt des sprechenden Zeugens schenkt der Erkennende dem (Dativ) Erkannten *sich* (Akkusativ) als Wirkliches im Wort. Daher läßt er es auf sich beruhen, es selbst *gewesen* sein, gerade dann und dort, wenn und wo er es sich zeugend übergibt, sich zu-kommen läßt. Sofern das Erkannte da-gewesen ist, *findet* es der Erkennende und vernimmt es als vorausgesetzte Gabe. Kraft des notwendigen Getrenntseins des Wortes von seinem Ursprung bewegt sich der Erkennende gleichsam in herkunftsloser Sprache; aber deren Herkunftslosigkeit («Tatsächlichkeit») ist der Erweis der Selbstlosigkeit des Sprechenden, Offenbarung seines sprechenden Nicht-an-sich-haltens, des Ausatmens. Deshalb findet der *Hörende* das Gesprochene gerade im ausgeatmeten Lebensatem des Sprechenden, der es schöpferisch geboren hat, so daß er als Hörender eben dadurch zur Neugeburt des Wortes aus ihm als Hörenden ermächtigt wird. Er vermag es «dichtend» zu erfinden. Er erfindet es im Empfangenhaben, läßt es in der Sprache als Kunstwerk entstehen und *hat* es so in der gegebenen, dagewesenen Sprache gefunden. Erkennen ist immer dichterische Imagination der Wirklichkeit, die dadurch nicht

[22] Es ist *Zeichen*, Erkennungszeichen (γνῶμα), worin Erkennender und Erkannter einander bekannt, vertraut sind in einer gewohnten Welt (*ĝnō-tó-s = ai. jñātá-ḥ: bekannt; air. gnāth: gewohnt, bekannt; cymrisch gnawd: Gewohnheit, m.-cymr. go-gnaw: vertraut mit); es ist Maß, durch das die Grüßenden aneinander sich messen, aber als gefügte Gestalt ebenso Regel (lat. groma: Meßinstrument; norma: Winkelmaß, Vorschrift, Regel; gr. γνώμων: Richtmaß), Medium der richtenden Urteilskraft (*ĝnə-to-s: m.-cymrisch. yngnad, ynad: Richter; dirnad: Urteilskraft).

unangemessen überformt, sondern an ihr selbst, im ganzen Schwergewicht ihres Währens entbunden wird. Auch hier wird wieder deutlich, daß die Zeitfernen von Gewesen und Zukunft sich im Präsens erkennenden Sprechens selbig füreinander verwenden. Das Sprechen versammelt Zeit und Zeiten zu ihrer Fülle. In ihm ist die Freiheit mitten in den Fluten der Zeit gerettet.

Der Erkennende ist im Akt des Erkennens (Sprechens) Vater und Mutter des Erkannten. Kraft des *Seins*lichtes, in dem die Vernunft erkennt, ist das erkannte Wirkliche immer schon im Erkennenden *gewesen*, hat er erkannt; denn dem Seinslicht ist «nichts äußerlich außer das Nichtsein» (Thomas v. Aquin). Im Licht der wirkenden Vernunft (intellectus agens) am Werk, *kann* und ver-mag (Sein ist Liebe) der Erkennende das, was er erkennt, in Gestalt der Sprache an ihm selbst. Unter dieser Rücksicht ist er immer schon in der Sprache *gewesen*, in ihr zu sich erwacht. Ihre Sinn-Grammatik ist die lebendige Struktur seines Selbstvollzugs. Was daher als bestimmende Form des zukommenden Anderen in den Erkennenden eingeht, das ist in der *positiven* Unbestimmtheit des über-wesenhaften Seinslichtes in ihm schon dagewesen: als verheißene Erfüllung, freilich so, daß die präsente, prophetische Eröffnung des Kommenden dieses nicht vermessen antizipieren kann. Der Erkennende muß dem, was sich zeigt, das Kommen zutrauen, ihm «glauben». Wenn er erkennt, dann erinnert er sich aber *nach vorne*. Er *hat* erkannt als *hätte er nicht* erkannt. Keine schon gemachte Erfahrung kann den Zu-kommenden abdecken, seinen Anspruch verschleiern. Gerade das Vermögen des Erinnerns setzt den Erkennenden in nacktem Gehorsam dem Erkannten (Geliebten) aus; hat ihn sich selbst vergessen lassen. Weil er aber das Erkannt-haben vermag, *er-kann* er das Kommende, ist er frei für seine Ankunft, läßt er verfügbar es in sich ein. Weil er den Anderen kann, ist er nicht mit ihm fertig. In diesem Sinne erkennt er erinnernd prophetisch vom Rücken her («a tergo», Augustinus): «... Kann ich wirklich den Erzählungen der Dichter trauen, daß man glaube, wenn man zum ersten Mal den geliebten Gegenstand sieht, sie längst vorher gesehen zu haben» (Regine), «daß alle Liebe wie alles Erkennen Erinnerung ist, daß auch die Liebe bei dem einzelnen Menschen ihre Prophetien hat, ihre Vorbilder, ihre Mythen, ihr Altes Testament»[23].

Aber, die Fülle des Lichtes, in dem er das Erkannte auflichtet, es erblickend in den geistigen Tag treten läßt, leuchtet weder unmittelbar in den Raum des Vernehmens (Hörens) ein, so daß der Anspruch des Anderen paralysiert oder überflüssig würde, noch erdrückt sie das (den) Sich-Zeigende(n), das (den) sie anwesend sein läßt (und solchermaßen als Erscheinendes(n) hervorbringt). Das Licht, in dem der Erkennende das Andere seiner selbst kraft des zeugenden Ja er-kann, ist an ihm selbst *diaphan* (durchscheinend), nicht von sich selbst besessen, in kohärenter «Subsistenz» mit sich geschlossen. Das Licht ist vielmehr sowohl völlig durchlässig für das Sehen des Erkennenden als auch für das Sich-zeigen des Erkannten. Es ist als Licht ebenso *reine* Nacht; keine tote, sondern lebendige Leere, die kraft des nichtkönnenden Könnens, in dem der Erkennende mitten in seinem eigenen Erkenntnislicht und in der Macht des Er-schauens (worin das Erkannte er-sichtlich wird) von sich weg auf das Andere seiner selbst schauen kann und ebenso das Aufgelichtete, durch das Erblicktwerden zur Anwesenheit Gebrachte von dem her, *was* es selbst *ist*, sich darstellen und erscheinend sich ausbreiten kann. Die Fülle des Lichtes und die Leere verwenden sich selbig füreinander. Deshalb kann das Erblickte als Erkanntes von sich her bestimmend in die Tiefe der vernehmenden, hörenden Vernunft (intellectus possibilis) eingehen und sich im gesprochenen Wort «er-geben»; sowohl von der Seite des Erkennenden als auch von sich selbst her. So vermag die vernehmende Vernunft die im Licht der wirkenden Vernunft geformte, hervorgegangene Erkenntnisgestalt des Anderen *als* Anderen (im Feld seiner welthaften und geschichtlichen Kontextualität)

[23] S. Kierkegeard: Tagebücher I (WW, Ed. Diederichs) ²1975, S. 183. Dies gilt auch für den schriftlichen Entwurf eines Lebensprogrammes z.B. in einer ursprünglichen philosophischen oder dichterischen Konzeption. Das Kommende ist längst gesagt, geschrieben, in Buchstäblichkeit (fragmentarisch) gleichsam geronnen und solchermaßen «vorweg», aber in Gestalt einer Verheißung des Weges und seines Inhalts. Das Leben selbst geschieht dann als Erfüllung der Schrift, nicht nach rückwärts, sondern durch die Auferstehung des Buchstabens in Fleisch und Blut. Prophetie und gesetzhafte Buchstäblichkeit widersprechen einander nicht.

zu empfangen. Sie wird durch die «Sache» selbst bestimmt und zeitigt als Wurzel der Freiheit (intellectus radix libertatis, Thomas v. Aquin) die Bestimmung in aussprechender Selbstbestimmung, entäußerter Selbstverwirklichung. Dadurch bezeugt sie gerade, daß sie auf das (den) Andere(n) ihrer selbst hört. Denn nirgendwo ist der Gehorsam des Hörens in seiner Entschiedenheit fruchtbarer als dort, wo das bestimmend Gehörte in der der Freiheit eigenen Notwendigkeit als Freiheit getan wird. Nirgendwo ist sie vernehmender in Anspruch genommen, ärmer als dort, wo sie das Empfangene in der Form schöpferischer Selbstaussage aus sich hervorgehen läßt. Eben darin legt sie Zeugnis davon ab, daß sie durch das (den) Andere(n) ihrer selbst sie selbst ist. Nur äußerlich scheint sie der Bestimmung vorweg zu sein; in Wirklichkeit verbürgt das Vorweg des freien sprechenden Anfangs das Erleiden des Bestimmtseins durch den zukommenden Anderen. Daß er in mir als Erkennendem *gewesen* ist, eröffnet seine unverstellte Zu-kunft: wie das Ausatmen das Einatmen vorbereitet. Deshalb nimmt auch die im schöpferischen Zeugen aus dem Erkennenden heraus auf- und im erkannten Wirklichen durchbrechende Vernunft das (den) Andere(n) niemals vorweg. Sie ermöglicht (ihn bejahend) die Bekundung in dem ihm eigenen Wort. Sie redet sich nicht in die Wirklichkeit hinein, sondern spricht sich zusammen mit ihr aus. Das Erkennen potenziert die freie Selbsterschließung des Erkannten in seinem Sich-gewähren, dem das Hören Raum der Entfaltung schenkt. Und dieses Raum-geben, in dem sich der Erkennende verbirgt, seiner selbst entäußert nicht an der eigenen Wesensgestalt (wie an einem Raub) gegen die gegebene Wirklichkeit festhält, ist identisch mit der Macht, dem Können seines zeugenden Heraustretens aus sich selbst, seinem Sprechen.

3. Erkennen heißt: «über sich hinaus sterben»

a. Sich-vergessen: Zu-kunft vom Anderen her

In jedem ursprünglichen Akt des Erkennens *stirbt* der Erkennende über sich hinaus: denn er übernimmt ein «anderes» Leben als die Form seines eigenen Selbstvollzugs. Nicht mehr ein das (den) Andere(n) von sich wegschiebende, von sich fort ausgrenzende und als verdinglichten Fremden vor-stellende (bzw. durch die Erkenntnisarbeit her-stellende, gegenwärtig-machende) Ich=Ich «lebt»; ein Anderer lebt in mir. Und daß ich dies vermag, ist das innere Fundament meiner Selbigkeit mit mir selbst, die Lebendigkeit und Fruchtbarkeit meines Wesens. Dieses «Wesen» ist keine in sich aufgerundete monadische Form, sondern an ihm selbst, von Wesen her, enteignete, arme Fülle, die nicht nur sich selbst hat (der Kategorie der Gewesenheit toter Erinnerung in ihre eigene Tiefe hinein unterworfen), sondern ein leerer Reichtum, der für alles «andere» Platz hat und die Kraft besitzt, dieses *Andere* als Anderes sprechend: als die lebendige Gestalt des *eigenen* Wesensvollzugs zu vollbringen. Die Gegenwart des Geistes ist zugleich durch sein Gewesen und die Zukunft des Anderen bestimmt, weil er *leer* ist, vom Anderen her sich *zukommt*, obwohl das Zu-kommende als *Fülle* des Wesens (des Selbstvollzugs der Freiheit) schon *dagewesen* ist. Das Selbst wächst sich erkennend vom Anderen her zu und ist doch in der Sprache je schon der Andere gewesen. *Diese* Gewesenheit verbürgt jedoch ihrerseits die Wahrheit, daß ich mitten in mir dem Anderen *als Anderen* Raum gebe. Nicht dadurch, daß ich mich in mir selbst in ein Abseits *neben* den erkannten Anderen zurücknehme, sondern indem ich ihn im elementaren Leben meiner Gegenwart finde, in jenem Ort bejahend annehme, wo meine verhaltene (*nicht*: ansichhaltende) Verborgenheit Anfang und Ausdruck meines schöpferischen Sprechens ist.

Das sprechende Erscheinen des Erkennenden vollzieht sich nun andererseits nicht so, daß er an ihm selbst jenen Platz zurückgewinnt, den er «zuvor» dem Anderen als Erkannten eingeräumt hat, um sich «dann» in linearer Erweiterung seines Ich=Ich nach außen hin darzustellen und außerhalb seiner selbst dem hörenden Anderen mitzuteilen. Der Sprechende erschließt sich erkennend nicht durch ein zentrifugales Heraustreten aus sich selbst, durch einsinnige Entäußerung von innen nach außen. Sein sprechendes Sich-eröffnen geschieht nicht innerhalb der (von ihm besetzten) eigenen Wesensräumlichkeit und ihres Erscheinungsfeldes. Er «geht auf»: kraft der Gegenwart des Anderen als Anderen in ihm und dessen bleibender Zu-kunft als

Gabe. Die Andersheit seiner Erscheinung (in der Differenz zur Einheit seiner Wesensmitte) liegt von aller Anfang an in der leibhaftigen Andersheit des ihn in seinem Selbstvollzug bestimmenden Anderen, der als Erkannter von sich her im Sprechen des Erkennenden zu Worte kommt. Daher gewinnt der Erkennende seine Evidenz aus der Präsenz des Anderen und solchermaßen von außen nach innen. Er erscheint «sich» von der anderen Freiheit her und bekundet dadurch, daß er sich nicht bloß im Entäußerungsfeld von (materiellem) Wesen und sinnlicher Erscheinung darstellt, sondern sprechend als Freiheit *im* Anderen sich «anders» geworden ist. Er hat im Maße des Anfangs von sich her je schon vom Anderen seiner selbst her angefangen. Dies meint die Leere seines Wesens (als verleibte Freiheit) in Gestalt der Fülle und Selbigkeit mit sich selbst.

In *diesem* Sinne kann man sagen, daß das Wesen des Geistes sich darin bekundet, kein Wesen zu haben. Sein Wesen ist offene, ent-eignete (und in diesem Sinne «abgestorbene») Selbst-losigkeit, hörendes Vertrauen in *Bereitschaft* und solchermaßen «fertig» (ready); nicht besessen vom Sog des Ich-Kapitals. Geist ergreift erkennend, indem er Raum gibt (hört), er kommt gehorsam ins Denken und vernimmt, indem er schöpferisch auflichtend versichtbart und das Empfangene auswortet. Daher hält er an seinem Leben nicht wie an einem Instrument fest, das er zum Zwecke der Erkenntnis gebraucht. Er hat es immer schon verloren: «Geist sein heißt: als Abgestorbener existieren» (Kierkegaard). Dieses Tot*sein* ist der Aufbruch seiner Lebenskraft. In dieser «Abgeschiedenheit» (M. Eckhart) ist er von sich selbst und allem anderen getrennt: ein «lauteres Nichts» und so ein voraussetzungsloses, umsonst handelndes, d.h. in voller Freiwilligkeit schöpferisches Ja der Seinsmächtigkeit. Als «Leere» kann er alles *werden*; als Ja der Fülle ist er alles *gewesen* – beides ist eins: die Gegenwart seiner Freiheit. Leer ist er «*capax* finiti et infiniti» (Thomas v. Aquin). Leben und Tod verwenden sich im Leben des Geistes selbig füreinander.

Auf diesem Hintergrund wird einsichtig, daß der Erkennende im «Über-sich-hinaus-sterben» eigentlich die reiche *Armut* seiner *Mächtigkeit* als Geist auslebt und bezeugt. Dies will sagen, daß ihm der Tod nicht äußerlich ist bzw. nachträglich zu dem eintritt, was er als Geist gewesen ist. Das Sterben ist vielmehr die innerste Konsequenz seines Lebensvollzugs und dessen Offenbarung. Was ihn von außen her verwandelnd in Anspruch nimmt, das läßt er sich kraft seines Seins je schon geschehen und zwar im Vorweg reiner Freiwilligkeit: Er vollbringt es aus der Notwendigkeit seiner eigenen Freiheit. Hier ist alle Dialektik radikal überholt.

Der in der Einheit von Leben und Tod Erkennende bleibt nicht im Käfig des Ich=Ich stecken, das sich im Wachstum der Erkenntnis immer nur konzentrisch, d.h. dem Gesetz seiner toten Gewesenheit entsprechend, erweitert, aber im Kern steinern und unverwundbar in sich selbst verharrt.[24] Nach außen hin gebärdet sich dieses Ich expansionistisch produktiv; innen verharrt es selbstgenügsam im scheinbaren Schutz eines sicheren, weil schon durchlebten, vergangenen Lebens. Es ist in der toten Vereinsamung gleichgültiger Selbstwiederholung erstickt und versucht deshalb in maßlosen Entäußerungen der Sprecharbeit und gemachten Tode des Sichverlierens, d.h. einem selbstisch inszenierten Ich-Verlust: seiner Vereinsamung im verendgültigten Produkt des Gesprochenen (als seinem «Kapital») zu entkommen.

Das Erkennen vollzieht sich hier in der Verlaufsform der dialektischen Negation (Tod) des Negativen (der toten Sichselbst-gleichheit des Ich=Ich). Somit erscheint das produzierte (Schein-)Leben dieses Erkennens *einerseits* in der Figur eines *Opfers*, der Selbstverschwendung, die das Ich jedoch hintergründig verwaltet und organisiert (es will ja durch die Negation

[24] Der lebendig Erkennende hat ein Herz aus Fleisch; die Peripherie seines leibhaft-sinnlichen Entäußertseins in Welt und Geschichte ist in jedem Punkt des Leib-seins: Herz-mitte und diese Mitte allseitig aus-gesetzt, ungeschützt preisgegeben. Das Herz aus Stein ist die abstrakte tote Identität des Ich=Ich, das an ihm selbst nicht arm sein will, das objektive Weggegebensein verweigert und *deshalb* den Weg der Fleischwerdung nicht geht. Das Herz aus Stein kann nicht sterben, weil es schon dem Tod verfallen ist. Das Herz aus Fleisch kann sterben, weil es lebt, in die unabsehbare Vielfalt von Beziehungen, Verwandtschaften (vgl. con-naturalitas) aufgebrochen ist und sich nicht eigenmächtig selbst bewohnt. Deshalb kann es sich gelassen verlautbaren, in einer Botschaft sich mitteilen; während das steinerne Herz des beisichseienden, sich-selbstgleichen Ich in allem Gerede nichts zu sagen hat. An ihm selbst ist es keine Botschaft, da es die Transparenz auf den Ursprung, seinen ontologischen Genitiv in sich erwürgt hat. Es lebt nicht aus dem Sich-verdanken im Empfangenhaben.

seiner eigenen Negativität sich selbst regressiv verlebendigen, weshalb es sich gar nicht ursprünglich vergessen kann, sondern in allen Weisen der «Hingabe» an den status quo seines Totseins gefesselt bleibt und erinnernd in sich zurückgekrümmt ist) – *andererseits* in der Anhäufung toter Kenntnis des begrifflich ausgebeuteten Anderen, der in dieser Konstellation nur den Zweck hat, ein ausschöpfbares Reservoir der Ich-gewinnung des Erkennenden zu sein, der seine unlebendige Leere durch die Produkte der aneignenden Erkenntnisarbeit aufzufüllen trachtet. Sein Wachstum stellt die von innen nach außen (Ich-verlust) und von außen nach innen (Ich-gewinn) *gemachte* Veränderung des Aggregatzustands seiner toten und tauben Gewesenheit dar, die sowohl in der Richtung des Ich-verlustes als auch des Ich-gewinns die unverzweckbare Gegenwart des Anderen schon verdrängt, ins Ausseits extrapoliert hat, um das narzißtische Spiel mit sich selbst treiben zu können.

Daher ist jedes Sagen dieses Ich bezüglich des Anderen eine gegenläufige Ab-sage. Es wendet sich dem Anderen so zu, daß es zuvor *nein* zu ihm gesagt haben *muß*. Es ist gezwungen zu töten, um das gegenständliche Material für die Potenzierung seiner selbst herbeizuschaffen und sich anzueignen. Da es aber nur Totes verzehrt, scheidet es sich vom Nahrungsquell des Lebens ab; es denkt nicht mehr lebendig. Nicht in seinsmäßiger Fruchtbarkeit, sondern in der Akkumulation des Gehabten weist sich die Macht seines Könnens aus.

Lebendiges Erkennen jedoch wagt die Verwandlung, das Opfer: mitten im Selbstvollzug des Erkennenden, der im Maße seiner Lebendigkeit über sich hinaus stirbt, durch seine Existenz den «Tod kommentiert» (Plato). Erkennen zeitigt sich als schöpferische Metamorphose des Erkennenden und Erkannten, – nicht beschränkt auf diesen oder jenen umweltlichen oder geschichtlichen Teilbereich, sondern auf das Ganze des Daseins hin. Darin liegt der Sinn des Satzes: «Anima humana quodammodo omnia est».

Erkenntnis durchbricht die abgeschlossenen Bereiche des widerstandslos zugänglich Gewußten, in dem der Mensch sowohl mit sich selbst als auch mit dem Anderen (Welt und Mitmensch) als dem Bekannten «fertig» ist, aber die zutrauende

Treue dem Gegebenen und dessen überraschender Wirklichkeit gegenüber verloren hat; wie er ja auch nicht mehr sich selbst das «Ich bin da» als «Ich *werde* da sein» zutraut. Seine Gegenwart ist ihm tiefenlos, nicht an ihr selbst durch je größere Zukunft gekennzeichnet, sondern abstrakter Jetztpunkt, äußerster Rand und Schlußmoment festgestellter Vergangenheit. Und selbst diese verliert er als Dimension der geschichtlichen Herkunft, da er in der Gegenwart nicht frei zu ihr ist, sie nicht loslassen und vergessen kann.

Erkenntnis durchbricht und schleift die Bastionen der reifizierten Sprache, die als etabliertes Zwischenreich eines bloß funktionierenden Denkens alle Wirklichkeit in sich *aufgesogen* und die Freiheiten zu funktionalen Momenten des Gesprochenen (dessen, was *man* sagt) entselbstet hat. Denn sie gaukelt dem Erkennenden vor, daß er, um beim Wirklichen und den Mitmenschen zu sein, sich bloß in der Sprache als Sprache zu bewegen brauche. Namenlos durchlaufen dann die Subjekte die Vernetzungen und medialen Klammern des toten Sprachbestands, der fraglos jeden auf alle, jeden auf jeden, alle auf jeden bezieht, in der Hypostase des «einen Namens», in dem keiner dem anderen in Freiheit gegenwärtig ist, vielmehr nur in antlitzloser Faktizität trifft. Keiner kann den anderen loslassen, gerade dort, wo die Iche im medialen Verbundnetz einander vereinsamt und in der qualitativen Ursprünglichkeit ihrer Freiheit entmachtet und voneinander geschieden sind: in einer Scheidung, die in pervertierter Form die verlorene *Urdistanz* freier Verantwortung zu rekonstruieren versucht. Keiner ist dem anderen erschlossen, in erkennender Stellvertretung übereignet, obwohl sie im Magnetfeld verordneter Kommunikationsstrukturen voneinander nicht lassen können: in einer Gleichheit, die in pervertierter Form die verlorene Einung zu ersetzen trachtet. Im Zwischenreich des toten Sprachbestandes sind alle über sich hinaus «gestorben», ohne das Leben des anderen freiwillig zu übernehmen. Sie sind in einem Sprachspiel zusammengerückt, das eben dadurch ihre universelle Dissoziation und Zerstreuung betreibt. Das Scheinleben der trennenden Vereinzelung in privatisierende Iche und die kollektive Vermassung in der Buchstäblichkeit des Gesprochenen sind zwei Seiten ein und desselben Vorgangs der Destruktion.

b. In der Sprache über die Sprache hinaus. Sprechen kraft des Vergessens der Worte

In dem Maße wie Erkennen Ver-mögen *des* (genit. obj.) Anderen ist, impliziert es den Tod des Sichvergessens, die Not-wendigkeit «der Andere zu werden», ohne sich in schlechter Selbstlosigkeit in ihn hinein aufzulösen, mit ihm zusammenzufließen. Erkenntnis hat nur insoweit Zu-kunft, wie sie *mitten* in ihrem Lebensakt den *Tod* wagt: wie die Sprache, kraft welcher der Erkennende begreift, handelt und sich verhält, in die Wirklichkeit des Sprechenden, des Besprochenen (und Hörenden) aufbricht und fortwährend, gleichsam von außerhalb ihrer selbst her, als gesprochene zu sich selbst kommt. Lebendige Erkenntnis lebt von der *schweigenden* Offenheit der Sprache auf den, der sich hervorbringt, die Sache, für die sie steht, den Hörenden, zu dem gesprochen wird. Was sie gewesen ist, das *wird* sie im schweigenden Sich-zu-kommen aus diesen drei Dimensionen. Sie stirbt ab, wenn sie, gegen diese Zukunft ihres Werdegeschehens, die sprachlose Tiefe ihrer Genesis aus dem Sprechenden, der nicht das Wort ist, an-sich-hält, zum toten Bestand verdinglicht und der instrumentellen Vernunft verfällt. Im sprechenden Erkennen erfüllt das Gesprochene dann seinen tiefsten Wort-sinn, wenn es in den Angesprochenen und die besprochene Sache hinein sich verschweigt, d.h. kraft der Begabung durch das Wort das (der) Angesprochene sich an ihm selbst und von sich her zeigt (= sagt). Die Sprache «nennt» am entschiedensten, wenn sie in den Sprechenden, aus dem sie hervorgeht, und das (den) Angesprochene(n), in das (den) sie eingeht, hinein auf-hört; wenn das Gesprochene nicht in sich hinein zurückläuft, sondern kraft des Sprechens aus-läuft – und in *diesem* Sinne in völliger Transparenz «verschwindet». Jedes lebendige Wort als *Gestalt* zielt innerlich auf diese *Entstaltung* in einer Art von positiver Formlosigkeit, gleichsam auf seine Verflüssigung, durch die es nicht schlechter Unbestimmtheit und Beliebigkeit ausgeliefert wird, sondern gerade im Überflüssigwerden den überfließenden Reichtum, den Kern seiner Gestalt enthüllt: formlose Form.

Daher kann man sagen, daß die Sprache an ihr selbst in die sprachlose Übersprachlichkeit hinein auf-hört. Sie lebt im Wegzeigen von sich selbst und «will» (sit venia verbo) vergessen werden. Dies ist die Weise wie man sie allein lebendig und fruchtbar erinnert. Sich auf das Wort einlassen, von ihm in Anspruch genommen werden, heißt: das Wort als *Weg* gehen und in jedem Schritt sein inneres Auf-hören *tun*, es «verlieren» (wie es sich selbst je schon verloren hat), um es dadurch zu «gewinnen», daß man dem gehorcht, wofür es steht, *dessen* (Genitiv) Wort es ist. In der Gestalt des Wortes kann nur *bleiben*, wer seine Überflüssigkeit wagt: nicht dadurch, daß er das Wort überspringt und jenseits der Grenze des Wortes schweigt, sondern daß er sich entschieden, «genau» auf das Gesprochene einläßt, im Wort über das Wort hinaus ist. Deshalb ist das Sich-verschweigen nicht ein Moment, das dem Gesprochenen folgt, *nachdem* es abbricht, verklingt, entschwindet, vielmehr ihm zutiefst innerlich. Das Wort ist an sich selbst überworthaft erschlossen und eröffnet, weshalb das Schweigen nicht neben oder hinter dem Sprechen und dem Gesprochenen geschieht, sondern in ihm sich ereignet: darin und dadurch, daß (nach vorne und rückwärts zugleich) «Wort für Wort» gesprochen wird, ereignet sich die Selbigkeit von Gestalt und Gestaltlosigkeit der Sprache. Die Wahrheit, daß das Wort nur im Kontext des Gesprochenen Sinn und Bedeutung besitzt, hat hierin ihre Wurzel. Im Weitersprechen vollzieht sich der Schritt in die Übersprachlichkeit des Sinnes «jenseits des Wortes». Lebendige Sprache ist in der Sprache über die Sprache hinaus: lebendiges Sprechen in der Einheit von Leben und Tod.

In der Sprache ist Welt in und beim Erkennenden und der Erkennende in und bei der Welt. Freilich geschieht, wie wir sehen, dieser Tausch nicht über die Brücke einer fertigen, ein für allemal festgestellten und in ihren Umrissen unveränderlichen Klammer des Sprachbestandes, die die beiden Ufer miteinander durch die Figur einer vereindeutigten leeren Gegenwart verbindet. Die Präsenz wird vielmehr je neu und anders durch das sprechende Erkennen gezeitigt. Die vorausgesetzte Sprachfigur als Inbegriff des spezifischen vis-à-vis von Erkennendem und Erkanntem verdankt sich bleibend der jeweiligen «Setzung» des Gesprochenen und der darin offenbaren Verantwortung des Erkannten durch die Freiheit des Erkennenden: von dem her die vorausgesetzte («gewesene») Sprache sich je neu zu-kommt; d.h. fortwährend inneren (oder äußeren) Metamorphosen ihrer Physiognomie unterworfen ist.

Obgleich also die «Spitze» des Denkens kraft des der Sprache innerlichen übersprachlichen Schweigens über die Sprache hinausreicht und das Erkennen sich in der Sprache (als dem *Leib* des Denkens) sprach-los (schweigend) in die «Sache» versenkt, so geschieht Erkenntnis immer *in* der Sprache. Sie ist aber, wie die Sprache als solche, *in* der Sprache über die Sprache hinaus und nur in ihr lebendig, wenn sie in der Sprache von der Sprache Abschied nimmt, wenn das Denken *im* Wort über das Wort hinausgeht, die Sprache verläßt und sich schweigend in das einläßt, was die Sprache meint und darstellt. Dieser Abschied, der Tod des Erkennens, in dem es über sich hinaus stirbt, gleichsam die Trennung von Leib (Sprache) und Seele (Denken) austrägt, kommt auch dem Erkennen (wie der Sprache) nicht äußerlich zu, sondern ist dem Erkennen innerlich.

Der Sinn der Sprache besteht darin, durch Sprache und in ihr selbst (nicht bloß durch eine metasprachliche Distanz zum Gesprochenen) überflüssig zu werden. Dies heißt: Das Schweigen folgt nicht der Sprache, sondern ist ihre innere, positive Leere, ihre Armut, aus der sie lebt. Die Beständigkeit der Sprache hat demnach ihren Grund darin, daß der tote, vereindeutigte Sprachbestand kraft des schweigenden Erkennens immerfort stirbt und zu lebendiger Sprache aufersteht.

Wer am Wort hängt, der kann nicht sprechen. Er wird bloß isolierte, tote Kenntnisse als Informationen vermitteln; sich im Anderen durchzusetzen versuchen, ihn wie ein Sender den Empfänger (Sprachzeichen aussendend) programmieren. Wenn der Hörende am Wort hängt, wird er in ihm weder den Sprechenden in seiner personalen Selbstmitteilung noch die besprochene Sache in der *positiven* Vieldeutigkeit ihres inneren Sinnes erfahren und erfassen. Die Worte des toten Sprachbestands ermöglichen nur ein Geben und Nehmen, in dem der «Gebende» und «Empfangende» im Maße der Kommunikation einander ab-wesend werden. Die Nähe, die die Information als Klammer zwischen beiden herstellt, d.h. der Charakter ihrer Anwesenheit, ist bloß die nach außen gekehrte Tatsache, daß beide gegenständlich (eshaft: im technischen Modell von Sender und Empfänger profiliert) füreinander «vergangen» sind, aber gerade diese Entfremdung in anonymer Abständigkeit dazu benützen, Intensität und Quantität des Informationsprozesses, durch den sie einander habhaft werden, zu steigern. Das «Vergehen» *voreinander* potenziert die Sucht *nach*einander.

Da die Freiheit des Angesprochenen auf eshafte (potentielle) Bestimmbarkeit («Empfänger») reduziert ist, hat er das Antlitz seines Selbstseins verloren. Er ist keine freie, hörende personale «Grenze» mehr, die den Sprechenden (von aller Anfang des Sprechens) an ihm selbst durch freie Selbsterschließung bestimmt und in Anspruch nimmt. So scheint das vom sprechenden Ich auslaufende Gesprochene sich widerstandslos im entselbsteten Feld des Anderen ausbreiten zu können. Seine Gestaltlosigkeit suggeriert dem Redenden sowohl die Möglichkeit als auch die Notwendigkeit von immer neuem und je mehr Sprechbarem, Zu-Sagendem und nie endendem Reden-sollen. Er kann sich scheinbar maßlos im wesenlosen Medium des nehmenden (nicht vernehmenden) Anderen austoben, seine sprachliche Entäußerung läuft im Nach- und Nebeneinander schlechter Unendlichkeit allseitig aus. Im Grunde bleibt er jedoch monologisch und sprachlos unfruchtbar mit sich allein, weil sein informierendes Bestimmen des «Empfängers» von diesem nicht im freien Akt hörender Selbstbestimmung aufgenommen wird. Er kommt also als Sprechender beim Anderen gar nicht an, sondern vergeht (stirbt) fortwährend in sein vereinsamtes Ich=Ich hinein. Er bleibt dem Anderen fremd, *obgleich* ihn das potenzielle Es des Empfängers eine grenzenlose Durchsetzung der Akte des Formierens darzubieten scheint, der «Stoff» des Anderen dem prägenden Akt wie von selbst fügsam, verfügbar zufällt und flexibel ausgeliefert ist. Dieses Sich-ausliefern des Empfängers, seine Begierde nach Informiert-werden ist freilich der Sog, durch den in dieser Konstellation die Fruchtlosigkeit des Redenden über sich hinaus «sterben» und kreativ werden soll. Das absorbierende «Hören» des Empfängers versucht, die in sich gekrümmte Monologik des Senders aufzubrechen, während die sich durchsetzende Information den Zweck hat, auf der anderen Seite die destruierte, ausgelöschte Eigengestalt des «Empfängers» zu substituieren, die Gestalt seiner verlorenen Freiheit von außen her durch informierende Formgebung wiederherzustellen.

Hier geschieht dann die erkennende (er-könnende) Stellvertretung als Prozeß des Einander-zertretens durch die Sprache der Herr-Knecht-Dialektik, die in gegenseitiger Verohnmachtung endet. Das lineare Sichdurchsetzen des Sprechenden wird durch die eben dadurch produzierte unfreie Gehörlosigkeit des Empfängers sprachlos auf sich zurückgeworfen und zeugungslos impotent. Und das eshafte Aufnehmen des Gesprochenen von der anderen Seite absolviert sich gerade durch die Art seines Empfangens vom Sprechenden. Das Sichausliefern des Knechtes an seinen Herrn ist die Weise, in der er sich von diesem entbindet, nur sich selbst sagt und gehört. Beide vergehen als tote Extreme in sich hinein und stellen auf diesem Weg eine tote Urdistanz her, die die verlogene Figur einer möglichen Zu-kunft füreinander aus dem Reich der Vergangenheit garantieren soll. Sie verschleiern aber gerade das abgestorbene Gegenüber ihrer Beziehung dadurch, daß sie, *auf-grund* gegenseitiger Abgeschiedenheit in sich selbst, einander verfallen, verbrauchen und somit tote Nähe und Anwesenheit herstellen. Das schlechte Schweigen, in das beide versinken, indem sie an sich und füreinander verstummen, ist die Geburtsstätte ihres verzehrenden Sprechens und Hörens, durch das sie sich gegenseitig einverleiben.

Daran ändert sich auch nichts, wenn man ein Reflexionsverhältnis einführt und den Empfänger seinerseits als Sender voraussetzt. Die Qualität der Konstellation hat sich durch ihre Transformation in die Gegenläufigkeit eines Recycling nicht verändert. Der methodos des Ich:Es-Verhältnisses wird so nicht gebrochen und überwunden.

Nur wer in der Sprache über die Sprache hinausgeht: spricht lebendig. Wer nur Worte erinnert, der vergißt sich selbst, die Sache und den Angesprochenen in einem schlechten Sinn: nämlich ins pervertierte Vergangensein hinein; das Festhalten am Wort macht ihn stumm und abwesend. Er verbreitet Abwesenheit in der Welt, mag die physische Nähe durch das Netz der informierenden Kommunikation auch noch so eng geknüpft sein. Hintergründig breitet sich die stumme Ferne der Abständigkeit aus, unter dem Vorzeichen der verlogenen Verheißung: «Ich habe dir immer je *mehr* zu sagen». So produziert die Leere des Geredes die Hoffnung auf den Reichtum des je größeren «Noch-nicht-gesagten», das doch durch und durch nichts-sagend ist: Ferne des stummen Monologs und Ferne des tauben Hörens.

Wer die Fülle des Wortes nicht durch den Abstieg in die ihm innerliche Tiefe des Schweigens gewahrt und Sprache so vergißt, daß er sie gerade durch diesen Abschied je neu fruchtbar erinnert und hörend sich zu-kommen läßt, der ist gezwungen, die Trennung in der Eindimensionalität der linearen Zeit zu betreiben, d.h. Wort für Wort im Nach- und Nebeneinander abzulösen. Er muß versuchen, die positive Überflüssigkeit der Sprache an ihr selbst dadurch zu ersetzen, daß er das Gesprochene durch unaufhörliches Weiterreden überflüssig *macht*. Er kommt nicht im Gesprochenen zur Freiheit des Sprechens (Erkennens), sondern dadurch, daß er sich die übersprachliche Entbundenheit des Denkens im verdrängenden Vergessen der Sprache erschleicht, Worte durch Worte ablöst, ohne stehenbleiben zu können.

Auf diesem Hintergrund ist die folgende Frage zu hören: «Ein Köder wird verwendet, um Fische zu angeln. Wenn man den Fisch hat, kann man den Köder vergessen. Eine Kaninchenfalle wird verwendet, um Kaninchen zu fangen. Wenn die Kaninchen gefangen sind, kann man die Falle vergessen. Worte werden verwendet, um deren Bedeutung auszudrücken. Wenn die Bedeutung verstanden wird, kann man die Worte vergessen. Wo kann ich einen Menschen finden, der Worte vergißt, damit ich mit ihm reden kann? Es gibt Dinge, über die man reden kann, und andere, die man mit dem Herzen erfaßt. Je mehr man redet, desto weiter entfernt man sich von der Bedeutung.»[25]

4. *Einung als Verwandlung*

a. Erkennen als Metamorphose des Erkennenden und Erkannten. Die Versuchung zum Vergehen-lassen (Archivierung)

Im Akt der Erkenntnis wird der Erkennende, der Weise seines Erkennens gemäß, in der Vielfalt sinnlicher und geistiger Akte

[25] Laotse (hrsg. v. Lin Yutang), Frankfurt/M. – Hamburg 1955, S. 201.

mit dem Erkannten *eins*. Erkenntnis ist Vollzug der Einung. Der Erkennende gestaltet das Erkannte sprachlich in seine eigene spezifische Daseinsform um, so, daß die Form des Erkannten zur Form seines Selbstvollzugs wird *und* gemäß der Lebensweise desselben je verschieden an ihm «selbst» (als Anderes) freigegeben, bejaht, sein-gelassen oder gebunden, erdrückt, verweigert wird. Erkenntnis ist somit Vorgang einer schicksalhaften Verwandlung: Das Erkannte gewinnt im Medium der Sprache die Physiognomie des Erkennenden, das Ansehen seines geschichtlichen Daseins, mag dieses auch an der je allgemeinen Struktur des Gesprochenen explizit nicht ablesbar sein oder deutlich werden. Und weil das Wort der Sprache *Zeugnis* für die geschehene Einung von Erkennendem und Erkanntem in ihrer Fruchtbarkeit ist, so enthüllt die Sprache das Antlitz der Gegenwart beider: ineinander und füreinander. Diese Gegenwart ist durch den Akt der Erkenntnis nicht machbar, sondern ergibt sich, wie wir sahen, aus einem Zeitigungsgeschehen, in dem sich Gewesen und Zu-kommen (des Erkennenden und Erkannten) selbig füreinander verwenden, ohne in platter Identität zusammenzufallen.

Erkennen heißt *Sprechen*[26], kraft dessen das Erkannte im Erkennenden in einer anderen Qualität auftaucht: Worte (Begriffe) «*sind*» nicht die Sache; Syntax und Grammatik «sind» nicht das lebendige Gewirk der Wirklichkeit. Sprache bleibt immer erkannte Form des Anderen *als Anderen*, der durch den Akt des Erkennens und dessen verwandelnde Aneignungskraft: über sich «hinaus» in den Erkennenden hinein *vergeht*, sofern er im Erkennenden in einer gewissen Weise etwas *anderes* geworden ist. Jeder Akt der Erkenntnis durchläuft den Riß einer Metamorphose, die Figur einer Trennung im Vollzug des *Ver-nehmens*, – und deshalb einen *Tod*. Und dies nicht bloß deshalb, weil ich selbst als Erkennender durch die Form des Erkannten in mir gleichsam enteignet, über mich hinaus aufgebrochen werde, weil ein Anderer durch mein eigenes Tun in mir als prägende und bestimmende Gestalt meiner Selbstverwirklichung

[26] Inneres Sprechen im «verbum interius» (verbum cordis) und äußeres Sprechen in der leibhaftigen «vox», der sinnlich wahrnehmbaren Bekundung des inneren Wortes im verbum exterius.

Raum gewinnt, mich mitten im Einsatz und der Fülle des Erkennens *arm* macht, so, daß der Reichtum meines Erkennens sich als «Not», d.h. als die Not-wendigkeit des Anderen enthüllt, – sondern gerade dadurch, daß jedes Erkennen das Erkannte dem Tod unterwirft, weil es dieses in sich hinein *vergehen* läßt, im Akt der Reflexion *ge-wesen* macht. Dieses Vergehen ist die Weise, in der sich das Dasein des erkannten Wirklichen in seinem Wesen enthüllt und begriffen wird. Das im reflexiven Rückgang des Erkennenden zu sich selbst thematisierte Vergehen ist der Vorgang der eröffnenden Entfaltung des Wesens der Sache, so, daß diese gerade im (geistigen) Vergehen dem Erkennenden sich als zu-künftig (als gegeben) erweist. Nur indem «vergeht», was die Sache an ihr selbst gewesen ist, kann sie in dem, was sie an ihr selbst ist, erkannt werden.

Hieraus resultiert aber die große Versuchung, Erkenntnis als einen An-eignungsprozeß zu vollziehen, durch den das Erkannte im Erkennenden als Wissendem *archiviert*, gleichsam museal geschichtet wird. Das, was in mich hinein reflexiv vergeht, ist als Gewußtes zum Inbegriff der Vergangenheit des Anderen meiner selbst umstilisiert und lagert sich in Schichten als Ge-schichte in mir ab. Was der Erkennende vor sich sieht, dies steigt, bildlich gesprochen, aus der Schale (Höhle) seines (Hinter-)Kopfes herauf, ist Figur und Entwurf von der Rückseite des «Denkspiegels» her und profiliert sich «vom Rücken» des Subjekts ausgehend als ein immer schon vielmalig, niemals erstmalig, überraschend, in der Atmosphäre des Staunens vernommenes Ding. Selbstverständlich vermag der Erkennende das ihm Zu-kommende, Gegebene nur auf den «zweiten Blick» zu erkennen: Er sieht, weil er schon gesehen *hat*. Das Eintreten des Erblickten in den Horizont der Gegenwart des Erkennenden heißt, daß es je schon aus der Tiefe dessen erfaßt wird, was er an ihm selbst (als ein *wirklich* Erkennender) *gewesen* ist. Hier aber steht das Zu-kommen des Wirklichen ausschließlich unter dem Vorzeichen des Vergehen-lassens, d.h. der fressenden Zeit, durch die er es sich verinnert, um somit das Vorweg-Besessene als apriorischen Kristallisationspunkt konzentrisch zu erweitern.

Die Re-flexion konzentriert sich daher auf ihren eigenen Akt und ist im Blick über sich hinaus (nach vorne) bloß rückschauend, so daß sie sich nur für eine abgepackte, schon zubereitete Welt *aus zweiter Hand* (nämlich ihrer Vergangenheit) interessiert und der Wirklichkeit die Struktur eines Warenhauses aufprägt, in dem das Vorfindliche als begriffliches (= käufliches) Faktum registriert und habbar angeboten ist. Die Progression der Erkenntnis nach vorne geschieht also nur zum Zwecke des verbrauchenden Vergehen-lassens; sie ist durch und durch ausbeuterisch und dient dem Geschichte-machen. Was von vorne her eingeholt wird, dies wird aus dem Grab der Vergangenheit heraus erhoben. Erkenntnis beerdigt, um ausgraben zu können und sie gräbt aus, um sich dadurch schon Dagewesenes durch Projektion nach vorne zu-kommen zu lassen. Aber die Gegenwart des Erkennenden bleibt dabei leer. Der Kopf fungiert als Metapher für das Museum; er stößt aggressiv «grabend» in eine Welt vor, die längst (im Modus des reflexiven Vergangen-seins) *gewesen* ist. Nur seine eigene, von ihm praktizierte Weise der haben-wollenden Einung mit ihr schickt sie als ausstehende Zukunft von ihm weg, rückt sie in Gestalt einer Aufgabe von ihm ab. Im Grunde ist sie jedoch schon erledigt. Die Öffnungen der Sinne sind die Grablöcher des Beinhauses, das der Schädel umschließt. In ihm «schwätzen alle Zeiten wider einander» (Nietzsche).

Erkenntnis zeitigt sich hier als ein Geschichte(Ge-schichtetes)-machen; als der unablässige Vorgang des Beerdigens und Begrabens. Sie ist zugleich von der Hoffnung beseelt, daß die zuvor von der Gegenwart des Erkennenden getrennte Welt als «andere» und ferne dadurch ihr Hier und Jetzt durchlaufe und somit *präsent* werde, durch den Akt des Vergehens *in ihr* erwache, mag dies auch nur mosaikhaft und punktuell geschehen. Wichtig ist nur, daß die Schnelligkeit des Vergehens die im Grunde atomisierte Konsistenz des Bildes verdeckt und zu einer scheinbaren Ganzheit zusammenfließen läßt. Der momentane Eindruck ist entscheidend.

Der Prozeß des Vergehen-lassens scheint die zur faktischen Realität geronnene Wirklichkeit öffnen und verflüssigen zu können. Der Erkennende suggeriert sich selbst, daß das Erkannte nunmehr kein Abgeschiedenes, bloß Widerständiges, Totes sei, sondern in sogenannter «Freiheit des Wissens» mit ihm *eins*;

daß es ungetrennt von ihm (aber dennoch unvermischt mit ihm: als ein verfügbares anderes) durch ihn zum Leben erwache und in der Metamorphose des Vergehen-lassens, dem er es unterwirft, von den Toten auferstehe. So sieht er ständig von seiner Gegenwart weg: nach vorne in die Dimension des Anzueignenden hinein (dem das Schicksalssiegel des Vergehens schon eingedrückt ist) und nach rückwärts auf das Quantum von produzierter Geschichte, deren toter Reichtum ihm die vollbrachte Einung mit dem anderen seiner selbst verbürgt. Daher fällt ihm die Gegenwart seiner Selbstverwirklichung in beide Richtungen entfremdet auseinander. Er ist Jeweils schon ein Anderer (Anderes) als er selbst. Der Namen, den er sich macht, verweist auf etwas, das er selbst nicht ist. Im Maße wie er sich durch dieses Geschichtemachen einen Namen erstellt, versinkt er selbst in der Namenlosigkeit seines nicht gelebten, verfehlten Lebens.

Er verhält sich mit dem Kopf zur Wirklichkeit wie das Grab zum Lebendigen. Das Geschichte-machen durch Erkenntnis erscheint als Begräbnis- und Auferstehungsfeier. Das reflexiv ergriffene Wirkliche vergeht in den Erkennenden hinein und aufersteht in der Begrifflichkeit der archivierten Sprache. Diese ist in ihrer intelligiblen Durchsichtigkeit das Unterpfand dafür, daß die vom erkennenden Subjekt geleistete «Auferstehung», der durch Geschichte produzierte Tod des Toten, nicht ein obskurer Prozeß, sondern auf-«geklärtes» (und aufklärbares) Faktum ist.

b. Der Weg zum Wirklichen als archäologischer Prozeß

Wird das Vergehen-lassen im Akt reflexiver Aneignung des Erkannten verabsolutiert, so nimmt das erkennende Subjekt den Bereich der Vergangenheit des erkannten Wirklichen ein, jene Zone, in die die Sache aufgrund des reflexiven Vergehens hinein verschwindet. Was die Welt an ihr selbst *gewesen* ist, dies kann fortan nur im Rücken des Subjekts, d.h. aus seinem Verhältnis zu dem, was es selbst gewesen ist, aufgedeckt und zur Sprache gebracht werden. Daher kann man sagen, daß die Welt dem Subjekt in dieser Konstellation von hinten her auftaucht und der Weg zu den Dingen in der Verlaufsform eines archäologischen Prozesses darstellbar wird. Die Erfahrung der Zukunft erschöpft sich im An-den-Tag-bringen des Vergangenen: Fortgang ist Rückgang in den Grund. Das Denken beginnt sich in Rekonstruktionen auszutoben und scheitert in der schöpferischen «Wiederholung nach vorne» (Kierkegaard). Es gräbt nach vorne, indem es die Hinterwand des Kopfes anzielt.

Hans Magnus Enzensberger hat dieses Phänomen in seiner «blindenschrift»[27] plastisch dargestellt:

carceri d'invenzione
diese Gewölbe
dunkel hell dunkel

blitze ohne himmel
strahlen ohne gestirn
weder tag noch nacht

diese gewölbe
vernünftig und rätselhaft

diese höhlen und gruben
beherbergen *uns*

diese spalten und galerien
verbergen *uns*

diese balken und brücken
führen *uns* in die irre

vor diesen werkzeugen
die uns übertreffen
erscheinen wir
winzig und stumm
schlaflose träumer
gefangene
nicht besiegte

diese verliese
in denen es wimmelt
in denen eine verlassenheit herrscht

[27] Frankfurt am Main 1967, S. 54 f: Zu den «carceri» von Giovanni Battista Piranesi (1720-1758).

diese geträumten gewölbe
grenzenlos dunkel
grenzenlos hell
grenzenlos

undurchdringlich
sind
unsere träumenden häupter[28]

5. *Das Wissen als «Beinhaus» des Gewußten*

a. Das Wort als Weg und die definitive Präsenz des Anderen in der gehörlosen Erkenntnis

Die Sprache, in der Erkenntnis geschieht, weist als Zeichen- und Zeigesystem (*dic*-ere: *zeig*-en) über sich hinaus: auf den Sprechenden, der sprechend (denkend) die Sprache hervorbringt und in ihr kraft der Überworthaftigkeit seiner Freiheit gegenwärtig ist; auf die besprochene Sache, die die Sprache einerseits auflichtet, in der sie jedoch andererseits ihren «Sitz» hat, wortlos eingegründet ist; und auf den Angesprochenen, dem das Wort das Gemeinte vergegenwärtigt, so daß sich das empfangene Wort eben darin *erfüllt*, daß es vergessen wird, stirbt und derjenige, der es empfangen hat, im Wort zugleich beim Sprechenden, bei der mitgeteilten Sache und bei sich selbst ist.

Im Wort blickt der Erkennende sowohl in sich selbst hinein, wird er im Raum der Vernunft der verstandenen, weil begriffenen Welt ansichtig, sofern sie den Ort ihres worthaften Erscheinens im Erkennenden hat. Er blickt aber gerade dadurch von sich weg – und zwar in dem Maße, wie er sich in seinem Selbstvollzug auf das Wort als Weg eingelassen hat, es als Unterpfand des gegenwärtigen Anderen in ihm selbst ernstnimmt. Im Wort bleibt er (auf dem Weg) bei und in sich selbst und er vermag dies nur «gehend», kraft der Bewegung des Gehens im Wort und mit ihm. In diesem Sinne kann man sagen, daß sich in der Sprache

[28] Vgl. dazu Norbert Miller: «Archäologie des Traums, Versuch über Giovanni Battista Piranesi», München 1978, S. 394/395.

Wohnung und Weg des Denkens selbig füreinander verwenden. Im Wort verweilen heißt: sich von ihm trennen und der Richtung seines inneren Zeigens folgen. Es «will» nicht, daß man bei ihm stehen bleibt, sondern handelnd über es hinaus aufbricht. Wer es für sich haben und halten will, der verliert es. Nur im Weggang zu seinem Ursprung, im Hingang zum Hörenden, aus seiner Transparenz auf das Besprochene ist es faßlich: im «Haben als hätte man nicht». Es meint nicht sich selbst, sondern ist von innen her über sich hinaus erschlossen. In der Sprache denken bedeutet daher: über sie hinaus hören. Nur wer sprechend von sich weg-geht bleibt im Wort und willigt darin ein, von ihm in Anspruch genommen zu *sein*.

Zur Sprache kommt der Erkennende also nur, wenn er über sie hinausgeht, wobei, wie wir sahen, dieser Fortgang *in* der Sprache selbst geschieht. Sie hat an ihr selbst Raum für die Trennung von ihr: das ist ihre Armut, die sich selbig für ihren Reichtum verwendet. Auf diesem Hintergrund wurde deutlich, daß die Sprache als Form der Gegenwart von Erkennendem und Erkanntem (bzw. Freiheit zu Freiheit) aus dem Zeitigungsgeschehen von Gewesen (Bleiben) und Zukunft (Fortgang) erwächst.

Die Versuchung ist groß, die Gestalt der Gegenwart der Freiheit im Wort zu zerspalten und sie einerseits zur Funktion des archäologischen Prozesses des «vergangenen Anderen» herabzusetzen und andererseits bezüglich der ausstehenden Zukunft der im Erkennen allererst zu bewältigenden Welt zu entleeren. Beide Perversionen implizieren einander und treiben sich durch einander dialektisch hervor.

In der Richtung des regressiven Vergehen-lassens (im Akt der Reflexion) ist das Denken in Gefahr, das erkannte Wirkliche in ein starres, im Wissensraum des erkennenden Subjekts lokalisiertes Begriffsnetz des Gewußten aufgehen zu lassen.[29] Die Wirklichkeit wird forwährend angenagelt, fixiert. Sie blutet im Akt der begrifflichen Kreuzigung aus, durch die der Mensch sie hinter sich bringen will: in der definitiven Gestalt des Toten, von dem her nichts mehr zu befürchten ist. Das Grab der Buch-

[29] Der Wissende wird zum «Beinhaus» («l'ossuaire», R. Garaudy: Parole d'homme, Paris 1975, S. 32) des Gewußten, der in der Zeit ertränkten Inhalte und Akte der Erkenntnis.

stäblichkeit schenkt «Ruhe»; man braucht sich nicht mehr auf den Weg zu machen, aufzubrechen, die gewohnte Welt zu verlassen, sondern kann im Gewesenen verharren, durch das alles Neue schon vorweg eingeordnet und dem in sich selbst eingehausten Subjekt konform gemacht ist. Der so Erkennende tötet, um nicht selbst über sich hinaus sterben zu müssen. Ihn ängstigt der lebendige Sinn der Sprache. Deshalb löscht er den Geist des Wortes aus, der ihn je neu und unverfügbar, mitten aus dem Bleiben im Wort heraus, in Anspruch nimmt und ins Hören ruft.

Aufgrund dieser *seiner* Zuständlichkeit erfährt der Erkennende die Gegenwart des Anderen als eine tötende, ihn enteignende Macht, die er sich selbst durch die Art und Weise seines Verhaltens konstelliert. Das Opfer, das er von sich her (durch die gelassene Verwandlung kraft des Anderen in ihm) nicht austragen will, das Sterben, dem er sich durch die Verweigerung der Metamorphose in der Erkenntnis entzieht, – dies zieht er sich von außen her dadurch zu, daß er sich das Sterben in Gestalt des räuberischen und mörderischen Einbruchs des Anderen in ihn geschehen läßt. Der Tod wird ihm Verhängnis, weil er ihn nicht freiwillig vollbringt. Im Maße, wie er die Präsenz des erkannten Anderen zur definitiven Vergangenheit hinter sich umbildet, schafft er ihn zum Symbol der Negativität einer zerstörerischen Zukunft um, die ihn unvorhersehbar überfällt und zu vernichten droht.

Weil er die unverfügbare, warumlos sich erschließende Freiheit des Anderen zur eindeutigen, begrifflichen Intelligibilität sklerotisiert hat, produziert er sie sich von vorne her als blinde Willkür, als gleichsam ursprungslos («grundlos» im negativen Sinne) aufspringende Gewalt, die seine gehörlose Erkenntnis in einen sklavischen Gehorsam hinein entmachtet, durch den er aus sich herausgerissen wird, *ohne* dabei den Weg zum Anderen zu gehen.

Das unverfügbare Wesenswort der Freiheit des Anderen ist in begriffliche Gewesenheit hinein übersetzt, so daß auf der anderen Seite (in der dadurch eröffneten Perspektive des Erkennenden) nur die gestaltlose Willkür übrig bleibt, die sich den Erkennenden unterwirft und in ihrer «wesen-losen» Unfaßlichkeit das permanente Scheitern des «Vergehenlassens» bekundet, das den ängstigenden Anderen in die Friedhofsruhe des Toten zu überführen trachtet. Je mehr die antlitzlose, finstere Gewalt jedoch regressiv ins erkennende Subjekt hinein aufgelichtet wird, desto dunkler wird sie. Das tötende Erkennen verhilft ihr zur eigenen Potenzierung und steigert sie in ihr selbst. Die Enteignung des Anderen zur Peripherie des monologisch in sich verfangenen Ich=Ich und die Gefangenschaft dieses Ich=Ich in der Reproduktion seiner eigenen Vergangenheit, die nach vorne nur verlängert wird, sind zwei Momente ein und derselben dialektischen Konstellation der Unfreiheit. Sein Raub entfällt ihm fortwährend und es bestraft sich selbst durch die unablässige Extrapolation des Anderen, durch dessen Fremdheit es die Gleichgültigkeit seiner eigenen Selbstwiederholung paralysiert.

Obwohl die Macht des Anderen jedoch unvordenklich auftritt, in die Kategorie der linearen Zeit nicht einordenbar ist, so gilt sie doch bloß in den definitiven Maßen dessen, was sie (in der Form des Vergangenen) im Ich=Ich gewesen ist. Ihr Leben unterliegt der Notwendigkeit: in der definitiven Figur des Toten erscheinen zu müssen. Ihre Physiognomie kann nur der veränderte Aggregatzustand des im Erkennenden gespeicherten Wissens sein. Der Andere ist als Erkannter somit eine end-gültig «fertige», in Besitz-genommene Größe, seine Zukunft eine gewesene Zukunft geworden. Um ihn zu hören, braucht das Ich nur in sich selbst hinein zu hören. Der (das) Andere gehört ihm, weil es sich selbst gehört. Deshalb werden die Erkenntnis, das Sprechen und die Sprache gehörlos, verschlossen dem gegenüber, was der Andere in freiwilliger Selbsterschließung zu sagen und zu bezeugen hat. Er kann nur noch meine Kenntnis von ihm als seine, aber durch mich verwaltete, hinter ihm liegende Geschichte wiederholen.

Von mir her kann er sich nur als gewesener (Toter) zukommen. Er muß also in der Beziehung zu mir: von mir weg, und an seinem Ort: auf sein vergangenes Leben zurückschauen. Jede Zuwendung zu mir zwingt ihn zur Abwendung in seine Vergangenheit. Was mir andererseits von ihm her (möglicherweise) als Zukunft entgegenkommt, ist nichts anderes als die fortschreitende (pro-gressive) Erhebung dessen, was er im Beinhaus meines Wissens gewesen ist. Indem Erkenntnis sich scheinbar progressiv nach außen wendet, um mit dem fremden Anderen fertig zu werden, durchwühlt sie schon regressiv sein Grab, das sie im Raum der Vergangenheit angesiedelt hat. Seine Präsenz ist *definitiv*: eine tote, von allen Seiten her betrachtbare, anatomisch analysierbare Gegenständlichkeit.

b. Aufklärende Vereindeutigung der Welt als Absage an die Zukunft: Produktion der stummen Welt und ihre erpreßte Zukunft.

Erkenntnis und Sprache fungieren in diesem Kontext als Instrument der begrifflichen Aufhebung der das Subjekt entmachtenden Gegen-welt und ihrer *gegenläufigen Zukunft*, die von vorne her nur die Vergangenheit als Herrschaftsbereich des Wissenden symmetrisch widerspiegelt. Deren Willkür ersetzt die verlorene *positive* Vieldeutigkeit der verlorenen Freiheit des Anderen und seiner leibhaftigen Sinntiefe. Begegnende Welt wird nicht mehr als Zusage, Sprache der Verheißung und Treue, aus dem Seinsja als Gabe, als Geschenk, das den Menschen meint (meinen = minnen = lieben), erfahren. Sie erscheint als eine in die Namenlosigkeit hinein sich entziehende Sphäre negativer Vieldeutigkeit, die nur durch aggressive Auswortung (= Verbegrifflichung) zu bändigen ist. Sie wird für mich nur sicher, vertraut, überblickbar und gefahrlos, wenn ich sie in mich hinein erkennend vergehen lasse, zu *Geschichte* mache und in die Immunität des Buchstäblichen übersetze. Das Ausworten der Welt wird zu einer Aktion gewaltsamer Auf-klärung, eine Funktion der Todesangst des Ich.

Aber gerade im vergehen-lassenden Ansichreißen und begrifflichen Konsumieren wird die Welt in die befürchtete und dem Abbau unterworfene Ausständigkeit und Stummheit hinein getrieben, so daß sie schließlich nur durch die Folter der sprachlichen Erpressung ins Wort und zum Reden gebracht werden kann. Diese Welt «spricht» immer unfreiwillig, eben dadurch, daß der Mensch sie sich allseitig und bis in den letzten Winkel hinein zugänglich macht, ihre Fenster und Türen aufreißt, ohne sie sich gelassen eröffnen zu lassen; die Welt entkleidet, ihrer

Qualitäten entblößt, um sie nackt, vorbehaltlos quantitativ zu haben. Denn er glaubt nicht, daß sie sich von selbst zeigt und sagt. Vergehen-lassen als Sterben-lassen im Erkennen meint dann, daß alles in dem Maße redend wird und sich enthüllt, wie es gewaltsam der Geschichte reflexiver Aneignung unterworfen und zum Bestand des Gesprochenen verdichtet wird. Aber: «Was dir Natur am lichten Tag nicht offenbaren mag, das zwingst du ihr nicht ab mit Hebeln und mit Schrauben» (Goethe). Das Geheimnis bleibt für diesen Erpressungsvorgang unverfügbar.

Der Mensch umgibt sich fortwährend mit Geschichte, häuft sie in sich und außer sich an. Er wird in ihr des Inbegriffs seiner vielen Tode ansichtig, die er täglich im Leistungsopfer stirbt, durch das er sich die Produktivität seines Lebens eigenmächtig vor Augen führen und beweisen will. Aber er verlernt, das Dasein anfänglich und ursprünglich zu erblicken. Alles vor ihm liegende Neue, Noch-nicht-dagewesene ist nur das nach vorne hin projizierte Negativ seiner unter dem Vorzeichen der Vergangenheit vergeschichtlichten Welt, eine Verheißung, in der das Tote unter dem *Schein* der Hoffnung seinen größten Triumph feiert.

Inzwischen sind die Berge des faktisch Gekannten, die Haufen der Information so angewachsen, daß z.B. Konrad Lorenz empfiehlt, die Wissenschaften mögen ein «Moratorium» einlegen, damit man Zeit habe, das Gekannte zu erkennen. Der Mensch wird vergessen müssen, um lebendig zu erkennen. Die Frage ist nur, ob das Vergessen wiederum zur bloßen Voraussetzung für ein neues Geschichte-machen auf der alten Bahn pervertiert oder ob das Vergessen als innerste Weise des fruchtbaren *und* kritischen Erinnerns aus dem Erwachen gegenwärtig-lebendiger Erkenntnis geschieht, die im Vergessen die Treue zum wahrhaft Überlieferten wahrt und nicht durch eine negierende Trennung vom Vergangenen nach vorne hin sich artikuliert. Denn sie vergißt, weil sie die Freiheitsgeschichte des Gewesenen als solchen bejaht, in der dieses sich schöpferisch nach vorne übergibt (tra-diert), um fruchtbar aus der Gegenwart heraus erinnert zu werden, d.h. gegenwärtige und maßgebende Überlieferung zu *sein*.

Die bloße Absage an die Vergangenheit ist (wie die eindimensionale Flucht nach vorne) Knecht des Gewesenen, weil sie dieses bloß als stummes Totes voraussetzt. Sie zerstört die Freiwilligkeit seines Überlieferungscharakters, die durch eben diese Vergangenheit gewagte Zukunft. Sie verdrängt die Wahrheit, daß in der Vergangenheit Freiheit am Werke war. Das Beinhaus des Gewußten wird also nicht über die schon gewachsene, geschichtete Sprache hinaus verlassen, sondern dadurch, daß mitten im Toten: die Einheit von Lebendigen und Toten im Kontext der *einen* Menschheit relevant wird. Das Tote muß im Toten überwunden werden, dadurch, daß man ihm (erkennend) *seine* sich überliefernde Freiheit zugesteht und ihm seinen freien Anspruch für die Gegenwart eröffnet.

II. ERKENNTNIS IN DER ZERBROCHENEN ZEIT UND DER DURCHBRUCH ZUR GEGENWART

1. Begreifen als Töten und die schizoide *Struktur der Erkenntnis*

a. Die Freigabe des Anderen im ergreifenden Töten

Wir sahen, daß jede Erkenntnis das erkannte Wirkliche in den Erkennenden hinein umwandelt, so, daß die erkannte Sache eine Metamorphose durchläuft, die sich zeitlich (nicht im Sinne der linearen Zeit) strukturiert, als Vergehen-lassen thematisiert: vernehmen, begreifen, ergreifen, erfassen, aneignen, einverwandeln, verinnern, verschmelzen: Einung. Das Erkannte wird, der Weise des Erkennenden gemäß, mit und in ihm gegenwärtig. Aber, die sprachliche Gestalt dieser Gegenwart ist mit der Wesensform, die das erkannte Wirkliche an ihm selbst besitzt, nicht identisch; denn in ihr bezeugt sich die Tatsache, daß das Erkannte im Maße seines Erkannt-*seins* gleichsam von sich weg und in den Erkennenden (kraft seiner erkennenden Einverwandlung des Gegebenen) hinüber-gegangen ist. In diesem Sinne ist das Erkannte Erkenntnisbild *des* Wirklichen vom Genitiv gekennzeichnet, der den Hervorgang einer Trennung durchmißt, die die Sache aufhebt, bewahrt und auf einer neuen Ebene zur Sprache bringt.

Die erste Phase dieses Geschehens ist Aufhebung im Sinne des «Tötens». Nicht als würde die Sache als solche zerstört (an-nihiliert), im negativen Sinne enteignet und entselbstet. Nein, Erkennen heißt und ist: bejahendes Sein-lassen und nimmt daher das Erkannte an ihm selbst unendlich ernst; läßt es in der erblickenden Auflichtung sich von ihm selbst eröffnen und er-geben. Und doch impliziert das Erkennen eine «tötende» Negation ganz besonderer Art. Denn die Vernunft deckt im Akt der Erkenntnis kraft des Seinslichtes, in dem sie sieht, das Erkannte von seiner überwesenhaften Seinswurzel her auf, d.h. sie erfaßt es im Licht jenes Ja (Seinsakt), durch das es ist, was (und wer) es ist. Dies bedeutet jedoch ein radikales Übersteigen der «Sache» des Erkennens als seiender. Die Vernunft bricht in jenen Abgrund durch, aus dem heraus, durch die Verendlichung der geschenkten Gabe des Seinsja, das Erkannte sich selbst übereignet *wird* und je schon (denn die zukommende Gabe hält nicht an sich fest, sondern ist restlos in den empfangenden Wesensraum des Seienden weg-gegeben) vereignet *gewesen* ist. Solchermaßen artikuliert die Erkenntnis das Erkannte in seiner ontologischen Zeitgestalt, sie eröffnet die Zeitfernen von Gewesen und Zukunft, aus denen heraus die Sache selbst *da* ist und anwest. Diese Zeitigung des Wirklichen durch die Erkenntnis ist nicht ein bloß reproduktiver, sondern schöpferischer Akt, in dem, wie wir schon anfangs sahen, der Erkennende dem (Dativ) Erkannten sich (Akkusativ) als Erkanntes zugesteht und gewährt.

Hinsichtlich der Zeitferne «Zu-kunft» (der Gabe des Seins) zeigt sich der Akt der Auflichtung des Erkannten durch die wirkende Vernunft (intellectus agens) als eine auflösende, ent-eignende, «tötende» Negation (Steresis) des erkannten Wirklichen in seiner konkreten Subsistenz. Denn dem Akt des Seins, der hier hervortritt, kann nichts äußerlich sein außer das Nicht-sein. Im Maße also, wie die kraft des Seinslichtes sehende Vernunft die Zeitferne der dem Seienden unverfügbar, voraussetzungslos (gratis) zu-kommenden Gabe des Seins hervortreten läßt, geht das erkannte Seiende in den Akt seiner Genesis zu-«grunde», d.h. in den Anfang seines Ent-standes zurück. *Insofern* artikuliert die Erkenntnis das Erkannte als Negiertes und zwar nicht *neben* dem Ja der Zu-kunft der Gabe, sondern mitten im bejahenden Geschehen dieser Zukunft.

Durch den transzendentalen Vollzug der ontologischen Differenz des Seins als Gabe zum Seienden trennt sich das Erkannte gewissermaßen von sich selbst und bricht über seine Gewesenheit hinaus auf. Aber, dieses Übersteigen läuft nicht auf die ausstehende Zukunft eines hypostasierten Seinsaktes zu, der in einer Art Schwebe über der evident gewordenen Nichtigkeit des Endlichen, in einem Widerspruch von Ja (gegeben) und Nein (doch nicht gegeben) verharrt. Die Epiphanie des Seinsja erschließt eine Fülle, die als weggeschenkte an ihr selbst arm, d.h. immer schon ins empfangende Seiende hinein weg-gegeben, entäußert, verendlicht *gewesen* ist. Das Nicht-an-sich-halten der aufgebrochenen *Zu-kunft* der Gabe verbürgt die Positivität und Konkretheit des gegebenen Seienden in seinem *Gewesen*.

Daher kann man sagen, daß die auflösende «tötende» Negation des Erkannten gerade die bleibende, vorweg-geschehene und unbedingte Bejahung des Verneinten enthüllt. Das Seiende wird durch das Aufbrechen der ontologischen Differenz dem Akt des Seins «gegenüber»: aufgehoben, in seiner Nichtigkeit relevant; es verschwindet, «vergeht» gewissermaßen. Aber, dieses Vergehen, sein «Tod» ist das «Leben» seines Daseins, – und dies jenseits aller Dialektik der Negation des Negativen. Durch den Akt der Erkenntnis in das Ereignis seiner Zu-kunft aufgebrochen erweist es sich als das, was es an ihm selbst durch das vorbehaltlos und unumkehrbar geschenkte Seinsja ist, und gibt sich (der vernehmenden Vernunft) als es selbst zu erkennen.

Das Erkennen zeitigt die volle ontologische Zeitlichkeit des Wirklichen und versammelt sie durch je verschiedenen Austrag in der Gestalt der Sprache. Durch diese und in ihr ist das Erkannte solchermaßen in den Erkennenden hinein vergangen, daß es eben dadurch in unschließbarer Differenz als das Andere ihm zu-kommt. Vergehen-lassende Erkenntnis als «Töten» ist bejahende Freigabe des Erkannten an ihm selbst.

Begreifendes, sehendes Erkennen der Gestalt des Erkannten vollzieht sich in der Weise des Tötens (analog zum verkostenden Essen, durch das die aufgenommene Nahrung zerkleinert, zerkaut, zermahlen wird; schon im Mund beginnt der Verdauungsprozeß). Erkenntnis heißt von hier aus betrachtet: assimilierende Umgestaltung und Einverwandlung des Erkannten in den Erkennenden, freilich so, daß in diesem Geschehen auch der Erkennende in das umgebildet wird, was er aufnimmt und einverleibt. Es ereignet sich eine In-einander-verwandlung; denn im Maße des Erkannt*seins* öffnet sich das Wirkliche im Erkennenden an ihm selbst; es kommt aus seiner Verborgenheit in die Unverborgenheit hervor, enthüllt sich in seiner ureigensten Gestalt. Er zeigt sich im Licht der Wahrheit, die ihren Ort in der Vernunft hat. In diesem aneignenden Töten und unblutigen Opfer des Erkennens wird gerade die Kostbarkeit des Aufgenommenen entbunden. Sie strömt von innen her über und ergibt sich als Gabe (bonum diffusivum sui). Im Getötet-werden bricht die *Macht* des Ergriffenen mitten im Erkennenden durch. Sie nimmt ihn in Anspruch und zwar so radikal, daß das Zerbrochene, Zerteilte innere Form der Freiheit selbst wird. Ein Bild: nicht im Faß oder in der Flasche entbindet der Wein seine Köstlichkeit, sondern im Mund dessen, der ihn verkostet, schmeckt und darin seine Fülle, seine «Blüte» (schmeckend = riechend) aufgehen läßt. Hier «blüht» und fruchtet er sich aus; so daß man analog sagen kann: Die Lust des Verkostens ist in der sinnlichen Einung vom Element des Todes untrennbar.[30]

b. Tötendes Vergehen-lassen als Verlebendigung. Einatmen und Ausatmen

Das Wort sapere: «kosten» ist der Grundsinn von sapientia: «Weisheit». Bernhard v. Clairvaux sagt: «Weise ist derjenige, dem die Dinge so schmecken wie sie sind»[31] ; ein Mensch, der mit den Dingen und Mitmenschen nicht geschmacklos umgeht, nicht sein Ich-ideal in die Dinge hineinschmeckt, sondern im vernehmenden Verkosten (sapere) entdeckt, was sie an ihnen «selbst» sind und dies kann, weil er sich «selbst» voll in diesen Akt einbringt; nicht nur rezeptiv vernimmt, sondern in spontaner Rezeptivität das Aufgenommene voll-bringt.

Kraft des Totseins in der scheinbar völlig unfruchtbaren *Leere*, in der er sich seiner selbst und alles anderen *ledig* ist, vermag er im schöpferischen Tun des Empfangenen dessen Fülle

[30] «Es gibt bekanntlich Insekten, die im Augenblick der Befruchtung sterben; dergestalt wird überhaupt alle Freude, der höchste, überschwenglichste Augenblick des Genusses im Leben – vom Tode geleitet». S. Kierkegaard Tagebücher I (WW Edit. Diederichs) [2]1975, S. 252. – Der tiefste Vollzug der Einung des Lebens (im Akt erkennender Zeugung) ist untrennbar vom Mysterium des Abschieds, der Trennung: nicht nur vom Anderen, sondern auch von sich selbst. Der Erkennende lebt nicht mehr im Binnenraum seiner selbst, sondern ek-sistierend im Anderen seiner selbst (über sich hinaus «gestorben»). Aber gerade in dieser Trennung von sich selbst wird der lebendige Reichtum seines Selbstseins offenbar, und dies heißt: Die positive Einsamkeit seiner freien Urdistanz zum Anderen und des Anderen zu ihm. Fortgegangen von sich selbst ist er in seinen Grund zurückgekehrt, ohne diesen Rhythmus von Auskehr und Einkehr in einem Kreis zu schließen oder dialektisch zu vermitteln.

[31] Sermones diversi 18,1, in: Sämtliche Werke, Bd. IX, hrsg. von G. B. Winkler, 1998, 334f.

nicht nur zu entbinden, sondern sie in ihr ureigenstes Aufgehen hinein bejahend sein-zu-lassen. Unfruchtbar ist er der Fruchtbare. Leere und hervorbrechende Zeugekraft des Erkennens verwenden sich selbig füreinander.

Der Erkennende sieht kraft des Nicht-sehens seines Sehens: Das Sehen sieht sich nicht. Die Ohnmacht der «Blindheit» ist der Raum der Epiphanie des Augenlichtes.[32]

Das Kosten geschieht kraft der «Leere» des Schmeckens, in der die selbstischen Interessen, die Perspektiven des bloßen Haben- und Gebrauchenwollens, die Tendenzen zur Transformation des Anderen zum Objekt der Bedürfnisbefriedigung u.s.w. abgestorben sind. Kraft des Nicht-Hörens seines Hörens hört der Mensch die Fülle der Töne, Melodien und Weisen des Daseins; kraft der Leere seiner Vernunft erkennt, kraft des Nicht-Wissens weiß er. Das Licht seines Erkennens ist auflichtendes Licht, in dem er sieht, und zugleich Nacht, vernehmendes Schweigen, hörende, empfangene Offenheit, seinlassendes Ausräumen, durch die dem Aufgelichteten die befreiende Ortschaft des Sichzeigens, die Atmosphäre der Wort-werdung geschenkt wird.

Das aneignende Nehmen kraft dieser Leere besitzt eine unermeßliche Radikalität; denn das «lautere Nichts» der Leere beläßt das Gegebene und Aufgenommene in keiner Weise außerhalb seiner selbst. Es überwindet jede gegenständliche Diastase zwischen sich und dem Anderen und «nimmt es inwendig» (M. Eckhart). Nirgendwo vollzieht sich die einverwandelnde Verinnerung des Aufgenommenen restloser als hier, wird das auflösende «Töten» ursprünglicher vollzogen als im Kraftfeld dieser nicht haben-wollenden, voraussetzungslosen, nicht an-sich-haltenden Leere. Sie ist so arm, daß das, was sie als Geschenktes aufnimmt, aus ihr selbst hervorgeht; denn sie ist eins mit dem Ja, durch das

[32] Deshalb, so erzählt das Evangelium, ist die Blindheit des Blindgeborenen (Joh 9, 1-41) durch kein «warum» befragbar, auf keinen ihr «äußerlichen» (vorausgesetzten) Grund zurückführbar: Weder er noch seine Eltern haben gesündigt. Sein Leiden ist warumlos wie die Epiphanie des ungeschuldeten, voraussetzungslos aufbrechenden Lichtes, dessen Herrlichkeit an ihm offenbar wird. Was hier raumzeitlich (im Fleisch) in der Gestalt des Blinden und des inkarnierten Lichtes der Wahrheit auseinander-tritt, das ist im Sehen der erkennenden Liebe immer schon selbig eins.

das Aufgenommene ist, was es ist. Deshalb gründet ihr Nehmen auf der reinen *Freiwilligkeit* des Sich-gebenden und ihr «Töten» ist nichts anderes als die *gratis* geschehende Entäußerung dessen, was sich ihr zu erkennen (= zur Zeugung und Geburt) gibt. Hier erscheint der Archetyp der erkennenden Freiheit, die liebend das «tötende» Vergehen-lassen als Offenbarung der je größeren Zukunft des ergriffenen Lebens austrägt.

Verkosten («Essen»), begreifendes Erkennen geschieht als Vergehenlassen; in einem «Töten», das sich als die Bejahung des «Verneinten» zeitigt. Deshalb enthüllt sich in diesem Tod der überströmende Lebensreichtum des im Erkennen Ergriffenen an ihm selbst, seine Zu-kunft als je größere Fülle seiner in der Sprache offenbaren Gegenwart. Die Freigabe ereignet sich sowohl im Medium der Sinne als auch in der Dimension des geistigen Erkennens der Vernunft, die als Ort der Wahrheit das erkannte Andere tiefer, selbstloser (um seiner selbst willen) auf sich beruhen zu lassen und ins Erscheinen hinein schöpferisch zu entbinden vermag als die sinnliche Erkenntnis, der die Innerlichkeit des Selbstseins ermangelt, weshalb sie nicht bis in die Mitte des anderen Selbst vor- und hinreicht.

Wichtig bleibt in diesem Zusammenhang die Einsicht, daß das erkennende Vergehenlassen Grundakt der Befreiung des Vergehenden (weil Einverwandelten) in die je ihm eigene Lebendigkeit hinein ist, ein Zerstören, Einreißen im Geschehen der aufbauenden Genesis des Wortes, durch die das Erkannte werden und sein kann, was es «zuvor» nicht war. Zwar zielt die innere Richtung des Vergehen-lassens von außen nach innen, auf den Erkennenden zu; sie darf aber nicht als ein subjektivistischer Akt mißverstanden werden. Denn im Maße, wie dem Erkannten durch die Erkenntnis das Vergehen (zur *Gewesenheit* im Erkennenden, wodurch dessen Beisichsein sich ereignet) geschieht, es in einem gewissen Sinne dem Tod der Vergangenheit ausgeliefert wird, ist es gerade von sich her zur bestimmenden Maß-gabe ermächtigt: es wirkt sich aus, macht sich geltend, und entfaltet dadurch die Strenge seiner vollen Objektivität. Es bestimmt im Zu-kommen seines Gegeben-seins den Erkennenden im Akt des Vergehen-lassens, den er vollzieht. Aufgrund seiner Erkennbarkeit willigt das Erkannte gleichsam von sich her in das ihm vom Erkennenden geschehende Vergehen ein: Es «will» sterben, weil sein Leben nach voller Selbstauszeugung drängt.[33] *Jenseits* von sadistisch-aggressivem Töten und masochistischem Getötet-werden-wollen schwingen in diesem Kontext das tötende Begreifen und die Entäußerung dessen, was sich zu erkennen gibt, unscheidbar ineinander. Daher erweist sich das Vergehenlassen nicht als ein Fressen, in dem das Erkannte in das erkennende Ich=Ich hinein zum Verschwinden gebracht, in den Ichpunkt absorbiert und dadurch aus seiner Widerständigkeit und dem Vorbehalt dem Erkennenden gegenüber herausgebrochen wird, sondern als Tat des *hörenden* Erkennens und Dienst am sich-zeigenden, sich-sagenden Anderen.

Aus dem Fort-gang in seine (erkenntnisontologisch relevante) «Vergangenheit» eröffnet sich die Zukunft des Gegebenen und meine eigene vernehmende Offenheit in sie hinein. Das erkennende Einatmen, in dem das erkannte Andere Macht im Erkennenden gewinnt, läßt «vergehen» (Macht in der Ohnmacht des erkannten Anderen); aber ausatmend legt der Erkennende Zeugnis davon ab, daß er kraft der Macht seines Erkennens mit dem erkannten Anderen an ihm selbst eins geworden ist. Ausatmend, gleichsam nach vorne hin «schwindend» (aushauchend: der Erkennende spricht nur ausatmend), zeugt er in der Ohnmacht von der Macht des erkennenden Er-könnens. Aushauchend, sterbend enthüllt sich das Leben des Wortes. Darin jedoch, im Weggeben (dicere: intelligere) des Ergriffenen gibt sich dieses dem Einatmen hin, nähert es sich von selbst. Ausatmend ist der sprechend Erkennende ganz Hörender, lebendiger Gehorsam. «Man kann deshalb auch sagen, daß alles Erkennen ebenso wie das Atemholen ein *Aus*atmen (*re*spiratio) sei».[34] Wer spricht, der atmet aus, hält nicht an sich, sondern trennt sich vom Wort, das er erkennend zeugt; aber gerade so ist das Erkannte durch das bleibend im Erkennenden hinterlegte (bei ihm *gewesene*) Wort: in ihm. Kraft der Aneignung des Erkannten läßt der Erkennen-

[33] Was hier in der Dimension des intersubjektiven Verhältnisses von Freiheit zu Freiheit zur Sprache kommt, gilt im *analogen* Sinne für jeden Gegenstand der Erkenntnis.

[34] Kierkegaard: Tagebücher I (WW Edit. Diederichs) ^{2}1975, S. 166; «Alle Erkenntnis ... *Aus*atmen (*re*-spiratio)», a.a.O., S. 212.

de es in sich hinein vergehen, aber das Vergehen ist das Feld der bleibenden Zukunft des Erkannten für den Erkennenden *und* der Ursprungsort des auf den hörenden Anderen (bzw. die besprochene Sache) zu-gehenden Sprechens, der Anfang des Sprechenden als eines seiner selbst Entäußerten, dem Anderen Zu-künftigen. Indem er sprechend das Erkannte seinerseits nach vorne hin vergehen läßt, ist er ein Hörender, Vernehmender, bereitet so das Einatmen vor und bejaht die Welt als eine ihn meinende, ihm zugesagte.

Freilich darf dieses Verhältnis nicht dialektisch genommen werden. Auf den ersten Blick könnte man glauben, daß das Vergehen-lassen des Erkannten in den Erkennenden («Negation») durch den Akt der Entäußerung («Negation») negiert und dadurch positiv transformiert, d.h. die Bejahung des Verneinten vollzogen würde: als wäre das Ausatmen deshalb notwendig, damit der Erkennende nicht an der begrifflich gehabten Welt ersticke und im Verbrauchen des Erkannten sich selbst töte: Ausatmen als dialektisch produzierter Tod des Todes. Als müsse der Erkennende sich verlieren, um am prallen geschlossenen Bei-sich-sein nicht zugrunde zu gehen. In Wirklichkeit geht es jedoch gar nicht darum, daß er sich zusammen mit dem Gewußten ausatmend los wird, denn das Ausatmen legt ja gerade Zeugnis davon ab, daß der Erkennende mit dem Erkannten eins geworden ist. Die «Todestrennung» vom Wort bezeugt die Einheit von Sprechendem und Wort.

c. Das schizoide Töten des narzißtischen Ich=Ich und sein Zerfall

Wird das Vergehen-lassen des Erkannten in bloß haben-wollender Erkenntnis jedoch verabsolutiert, dann stirbt seine Zukunft in der Gewesenheit sprachlich durchorganisierter Welt ab. Der Erkennende gibt in dieser Konstellation das Erkannte an ihm selbst nicht frei, läßt sich von ihm nicht im positiven Sinne enteignen und in Dienst nehmen, sondern sucht beziehungslos (schizoid) und narzißtisch die Welt in und als sich selbst. Er schrumpft in zentripetaler Eigendrehung zur selbstgenügsamen Gewesenheit mit sich zusammen.

«Die Aneignungskraft, die einem eine entwickelte systematische Anschauung gegenüber der Erscheinung gibt, ist zwar zu loben, aber die dogmatische *Lüsternheit*, die jedes Weib (die Erscheinung) ansieht, ihrer zu begehren,» (Matth 5,28) «ist äußerst verderblich, da für sie nichts unmöglich ist, und ist äußerst langweilig, da sie keinen Spielraum hat für die jugendlich-ausgelassenen, individuellen Sprünge der Erscheinung».[35] Jede Erkenntnis, die sinnliche wie die geistige, besitzt Aneignungskraft. Sie vollzieht sich am Leitfaden der «transzendentalen Apperzeption» (Kant) und ihrer Einigungsmacht. Die lebendige Vielfalt der erscheinenden Welt wird in dem Maße geeint, wie sie im Element der Bilder und der Sprache dem Erkennenden verinnert ist, sofern dieser im Akt der Einung die Einheit seiner selbst vollzieht. Aneignen heißt Sich-verinnern, so, daß der Erkennende dadurch zu sich selbst kommt und zugleich kraft des Rückgangs in den eigenen Grund zum Grund der Sache selbst gelangt , d.h. in die Wesenstiefe des Erscheinenden vorstößt, von sich weg zum Anderen geht, in diesem sich bewegt. Aneignen bedeutet daher: das Angeeignete los-lassen, es sich im Akt seiner Erscheinung darstellen lassen. Nur im Loslassen («haben als hätte man nicht») wahrt die Aneignungskraft des Erkennens die Lebendigkeit und Individualität der Erscheinung in ihrem ur-*sprüng*-lichen Heraufgang.

Die Aneignungskraft des Erkennenden wurzelt jedoch im «Eigenen» seines Selbstseins. Da er je schon im Eigenen bei sich selbst ist, vermag er sich die erscheinende Welt anzueignen. Aber die Versuchung ist groß, den Fortgang zum Anderen (auf den Wegen der Sinnlichkeit und der vernehmenden Vernunft) gegen das aufgerundete Beisichsein *des* «gewesenen» Ich=Ich auszuspielen. Dann erstarrt die dynamische Struktur des Selbst in einer toten Transzendentalität, einer fixen Figur der Bedingung der Möglichkeit von Erfahrung und degradiert zum Werkzeug aggressiver Einung. Sie verliert das loslassende Mögen der freigebenden Liebe, die die Stimme des Anderen *als* Anderen hört. Die Aneignungskraft pervertiert zur dogmatisch vereindeutigenden Lüsternheit, die die erscheinende Welt einer schon

[35] Kierkegaard, a.a.O. S. 217.

systematisch-fertigen (gewesenen) Wissensform zu- und eingestaltet. Der Erkennende etabliert sich wie eine geschlossene, *versteinerte Stadt*,[36] an deren Tor (wie in Sodom) alle ankommende Zu-kunft auf das Prokrustes-Bett gelegt und zurechtgeschnitten wird, damit sie den Erwartungen des schon Dagewesenen zu- und angepaßt werde. Daher gelangt sie nur verstümmelt in die Stadt (die das *Gleich*-geschlechtliche) sucht. Die Aneignungskraft will sich nicht im Freigeben der Ursprünglichkeit des Anderen von diesem binden, verwandeln, über sich hinaus ent-eignen lassen. Sie verharrt in der Figur des sich-selbst-gleichen, abstrakten Ich=Ich. Sie bestimmt das Kommende von ihrem eigenen durchschauten Können her und läßt nur zu, was den längst durchexperimentierten, erwogenen, gekonnten Möglichkeiten entspricht. Sie verhungert im Kerker ihres eigenen Potentials und hat vorweg das «umsonst» (gratis) geschehende Wunder des Un-möglichen eliminiert. Für sie ist «nichts unmöglich», denn nichts transzendiert die Horizonte des eigenen Vermögens, der gezählten Habe. Somit ist ihre vermessene Macht, die alle Zukunft antizipiert hat, im Grunde nichts anderes als die Verzweiflung des fortwährenden Versinkens in den Schlund ihrer toten Gewesenheit. Sie ist eine von ihrer eigenen Vergangenheit verschlungene Macht, die sich selbst begraben hat und das Begreifen der gegebenen Wirklichkeit mit der Archäologie ihres Ich=Ich identifiziert. Sie erfährt den Reichtum ihrer Möglichkeit (des Mögens im Sinne des Er-könnens) nicht kraft der Ankunft und Gegenwart des unvordenklichen Anderen und seiner grund- (=warum-) losen Selbsterschließung, denn sie läßt sich ihr Seinkönnen nicht durch das Geschenk des ungeschuldeten Geliebtwerdens ent- und aufdecken. Jede sie in Anspruch nehmende Selbstmitteilung ist schon abgeleitet und kann sie deshalb auch nicht ins Wachstum über sich selbst hinaus ermutigen. Letztlich erwartet diese Aneignungskraft narzißtisch nur noch sich selbst in der Form des entstalteten Anderen, den «*es* gibt», dem aber kein überwesenhafter Spielraum der Selbstaussage gewährt wird. Alles ist in essentieller Intelligibilität absorbiert, die Welt entleibt, begrifflich «verwesentlicht», aber gerade so die Wirkkraft des

[36] Ich denke hier an ein Bild von Max Ernst.

erscheinenden Wesens in ihrer Ursprünglichkeit getötet. Eine «alte» Anschauung korrespondiert in narzißtischer Konstellation einer «alten» Welt.

Die Stimme, die von der anderen Seite her vernommen wird, erscheint als eine a-personale Verlautbarung, in der sich keine Freiheit aus der Unverfügbarkeit ihres Selbst bekundet. Die Stimme ist vom Sprechenden abgetrennt, ein Ruf ohne Rufenden; genitivloses Geräusch, das ortlos der Beliebigkeit verfällt, keine Gegenwart enthüllt, anwesender Reflex der Abwesenheit des abgeschiedenen Anderen. Für Narziß gilt nur das Gesetz: «Ich und der Andere sind eins». In der Stimme des Anderen hört er sich selbst und macht dadurch eben diesen Anderen zum ausstehenden Fremden, der sich fortwährend entzieht und daher nur durch einen Todessturz nach vorne, d.h. ins eigene Bild hinein vergeblich zu erreichen «ist». Gerade dieser Sturz potenziert die Abwesenheit des Anderen ins Unermeßliche.[37] Das Ringen um die Gleichheit mit dem eigenen Bild, die angezielte Aufrundung des Ich in seiner Einheit mit dem Anderen als Rückgang zu sich selbst kann nur in einem Weggehen von sich (Tod) enden, das ins Leere fällt und von der Subsistenzlosigkeit der Stimme verschlungen wird. Der Spiegel des formlosen, gestaltlosen Wassers wirft dem Narzissus sein eigenes Bild als den Anderen entgegen, den er als sich selbst sucht. Da er immer schon sich verfallen ist, fällt er auf sein Bild hin ins Leere, ohne die Freiheit des Anderen (um dessentwillen) zu erreichen. Das Liebesopfer des Über-sich-hinaus-sterbens wird durch den Untergang in die Haltlosigkeit des eigenen Bildes ersetzt, das bodenlos im Wasser schwebt. Er findet sein Bild im Wasser der Zeit als jenes «Du», das die Funktion seines sich selbst nahen Ich ist, weil ihm die Ewigkeit (ER) nicht einwohnt, kraft der er die Einheit mit dem Anderen als unverfügbares Geschenk erfahren würde.

[37] «Narzissus war so grausam, der Liebe der Nymphe (Echos) nicht zu achten. Sie trauerte sich zu Tode, so daß nur ihre Stimme zurückblieb. Die hat vermutlich stets in seinem Ohr wiedergeklungen. Wie verschiedenartig auch der Mythos von Narzissus erzählt wird, so stimmt er doch darin überein, daß Narzissus zuletzt in einem Fluß sich selber sah – sich in sich selbst verliebte und derart auf furchtbare Weise ein Opfer unglücklicher Liebe wurde.» Kierkegaard, a.a.O., S. 256.

Im Selbstvollzug des schizoiden Ich=Ich gewinnen Welt und Mitmensch eine pervertierte Präsenz: sie werden in die abstrakte Gegenwart des Ich zu sich selbst eingebaut und sind in diesem als dessen eigener Inhalt vergangen. So ist die schizoide Existenz im regressiven Sog ihrer Gewesenheit gezwungen, die *Vielheit* des Anderen ihrer selbst als sich selbst, d.h. in der Form eines plural dissoziierenden Ich zu erkennen und damit gegenständlich-welthaft in der eigenen, vom wirklichen Anderen unerfüllten, leeren Identität mit sich selbst in viele Iche zu zerfallen, die wie die Inseln (des fremden Anderen als «ich») durch die grenzenlose Weite seiner Leere schwimmen. Die Macht des ausgeschlossenen Anderen wird im Ich selbst virulent, aber in der Weise einer im Ich sich ereignenden Zerspaltung seiner Sich-selbst-Gleichheit, so daß sich jetzt die vormals äußere Bedrohung innerhalb der völligen Schutzlosigkeit des Subjekts auswirkt. Die verlorene Beziehung zum Anderen, die verweigerte Freigabe im Vergehen-lassen, bricht nun im Binnenraum von Ich=Ich pervertiert auf: als immanente Distanzlosigkeit zum Anderen und Verfall an ihn, aber in der Ich-Form, wodurch der Kranke die vormals *ausgeschlossene* Maßgabe des sich von sich her bekundenden Anderen kompensierend (psychotisch) zu wiederholen, in einer Art von vergeblicher Selbsttherapie wieder einzuführen trachtet.

Die reifizierte tote Sprache des Ich rückt in einzelne Elemente verschiedenster Sprachfiguren von *Ichen* auseinander, die sich einerseits gegenseitig ausschließen, da sich jeder Bereich, der Struktur des monadischen Ich=Ich entsprechend, in Selbstgenügsamkeit abschließt und andererseits, dem alles in sich einfassenden Ich=Ich gemäß, den Anderen zu verschlingen trachtet.

Diese Dynamik der psychotischen Turbulenz reproduziert in pervertierter Form die lebendige Gestalt der Viel-Einheit lebendigen Erkennens, das Selbstsein der Freiheit kraft der Beziehung. Die versuchte Rekonstruktion der Einheit von Leben und Tod (Einung und Trennung) durch die Krankheit scheitert, obgleich sie als dynamische Struktur, wenn auch indirekt, das wahre Verhältnis des Erkennenden zu sich und zum Anderen seiner selbst nochmals thematisiert (verum est index sui *et falsi*).

2. *Der* depressive *Verzicht auf das unblutige Opfer im Akt der Erkenntnis*

a. Angst vor dem Riß der Trennung im Vergehen-lassen des Anderen

Wir sahen, daß lebendige Erkenntnis als Zeitigungsgestalt der Gegenwart von Ich und Anderem, die im intersubjektiven Kontext von Ich-Du-Wir voll zur Sprache kommt, das Vergehenlassen in die Gewesenheit des Gewußten hinein immer schon als eröffnende Freigabe der Zukunft des Anderen vollzieht. Die Auswortung des erkannten Anderen bringt sprachlich die «intelligible» Form des Anderen *als Anderen* zur Sprache. Jede Erkenntnis übersteigt sich selbst ins bejahende Wollen, – und dies heißt in seinem Maximum: in das «volo ut sis» der schöpferischen Liebe, in der und durch die sich der Erkennende dadurch mit dem Erkannten eint, daß er sich im Anderen seiner selbst vollzieht und dessen Dasein durch die Solidarität liebender *Kommunikation* schicksalhaft, der Weise seines *eigenen* Selbstseins gemäß, austrägt und vollbringt.

An diesem Punkt gilt es, die andere, gegenläufige Aberration im Erkenntnisvollzug ins Auge zu fassen. Während die schizoide Struktur des aggressiv tötenden Vergehenlassens das erkannte Wirkliche, aufgrund der Fixierung des Ich in sich selbst und seiner Eigendrehung, mit dem Erkennenden zur Deckung bringt, ohne ihm im Raum desselben die Ortschaft seiner (möglichen) objektiven Selbstenthüllung zu gewähren, so tendiert die depressive Struktur dazu, den Erkennenden als (mißverstandene) Instanz des Für-sich-seins auszuklammern, auf die bejahende Annahme seiner selbst zu verzichten und die tötende Verwandlung (das «unblutige Opfer») des Anderen im Akt des Ergreifens und der Einverwandlung ins freie Können des Erkennenden zu verweigern.

Der Erkennende hat Angst vor dem Riß der Trennung, den das Vergehenlassen des Erkannten in ihn hinein impliziert; vor dem Austrag des Abschieds (des Todes), den die Umgestaltung des Anderen im Zeugnis seiner Auswortung mit sich bringt. Er verdrängt deshalb den Akt der positiven, freigebenden Ausgrenzung des Anderen, die die innere Weise des ergreifenden, aneignenden Vergehenlassens als solchen ist. Das Erkannte soll «objektiv», rein um seiner selbst willen, gleichsam ohne Engagement der «tötenden» Aneignungskraft des Erkennenden, zur Sprache kommen. Das Begreifen wird als Destruktion empfunden; man wagt die Wirklichkeit nicht anzutasten. Der Erkennende pervertiert in dieser Angst den Prozeß der Aneignung zur Figur einer dem Anderen entgegengesetzten Distanz, der ichhaften Einrollung, als welche er die Annahme seiner selbst mißversteht. Daher wird die Rückkehr zu sich selbst neutralisiert; denn sie enthüllt die Intensität der Selbstbejahung, der ja die trennende Freigabe des Anderen auf *seinen* Weg entspringt. Dies würde in der vorausgesetzten Konstellation jedoch wiederum Distanz bedeuten, d.h. das Zerreißen der Beziehung als Gestalt der Einung, die um jeden Preis festgehalten werden muß.

Der Erkennende deutet diesen der schöpferischen Erkenntnis wesenhaft innerlichen Riß als Verlust des Anderen und versetzt sich daher, aufgrund des eigenen Mangels an Selbstsein, an nicht gewagter Einsamkeit (*nicht* Vereinsamung), in eine schlechte Abhängigkeit von ihm. Diese Abhängigkeit wird durch masochistische Selbstvernichtigung erkauft, in der das einmalige und unvertauschbare Antlitz der erkennenden Freiheit allmählich verlischt. In der ausschließlichen Beziehung zum Anderen und dessen Sich-Zeigen und der Sucht nach unmittelbarer Einswerdung mit ihm läßt der Erkennende die Positivität seines Selbstseins sukzessive selbst «vergehen» und thematisiert (analog zur Schizoidie, jedoch in anderer Richtung) somit seine «Gewesenheit». Er stirbt in schlechter Weise ab.

Sein Selbstsein wird Moment einer in ihrer Harmonie unbedingt zu wahrenden, mit allen Mitteln aufrecht zu erhaltenden Beziehung, in der er sich restlos vom Anderen her auslegt und zwar so, daß er ihn durch diese Hermeneutik, in der der Andere der kraftlosen Leere des Ich verfällt, zum Inbegriff seines verlorenen Selbst umstilisiert: «Ohne dich kann ich nicht sein». Es geht dem Erkennenden nur noch um «Gleichheit» mit dem Anderen, den er *als Anderen* nicht zu bejahen und sich vorauszusetzen wagt, weil er fürchtet, daß im Maße der eröffneten dialogischen Differenz, d.h. der bejahten freien Andersheit des

Anderen der Kontext der Beziehung dissoziiert und er selbst dadurch das ihm im Anderen präsente Leben («sein» Sein) verliert. Um den Preis der verweigerten Annahme seiner selbst, die fälschlich als liebendes Dasein für den Anderen interpretiert wird, gibt er sich selbst auf den Anderen hin so auf, daß er ihn restlos und unumkehrbar für sich haben will, d.h. sich selbst von ihm her zu gewinnen trachtet. Er kann ihn nicht loslassen, weil er fürchtet, daß ihm in und mit der unverfügbaren Freiheit des Anderen sein eigenes mit dem Anderen identifiziertes Selbst entgleitet. Die Trennung ins Selbstsein wird der «Gleichheit» mit dem Anderen geopfert. Der Erkennende richtet also das vergehenlassende Töten gegen sich selbst. Je weniger das Profil seines Selbstseins in dialogischer Differenz zum Anderen hervortritt, um so sicherer und gewisser scheint er der Einheit mit dem Anderen sein zu können. Sein (implizit oder explizit) inszeniertes Abnehmen (Sterben) hat somit den Zweck, das eigene Nicht-Sein als (widerstandslosestes) Instrument der Angleichung an den Anderen einzusetzen. Das Sich-vergehen-lassen wird zu einem bindenden Anspruch, der den Anderen in den Egoismus des eigenen Verschwindens hinein verbraucht.

b. Das schlechte «Vergehen» des Ich und des Anderen durch den Tod des Selbstseins

Der Erkennende hat Angst vor dem Ergreifen, Nehmen, Verwandeln des Anderen; er will nicht Antasten, Zupacken, Töten. Aber, diese Angst ist keine Frucht der Ehrfurcht, des Ja zum Anderen. Dieses Ja setzt nämlich die Annahme seiner selbst voraus; es ist nur im Maße gelebten Selbstseins fruchtbar, dessen Entäußerung es entwächst. Das «Ja» der Angst resultiert vielmehr aus dem Nein zu sich selbst; es entspringt dem kraftlosen Vergehen des Selbstseins und ist somit im Grunde nur das Nein zum Anderen, den ich nicht positiv sein-lassen kann, weil ich der Bejahung des Sein-könnens meiner eigenen Freiheit entfliehe.

Obwohl aber der Erkennende die aneignende Einung mit dem Anderen, sein Ergreifen verweigert, macht er ihn doch zu einem «Anderen für sich selbst», zum Bergwerk der Selbstgewinnung. Der scheinbar nicht angetastete Andere wird zum Objekt tötender Ausbeutung und gerade von jenem Ich verbraucht, das, von außen her gesehen, nichts «für sich» haben will. Es erinnert im Anderen nur sein eigenes Gesicht und sieht deshalb, von sich wegschauend, nur sich selbst an. Die Form, in der es sich fortwährend vergißt, bezeugt, daß es sich nicht vergessen kann.

Hieraus folgt, daß gerade das nicht gewagte Vergehen-lassen des erkannten Anderen im Erkennenden, die Angst vor dem «Töten»: sowohl in das Töten des Anderen als auch in den Selbstmord des Erkennenden ausmündet, genauso wie die schizoide Einrollung des Subjekts in seiner narzißtischen Identität mit dem Anderen in den Tod der Dissoziation und ichhaften Pluralisierung an ihm selbst hineintreibt und dabei den Anderen in der namenlosen Verschlossenheit einer fremden, ausstehenden Zukunft erwürgt.

Das Erkennen wird bloß «vernehmend», ohne ergreifend zu nehmen. Die Hände können sich nicht schließen; sie bleiben kraftlos offen, so daß alles Ankommende, Sich-gebende, Gewährenwollende keinen Halt findet und an der schlaffen Innenseite dieser Offenheit abgleitet. Die Weise der erkennenden Beziehung macht den Anderen, um den sich alles dreht, zu einem Abwesenden (Vergangenen), wie umgekehrt das Vergehen des Ich diese Abwesenheit in Präsenz zu verwandeln trachtet, d.h. durch Selbstnegation den Anderen in einen für es Zu-künftigen umformen will. Daher zerstört die Scheinarmut dieser Offenheit gerade den ausschließlich vorausgesetzten «Sinn» ihrer Beziehung zum Anderen; denn dieser besagt, daß ich *nur* vom Anderen her leben (und mich haben) will. Aber der Erkennende kann sich gar nicht vom Anderen her und in sich selbst hinein zukommen, weil alle Zu-kunft an den Toren seiner schlechten Selbst-losigkeit scheitert, nicht verinnert und aufgenommen, sondern auf sich zurückgeworfen, verjenseitigt wird. So vergeht das Ich einerseits in eine Nichtigkeit hinein, um kein Anderer zum Anderen zu sein, und vergeht andererseits fortwährend in einem Anderen, der nicht gegenwärtig werden kann und selbst in Abwesenheit hinein vergeht. Solchermaßen verdammt der so Erkennende die Welt und den Mitmenschen zum monologischen Auf-der-Stelle-treten.

Der Andere kann sich nicht mitteilen, er vermag den Schritt über sich hinaus gar nicht zu tun, weil der Erkennende des Selbstseins ermangelt und daher nicht imstande ist, durch die Eröffnung der dialogischen Differenz im vis-à-vis von Freiheit zu Freiheit seinem Gegenüber den Raum der schöpferischen Selbstüberbietung und der ergriffenen Ankunft im Erkennenden zu gewähren.

Gerade das aus der verabsolutierten Beziehung zum Anderen *gesuchte* eigene Leben, auf das der Erkennende im schlechten Sinne verzichtet, bleibt ein anonymes *fremdes*. Gegen die innerste Intention, jede Trennung im Austrag der dialogischen Differenz zu vermeiden, trennt das Ich den Anderen fortwährend von sich selbst ab und produziert in ihm seine eigene Vergangenheit: durch die notwendige Potenzierung des Woraufhin seiner Beziehung zur ausstehenden, nach vorne hin vergehenden Zukunft.

Aufgrund seiner «Rezeptivität» scheint der Erkennende in dieser Konstellation völlig der Objektivität und der ihn einfordernd bestimmenden Maßgabe des Anderen unterworfen zu sein. Es geht ihm scheinbar ausschließlich um das Sich-sagen des Anderen. Sein entselbstetes Leben kreist um ihn, dem gegenüber er «immer eine Pflicht mehr» zu erfüllen hat. Hintergründig jedoch hat der Erkennende Sprechen und Sprache des Erkannten zum Verstummen gebracht und dessen Namenlosigkeit zum Bürgen seines *eigenen*, je größeren, unbegreiflichen Lebens im Anderen erhoben. Er ist freilich ebenso an ihm selbst verstummt, da er die Rückkehr ins eigene Wesen nicht wagt und deshalb auch nicht ins Wort seiner Freiheit über sich hinaus durchbricht. Er saugt Welt und Mitmensch kraft seiner sprachlosen Leere in sich auf und heftet sich dadurch gleichsam parasitär dem Anderen an; läßt ihn *für sich* leben, opfern, arbeiten und verdeckt diese Sucht durch seine eigene aufopfernde Verfallenheit an ihn. In Wirklichkeit begehrt er vom Anderen nur sich selbst, wie den Kern der Nuß aus der Schale. Seine Rezeptivität und Verwundbarkeit treibt sein eigenes im Anderen behaltenes Leben aus ihm hervor, – und weil der Andere mit diesem Leben identisch ist, zwinge ich ihn zur Selbstüberlieferung an mich. Er, der *alles* für mich ist, ist an ihm selbst *nichts* für mich.

Aber, jeder Versuch der Einung in der geschilderten Form des Erkennens zeitigt das Wegstoßen, die Isolierung dessen, woraufhin das Ich offen zu sein scheint. Es destruiert die präsente «Objektivität» des Anderen und seines Anspruchs; denn seine eigene Subjektlosigkeit ist tiefster Subjektivismus: in sich selbst verliebte Leere und Nichtigkeit, die einen quasi göttlichen Anspruch auf den Anderen erhebt, ein unbedingtes Recht, da er «mein Leben» ist.

c) Die Krankheit als Ringen um das «Gewicht» seiner selbst und des Anderen

Durch die pervertierte Dialektik von Sich-gewinnen-wollen und Wegstoßen des Anderen gerät der Erkennende allmählich in eine völlige Beziehungslosigkeit; die Offenheit krümmt sich in sich selbst hinein zurück, der Andere gewinnt unermeßliche Ferne. In der Peripherie ist die herrschende Rezeptivität im Beziehung-setzen-wollen höchst (manisch) aktiv, im Zentrum schläfrig und bleiern schwer. Sie sinkt in sich selbst zusammen und versucht, durch diese Schwere das verlorene Gewicht des Selbstseins und freien Insichgründens wiederherzustellen.

Hier wird in einem erkenntnisontologischen Kontext der Formenkreis der Depression relevant: die Krankheit der gegen die gegenseitige Todestrennung seinlassender Freigabe festgehaltenen Beziehung, die nun ihrerseits aus sich selbst heraus die Todestrennung der depressiven Distanz hervorgehen läßt, durch die mein Leben im sich entfernenden, vergehenden Anderen entschwindet. Das Ich läßt sich in diesem Prozeß aus seinem Vergangensein in den Anderen heraus gleichsam fortwährend in sich selbst hinein vergehen und kann die Positivität des freien Ansichseins nur durch die Schwere des Niedergedrücktseins artikulieren. Es taucht in erkenntnis- und sprachloser Nacht unter, versucht zu vergessen und im Vergessen die Trennung zu vollbringen. Aber in diesem seinem Selbstverhältnis kommt dem Abstieg nach unten nicht die freiwillige Erhebung des schöpferischen Selbst von unten entgegen. Dies geschieht erst dann, wenn das Ja der Annahme seiner selbst geschieht. «Vor» dieser Kehre ist die Rückkehr zu sich selbst als Sog der Last nur die Kehrseite der immer noch virulenten «Gleichheit»; d.h. der Abstieg wird im Prozeß der Krankheit noch mit den Mitteln der pervertiert gelebten Beziehung ausgetragen. Wie das schizoide Ich in plurale Andersheit zerfällt, so das depressive in die Lähmung, deren Sprache die notwendige Annahme seiner selbst, das Auf-sich-beruhen-lassen der Freiheit des Selbst in seinem Leib-sein ausspricht – und dies nur in den Weisen der Krankheit kann.

d. Der vergebliche Versuch der Überwindung der Dissoziation mit ihren eigenen Mitteln

In beiden Richtungen ist die Gegenwart der Zeitgestalt des Erkennens zerbrochen, aber so, daß die Aberrationen des kranken Erkennens die verlorene Gegenwart mit den Mitteln der Krankheit selbst herzustellen versuchen. Das verabsolutierte Vergehenlassen des schizoiden Erkennens relativiert sich durch die Provokation der bedrohenden Willkür einer fremden Realität des Anderen und schließlich durch die *Pluralisierung* des Ich=Ich an ihm selbst in seiner wirklichkeitslosen *Leere*. – Die verabsolutierte Offenheit der depressiven Erkenntnisform relativiert sich durch den absteigenden Rück-fall in die eigene *Schwere*, die *Trennung* ins dumpfe An-sich-sein dessen, der in sich versunken ist, ohne sich gefunden zu haben, d.h. von sich her zu erwachen.

Die Pathologie der beiden Konfigurationen ist freilich durchaus zweideutig; denn sie erinnert in dem, was geschieht, die Aufgabe dessen, was nicht geschehen ist, aber geschehen soll. Aber, solange der Erkennende *in* der Konstellation als solcher verharrt, auf die er sich als Voraussetzung seines Verhältnisses zu sich selbst und zum Anderen eingelassen hat, muß jeder versuchte Schritt aus der Dissoziation der Gegenwart seiner Freiheit ins Gesetz des Anfangs zurückfallen. Denn die Weisen des Durchbrechen-wollens sind von eben jener Dimension abhängig, aus der man sich auf dem Weg der Krankheit entbinden will. Dies bedeutet aber, daß die Konstellation als Ganze überwunden werden muß – und dies ist nur durch die leibhaftige Erfahrung der Gegenwart der Freiheit als daseiender möglich. Sie ist an ihr selbst gegeben und niemals Funktion einer dialektischen Vermittlung ihrer Verfallsformen, mag sie sich auch in ihnen vergegenwärtigen und als verheißene Gesundung mitten in der Krankheit anwesend sein.

Gegenwart des lebendigen Erkennens ist gelebte Einheit von Vergehenlassen und bleibender Offenheit auf die ankommende Zu-kunft des Anderen, Einheit von Leben und Tod in der Geburt des Wortes, das die Einheit von Beziehung und Trennung, Einung und Abschied im lebendigen Kontext der Sprachlichkeit des Denkens enthüllt.

3. Freiheit und Bindung in der Sprache. Der Zwang der Buchstäblichkeit und die reine Möglichkeit des Sprechens[38]

Den beiden Todesfiguren der dissoziierten Gegenwart des Erkennens, die wir erkenntnisontologisch in der Pathologie von Schizoidie und Depression zu deuten versuchten, entsprechen auf der Ebene des Verhältnisses von Gesetz und Freiheit zwei andere Formen: die Todesverfallenheit des Sprechens im Zwang des buchstäblich Gesprochenen und der Tod der Unentschiedenheit des Sprechens in den bodenlosen Möglichkeiten der pervertierten Übersprachlichkeit des Denkens. Wir versuchen das Gemeinte in einigen Aspekten fragmentarisch zu eröffnen.

«Wofern es seine Richtigkeit hätte mit der Voraussetzungslosigkeit der Philosophie, müßte sie sich auch über die Sprache Rechenschaft geben und deren ganze Bedeutung und Verhältnis zur Spekulation, denn darin hat ja die Spekulation einen Träger (Medium), den sie sich nicht selbst gegeben hat; und was das ewige Geheimnis des Bewußtseins als die Einheit von Natur-Bestimmung und Freiheits-Bestimmung für die Spekulation ist, das gleiche ist die Sprache: teils das ursprünglich Gegebene, teils das frei sich Entwickelnde. Und ebensowenig wie der Einzelmensch, wie frei er sich auch entwickelt, jemals zu dem Punkt kommen kann, daß er vollkommen unabhängig wird, da vielmehr die wahre Freiheit darin besteht, sich das Gegebene frei

[38] Im folgenden nehmen wir einen Gedanken wieder auf, den wir anfänglich schon in I, 3, b «In der Sprache über die Sprache hinaus. Sprechen kraft des Vergessens der Worte» erörterten.

anzueignen und also darin durch die Freiheit vollkommen abhängig zu sein, ebenso auch mit der Sprache, und wir treffen ja wohl auch zuweilen jene mißverstandene Neigung, die Sprache nicht als das frei angeeignete Gegebene nehmen zu wollen, sondern sie sich selbst zu geben, ob sich das nun in den höchsten Regionen zeigt, wo es dann gerne mit Schweigen endet (Anm.: Leugnung der Sprache), oder in der persönlichen Absonderung in einen Rotwelsch-Galimathias. Derart läßt sich vielleicht auch die Geschichte von der babylonischen Sprachverwirrung (1 Mose 11,1f) erklären, daß es der selbstherrliche Versuch war, eine willkürlich gebildete Gemeinsprache zu schaffen, welcher Versuch sich eben in die losesten Versuche aufsplittern mußte, da es an dem alles zusammenhaltenden Gemein-Sinn fehlte, denn hier gilt: das Ganze ist vor seinen Teilen (totum est parte sua prius), was man nicht verstand».[39]

a. Abhängigkeit durch Freiheit: freie Aneignung des Gegebenen

Jede Phänomenologie von der Erfahrung des Bewußtseins zeigt, daß Bewußt-Sein als Bewußtsein von etwas (als des «Anderen») immer zugleich *mein* Bewußtsein vom Anderen ist, d.h. das Andere je schon in spezifischer Weise als «ich selbst» thematisiert wird. In diesem Sinne reicht das Bewußtsein in der Differenz von Ich und Gegenstand ebenso nach außen wie nach innen (von welchem Ansatz auch immer diese Differenz reflexiv expliziert werden mag) und enthüllt in der Verschiedenheit beider ihre innere Einheit. Dieser Kontext gibt sich der philosophischen Spekulation als die Einheit von Natur-Bestimmung und Freiheits-Bestimmung auf.

Endliche Freiheit ist sich *als Freiheit* gegeben, und dies heißt, daß sie sich als gegebene nur insoweit annehmen und somit voraussetzen kann, als sie dies in Freiheit, in der Form setzender Selbstbestimmung vollzieht. In ihrem Sich-gegeben-sein erfährt sie einen bindenden *Anspruch*, der ihr als Freiheit jedoch nicht bloß es-haft gegenständlich äußerlich ist (als würde sich ihr

[39] Kierkegaard, Tagebücher I (WW Edit. Diederichs), ²1975, S. 231/32.

Verhältnis zu sich selbst im Verhältnis von Geist und [materiell-sinnlicher] Natur erschöpfen), sondern als Gesetz der Freiheit selbst sich erschließt, d.h. das Selbst in seinem *Frei-sein* betrifft. Endliche Freiheit gehorcht in dem Maße dem Vorweg des Sich-gegeben-seins, wie es sich dieses warumlos, in nackter Freiwilligkeit nicht nur geschehen läßt, sondern aktiv von sich her vollbringt.

Dabei ist zu beachten, daß das Bestimmtwerden (im Empfangen seiner selbst) und die Selbstbestimmung nicht wie zwei Pole gegen-ständig (im Modell Ich:Es) einander gegenüberstehen, so, daß der einen Seite der Akt des Sich-verfügens, der anderen die Rezeptivität des Sich-empfangens zugeschrieben werden könnte. Nein, das schöpferische Hervorbringen der geschenkten Freiheit durch die Freiheit selbst *ist* ihr Gehorsam im Sich-empfangen und die Annahme ihrer selbst als gegebener der Akt, in dem sie sich selbst auszeugt und gebiert. Tun und Nichttun verwenden sich im Ursprung endlicher Freiheit selbig füreinander und zwar so radikal, daß es der Freiheit unmöglich ist: neben diesen Anfang zu treten und ihn gleichsam von außerhalb ihrer selbst her (sich von der Seite betrachtend) zu verwalten. Die Wahrheit ihres Freiseins *ist* ihr Verfügtsein in diesen Anfang, den sie sich als geschenkten selbst auf-gibt, um sein zu können: wer und was sie ist. – Sie ist sich kraft freier Entscheidung zu sich: selbst gegeben.

In diesem Zusammenhang wird das Thema der ontologischen Differenz als Grundriß des menschlichen Selbstvollzugs relevant.[40] Der überwesenhafte (und insofern im *positiven*, lauteren Sinne «unbestimmte») Akt des dem Endlichen übereigneten Seinsja als Gabe ist immer schon als weggeschenkter, durch die reale Differenz der ihn empfangenden, begrenzenden, bindenden, einschränkenden materiellen Wesensgestalten (essentia limitat, coarctat actum essendi), kraft seiner Verendlichung: *an-sich-seiende Realität* [41] *gewesen*, d.h. mit dem vorausgesetzten Wesen

[40] Darüber ausführlicher vom Verf. in: «Homo abyssus», Einsiedeln 1961, Freiburg ²1998.

[41] «Realität» darf hier nicht gegenständlich-dinghaft mißverstanden werden. Sie meint die «währende», «wesende» Einheit als Frucht der Verschmelzung von Seinsakt und Wesen in der *transzendentalen* Positivität des anwesenden Seienden.

als Empfängnisdimension seiner Verendlichung verschmolzen. Die Gabe ist in Gestalt konkreter Subsistenz des Wirklichen gegeben, wobei «Subsistenz» die Selbigkeit des Wirklichen mit sich selbst enthüllt, die ontologische Physiognomie des Insichgründens: kraft des verendlichten Seinsja und dessen Treue zum schenkenden Ursprung und zum Empfangenden, dem es übereignet ist.

Unter dieser Rücksicht manifestiert sich die positive Unbestimmtheit und Indifferenz des Seinsja (der Liebe) gewissermaßen als «partizipiale» *wesende* Gewesenheit des Seienden, als gesetzte Realität, die als *gegebene* in ihrem wesenhaften Bestimmtsein anzunehmen ist. Denn in ihr wird der Sinn der nicht ins Verhältnis von Ursache und Wirkung hinein vorschnell überspringbaren Anwesenheit des Wirklichen relevant, die Wahrheit, daß es, wie der Aquinate sagt, dem Sein als Sein nicht zukommt verursacht zu sein, da andernfalls alles Sein (und deshalb nichts) verursacht wäre. Hier kommt transzendental das Geheimnis des ursprünglichen Gegeben-seins des Daseins zur Sprache, sein wesendes Währen. Der Akt jeder Setzung endlicher Freiheit aus dem schöpferischen Seinsja ist immer schon in die währende Voraussetzung hinein gebunden, d.h. ins Dasein eingerichtet (instituere: Institution).

Aber, ontologisch gesehen, verdankt sich dieses Gebundensein des Aktes im wesenhaften Ermöglichungsgrund seiner Verendlichung zur konkreten Anwesenheit: dem Akt selbst, der die ihm in unschließbarer (!) realer Differenz vorausgesetzte Wesensdimension im Vollzug seiner Entäußerung als weggeschenkte Gabe *aus sich hervorgehen* läßt, sie sich selbst ausräumt. Das Seinswort schafft sich den Raum des Gehörtwerdens gerade dadurch, daß es diesen als einen vorausgesetzen sich geben läßt. Hervorgehen-lassen des freien Aussprechens der Voraussetzung und Gebundensein in ihr ist ein und dasselbe Ereignis. Im transzendentalen Horizont des Gegebenseins (währende Realität) bekundet sich die Armut, das Nicht-an-sich-halten des geschenkten Seinsja; seine Nicht-subsistenz «zwischen» dem Schenkenden und dem Empfangenden. Im Hervorgehen-lassen und Entspringen des Gegebenen aus dem über-wesenhaften Akt des Seinsja bezeugt sich die Fülle der Gabe, ihre schöpferische Mächtigkeit, die sie nicht neben dem Gehorsam des *Verendlicht-seins* im Gegebenen, sondern durch und *in* ihm besitzt.

Auf diesem Hintergrund wird deutlich, daß wahre Freiheit nicht in der Absage und Verweigerung des Bestimmtseins im Gegebenen (Welt, Geschichte, Sprache) besteht: daß sie ihre positive Unbestimmtheit (den ontologischen Reichtum ihrer Möglichkeiten in der Fülle des Mögens) verliert, wenn sie sich der Kenosis in die Gebundenheit entzieht. Sie verliert sich jedoch auch dann, wenn sie die schöpferische Fülle des Seinsja nicht wagt, dessen Nicht-an-sich-halten verabsolutiert und in passivem Sich-unterwerfen unter das Gegebene ins Vorausgesetzte hinein vergeht. Da das Verendlicht-sein ins Gegebene gerade die kreative Mächtigkeit des Frei-seins entbirgt, besteht Freiheit in der freien Aneignung des Gegebenen, so, daß das Bestimmende, in das der Mensch je schon hineingeboren ist, verwandelt und zur inneren Form freier Selbstbestimmung wird und das Gesetz als innere Notwendigkeit liebender Freiheit aufersteht. Hier geht die intensivste Form der Selbstverwirklichung unscheidbar in eins mit der radikalen Bindung, besser: dem Gebunden-sein, da die Freiheit durch sich selbst, kraft ihres eigenen Aktes gebunden ist. Sie ist durch sich selbst «vollkommen abhängig».

b. Die Dissoziation von Gesetz und Freiheit in der Sprache

Das Gesagte wirft ein tieferes Licht auf das Verhältnis von Sprechen (Erkennen) und Sprache. Kraft der Freiheit des zeugenden, die Sprache hervorgehen-lassenden Sprechens ist der Sprechende je schon ein ins Vorweg der Sprache Gebundener, ein in die Sprache hinein schweigend Entäußerter; in *dem* erwachend, was ihm ursprünglich entspringt. Dies Entäußertsein des Sprechenden und Hörenden in den gegebenen «Sprachspielen» (Wittgenstein) enthüllt gerade ihre Freiheit zum Wort, die Wahrheit, daß sie durch die Freiheit des Sprechens je schon Gebundene sind. Sprache ist im Maße des *schöpferischen* Verschwindens («Vergehens»), mitten in der sein-lassenden Verborgenheit des Sprechenden (durch dessen Abhängigkeit vom Gesprochenen) der Macht seiner freien Verantwortung anvertraut, die sich im schweigenden Sprechen bekundet. Schweigend bejaht er die Verendlichung im Gegebenen, sprechend zeitigt er es. Die Bindung jedoch wird nicht als äußere Gegebenheit übernommen, sondern so, daß die Verantwortung im schöpferischen *Tun* des Gebundenseins, in der freiwilligen Überlieferung ins Überliefertsein, in freiwilligem Gehorsam sich zeitigt.

Sich die Sprache selbst geben, sie sich einfach «nehmen», «setzen»: heißt, transzendental gesprochen, bloßes Entspringenlassen der Wesensgestalt aus der ansichhaltenden, für sich seienden Fülle des Seinsaktes, der die ihm eigene Armut aufgekündigt hat und im willkürlichen Hervorbringen des Gegebenen sich erschöpft: «L'existence pose l'essence» (Sartre). Aus dem ins hypostasierte Zentrum des Seins zurückgekrümmten, entäußerungslosen Ich=Ich werden beliebige Sprachfiguren entworfen, ohne daß es zu einer freien Annahme (und eben dadurch: zu einer kritischen Verwandlung) der gegebenen Sprache kommt. Der so Sprechende hört nicht mehr; er verweigert nicht nur den Gehorsam des Anfangens aus der gegebenen Sprache, sondern zugleich das Hören auf das ihm vom Anderen geschenkte Wort. Er schließt die Offenheit der dialogischen Differenz zur anderen Freiheit in den Akt seines Sprechens hinein. Er *macht* die Sprache, ohne sie zu vernehmen. Er gibt sie sich selbst, ohne zu vernehmen (die Armut des Hörens entspricht der Armut des Seins als weggegebene, verendlichte Gabe). Dadurch schnürt er sich immer mehr ein, bis er schließlich mitten im Rausch seines sich austobenden Sprechens tödlich verstummt. In seinem ge-hörlosen Setzen der Sprache verfällt er der abstrakten Sprachlosigkeit eines schlechten Schweigens – und «leugnet die Sprache». Fruchtlos redet er sich im Binnen-raum seines absonderlichen Ich aus und gerät in den Sog der verquerten Sprachfiguren, ins Kauderwelsch seiner ohnmächtigen Vereinsamung, die in beliebigen Möglichkeiten verschwärmt.

Diese Möglichkeiten, die der Notwendigkeit des Gebundenseins ermangeln, stellen die pervertierte (positive) Unbestimmtheit der Überwesenhaftigkeit des Frei-seins dar: ein wesenloses Sich-präsentieren des Sprechens in der *Hysterie* des Sich-ausdrückens, ohne *sich selbst*, aufgrund der verweigerten Armut des Entäußert- (= Weggegeben-) Seins, mitteilen und sprechend die eigene Identität artikulieren zu können. Daher hat das hysterische Sprechen auch nicht die Kraft, auf die Gegenwart der Freiheit des Anderen in ihrer Selbigkeit hörend einzugehen, ihr aus der freien Urdistanz von Selbst zu Selbst zu begegnen. Das Denken hat sich der Kenosis ins sprachliche Verleibtsein entzogen, so daß der Leib der Sprache zur Funktion des unentschiedenen Beisichseins in der reinen Möglichkeit des Redens entartet. Die indifferente Beliebigkeit des willkürlichen Sprechens aus dem durch die Verleugnung der Sprache erkauften Schweigen und die Gestaltlosigkeit des Gesprochenen, in dem der Sprechende nicht gebunden sein will, korrespondieren einander. Der Preis für die Scheinfreiheit des Sprechens im schier unendlichen Horizont der reinen Möglichkeit ist aber das Einschrumpfen zur Punktualität eines leblosen Ich, dem die verdrängte Notwendigkeit an ihm selbst zum Verhängnis wird. Der *Zwang* des immer Neuen und Anderen frißt den Sprechenden innerlich auf. Je schmerzlicher er aber die Todesform seiner Sprechakte erfährt, umso entschlossener stürzt er sich in die Beliebigkeit, ins Scheinleben der Sprach-setzung, um sich selbst zu erlösen.

Freilich gibt es auch den umgekehrten Versuch, dem Tod der reinen Möglichkeit zu entkommen: nämlich den Absturz in die Vorhandenheit gegebener Sprache aus der Sucht heraus, der Vergeblichkeit des vereinsamten Sprechens zu entfliehen. Die Versuchung eines sich im fertigen, toten, zur Buchstäblichkeit erstarrten Sprachbestand reproduzierenden Denkens; die *Zwangsstruktur* eines Sprechens, das das Gesetz der Sprache gerade durch die permanente Wiederholung seiner fertigen Gewesenheit, d.h. durch unablässiges Sich-unterwerfen unter das Gesetz des Gegebenen zu einem in und durch Freiheit Angeeigneten zu *machen* trachtet. Der Sprechende versucht, transzendental gesehen, das Nicht-an-sich-halten des Seinsaktes verabsolutiert zu intensivieren, seine Nicht-Subsistenz radikal zum Austrag zu bringen, in den vorausgesetzten Sprachleib hinein zu sterben, um durch diesen Tod das tote Gesetz seines Sprachkerkers, in den er «vergangen» ist, zum Leben zu erwecken. Das Sprechende ist völlig in die Wesensgesetzlichkeit sprachlicher Handlungsfiguren und ihre festgelegten Verlaufsformen hinein enteignet, in die Sprachspiele hinein «vergangen» und erschöpft sich in einer pervertierten Annahme der gegebenen Sprache.

Er kommt aber, da er im Feld dieser zwanghaften Notwendigkeit der überwesenhaften Fülle des schöpferischen Sprechens und seiner Möglichkeit entbehrt, d.h. das freie Hervorgehen des Gesprochenen nicht vermag, durch die inszenierte Unterwerfung nie ans Ende. Denn jeder Anfang des Handelns, in den er sich zurücknimmt, übersteigt (aufgrund der hier vorherrschenden ontologischen Konstellation) *nicht* das Gebundensein im Medium der Sprachrealität, sondern bleibt in ihr gefangen. Der Überstieg in den Anfang der überwesenhaften Seinsfreiheit gelingt nicht. Das Tote, das durch die Todesarbeit der Unterwerfung überwunden werden soll, herrscht weiterhin. Die Möglichkeit, die der Sprechende in diesem Vorgang der Notwendigkeit gegenüber zu gewinnen scheint, ist leere, indifferente, abstrakte Funktion der Notwendigkeit selbst. Der Sprachleib des Denkens als Sphäre der schöpferisch entäußerten Freiheit des Sprechens ist zur Faktizität eines Sprachkörpers erstarrt, dem das sprechende Ich je schon verfallen ist. Aber diese Verfallenheit lebt gerade aus der schlechten Distanz des Sprechenden zur Sprache, d.h. sie ist das Resultat seines Sich-entziehens in die ohnmächtige Erhabenheit des Sprechens aus der reinen Möglichkeit. Wir sehen also, daß sich das Subjekt in der willkürlichen Sprachsetzung in die scheinbar völlige Voraussetzungslosigkeit seines Anfangs (ins «hypostasierte Sein») zurückzieht, alle Gegebenheit von Sprache und damit die Begebenheiten gezeitigter Geschichte traditionslos ausschließt. Es beginnt, wie beim babylonischen Turmbau, in der voraussetzungslosen *Ebene* von «Senaar», deren «Leere» die Gleich-gültigkeit der einsinnig hergestellten Sprache *für alle* am Werk Beteiligten suggeriert. Man hat scheinbar die Pluralität und geschichtliche Differenziertheit der gegebenen Sprache und des gebundenen Sprechens überstiegen. Aber gerade die im Feld der reinen Möglichkeit willkürlich errichtete Gemeinsprache zerfällt: dem Gesetz des entäußerungslosen Sprechens hörig in der schlechten Notwendigkeit der pluralen Realität des Vorausgesetzten, in die Kerker der vielen Sprachkörper, in denen keiner den anderen in je seiner Sprache hört und versteht. Die Schein-Universalität der auf der Basis der reinen Möglichkeit Sprechenden *muß* sich besondern und im Verhängnis des Zerfalls in pervertierter

Weise das zuvor negierte Verendlichtsein der Freiheit in gegebener Sprache reproduzieren. Der Preis (Selbstbestrafung) für die Verdrängung des Gegebenen ist der Absturz des «setzenden» Sprechens in die Sphäre des Zwangs und der Vorhandenheit im negativen Pluralismus der vielen Sprachen. Durch deren Entstehen kompensiert die bindungslose Willkür des Sprechens ihren Mangel an Gehorsam: durch die sie entfremdende Benommenheit in fixen Sprachspielen. Die *univoke* Figur der *einen* Sprache zerbricht in *aequivoken* Besonderungen, von denen jede das Siegel ihrer Herkunft, nämlich die gehörlose Setzung der Sprache durch die Scheinfreiheit des Ich=Ich an sich trägt. Deshalb muß jeder Sektor danach trachten, sich die anderen Sprachspiele zu unterwerfen oder sie über die Grenzen seiner Welt hinaus *negierend* auszuschließen, als fremde von sich abzusetzen.

Das hysterische Sprechen versteigt sich gegen die Bindung im Gewesenen der Sprache in deren Zukunft aus dem Anfang in der reinen Möglichkeit. Es stirbt aber im schlechten Schweigen und in der Absonderlichkeit seines Geredes. Es stürzt in die tötende Notwendigkeit der erstarrten Punktualität seiner Selbsteinschränkung, durch die es das verdrängte Verendlicht-sein in der gegebenen Sprache pervertiert wiederholt. So ist es gerade im Entschluß zur entbundenen Zukunft in toter Gewesenheit gebunden: die Kehrseite des der zwanghaften Notwendigkeit des Gesprochenen verfallenen Erkennens. Dieses jedoch verschafft sich seine verlorene Zukunft im überwesenhaften Anfang der Seins-Freiheit dadurch, daß es in der vergeblichen Erfüllung des Sprachgesetzes und den dadurch inszenierten Toden in immer neuen Anläufen haltlos nach vorne eilt, aber in leerer Gegenwart auf der Stelle tritt.

Die Gegenwart der Freiheit ist hingegen durch sich selbst vollkommen abhängig und vollbringt die Einheit von Macht und Gehorsam, Leben und Tod kraft des Seins als Liebe, deren schöpferische Fülle im Gehorsam des Gebundenseins sich bezeugt.

DIE DIALEKTIK
VON LEBEN UND TOD
IM PHÄNOMEN DER KULTUR

I. DAS PROBLEM DER DIALEKTIK VON LEBEN UND TOD IN DER PHILOSOPHISCHEN FRAGE NACH «KULTUR»

1. Das «versuchte» Wissen in der Vermittlung von Einheit und Trennung

Menschliche Erkenntnis bekundet und vollendet sich im Akt der Vereinigung des Erkennenden mit der erkannten Wirklichkeit. «Wissen», werde es methodisch und systematisch erworben oder nicht, repräsentiert in den Strukturen der Sprache und in der Gestalt der verlautbarten Worte die erreichte Einheit von «Denken und Sein». Im Wort ist das erkannte und besprochene Wirkliche «im» Menschen, dieser aber gerade dadurch so bei sich selbst, daß er sich sprechend dem Anderen und der Welt zuwendet, dem Wirklichen öffnet, auf das die Worte ihn verweisen. Durch das Wort kommt er zugleich zu sich selbst und zur Welt. Denn die Erkenntnis vollendet sich in der Selbstverwirklichung des Erkennenden, durch die frei vollzogene, sprachliche Form der ihn bestimmenden erkannten Realität: in ihm. Im Maße der Seins-Fruchtbarkeit des Erkennenden gewinnt die Wirklichkeit das Licht gegenwärtigen Erscheinens und Sichdarstellens im Raum der sprachlichen Gestalt der Wahrheit, in welcher die Erkenntnis zum Austrag kommt und zugleich das Erkannte als Gesprochenes auf die Wirklichkeit hin sich verschweigt, die das Wort im Kontext der Sprache be-deutet.

a. Zweideutige Vermittlung von Denken und Sein

Der *Anfang* dieser Vermittlung von Denken und Sein bleibt jedoch in eine Zweideutigkeit eingelagert. Sie wurzelt darin, daß man glaubt, der Andere und die im Horizont von Welt erscheinenden Dinge seien «*vor*» ihrer Einswerdung mit dem «Ich» diesem gegenüber wortlos und fremd; sie stünden namenlos und stumm auf der anderen Seite. Erst nachträglich zu dieser Scheidung von Subjekt und Objekt gelange das Wirkliche, aufgrund der aggressiven Erkenntnisleistung des Ich, in den seiner selbst bewußten Innenraum des Subjekts. Dadurch werde das dem Menschen zuvor bloß entgegengesetzte Andere, sein dunkles Nicht-Ich, der Freiheit «konform» und innerlich, das Getrennte durch die integrierende Klammer des Wissens in die Lebenseinheit von Ich-Du, Subjekt-Objekt aufgehoben. Denn das *gewußte* Wirkliche sei nun gegen den Wissenden nicht mehr geschieden, also keine «sprachlose Dimension» mehr, die ihn von außen her bedrohte und übermächtigte, von der er somit auch zutiefst abhängig war. Daher werde, im Maße der reflexiven Einverwandlung des Anderen ins Ich, jener Sphäre des Anderen, in der der Mensch vormals die Macht und integrale Gestalt seines «Selbst» noch nicht zu entdecken vermochte, da er sich selbst in sie noch nicht eingestiftet hatte, der Charakter tödlicher Anonymität (hinsichtlich der Identität und Selbstbestimmung seiner Freiheit) genommen. Das Gewußte habe endlich den Stachel des Unbekannten und Unvorhersehbaren verloren. Das Wirkliche sei «auf den Begriff gebracht», so daß sich ihm gegenüber, von der Seite des Subjekts her, keine vernehmende Vernunft mehr zu öffnen brauche. Man müsse von «vernehmendem Empfangen» nicht mehr sprechen, da der «Begriff» vom gedachten *Wirklichen* her *weder* verlebendigt *noch* auf die Realität hin durchhorcht zu werden, d.h. in das hinein, was in ihm zur Sprache kommt, nicht aufzu-«hören» brauche. Solche Offenheit bedeutete bloß «Besessenheit» der Freiheit vom unkritisch vorausgesetzten Anderen.

Das Subjekt könne sich deshalb mit sich selbst zusammenschließen und sei nicht mehr gezwungen, Fenster und Türen seines Daseins dem ihm Zukommenden aufzutun. Das Hören wende sich von außen nach innen. Der Mensch beginne sich scheinbar selbst zu ge-«hören»! Zugleich aber schenke er, sofern er das Andere nun «wisse», diesem im Licht des Verstandes auch das Wort, das die Welt aus ihrer vormaligen Stummheit befreit und somit an ihr selbst, freilich im Binnenraum von Ich=Ich, sich «zeigen» läßt. Das Licht des Wissens überwinde dadurch sowohl die Beschränktheit des Subjekts angesichts einer ihm gegenüber verschlossenen Realität wie es auch die Nacht des «Anderen» erleuchte, das den (zuvor seiner selbst entfremdeten) Menschen noch vergewaltigte und «unmenschlich» bedrängte. Denn in diesem Anderen kam er als «Ich», d.h. als seine eigene Zu-kunft nicht hervor. Die Differenz zum Anderen enthüllte sich im Schema von «Ich und Gegenstand», nicht in der Relation Ich-Du-Wir. Die wissende Identifikation von «Ich und der Andere» setze aber einerseits die Trennung des Subjekts von der es absorbierenden Realität als Es («Ich ist *nicht* das «Andere seiner selbst», sondern «frei» zu diesem); andererseits verwandle sie die Spaltung in die der «Freiheit» angemessene «Einheit in der Differenz zu ihr selbst», d.h. in ein quasi «dialogisches Verhältnis» des Ich zum Du innerhalb des Ich=Ich.

b. Die gebrochene Ganzheit: Dasein im Fragment

Wenn wir *diese* spezifische Vermittlung von Subjekt und Objekt im Wissen auf ihre ontologische Struktur hin befragen, dann zeigt sich uns in ihrem *Ansatz* eine eigenartige Dialektik. Einerseits erfährt sich hier der Erkennende, von seinem im Ich-Kern gesammelten Wesen her, als (endlicher) Geist: «quodammodo omnia», d.h. als in das Ganze der Wirklichkeit hinein erschlossen und nicht auf partikulare Sektoren von Umwelt hin festgelegt. Er vollzieht sein Dasein sozusagen im reinen Element des «Seins, dem nichts äußerlich ist, außer das Nichtsein». Sofern der Geist beim Sein *gewesen* ist, scheint alles Andere in die Einheit beider hinein *vergangen* zu sein. Andererseits überführt ihn jedoch die sich ihm noch entziehende, d.h. «noch nicht» ins Wissen verwandelte und begrifflich «gehabte» Gegenständlichkeit des «Anderen» der Tatsache, daß die reale *Möglichkeit* seiner Einswerdung (Identifikation) mit dem Anderen noch nicht verwirklicht ist. Oder: das Sein im Seienden enthüllt sich für den Geist als eine ausstehende *Zu-kunft*, die noch nicht in konkrete Präsenz («Wissen») verwandelt ist.

Da die Möglichkeit der Einswerdung jedoch in der *Wirklichkeit* (apriorischen Vollendung) des zum Sein «vermögenden» Geistes gründet und deshalb keine «bloße» Möglichkeit sein kann, sondern immer schon verwirklicht sein muß, so erfährt der Mensch die Trennung von Ich und Du (und darin von Subjekt und Objekt) als die Unvollendetheit seines *eigenen* konkreten Wesens: durch Dissoziation in die Fernen von Gewesen und Zukunft.

Vom «Sein» her ist ihm das Andere immer schon innerlich. Was soll ihm in *diesem* Licht auch «äußerlich» sein? Im Blick auf seine verleibte Existenz, die sich in Welt und Geschichte zeitigt, erscheint ihm das Andere jedoch als äußerlich: Er selbst ist von dem getrennt, was er eigentlich sein kann, d.h. gewesen ist und doch «*nicht* ist»! Durch diese spezifische Differenz von Ich und der Andere scheint er selbst mit sich zerfallen zu sein. Er besitzt daher noch kein «direktes» Verhältnis zu sich selbst, in welchem er sich innerhalb seines ungebrochenen Ich=Ich («Lust-Ich», Freud) ungestört ins Angesicht zu schauen und somit «gegenwärtig» zu sein vermag (Ich-Libido des Narziß). Daher wird die Dissoziation des Selbst in die beiden Pole von «Ich und der Andere» als der *Tod* des Selbst-*Seins* gedeutet, der in der Trennung beider zum Vorschein kommt: Ich bin an mir selbst zerspalten, in zwei Sphären auseinandergebrochen. Die Einheit meines Lebens ist zerfallen, ich muß sie also *gegen* den Tod der Trennung wieder-erringen. Dies scheint insofern möglich zu sein, als der (das) Andere mir nicht *nur* fremd, sondern durch den Bezug des Geistes zum Sein immer schon in mir *gewesen*, also vorweg in mir beheimatet ist. Zugleich verdammt mich diese Antizipation scheinbar nicht zur bloßen Selbstwiederholung, da das Sein als Dimension der *Gewesenheit* im Seienden (= Anderen) gegeben ist, also ebenso immer schon auf mich von der anderen Seite her zu-kommt. In diesem Sinne trägt die Zerbrochenheit der Freiheit in der dissoziierten Zeit (ebenso «immer schon») ihre Befreiung zur reinen *Gegenwart* scheinbar in sich selbst.

c. Wissen als Aufhebung des Todes ins Leben

Das Wissen des Ich=Ich erweist sich, von *hier* aus gesehen, sozusagen als die dem Menschen «adaequate» Form der Überwindung seines Todes ins «Leben». Es geht ihm jedoch in diesem Durchbruch ins Leben (und darin wird die Zweideutigkeit sichtbar) gerade *nicht* um eine platte Negation, d.h. um ein einfaches Nein zur Trennung. Er versucht vielmehr, die Trennung als solche zu wahren und für die Herstellung der intendierten «Gegenwart» zu gebrauchen. Er «wiederholt» sie daher – aber in einer pervertierten Form, die ihm die liebende Annahme des Anderen *als Anderen* ersetzt. Was heißt das?

Die Trennung scheint dadurch vermittelt zu sein, daß sie in die Differenz von «Wissendem und Gewußtem» sublimiert wird. Denn das Subjekt «muß», um überhaupt zu wissen, immer *mehr* wissen als sein eigenes Wissen, als sein leeres Ich=Ich. Der Rückzug auf das «reine Sein» (Gewesenheit) kann die Dimension des zu-kommenden Anderen nicht völlig eliminieren. Das Wissen weiß «etwas», und eben darin scheint immer noch das Geschieden-sein in der Trennung, die es aufzuheben galt, als solches bejaht zu sein. Die Differenz zum Anderen wird jedoch jetzt in der Form der *Einheit* von Wissendem und Gewußtem *gedacht*, im Element des Wissens lokalisiert, d.h. in den Wesensraum des Subjekts eingebaut. Der Erkennende transponiert das Erkannte durch Reflexion innerhalb seiner selbst «als Subjekt». Auf diesem Wege vollbringt das *Wissen* die Einheit der Trennung von Leben und Tod, Selbstwerdung und Abhängigsein, Selbstbestimmung und Bestimmtwerden der Freiheit, ohne die Differenz einfachhin zu tilgen. Hintergründig bleibt einerseits die Determination durch den (das) Andere(n) «manipulierend» am Werk und andererseits ihr Gegenpol, die als Ich=Ich sich verfügende Freiheit am Leben. Aber das Wissen gebraucht gerade die Spaltung, um sich in eine Schein-Gegenwart hinein zu absolvieren.

Indes zeigt sich die Trennung deshalb als «Todes»-trennung an, weil der (das) Andere dem Ich nicht nur fremd, sondern immer schon in einer gewissen Weise ihm innerlich *gewesen* ist. Andernfalls würde mich der Tod der Spaltung gar nicht betreffen. Das Schon-erkannt-haben, das vor-gängige Sein in der Einheit, ist also die Bedingung der Möglichkeit für alle Erkenntnis. «Wer hat, dem wird gegeben werden». Das Schon-empfangenhaben, d.h. hier: das Vorweg des Anderen in mir, gewährt somit gewissermaßen der Not und dem Schmerz der Trennung den Raum, in dem sie aufbrechen können. Würde also der Mensch letztlich nicht darauf «vertrauen», daß er selbst es ist: in der Gestalt eines «Du»-(Ich), der aus der Dimension des (vormals) wortlosen Anderen auf sich zukommt, würde er nicht «glauben», daß seine *eigene* Freiheit vom Anderen her die Zukunft *ihres* Lebens empfängt, so würde er die Differenz von Ich und Du-(Welt) nicht als «Todestrennung» erfahren. Nicht er selbst, sondern ein Fremder neben ihm würde sterben. Die Gewesenheit des Geistes beim Sein und die Zu-kunft des Seins im konkreten Anderen würden sich nicht füreinander verwenden. Da es dem Ich aber, im Anderen «um sich selbst» geht, d.h. «seine» Freiheit im Du, das selbst ein Ich ist, auf dem Spiel steht, so *will* das Ich im Anderen die Verwirklichung seiner selbst suchen und die Trennung überbrücken. Deshalb erfährt es die Geschiedenheit vom Anderen als eine Entmächtigung (Kastration) seines eigenen Lebens, als seinen Tod.

Die erörterte Spaltung kann daher als solche gar nicht ein unüberholbares Apriori im Verhältnis von Ich (Welt) und Du (Welt) sein. Sie ist vielmehr in die ursprünglichere Erinnerung ihrer schon geschehenen Vermittlung, also in die Gestalt der Einheit von Ich-Du-Welt, ins Licht der das Getrennte einigenden *Wahrheit* eingewurzelt. So kann Thomas v. Aquin sagen, daß «die Erkenntnis eine *Frucht* der Wahrheit» sei (vgl. De Veritate 1), – die nicht durch Vermittlung von «Leben und Tod» (Einheit und Geschiedenheit) im Akt der Erkenntnis «gemacht» werde, sondern jede erleistete Einheit von Denken und Sein immer schon überholt hat. In der Wahrheit selbst ist die Frucht der Einheit schon vollendet. Wer sie vom Baum der Erkenntnis pflückt, versucht die Einheit von Leben und Tod nachträglich durch das «Wissen» zu erstellen, weil er sie sich im Wissen der Wahrheit nicht aus dem Zentrum derselben, d.h. aus der Liebe, schenken lassen will. Er will in der Selbstkonstitution das Du als Ich nicht so mitschaffen, daß er es sich von ihm selbst (dem Anderen!) geben läßt und dadurch bezeugt, daß der schöpferische Selbstvollzug des Ich an diesem selbst unscheidbar mit dem Armutsakt eines Empfangen-habens zusammengeht, worin Ich nur in dem Maße Frucht meiner Tat ist, als diese in den Gehorsam der Selbstannahme verdemütigt bleibt.

d. Zweideutige Integration der Freiheit im Wissen

Die Integration von Ich und der Andere im bloßen Wissen bleibt also zweideutig. Sie ist, wie wir sahen, in der Gefahr, den Anderen als ein bloß intelligibles Moment (ens=intelligible) innerhalb des Ich=Ich, also im Ghetto eines monadischen Selbstbewußtseins festzuhalten. Der «Begriff» von Du und Welt wird nicht mehr auf die unverfügbare Wirklichkeit beider hin durchhorcht. Der Andere scheint sich im wissenden Subjekt als Anderer restlos ausgesprochen und offenbart zu haben, aber sein Begriff in mir verliert den Verweisungscharakter, die Zeichenhaftigkeit des Wortes, das sich in die gemeinte Wirklichkeit verschweigt. Der Wissende wird nicht mehr «gezwungen», sich von seinem Wort zu trennen, um es von der je tiefer und wesentlicher vernommenen Wirklichkeit des Anderen her verwandelt sein und fruchtbar werden zu lassen. Denn das, was «gegeben» ist und sich gibt, war durch den Begriff gewissermaßen «hinter» mich gebracht, als zu-kommende Gabe in die Vergangenheit versetzt worden.

Aber auch meine Sprache braucht sich scheinbar nicht mehr von der Wirklichkeit, die sie entbirgt, indem sie ihr den Raum des Sich-zeigens gewährt, zu trennen. Denn die Realität ist dem Ich-Subjekt logisiert einverwandelt. Sie bestätigt nur sein isoliertes Bei-sich-sein. Der Tod ist verdrängt. Das Wissen flieht die im Schweigen wirksame Trennung von Sprechendem, Wort und Sache. Es versucht, im Begriff das Geheimnis des Anderen reflexiv vorwegzunehmen und einzuholen. Durch die Transformation des Wortes in den verzweckten Begriff der begreifenden, aggressiven Lebensbewältigung versagt es dem Wort die ihm eigentümliche Dienstfunktion, seinen Tod in der Freigabe dessen (und zwar *an diesem* selbst!), wofür es steht. Das Vernehmen wurde eliminiert und die dadurch von mir abgelöste Realität aggressiv in den Innenraum des «Ich» hineingearbeitet. Die Geste des schenkenden Du, das die Dinge in *seiner* Gegenwart mir nahe bringt, wird substituiert: durch die Geste des ausgreifenden Ich, das somit glaubt, den Schenkenden, die gewährte Gabe und den Akt des Schenkens überflüssig gemacht zu haben.

Deshalb kann man sagen, daß das Wissen, wird es von der vertrauenden Entäußerung der Liebe geschieden, unter dem Schein der Vereinigung gerade nochmals die Dissoziation von Sprechendem, Wort und Sache hervorbringt. Denn die begrifflich nicht aufarbeitbare Realität beginnt als negative, bedrohende Zu-kunft das Subjekt zu ängstigen und die abstrakte Enge seiner Individualität von außen her aufzubrechen. Das Subjekt verschafft sich durch Steigerung der Zukunft das Instrument seiner Selbsterlösung aus dem Bann der Gleichgültigkeit von Ich=Ich.

Der «Begriff» erfährt daher seine Ohnmacht sowohl im Hinblick auf die ihm ständig entgleitende Wirklichkeit, die in das «ens rationis» nicht sublimiert werden kann, als auch hinsichtlich des Sprechenden, der nicht mehr als sich selbst überbietende Freiheit von innen nach außen zur Sprache kommt, d.h. zur Selbstmitteilung unvermögend wird. Der Begriff fällt gerade gegen die Intention des haben-wollenden Subjekts, *zwischen* das Ich «und» den Anderen. Er wird zum Todes-Keil, der beide auseinandertreibt und zwar in dem Maße, wie er sie im Wissen miteinander verklammert. So taucht die Macht der verdrängten Trennung, nun aber als eine Funktion der (Schein-)Einheit des festgehaltenen Lebens, wieder auf. Es ergibt sich nochmals die pervertierte Möglichkeit einer Vermittlung von Leben und Tod im Medium des bloßen Wissens, das das Geheimnis der verdrängten Liebe substituiert und zu «wiederholen» sich bemüht. Das Wissen beginnt innerhalb seiner selbst eine nie endende Vermittlung unter der trügerischen Verheißung, daß diese in jedem Schritt schon an ihr Ende gekommen sei, ja, dieses Ende an jedem Punkt des Prozesses sich offenbare. Trotzdem bleibt bestehen, daß *diese* Vermittlung von Leben und Tod das (den) Andere(n) logisiert, um durch die so negierte Todestrennung von ihm, also durch die Identifikation des Anderen mit dem Ich, das Ich-Leben *entäußerungslos* zu schützen und zu sichern.

Für das «reine Wissen» ist die unschließbare dialogische Differenz von Ich und Du ein Zeichen der ohnmächtigen Freiheit, die ihre Identität entweder verloren oder noch nicht gewonnen hat. Für das liebende Wissen ist die Trennung, die freie, positive Annahme und Bejahung der endlichen Pluralität von

Ich – Du – Wir: die unaufgebbare Bedingung der Möglichkeit von wirklicher Selbstwerdung.

Diese geschieht durch die sein-lassende Bejahung des Anderen (an ihm selbst), in der Preisgabe an den Anderen, *durch* und *in* dem ich mich bis in den Kern meiner Existenz hinein definieren lassen muß, um durch Gehorsam, worin der Andere mir zum frei getanen Schicksal wird, als derjenige, der «ich» bin, mich darstellen und aussagen zu können. «Die wahre Dialektik ist kein Monolog des einsamen Denkers mit sich selbst, sie ist ein Dialog zwischen Ich und Du».[1]

2. *Die zweideutige Frage nach dem Ideal-Typos von Kultur*

a. Pluralität der Kulturen negativ – und Einheit im Wissen

Es ist nicht schwer einzusehen, daß man die Gefahr der zweideutigen Vermittlung von Leben und Tod durch das Wissen, gerade im Blick auf die Thematik: «Universale Einheit der Wissenschaft und Vielheit der Kulturen», nicht ernst genug nehmen kann. Ganz abgesehen davon, daß, wie sich noch zeigen wird, die Dialektik von Leben und Tod, zusammen mit dem «Bestehen» oder «Nicht-Bestehen» ihrer Vermittlung, *die* Grundgestalt aller Kultur entbirgt[2], so ist sie vor allem für das Verhältnis

[1] L. Feuerbach, WW II (Edit. W. Bolin und F. Jodl, Stuttgart), S. 319. Der Bezug des Ich zum bloß gegenständlichen Anderen öffnet nicht die Selbstentäußerung der Freiheit in ihrem Kern. Diese fällt vielmehr in einen geschlossenen Nur-Reichtum (Ich=Ich für sich) zurück und ersetzt ihre (fehlende) Armut durch den Bezug zum «toten» Anderen. Auf diesem Weg «wiederholt» der Geiz auch das Mysterium der Liebe in der Einheit von Reichtum (Leben) und Armut (Tod) – aber pervertiert: «Der Geizhals z.B. ist daher in dem Gelde zugleich außer dem Gelde, abhängig von ihm und zugleich unabhängig, er gibt sein Selbst an einen Gegenstand auf, an den er sein Selbst nicht aufgeben kann, und welcher daher ihm immer sein unaufgegebenes, unerfülltes Selbst zurückgibt und wiederspiegelt, es ist daher dieser schauerliche Widerspruch in ihm vorhanden, daß er arm im Reichtum, leer in der Fülle ist». Feuerbach, WW I, S. 16/17.

[2] Dazu N.O. Brown: «Zukunft im Zeichen des Eros», Pfullingen 1962 (Zit: ZE), worin jedoch die Vermittlung durch die Reduktion auf das An-und-für-sich-Sein der «Leiblichkeit» wiederum inadaequat zum Austrag kommt: gegen die eigentliche Intention des Verfassers. Dies wird sich im Fortgang der Erörterungen noch deutlich zeigen.

von «Einheit und Vielheit» sowie für die Interdependenz von «Wissenschaft und Kultur» höchst bedeutsam.–

Wir sind versucht, die Pluralität der Kulturen bloß *negativ* zu sehen und schicken uns an, das Getrennte dadurch zu «universalisieren», d.h. als «konkrete Allgemeinheit» zu erfassen, daß wir es «auf den Begriff bringen». Wir versuchen die kulturellen Phänomene zu logifizieren, um ihnen dadurch das Signum des «Allgemeinen» aufzudrücken, das dem «Wort» des endlichen Geistes eigentümlich ist. In dem Augenblick, wo das Unmittelbare der Phänomene zur reflexiven Vermittlung im Selbstbewußtsein kommt, scheint es sich mit Notwendigkeit in der Form des «Allgemeinen» darstellen zu müssen. Was zuvor gegen das Subjekt als unmittelbare und *vereinzelte* Substanz geschieden und in dieser Trennung «tot» war, das aufersteht in der «Phänomenologie des Geistes» zum Leben. Gilt das für das Verhältnis von Substanz und Subjekt, so wird es im Bezug von Freiheit zu Freiheit scheinbar nur umso dringlicher.

Die Universalität intensiviert sich dann im Maße der «reflectio intellectus super seipsum», der «reditio ad essentiam», worin die Rückkehr des Geistes zu sich selbst je umgreifendere Dimensionen des Wahren (als des «Ganzen») erschließt und auf diesem Wege den Prozeß einer globalen, «menschheitlichen» Integration zu fördern scheint. Wer in die Seinstiefe des Geistes «zurückkehrt», der müsse doch in immer weitere Kreise des begriffenen Ganzen «vorangehen». Wer schließlich das Sein erreiche, der stehe in einer unbestimmten Allgemeinheit, die alles umfasse, und werde, weil die Allgemeinheit «leer» sei, zugleich ins Besondere verwiesen und eingelassen. Man glaubt, daß die Wissenschaft als «absolutes Wissen» den Namen «Liebe zum Wissen» abgelegt habe und dadurch eben das gegen ihre reflexive Identität zuvor abgespaltene Andere, das im Element des «an-dächtigen», «vor-stellenden», sinnlichen Bewußtseins noch gefangen und somit dem Gesetz der Trennung von «Ich und Gegenstand» (zumindest der Form nach!) unterworfen war, als sich begreifendes Wissen «selbst» geworden sei. Das Wissen sei das «konkret» geworden, was es zuvor, durch die Gebrochenheit des Verhältnisses von Wissendem und Gewußtem, bloß in «abstrakter» Identität mit sich selbst festgehalten hatte. Da aber die «Liebe» (als «Ahndung» und «Gefühl», Hegel) auch (ihrer Form nach) unter das vorstellende Bewußtsein gefallen war, d.h. mit dem Gegen-satz des Anderen behaftet war, so bedeutet ihre Aufhebung ins Wissen zugleich Überwindung des «fremden» Anderen *und* Selbstbestimmung des Subjekts, kraft der Präsenz des bestimmenden Anderen in der sich verfügenden Freiheit. Aktion und Passion laufen in dieser wissenden Selbstkonstitution der Subjektivität als «Geist» scheinbar unscheidbar ineinander.

Daher könne die Wissenschaft jenes Instrumentarium bereitstellen, mit Hilfe dessen das «allgemeine Bewußtsein», das bislang noch in der «sinnlichen Unmittelbarkeit» gebunden und besondert war, in der Form des freien Selbstbewußtseins zum Durchbruch komme. Die einzelnen Kulturen, die «an-sich» bloß ein Ausdruck der isoliert «um ihrer selbst willen existierenden», «unkritischen» und insofern ihrer selbst «bewußtlosen» Freiheit seien und somit in der unvermittelten *Pluralität* noch dissoziieren, würden dadurch in die Selbstgewißheit der befreiten, d.h. jetzt: «denkenden Freiheit» gelangen und so, als «universaler» Reichtum der Menschheit, an-und-für-sich *von allen gelebt* werden können. Allererst diese Form von Allgemeinheit «humanisiere» die Kultur zur globalen Interaktion. Jeder würde endlich den Anderen verstehen, im Anderen sich selbst erkennen und die frühere Trennung in die komplexe Lebenseinheit des Großkörpers «Menschheit» hinein konkret überwinden können.

b. Der theologische Hintergrund der logisierten Vermittlung

Dies *scheint* auch insofern nicht mehr unmöglich zu sein, als durch Hegel die Offenbarung des Dreifaltigen Gottes als Form und Inhalt des seiner selbst bewußten, «absoluten Begriffs» eingeholt worden sei. Die Transzendentalien «ens, verum, bonum» und ihre integrale Epiphanie im «pulchrum» würden in der Gestalt des «pneumatischen», *spekulativen* Begriffs präsent, so daß von hier aus eine Integration aller Kultursachgebiete im Medium der Wissenschaft relevant sei. «Alle Inhalte der Kultur schließen sich zusammen. Kultursachgebiet der Wissenschaft als Durchführung der Grundidee des *verum*, des ‹Wahren› –, Kultursachgebiet des praktischen Lebens als Durchführung der Grundidee des *bonum*, des ‹Guten›, und Kultursachgebiet der Kunst als Durchführung der Grundidee des *pulchrum*, des ‹Schönen›, sind eins in der Einheit des platonischen Ternars in Gott, der das Eins der drei ist.» ... «Es entsteht ein Organismus der Kultur. Kultur ist die Sichtbarkeit des Gott-Logos in der Welt».[3]

Da der «absolute Begriff» das «Eins der drei» im vollendeten Heute der *aufgehobenen Zeit* darstellt, so ergibt sich, von dieser Mitte des «absoluten Wissens» her, vielleicht ein «begrifflicher» Zugang zu allen Kulturen. Deren zuvor «aequivoke» Pluralität, in der sie (wie isolierte, der Sprache des Allgemeinen entzogene Individuen) inkommunikabel neben-einander lagen, wird einerseits durch den seiner selbst *entäußerten* (obgleich *zuvor* noch unmittelbaren, univok abstrakten, «unentfalteten») Begriff des Wissens an ihr selbst erfaßt, ergriffen und dadurch andererseits zur konkreten integralen Einheit verschmolzen. Univoke «Einheit» und aequivoke «Vielheit» sterben ineinander (genauso wie bei Hegel der «Tod des absoluten Wesens» und der «Tod des natürlichen Menschen» untrennbar zusammengehören) und auferstehen in der Gestalt universaler Konkretheit im Element der «Wissenschaft», die das «Pneuma» (in dem der Logos «Fleisch» wird) logifiziert darstellt.

Es ist offenkundig, daß hier die logisierte Vermittlung von Leben und Tod herrscht, die eine strukturale Vermittlung aller Kulturen hervorbringen soll. Denn die «diachrone» dissoziierte Zeit ist nichts anderes als der «Begriff, der anschaubar da ist». Dieser «Begriff» jedoch ist in seiner konkreten Wahrheit niemals nur «unmittelbar» (raum-zeitlich), sondern immer schon vermittelt. Das heißt: In der diachronen Zeitlichkeit ist immer schon ihre «synchrone» Aufhebung präsent.[4] Die Diachronie enthüllt sich als die Entäußerungsgestalt der Synchronie.

[3] E. Przywara: «Zwischen Religion und Kultur» in «Religionsphilosophische Schriften», Einsiedeln 1962, S. 94.

[4] So Hegel in der «Phänomenologie des Geistes»: «*Die Zeit* ist der *Begriff* selbst, der *da ist*, und als leere Anschauung sich dem Bewußtsein vorstellt; deswegen erscheint der Geist notwendig in der Zeit, und er erscheint so lange in der Zeit, als

«Vor» dem Austrag der spekulativen Epiphanie des «Begriffs» (als Maßstab wissenschaftlicher Integration aller Kultur) erschienen die Kulturen als Aussageform, die füreinander nicht offen, einander nicht zugänglich waren, da ihnen in ihrer unmittelbaren Besonderung die «Allgemeingültigkeit» fehlte. Deshalb erwiesen sie sich in einem gewissen Sinne als Erscheinungsformen der menschlichen «Selbstentfremdung». Ihre universale Struktur aber sei gerade durch Wissenschaft, vornehmlich durch Naturwissenschaft und die an ihr orientierten empirischen und intersubjektiv überprüfbaren Denkformen, relevant geworden. Je radikaler man die kulturellen Phänomene wissenschaftlich aufarbeite, umso mehr scheinen sie aller «Partikularität» entkleidet zu werden. Als «Gegenstände» rationaler Reflexion vorausgesetzt, geraten sie in die Dynamik des «Allgemeinen», in die dem Wissen adaequate «Form» seines Vollzugs, aber dadurch ebenso in eine kommunikative (!) «Einzelheit». Sie würden damit aus ihrer Dissoziation und ihrer vormaligen Vereinzelung heraus in die Präsenz des sich zeitigenden Subjekts und zur «Gleichzeitigkeit» des Gewußten befreit. Es schäle sich daher ein *für alle* verbindlicher «Begriff von Kultur» heraus, der sich im Zuge der globalen politischen Sozialisierung der Menschheit praktisch zu realisieren beginne.

In dieser Bewegung bleibt jedoch, wie sich später noch zeigen wird, der «kulturimmanente» Wunsch bestimmend, die Todestrennung von «Ich» und «der Andere» in die Einheit des Lebens aufzuheben oder die vergesellschaftete Freiheit in die Gestalt von «Einheit in Mannigfaltigkeit», d.h. die (vormals) zerbrochene Vermittlung der Analogia entis (Univocität und Aequivocität des Seins im Raum der Intersubjektivität) aus der Zerfallenheit

er nicht seinen reinen Begriff *erfaßt*, d.h. nicht die Zeit tilgt. Sie ist das *äußere* angeschaute vom Selbst *nicht erfaßte* reine Selbst, der nur angeschaute Begriff; indem dieser sich selbst erfaßt, hebt er seine Zeitform auf, begreift das Anschauen, und ist begriffnes und begreifendes Anschauen» (Edit. Joh. Hoffmeister, Hamburg [6]1952, S. 558). – *Insofern* also die Zeit der Begriff selbst ist, so liegt in ihrem fressenden Tod schon die Wirklichkeit der Aufhebung dieses Todes (*nicht* neben ihr); unter dieser Rücksicht ist *sie* selbst der Tod ihres Todes. Aber ihre Überwindung gewinnt vom Begriff her ein Prius, das nicht mit der Unmittelbarkeit der Zeit (*nur* unvermittelt) sich deckt. Denn das Leben des Begriffs *ist* der Tod der Todeszeit als Leben in der Einheit von Leben und Tod.

zu erlösen. Nur die Transformation dieses «Interesses» in eine logifizierte Begriffs-Form, die dem Konkreten enthoben zu sein scheint, täuscht über den «basalen Wunsch» hinweg, der im Erdreich aller Kultur wurzelt.

c. Schatten der Kultur und rationale Kontrolle

Man geht allerdings das Problem noch von einer anderen Perspektive her an und sagt: im Schatten der Kultur verharre der Mensch in einer mehr oder weniger tiefen «Bewußtlosigkeit» über sein Handeln. Er reflektiere darin weder sein Tun noch das, was er hervorbringt: methodisch und systematisch. In jeder Kultur, mag sie auch noch so ursprünglich einem ihr selbst verborgenen Gesetz verpflichtet sein, werde daher der Index einer gewissen «Planlosigkeit» bestimmend. Kultur geschehe «spielend», «unmittelbar» und eben dies führe dazu, daß der wißbare Horizont des «Allgemeinen» zugunsten einer durchgängig individuell geprägten (also nur «idiographisch» deutbaren) kulturellen Selbstentäußerung der Freiheit reduziert werde. Die Schöpfungen der Kultur könnten nicht einer rationalen Kontrolle unterworfen werden; sie seien nicht auf einer allgemeinen Basis intersubjektiv überprüfbar; hier breche «spontan» etwas auf, das sich nicht a priori «werkzeuglich» in die schon durchschauten bzw. akzeptierten Institutionen menschlicher Selbstaussagen einordnen lasse.

«Wissenschaft» jedoch hebe diese Unbestimmtheit progressiv auf, zumal sie immer mehr durch Futurologie sich selbst und alle Praxis zu bestimmen beginne. Sie verwandle demnach das «Spiel», in dem sich der Mensch, trotz aller maßgebenden und verwirklichten Regeln, immer ungeschützt seiner selbst entäußere, also «umsonst» aussetze: in Erkenntnisleistung. Sie «entideologisiere» daher die menschliche Praxis durch «kritische Reflexion». Deshalb sei die Wissenschaft imstande, die Schranken, die jeder Kultur eigen seien, niederzureißen und das «allgemeine Reich der Freiheit» als materiell vermittelte aufzurichten, in dem die verwandelte Individualität viel ursprünglicher sich zu verwirklichen vermöge als im Raum der archaischen Kultur, in der sie die produktive Darstellung ihrer Wesenskräfte (als «*menschliche* Wesenskräfte», Marx) immer noch unangemessen (aufgrund der Spaltung von Individualität und Gattungsleben) limitieren mußte.

d. Entgegenständlichung des Kulturbegriffs

Darüberhinaus ist noch eine andere Richtung zu erwähnen, in der man die reflexive Vermittlung der pluralen Kulturformen zu bewältigen versucht. Sie hängt mit den beiden genannten Aspekten aufs engste zusammen. Bis ins 18. Jahrhundert sei der Begriff «Kultur» gewissermaßen noch «gegenständlich» gebunden (Kultur «der» Sprache, «des» sittlichen Verhaltens, «der» Lebensformen, «des» Gefühls, «des» literarischen Schaffens u.s.w.) und nicht «als solcher» reflektiert worden. Später jedoch werde er methodisch immer «selbständiger» und an ihm selbst (positiv!) «fragwürdig». In dieser seiner Entbundenheit vorgestellt, erscheint er als ein «generalisiertes Problem». Ohne diese Ablösung hätte z.B. Freud, mit dessen Kulturanalyse wir uns in dieser Untersuchung auch auseinandersetzen wollen, seine Kultur-*kritik* nicht thematisieren können. Erst von hier aus werde eine «Psychoanalyse der Kultur» als *menschheitliches* Phänomen in einem «strukturalen» Sinne möglich. Sie vollziehe sich bei Freud noch in der Denkform der Naturwissenschaft.

Nun sei die Frage drängend geworden, ob es nicht so etwas wie eine «allgemeine Struktur» der besonderen Kulturen in ihrer Mannigfaltigkeit gebe; eine ihnen allen immanente Verlaufsform, die in die Genesis menschlicher Selbstwerdung gehöre.

An diesem Punkt entspringt nochmals die große Versuchung, die spezifischen Ausformungen von Kultur in das dialektische Schema von «Allgemeinem und Besonderem» einzufassen und die analytische Erörterung der Phänomene dafür zu benützen: den Weg zu einer allgemeinen Weltkultur zu eröffnen. Denn, so glaubt man, wenn der Mensch einmal wisse, warum und wie Kultur notwendig in das Gefüge seines Daseins gehöre, dann ließen sich die einzelnen Erscheinungsformen derselben schließlich vorbehaltlos auf ihre reflexiv durchschaute Wurzel reduzieren. Hat das Wissen einmal die Einheit von Leben und Tod analytisch begriffen, dann seien *alle* möglichen

Kulturformen und Kulturstile dem schöpferischen, weil das «Andere» in der Form seiner selbst wissenden, Subjekt zugänglich, d.h. aus jeder beliebigen Präsenz gleichzeitig möglich. Dadurch befreie der wissenschaftliche Prozeß die «*Vielheit der Kulturen*»: zur Frage «Des» Menschen «nach sich selbst». «Wissenschaft» töte sozusagen das «Nicht-sterben-wollen» der einzelnen Kulturen, ihren individuellen Lebenskampf (*gegen* den Tod in die Universalisierung hinein) durch ihre Aufhebung zur vermittelten Komplexität einer «Lebenseinheit» *aller* Menschen. In dieser Sicht betreibe die wissenschaftliche Analyse von Kultur nichts anderes als eine intensivere Vereinigung von Leben und Tod durch unifizierende Kulturkritik. Sie übereigne dadurch den Kulturen in «gewandelter Form» eben das, was sie von sich her nur «partikular» zu realisieren vermochten: «die» Einheit von Leben und Tod in der Symbolik des sich selbst wissenden, absoluten Begriffes.

Was aber für eine solche «Universal-analyse» gelte, das dürfe erst recht für die Individual-Analyse behauptet werden, sofern sie das Phänomen der Kultur auf die «heile Gestalt» der Dialektik von Leben und Tod hin befragt und kritisiert.

Die *Zweideutigkeit* dieses Unternehmens wird auf unserem Weg immer stärker hervortreten. Unser Problem läßt sich aber folgendermaßen formulieren: Gibt es einen *jeder* Kultur immanenten «Ideal-Typos», der weder aus einer besonderen Kultur abgeleitet werden kann noch für alle Kulturen im Sinne eines hypostasierten «universale» maßgebend ist? Wo ist dieser Ideal-Typos zu finden? In welcher Gestalt von Freiheit erscheint er? Läßt er sich wissenschaftlich logisiert darstellen? Warum ist das einerseits möglich, und warum wird dadurch andererseits gerade das Lebenszentrum von Kultur zerstört? Welche Form der «Einheit» aller Kulturen schenkt uns dieser Ideal-real-Typos? Wie verhält er sich zur Wissenschaft als einem Phänomen der *Kultur* und zur Wissenschaft, sofern sie Kultur in die Einheit des «absoluten Wissens» aufzuheben versucht?

II. DIE DIALEKTIK VON LEBENSTRIEB UND TODESTRIEB BEI S. FREUD UND IHRE ONTOLOGISCHE STRUKTUR[5]

1. Der Dualismus von Lebenstrieb und Todestrieb in der Logisierung des Seins

a. Die Wiederherstellung eines «früheren Zustandes»

Freud charakterisiert in seiner Schrift «Jenseits des Lustprinzips» den «Trieb» dadurch, daß er in ihm einen «dem belebten Organischen innewohnende(n) *Drang zur Wiederherstellung eines früheren Zustandes*» erkennt, welchen Zustand «dies Belebte unter dem Einflusse äußerer Störungskräfte aufgeben mußte, eine Art von organischer Elastizität, oder wenn man will, die Äußerung der Trägheit im organischen Leben».[6]

Auf den ersten Blick mag eine solche Aussage sonderbar erscheinen, da wir gewohnt sind, den Trieb «nach vorne», also auf Zukunft hin auszulegen. Der Trieb «treibt» etwas über sich hinaus. Er erscheint als «progressiv», nicht nach rückwärts gewandt und dem Gewesenen verpflichtet. Außerdem stellen wir ihn als eine dynamische Potenz (potentia activa) vor, die gewissermaßen von sich her wirkt und nicht dadurch in Bewegung kommt, daß äußere Einflüsse den Organismus «störend» bestimmen und ihn dadurch zwingen, sich in eine Lebensform «umzugestalten», die seinem primären Zustand der «Trägheit» nicht «angemessen» ist.

Für Freud hingegen erscheint im Trieb die «konservative Natur alles Lebendigen». Das Lebendige will «es selbst» sein, innerhalb seiner selbst verharren und besitzt die plastische Kraft, Formen des Außer-sich-seins, also der zer-setzenden Trennung seiner eigenen Identität (A=A), die durch das *Andere* seiner

[5] Wir zitieren S. Freud: WW (Imago Publishing Co.) London 1950 ff; röm. Zahl bezeichnet den jeweiligen Band der Ausgabe. Der beschränkte Rahmen zwingt uns zu ein paar spärlichen Hinweisen.

[6] WW XIII, S. 40.

selbst bewirkt werden, einerseits aufzunehmen und durchzutragen, sie aber andererseits wieder in das Bei-sich-selbst-sein hinein aufzulösen. Das Lebendige «will» sich demnach gar nicht von innen her ändern. Denn das Bei-sich-sein des Lebendigen wird zutiefst von der Gleich-gültigkeit seines anorganischen Zustands bestimmt, in dem es verläuft. Gegenüber einer gestalthaften Innerlichkeit des Lebendigen im positiven, dynamischen Sinne (Eros) ist die abstrakte Identität einförmiger Ruhe prävalent. Somit versucht es, im Werden seine frühere Ganzheit, die es verloren hat, zu «wiederholen», in der Entäußerung *das* zu behaupten, was es an ihm selbst «gewesen» ist, weshalb alle organischen Triebe «historisch erworben und auf Regression, Wiederherstellung von Früherem, gerichtet sind». Äußere Ursachen und kausale Interdependenz mit anderem Seienden bringen das Ganze als «lebendige» Substanz über sich hinaus.

b. Blick auf Hegels «Logik»

An diesem Punkt erinnern wir uns der Hegelschen *Logik*, in der es heißt, daß die an-sich-seiende Substanz «durch *Kausalität* und *Wechselwirkung*» hindurch ihre Wahrheit in der Gestalt des Begriffs (der Freiheit) offenbar mache und (als Subjekt) das «für sich» werde, was sie «an sich» ist.[7] Bei Freud enthüllt die determinierende äußere «Realität» jedoch nicht das, wonach das Lebendige «an ihm selbst» verlangt. Die Bestimmung entbirgt sich nicht dialektisch durch die Form der Selbstbestimmung des Lebendigen. «Das elementare Lebewesen würde sich von seinem Anfang an nicht haben ändern wollen, hätte unter sich gleichbleibenden Verhältnissen stets nur den nämlichen Lebenslauf wiederholt».[8] Die bestimmende «Voraussetzung» des Anderen wird also nicht in der Gestalt der spontanen Selbstsetzung getan, sondern vielmehr eine «aufgezwungene Abänderung des Lebenslaufes aufgenommen und zur Wiederholung aufbewahrt».[9] Entscheidend bleibt, daß die Triebe «so den täuschenden Eindruck von Kräften machen, die nach Veränderung und

[7] «Logik», WW (edit. H. Glockner) V, S. 6.
[8] Freud, a.a.O., S. 39.
[9] A.a.O., S. 40.

Fortschritt streben, während sie bloß ein *altes Ziel* auf alten Wegen zu erreichen trachten» (ebd). Sofern aber alles Lebendige aus inneren Gründen stirbt und dadurch in das Anorganische zurückkehrt, so kann man sagen: «Das Ziel alles Lebens ist der Tod, und zurückgreifend: Das Leblose war früher da als das Lebendige» (ebd). Von außen her tritt also in die unbelebte Materie eine Spannung ein, die sich wieder «abzugleichen» versucht, so daß der erste Trieb, der *Todestrieb* gegeben war, der den Organismus dazu bewegt, zum Leblosen zurückzukehren. Die Dynamik des Lebensablaufs zeigt sich von hier aus als ein «Vorlaufen auf den Tod». Was uns als Lebensweg erscheint, ist im Grunde ein Todesweg, in dem sich das «außer sich» geratene Lebendige (=Tote «als» Lebendiges) «entspannt» und in den Zustand des Anfangs zurückkehrt.

Ontologisch gedeutet heißt das: die «Substanz» (die materiell vermittelte «Wesensform») überbietet sich zwar selbst, aber ihre Selbsttranszendenz bleibt Funktion ihres Tot-seins. Die lebendige Darstellung des «Begriffs» versinkt wieder im Substantiellen; der «Begriff» (als die lebendige Wahrheit [des Toten] in der Einheit von Leben und Tod) hat nicht die Kraft, die Substanz als an-sich-seiende *Freiheit* (Tod=Leben) zu enthüllen (wie in der Intention Hegels), sondern der Tod hat die erste und endgültige Macht über das Leben.

c. Logisierung der Seinserfahrung

Wenn wir diese These tiefer befragen, dann sehen wir, daß in ihr eine ganz spezifische Seinserfahrung manifest wird: Das Sein enthüllt sich nicht als lebendiger Akt, sondern als ein indifferenter «Existenzzustand», der von sich aus keine Wirk-lichkeit bezeugt, sondern nur das bloße «Es gibt» des Seienden zur Sprache bringt. Ein von der materiellen Realität absorbierter Seinsakt, der, weil er vom Ursprung her nicht als geschenkte Gabe erfahren wird, auch von unten, aus der materiellen Vielheit heraus, nicht positiv «aufbauend», durch verdankte Rückkehr zum Ursprung zu resultieren vermag.

Das spontane Zentrum des Seins in seiner über-wesenhaften Produktivität ist im Ge-wesenen der materiellen «essentia» (Wesen) zur Dauer anorganischer Gewesenheit neutralisiert. Daher ist das Sein methodisch nur einer Reflexion zugänglich, die sich (transzendental gesehen) im Element der Vielheit des materiell Seienden bewegt: nämlich der ratio discursiva ab uno in aliud, dem trennenden und das Getrennte wieder zusammensetzenden «Verstand», nicht aber der «Vernunft» (im Sinne des vernehmenden, zum Sein als Akt vermögenden «intellectus»).

Das Sein stellt sich als *gleichgültiges* Medium und Sphäre einer «abstrakten Ungeschiedenheit», d.h. «leblosen Einsamkeit» dar, die nicht als Reichtum und Fülle erfahren wird: denn sie besitzt sich nicht «selbst» und ist daher nicht konkret lebendig. Das «Leben» ist tot, weil ihm die Negativität des Todes nicht innerlich ist. Im Raum des materiell Gegenständlichen kommt das Sein «als solches» gar nicht vor. Es kann somit nur als univoker Begriff jenseits des Wirklichen in logisierter Form *gewußt*, d.h. «vorgestellt» werden. Es ist einerseits in die Pluralität des materiell Seienden hinein untergegangen und wird andererseits als dessen «Einheit» nur dadurch offenbar, daß sich die Vielheit in ihrem substanziellen An-sich-sein durch «Wechselwirkung» auseinandersetzt, solchermaßen eines das andere von außen bewegend (*woher* die Bewegung kommt wird nicht gefragt) aus dem «Gleichgewicht» bringt und in eine Dynamik der Selbstentäußerung versetzt, durch die es sich sowohl differenziert als auch durch «Entspannung» auf den ursprünglichen Zustand von A=A zurück-«integriert». Rückkehr aus der Arbeit in die Ruhe kann somit nicht Rückkehr in die lebendige Ruhe des Seins bedeuten, sondern nur Abgleiten in die leere Ruhe des «Nirwana-prinzips».

Integration meint hier Rückkehr zum Gleichbleibenden der substantiellen Statik des Toten. Im erwirkten Lebensprozeß, der als genetischer Abstraktionsvorgang interpretiert werden kann, erscheint eine «Lebenseinheit», die (dem logisierten Sein entsprechend, das inhaltlos nur «per modum abstractionis» aus der Vielheit herausstellbar ist) wieder in den Ausgangszustand zurückfällt.

Weil die ontologische Differenz des Seins als Gabe zum Seienden nicht gewahrt, sondern das Sein in der materiellen Gegenständlichkeit substanziiert wurde, so kann der von dieser

«Lebens-Einheit» her begriffene «Lebensablauf» wiederum nur in der Rückkehr zur substantiellen Trägheit der primären «Lebens (= Todes) Basis» bestehen.

Da das Sein *nicht* als Liebe von «oben nach unten», in der Gestalt des *verendlichten, armen Reichtums* einer dem absoluten Ursprung entstammenden *Gabe* empfangen wird, so kann es auch von «unten nach oben» nicht in der Form spontaner Selbstüberbietung des Lebendigen verdankt sein. Dem Lebendigen, das durch den «konservativen Todestrieb» bestimmt wird, fehlt die sammelnde, überwesenhafte Sinngestalt des Seins als Liebe, das in seiner Entäußerung ins Seiende von diesem gerade nicht «verschluckt», sondern *an ihm selbst* als unendlich «reich» offenbar, d.h. als verendlichte Gabe in der materiellen Vielheit dieser zur befreienden «Aufgabe» (von «unten nach oben») wird. Deshalb muß die «Lebensform» als Gestalt des Todestriebes wie ein bloßer Schein erscheinen. Der «Zerfall», die Kenose des Lebendigen, entspringt hier nicht einer positiven Entäußerung des Seins als Liebe (gratuité). Er ist vielmehr nur das Resultat der logisierten Einheit des Lebendigen, die als «ens rationis» je neu auf die in sich isolierte Substantialität des Toten, das «*früher* war als das Lebendige», reduziert bleibt. Das Leben manifestiert sich als die Unfähigkeit des Toten: «*nur*» tot zu sein.

Daher wird die wachsende, scheinbar zur Zukunft aufbrechende, offene Lebensgestalt vorweg als vom Gewesenen überholt, das Leben als «vergreist» (Péguy) und mit dem «Blick nach rückwärts» ablaufend gedacht. Ihre «treibende Kraft» besteht darin, daß sich ihre Form (analog zum «leeren Seinsbegriff» und seiner Formalität) im bloß «Formalen» nicht halten kann, nicht imstande ist, der inneren Tendenz zum «Inhaltlichen», «Materiellen» sich zu widersetzen. Um überhaupt zu leben: muß das Leben dem Tode zustimmen, *nicht* weil es sich produktiv, selbst-los verschenkt, sondern weil das Tote immer schon sein inneres Wesens-gesetz ge-wesen ist. Die materielle Realität hat sich den «Begriff», in dem sie sich scheinbar übersteigt, a priori unterworfen, weil er «leer» ist und *diese* Leere nun ihrerseits der Negativität des Anorganischen (Toten) in *allen* Dimensionen des «Lebens» Raum gibt. Die «bewegende Seele» des Lebendigen enthüllt sich als der Mangel seiner Abstraktheit, nicht als die positive Armut seiner Fülle!

Daher entstammt der Todestrieb der Ohnmacht des verbegrifflichten, leeren Seins. In Hegels Sprache: die Substanz wäre «an sich» nicht das Selbst als *Subjekt*, sondern dieses nur eine Funktion der Substanz, die niemals freies Selbstbewußtsein werden könnte. Hegel versucht in seiner Dialektik aber gerade zu zeigen, daß die Substanz das «an sich» ist, was das «Selbst» in seinem Für-sich-sein bezeugt (freilich ebenso durch eine logisierte Einheit von Leben und Tod).

d. Positiver Durchbruch des Eros? Sein als Liebe?

Freud hat die Gefahr erkannt, die in *dieser* Triebinterpretation steckt. Er fragt, warum der lebende Organismus «sich auf das energischste gegen Einwirkungen (Gefahren) sträubt, die ihm dazu verhelfen könnten, sein Lebensziel» (d h. den Zustand der Leblosigkeit) «auf kurzem Wege (durch Kurzschluß sozusagen) zu erreichen».[10] Das Lebendige darf also nicht nur als die abstrakte Identität des Leblosen, das gerade *unfähig* ist, *innerlich* bei sich selbst zu sein, gedeutet werden. Andernfalls wäre das Sich-sträuben gegen den Tod sinnlos.

Ist dem jedoch so, dann müßte das, *worauf* das Lebendige im Todestrieb zurückkommt, sich als die lebendige Mitte seiner selbst in der Einheit von Leben und Tod, d.h. als *Lebendiges* und nicht nur als Totes erweisen. Denn das Lebendige setzt sich *affirmativ* durch und definiert sich somit nicht *nur* «von außen», sondern ebenso sehr *von innen her*. M.a.W.: «Quanto aliqua natura est altior, tanto id, quod ex ea emanat, *magis ei est intimum*.»[11] Der Lebenslauf ist nicht nur ein Resultat von Fremdeinwirkung, sondern immer zugleich spontane Manifestation der Innerlichkeit des Lebendigen, also die gesetzliche *Voraussetzung* des Reaktionsschemas (mehr oder weniger) ein Produkt der *Selbstkonstitution*.

[10] A.a.O., S. 41: Die Jüdische Überlieferung spricht vom «Freitag» als dem «kürzesten Tag», an dem «das» Leben *direkt* in den Tod geht, ohne hemmende «Zwischenüberlegungen»...

[11] Thomas von Aquin: S.c.G. IV,11.

In der Sprache Freuds: «Nicht alle Organismen sind dem äußeren Zwang unterlegen, der sie zu immer weiter gehender Entwicklung antrieb» (ebd). Die Notwendigkeit der Differenzierung wird sozusagen von der Positivität des Lebendigen an ihm selbst aufgenommen und überholt. Was als «Frucht» kommt, das ist «schon da» und braucht nicht im hektisch-aggressiven Todestrieb als Zustand der vollendeten «Ruhe» (Nirwana-Prinzip) erst erkämpft zu werden. Die Ruhe des Seins lebt! Sie ist nicht «anorganisch tot»; seine «Frucht» nicht Auswuchs einer gleichgültigen Gegenständlichkeit, sondern Freiheitsgestalt, die nicht dadurch «frei» wird, daß man sie tötet, ihre «Abstraktion» (als den unbewegten Endzustand der Lebensbewegung) aufhebt und dann manipulativ «*macht*», d.h. den Prozeß der *Herstellung* als das «Leben» des Frucht-*Seins* interpretiert.

Es gibt Organismen (die «Keimzellen»), die dem Sterben der lebenden Substanz entgegenarbeiten: «und wissen für sie zu erringen, was uns als potentielle Unsterblichkeit erscheinen muß, wenngleich es vielleicht nur eine Verlängerung des Todesweges bedeutet».[12] Freud nennt diese Triebe, die nicht dem zentrifugalen Zerfall der Einheit in die Vielheit, sondern der wachsenden Integration der Vielheit in die Einheit des Lebenden (zentripetal) dienen: *Lebenstriebe*.

Dies bedeutet ontologisch gesehen: das Sein darf nicht ausschließlich als bloßer Begriff gedacht werden, der als Begriff unfähig ist, das Lebendige an ihm selbst zu bejahen, d.h. ihm die Integration im *positiven* Sinne des Selbstseins, nicht im Sinne eines Abstiegs in die Indifferenz des passiv-gleichgültigen Anfangs, zu ermöglichen. Das Sein ist Liebe, «Akt»: ein an ihm selbst erfüllter Reichtum schöpferischer (=armer) Selbstentäußerung. Diese kommt nicht nur von außen her in Gang, sondern ist als Fülle so «arm», daß sie sich selbst zu verschenken, d.h. sich «anders» zu werden vermag. Sie hat die Bestimmung von außen an ihr selbst als Fülle con-kreativ überholt. Der «Lebens»-Trieb läßt die Verlaufsform des Todestriebes, der in die Gleichgültigkeit des Toten zurückeilt, nicht im begrifflichen

[12] Freud, a.a.O., S. 42.

Herabsinken der erreichten Einheit in die Vielheit ausmünden. Er erschließt mitten in der (logisierten) Einheit des Todestriebes, der in die aequivoke Pluralität zurück will, eine Lebendigkeit, die um ihrer selbst willen existiert und deshalb den Rhythmus des Todeslaufes «hemmt», in ein «Zaudern» (Freud) versetzt.

Aber, von «Zaudern», «Hemmen» kann man dann nicht mehr sprechen, da das Sein *gegen* seine Entäußerung nicht an-sich-hält, sondern seine Positivität *gegen* den Tod (an ihr selbst *als* Positivität) in der *Einheit* von Leben und Tod, d.h. als *Einheit* von Macht und Dienst, Reichtum und Armut entbirgt. Daher geht es hier nicht nochmals um eine Trennung von Sein (=Leben), das nicht sterben will, *gegen* den Tod, sondern um den Sieg über den Tod *aus* der Einheit von Leben und Tod.

«Eros» als Lebenstrieb eröffnet von hier aus gesehen in der Sphäre der bloß «begrifflichen» (also grundsätzlich dem Tod verfallenen) «Lebenseinheit», die über das horizontale «Stirb und Werde» nicht hinausgelangt, die Tiefe des im Seienden nicht substanziierbaren und als Einheit nicht logisierbaren «überwesenhaften Seins als Liebe». Eros hält, als Kind von «Reichtum und Armut» (Plato), die ontologische Differenz offen.

Dies besagt für die Vermittlung der leblosen Ausgangsbasis (durch Spannung) zu einer Lebensgestalt: daß diese *nicht* bloß das Produkt einer äußeren Einwirkung sein kann, sondern daß das Aufspringen der Lebenseinheit aus der gegebenen Vielheit (die sich sowohl als abstrakte Gleichgültigkeit unvermittelter allgemeiner *Identität* wie auch in der Form aequivoker *Dissoziation* darstellen kann) der Gegenwart des Seins als Akt (=Freiheit) in der Vielheit entstammt.

Durch die Dialektik von Lebenstrieb und Todestrieb hat Freud (wenn auch entstellt) den Austrag dessen, was wir die «Verendlichung des Seins als Liebe» nennen, gleichsam «somatisiert», als Grundgestalt alles Lebendigen aufgedeckt. Eros faßt das Organische zu immer größerer Einheit zusammen und entbirgt dadurch das in der Vielfalt des materiell Seienden entäußerte, aber *in seiner* Kenosis als überwesenhafte Fülle des *Lebens* offenbare Sein als Liebe (für Freud: «Libido»). Er bezeugt, daß der Reichtum des Seins als Gabe in seiner Verendlichung zur Vielheit nicht vernichtet wird, sondern, durch die Armut der Preisgabe hindurch, an ihm selbst als Wirklichkeit des *Lebens* in der Einheit mit dem Tod aufgeht. Der «Todestrieb» macht offenbar, daß dieses Leben, weil es bis auf den Grund verschenkt ist, niemals als hypostasierte Einheit *jenseits* seiner Kenosis erreichbar wird, sondern nur dort bejaht und als «Leben» enthüllt ist, wo der Mensch in seine Verendlichung, d.h. in seinen Tod einstimmt; nicht an-sich-hält und in «ungetrübter Einfachheit» verharrt, vielmehr den Anderen, das Du und die Welt, aufgrund seines *Seins* als weggeschenkte *Gabe*, sich zum Schicksal werden läßt, in der gesteigerten «Spannung gegen» den Tod zugleich selbst-«los» entspannt ist.

e. Vorausgesetzte Spaltung der Einheit von Leben und Tod

Es ist bekannt, daß die Dialektik von Leben und Tod, wie Freud sie gezeichnet hat, in einem Pessimismus endet. Wir fragen, *warum* dies geschah. Um dem eingeschlagenen Denkweg nicht unangemessen vorzugreifen, sei hier nur kurz Folgendes bemerkt: Freuds Dialektik von Leben und Tod erstarrt, trotz aller biologischen Dynamik, in der Logisierung des Seins. Sie ist also prinzipiell «dualistisch» konzipiert, da seine Denkform dem Schematismus von «Allgemeinem und Besonderem», d.h. der «ratio», verhaftet bleibt. Deshalb «*verlängert*» letztlich der Eros nur den Todesweg einer *negativen*, in der Abstraktheit des Seins gründenden Kenosis der «Lebenseinheit» in die Vielheit des Toten, Getrennten. Eros erreicht nicht die überwesenhafte Fülle des Seins als Liebe. Hintergründig wirkt das Sein elementar als «Begriff», der somit funktional einer abstrakt geeinten, von *außen* her zur Integration kommenden Vielheit ausgeliefert bleibt, bestimmend weiter fort.

Es gibt daher für Freud keinen «Trieb zur Vervollkommnung»: «Allein ich glaube nicht an einen solchen inneren Trieb und sehe keinen Weg, diese wohltuende Illusion zu schonen»[13]. Dies ist richtig, wenn damit gemeint ist, daß alles Anzielen des «vollkommenen Seins» *gegen* die Armut seiner Todes-Entäußerung: im *endgültigen Tod* enden muß. Denn dies wäre die Illu-

[13] A.a.O., S. 44.

sion der Selbsterlösung. Falsch ist der Satz, wenn damit gesagt sein soll, daß es keine Selbstüberbietung der Freiheit im *armen* Reichtum des Seins als Liebe, d.h. in der lebendigen Einheit von Leben und Tod gibt. *Dann* wäre nämlich die «Gleichgültigkeit des Anorganischen» als solchen zum absoluten Prinzip erhoben, durch das die Vergeblichkeit des Lebens (vanité) schließlich doch (positiv?) beendet werden könnte.

Für Freud läßt sich der rastlose Drang zur Vervollkommnung «ungezwungen als Folge der *Triebverdrängung* verstehen, auf welche das *Wertvollste an der menschlichen Kultur aufgebaut ist*»[14]. Triebverdrängung aber heißt: der Mensch wehrt sich gegen das Sterben und versucht, auf dem Todesweg seine Lebensgestalt, die ja, wie wir sahen, von der Leere (ontologisch: vom Tod des logisierten Seins und *seiner* «Einheit») beherrscht wird, zu retten. Er will eine dem Tod geweihte «Einheit», die an sich selbst eine Erscheinungsform des Todes ist, am «Leben» erhalten. Kultur entspringt also dem vergeblichen Kampf gegen den Tod, dem permanenten Versuch der Selbstverewigung im «Werk», das bleiben, mich überdauern soll; nicht einer *positiven*, freien spielenden «gratuité» in der Einheit von Leben *und* Tod, die sich gerade im Gegenständlichen *nicht* sichern will, sondern «umsonst» schenkt, ein «überflüssiges» Werk schafft und austeilt. Und doch ringt Freud gerade um dieses «Umsonst».

Indes verdrängt der Mensch nicht nur Thanatos, sondern auch den Eros, der den Todeslauf gleichsam «aufstaut», ohne ihn (nach Freud) überwinden zu können, so daß er das Lebendige nötigt, den Todesweg «von einem bestimmten Punkt an nochmals zu machen».[15] Wir *verdrängen* also den Lebenstrieb, um des Lebens willen, das ein Sterben ist, und *suchen* den Tod als die einzige Verlaufsform eines «Lebens», das sich entspannen möchte, um in die «Ruhe», in den Tod einzugehen. Denn der Kampf gegen den Tod reißt den Menschen aus der Ruhe, die er doch *in* diesem Kampf gewinnen will. Er kämpft *gegen* die Ruhe um die Ruhe; in der Arbeit um das Leben, ohne *in* der

[14] A.a.O. (Hervorhebung von F. Ulrich)
[15] A.a.O., S. 43.

Arbeit zu «leben», «in labore requiem» (das Pneuma als Liebe) zu erfahren.

Somit wird die Dialektik von Leben und Tod, Reichtum und Armut des Seins a priori als *gespalten* vorausgesetzt. Das konkrete Leben ist in all seinen Vollzügen nichts anderes als der Versuch, das Zerbrochene wieder zu vereinen. Aber dieser Versuch bleibt innerhalb der Struktur der Spaltung gefangen und kann sie nicht übersteigen. Jeder Anlauf lebt von der Voraussetzung dessen, was aufgehoben werden soll. Eros kämpft gegen den Tod, dieser gegen Eros. Trotzdem «braucht» der Tod dialektisch den Eros, um die Trennung enthüllen, braucht Eros dialektisch den Tod, um das Getrennte einigen zu können. Denn die Einheit des Seins als «Fülle» wird nur abstrakt aus der aequivok dissoziierten Vielheit (dem toten An-sich) erreicht. Sie steht also von vorneherein unter dem Gesetz der Logisierung. Da sie sich jedoch als Fülle nur durch die Armut ihrer Kenosis offenbaren kann, so gewinnt sie jetzt gerade aus dem Gesetz, nach dem sie angetreten war, nämlich aus der Scheidung gegen die Kenosis, die pervertierte Möglichkeit eines Schein-Todes, als dessen Erscheinung die «Fülle» erscheint. Der Tod hingegen ist seinerseits nichts anderes als die Erscheinung der gegen ihre Entäußerung an-sich-haltenden «Lebenseinheit» des logisierten Seins, das seinen ihm fehlenden «Reichtum» in der Fülle seiner Bezüge als zur Scheineinheit integrierte «Lebensform» entwikkelt, aber diese nur als die «Gespanntheit des Toten» festhält. Jede Lebenseinheit, die in dieser Dialektik gewonnen wird, hat schon den Tod in sich und das Tote vermag allein zu einer Lebenseinheit aufzuerstehen, die als solche bloß den prinzipiellen Tod ihrer Herkunft, wenn auch in gewandelter Gestalt, vergegenwärtigt. Das Extrem des Lebens ist dem Extrem des Todes ko-extensiv. Der Tod bleibt daher *end-gültig*. Eros kann ihn nur «hinausschieben». Alle Formen kultureller «Verewigung» sind vergeblich, ohne daß Freud diese «Vergeblichkeit» (vanité) im Umsonst der gratuité lebendiger Freiheit überholt sieht. Und doch zielt er in allem «*sie*» an. Die äußerste Äußerlichkeit aller Dissoziation des Lebens fällt also schließlich mit der innersten Innerlichkeit aller Integration zusammen. Das Leben kann den Tod nicht besiegen, weil es eine Erscheinungsform desselben ist.

Wo es dies getan zu haben vermeint, dort hat es nur das Sterben verlängert. Unter dieses «Gesetz» ist ebenso jede vom Menschen her erstellte «Einheit» von Leben und Tod geworfen. (Dies gilt dann gleichermaßen für den «absoluten Begriff».)

Es erhebt sich daher die Frage: ob der Mensch im Tod nur den *Schein* der «Lebenseinheit» des logisierten Seins vollstreckt und verendgültigt; ob er hier nur jene «Einheit» gewinnt, die der Aequivocität des ursprünglich schon Toten und Zerfallenen entspricht, d.h. die als Einheit die Kehrseite des Todes ist.[16] *Oder*: ob er hier das Sein als Liebe vollzieht, das als überwesenhafte, niemals logisierbare lebendige Fülle: die «Einheit von Leben und Tod» an ihr selbst enthüllt, also *nicht* des Todes bedarf, um zu leben, und nicht das Leben «benützt», um zu sterben, sondern die reine, geschaffene Vermittlung von Leben und Tod, der wirkliche «Trost im Leben und Sterben» ist.

Gibt es diesen an ihm selbst *armen*, geschaffenen *Reichtum*, der die bloße Ambivalenz von Leben und Tod übersteigt? Der lebt, ohne «in sich» zu leben, aber ein solches Leben erhofft, daß er «endgültig» stirbt, *weil er nicht* stirbt? Das ist das Geheimnis der Seinsfrage, die ein erhellendes Licht auf das wirft, was wir «Kultur» nennen.

2. Die Dialektik von Leben und Tod in der Verendlichung des Seins als Liebe

Wir sahen, daß Freud (auf die ontologische Implikation der Ambivalenz von «Lebenstrieb und Todestrieb» oder – wie er sagt – von «Liebe und Haß» hin befragt),[17] in der Dialektik des logisierten Seins gefangen bleibt, die im «Kulturpessimismus» endet.[18] Er hat dadurch Tiefes über die Ohnmacht des Men-

[16] Dem widerspricht die Tatsache nicht, daß das «Anorganische» als solches gerade keine differenzierte, plurale Gestalt darstellt, sondern in einer gewissen «substantiellen *Einheit*» in sich ruht, wodurch die bloße «Vielheit» im Toten selbst überholt zu sein scheint. Aber, sie ist und bleibt hinsichtlich des erörterten Ansatzes, eben eine «Todes-Einheit» des Getrennten.

[17] Vgl. a.a.O., S. 271.

[18] Man braucht seine «Methode» keineswegs mit einer philosophisch-ontologischen zu «vermischen», um zu einer solchen Aussage zu kommen. Es geht nur um das Aufzeigen des ontologischen Hintergrunds dieses Ansatzes, *ohne* daß

schen ans Licht gebracht, sofern dieser in der Dissoziation von Reichtum und Armut des Seins gebunden und der Scheidung von Leben und Tod verfallen ist.

Niemand wird leugnen können, daß das «Gesetz des Fleisches» oder der «verweigerten Liebe» unser Dasein bestimmt; daß die reine Gestalt von Endlichkeit, die *lebendige* Einheit von Leben und Tod in Raum und Zeit nicht mit Händen zu greifen, nicht «fleischlich» zu hören und zu sehen ist. Wollte man sie aber, in Entsprechung zur Gegenständlichkeit des Seienden und diesem «korrelativ», als «idealtypisch» aufzuzeigen versuchen, so könnte sich mit Recht der Vorwurf erheben, daß hier nochmals in der Spaltung von Leben und Tod gedacht, ein logisiertes Allgemeines jenseits des konkret besonderten Endlichen hypostasiert werde.

Trotzdem versuchen wir dieser Gestalt der reinen, endlichen Vermittlung von Leben und Tod näher zu kommen, ihre Gegenwart mitten in der Todesdialektik von Leben und Tod zu erspüren, wobei sich der Versuch nur auf dem Weg selbst, den er einschlägt, rechtfertigen kann. Die Eröffnung des Gemeinten soll an dieser Stelle umrißhaft geschehen.

a. Der Hunger nach Sein

Der Mensch existiert von Wesen her «capax finiti et infiniti», d.h. im Horizont von Ewigkeit und Zeit, wie der Aquinate sagt. Der Hunger nach dem Unendlichen, den kein Endliches stillen kann, ist ihm eingeboren. Das «Absolute» taucht in seinem Leben aber nicht deshalb auf, weil er es in seinem Hunger «halluziniert», sondern er hungert, weil er ursprünglich schon gestillt ist, weil er das, wonach er verlangt, schon wirklich empfangen hat und zwar dadurch, daß der ihn begabende und sättigende Reichtum restlos geschenkt worden ist. Wäre die Nahrung *nur*

die Ontologie, sozusagen auf «zweiter Ebene», sich selbst der Relativität *ihres* eigenen Ansatzes entziehen und sich (nochmals) in einer hypostasierten «Schwebe» des allgemeinen Seins etablieren könnte. Gerade dann hätte sie, wie wir schon sahen, das Leben des Seins wieder *gegen* den Tod seiner Verendlichung verabsolutiert oder (besser): die Einheit von Leben und Tod als Wurzel der Endlichkeit nicht «angenommen».

«ausstehende Zukunft», so wäre der «Hunger» passive Offenheit, die gar nicht gestillt sein wollte; eine in sich verstrickte Ohnmacht, die, *weil* sie nicht von sich loskommt, durch ihr eigenes Elend sich selbst sättigt: durch Selbstvernichtung «herrscht». Die Trennung der Gabe vom schenkenden Ursprung, welcher der Hunger (appetitus infinitus) entspringt, wurzelt also darin, daß die Gabe dem Empfangenden übereignet, sein *eigen* ist. Der Hunger nach Vereinigung «wiederholt» die Wirklichkeit einer anfänglichen Erfüllung. Er wiederholt sie aber nicht im ausschließlichen Blick auf das Gesättigt-sein, sondern durch Affirmation des Schenkenden, d.h. auf die Zu-kunft der Gabe hin: vom Schenkenden her.

Diese «Wiederholung» besagt also nicht, daß in einem «konservativen» Sinne nur eine «gewesene» Befriedigung «regressiv» wiederkehrt. Dies würde bedeuten, daß die Gabe dem Empfangenden zwar einverwandelt, aber der Geber, der «größer» ist als die Gabe, verschwunden wäre. Die bloße Trennung der Gabe vom Geber, die Absorption (von oben nach unten) des Geschenkten im «Empfangenden» (der ja gerade *so: nicht* empfängt) hätte die «urbildliche Einheit» von Geber und Gabe zerstört, wodurch im «Leben» dessen, der der Gabe solchermaßen teilhaftig geworden ist, die regressive, «konservative» (Freud) Er-innerung des Empfangen-*habens* (jenseits aller wirklichen Empfängnis) in den Vordergrund treten muß. Die «Wiederholung» bringt nur das im «Wesen» (essentia) vergangene Sein als *ge-wesenes* zum Austrag. Die Kategorie des Vergangenen besetzt die «über-wesenhafte» Zu-kunft des Seins. Hieraus müßte folgen, daß die Gabe im Anfang gar nicht *wirklich* «gegeben», sondern eine Gabe ohne Geber, d.h. *keine* Gabe empfangen worden sei. Nimmt man aber die Erfüllung des Empfangenden durch die Gabe des Seins als Liebe ernst, dann kann der Hunger nicht bloße «Wiederholung» einer *vergangenen* Befriedigung sein. In ihm erschließt sich vielmehr die Transparenz des Schon-empfangenen bzw. dessen, der empfangen hat, auf den schenkenden Ursprung. Der Hunger deckt daher die unverfügbare *Zukunft* des Empfangenen auf. Nähe und Ferne des Ursprungs sind demnach nur zwei Seiten seiner «einen» Gegenwart.

Daher kann sich der Mensch nur dadurch selbst verwirklichen, daß er die beiden Dimensionen von Ewigkeit und Zeit, die ihn definieren, *nicht* gegeneinander trennt, sondern sie in der (*nicht* «als»!) Gestalt von «Einheit und Vielheit», in der Verleiblichung des Geistes und in der Form von «Ich-Du-Wir» als geschenkte Einheit zur Vermittlung bringt. Beides zusammen «Unendlichkeit und Endlichkeit» (Kierkegaard) «ist» er, aber er vermag es nicht «zugleich» zu werden. Die Struktur seiner Selbstverwirklichung bleibt «unsystematisch».

Die Vermittlung manifestiert sich deshalb *einerseits* in seiner Transzendenz in die Fülle des gegebenen Seins, aus dem er lebt und das als Gabe vom absoluten Geber her restlos in ihn hinein verschenkt ist. Das Sein enthüllt die «Einheit» des Ursprungs, dem es entstammt. Es ist «Gleichnis der Güte Gottes»[19], unantastbarer Reichtum, der von keiner Andersheit, keinem «äußerlichen Einfluß» affiziert werden kann. Sein als Liebe ist voraussetzungslos gegeben, «umsonst» geschenkt und kommt durch nichts «anderes» als durch sich selbst, d.h. aus Liebe, in die Bewegung der Kenosis. Ist das Sein jedoch solchermaßen mit dem Ursprung «eins», dann «gehorcht» es auch dem Willen des Schenkenden, d.h. es «will» gegeben sein und verendlicht sich in den Empfangenden, den der *Schenkende* in realer dialogischer Differenz der Gabe voraussetzt, auf sie «hinzieht», obwohl die Gabe das Worin ihres Empfangen-seins durch den Akt der Verendlichung sich ausräumt und von sich her eröffnet. Aus der urbildlichen Einheit von Geber und Gabe erwächst die *Trennung* beider im Sinne der «Teilung» und «Multiplikation» des Seins in der Vielfalt der Seienden.

Andererseits wird der Mensch durch seine Transzendenz dem Geber nur gerecht, wenn er dessen Gabe, das Seinsja, im Tod seiner Verendlichung annimmt und verantwortet. Die urbildliche Einheit des Seins mit Gott, die Fülle seines *Lebens* verwendet sich selbig für den *Tod.* Gott würde nichts schenken, wenn die Gabe im Anfang zurückbehalten, d. h. nicht vorbehaltlos gegeben wäre. Im Todesabstieg, im Ausgeleertwerden des Reichtums wird er selbst in dem, «was» er ist, offenbar. Die

19 Thomas v. Aquin, De veritate 22,2 ad 2.

Gabe stirbt nicht deshalb, weil sie als unendliches Sein ein «leerer Begriff» ist und des Anderen bedarf, um sich zu erfüllen. Das Sein als *Liebe* gerät nicht durch äußeren Impuls in die «Spannung» seiner Entäußerung. Nicht ein «Anderes» treibt es über sich selbst hinaus. Nein, die Gabe stirbt aufgrund ihres *Reichtums*. Der Tod ist also weder eine Funktion der Hypostasierung des Seins im Ursprung noch eine Funktion des ihm in unschließbarer Differenz vorausgesetzten «Anderen» (der materiellen Wesensformen, die das Sein empfangen, begrenzen und einschränken) oder der subsistierenden Seienden.

Die Freiheit des Ich-selbst verliert sich preis-gebend weder aufgrund ihres Nur-Reichtums *gegen* den Tod noch entäußert sie sich im «Sog» von Du-(Er) bzw. Ihr-(Sie). Gott selbst wäre tot, wenn die Gabe des Lebens nicht sterben würde. Das sich als Einheit gegen den Tod absetzende geschaffene Sein würde nur die Todesohnmacht seiner Herkunft (des Gebers) und dadurch seine eigene Nichtigkeit (als gegebene Gabe) bezeugen. Es würde jedoch zugleich diese zweifache Nichtigkeit und Ohnmacht des Ursprungs und seiner Gabe «gebrauchen», um die primär verweigerte Kenosis der Liebe zu «wiederholen» und den verdrängten Tod schließlich in anderer Form zu realisieren. M.a.W.: Die Verendlichung bzw. das Endlich-sein der Gabe bliebe eine Funktion sowohl der Ohnmacht des Schenkenden als auch der Nichtigkeit der Gabe selbst. Nicht durch die Wucht, die générosité eines Liebeseinsatzes käme sie zur Endlichkeit; nicht der Wurf des Sämanns würde das In-den-Acker-*gefallen-sein* des Samenkorns enthüllen, sondern «es gibt» («de facto») das Samenkorn einfach «drunten» im Erdreich, woraus es als sein «eigener» Anfang zu keimen beginnt.

Sagt sich aber Gott im Seinswort wirklich aus, bejaht er die endliche Freiheit unendlich an ihr selbst, dann bedeutet das Ja zum Leben des Seins zugleich vorbehaltlose Einstimmung in seine Todestrennung vom Ursprung. Der Tod des Menschen durch seine Transzendenz in das Leben des Ursprungs – und damit in seine eigene, je größere Freiheit – impliziert den Tod des Ursprungs im Akt der Kenosis seiner Gabe als Liebe: in das Leben des Menschen hinein.

b. Hunger aus dem gestillten Hunger

Was bedeutet aber der dialektische Rhythmus von Leben und Tod in der Entäußerung des Seins für die Selbstüberbietung des Endlichen als eines Lebendigen «von unten nach oben»? Wenn die Armut (Tod) des Anfangs seinem Reichtum (Leben) *nicht* äußerlich ist, dann ist das Sein als geschaffene Liebe *immer schon* verendlicht, d.h. in der Vielfalt und Mannigfaltigkeit des Endlichen zur «Subsistenz» gekommen. Der Austrag der Verendlichung kann demnach nicht durch eine reflexive Ausfaltung jenes Geschehens, das im Dasein des Endlichen sozusagen positiv und direkt geeint ist, nach oben hin fächerartig auseinandergezogen werden. Der Abstieg wird «unten» *getan* und kommt nicht durch sukzessiven Abbau der Fülle des Seins in die Armut hinein (von oben nach unten) zum Austrag. (Theologisch: *im «Anfang»*, in der reinen Endlichkeit, war (ist) der Logos des Seinswortes).

«Subsistenz» meint nichts anderes als dies: Der Tod ist dem Leben des Anfangs nicht fremd, das Sein verharrt nicht im «Ja und Nein zugleich» eines Schwebezustandes «zwischen» dem Endlichen und Absoluten. Es hat keine bloß potenzielle, nichtige Endlichkeit vor oder außer sich; nein, es ist dem Endlichen restlos preisgegeben, der «Andere» seiner selbst, «Fleisch» geworden. Das Endliche besitzt den Reichtum seines Selbstseins nicht außer sich, sondern in sich: *weil* er empfangen ist. Der in die endliche Freiheit hinein verschenkte Reichtum enthüllt somit zugleich die Armut des Endlichen, das dieser Armut im Maße des Empfangen-*«habens»*, also seines eigenen *Reichseins, inne* wird. Nicht ein ungestillter Hunger bringt das Endliche zur Transzendenz, sondern der *ausgeruhte* Reichtum seiner «Subsistenz» öffnet es in die Selbstüberbietung hinein. Sein *Leben* will *sterben*, weil es Leben ist.

Daß das Endliche durch ein Anderes, also von außen her, für *diese* Transzendenz «in Spannung» versetzt ist, besagt nur: Weil es *empfangen hat* und *dadurch* an ihm selbst reich *ist*, kann es gerade nicht (um seiner Spontaneität willen) den Anfang seines Lebensvollzugs mit sich selbst zur Deckung bringen und das (den) Andere(n) einfach von sich weg ausgrenzen.

Da das Selbst (an *ihm* selbst) als Ich-Du existiert («Ich» bin «Mir» gegeben), so ist sein Hunger nach dem Anderen die Manifestation *seines* gestillten Ich-Du-Seins an ihm selbst: Die Nächsten-Liebe und die Selbst-Liebe (= das Ja zum Bejaht-*sein*) gehören untrennbar zusammen. Sie können auch nicht dialektisch auseinander abgeleitet werden, sondern sind immer schon von einem *direkten Verhältnis* überholt, das nicht durch die Reflexion der Verendlichung der Gabe (Ich) in den Empfangenden (Mich) hinein zustandekommt, sondern Freiheit ist. Nur die Sprache der *«alltäglichen»* Liebe in der Einheit von Leben und Tod («ich sterbe täglich», Paulus) spricht hier angemessen.

In diesem Sinne bleibt der Mensch der Gabe des «einen» Seins überantwortet, das nicht nur diesem *einen* Seienden («ihm» als «Ich» = Es) *gegen* alle anderen zu eigen ist, so daß er «sich» selbst genügte. Er wäre Nur-Ich, aber kein Anderer zu Anderen (vgl. dazu die ontologische Analogie: jedes endliche «Was» [quid] = *aliud*-quid, ein anderes Was zu anderen). Im «reinen Sein» aber will der Mensch nur «Ich» sein. Indem er die Armut als Qualität der Fülle des Seins negiert, macht er sich selbst zu allem Anderen und sieht dieses nur auf sich hin, anstatt als Ich-(Du-Er-Sie) zu existieren: verdemütigt einer unter vielen zu sein. Auf das Ich=Ich hin zentriert wäre das Sein nicht geschenkt; es hätte die Todestrennung vom Ursprung in die Vielen nicht vollbracht, die Einheit von Leben und Tod nicht gelebt.

Nein, das von außen «In-Spannung-versetzt-werden» (in der Horizontalen) d.h. im Grunde: die *Unschließbarkeit* der dialogischen Differenz von Ich-Du-Wir, entbirgt vielmehr die vertikale Begabung des Seienden «von oben nach unten» und dadurch die (im Raum von Ich=Ich) ebenso niemals schließbare, nicht zu «bestehende», sondern gegebene, *da*-seiende Gabe seiner selbst an sich selbst: die Affirmation seines Selbstseins. Was Freud im Dualismus von Lebens- und Todestrieb auseinanderreißt: ist hier vereint. Je «funktionaler» die horizontale Vermittlung: umso radikaler die eröffnete Transzendenz in der Vertikalen, die «Position» der freien Subjekte!

c. Der Tod in ontologischer Regression

Allerdings vermag der Mensch von sich her der Versuchung nicht zu entkommen, die Dialektik von Leben und Tod zu spalten. Diese Dissoziation als zweideutiger Ursprung menschlicher Kultur wird uns noch beschäftigen. Vorläufig sei nur dies angedeutet: Wir sind versucht, die Gabe in ihrem Ursprung zu fixieren, sie mit dem Geber «onto-theologisch» (Heidegger) zu verknüpfen und die Einheit ihres Lebens mit der Armut der Kenosis zu verdrängen. Die urbildliche Einheit von Gabe und Geber wird dann als Nur-Leben *gegen* den Tod in die Vielheit gestellt. Der Mensch erfährt das Herz seines Selbst als ein ihm in einem Anderen entzogenes. Er versinkt als Empfangender in die reine Todes-ohnmacht der Entselbstung und «Abhängigkeit». Darin wurzelt archetypisch jedwede Regression des Lebens in der zukunftslosen Wiederholung des Gewesen-seins, in seiner Flucht zum Nur-Anderen des Ursprungs, d.h. der Tod der Selbstwerdung.

Hieraus entspringt letztlich die *Magie*, in der man versucht, sich *entweder* durch Unterwürfigkeit und Selbstaufgabe *oder* durch die revolutionäre Aggression das Vorenthaltene anzueignen. Denn die «Gabe» des Seins, die sich vom Ursprung nicht trennt, verdeckt dadurch ihre eigene Herkunft.

Der Ohnmacht des Menschen entspricht dann die Kraftlosigkeit des Absoluten. Das Sein gewinnt seine endliche Subsistenz nicht mehr durch den Riß der Verendlichung, sondern durch An-sich-halten in der Idealität des Anfangs; es saugt sich gewissermaßen am Ursprung fest und kann somit von ihm nur losgeschnitten werden oder «voll-gesaugt» von ihm abfallen, in die Endlichkeit herabstürzen (in einer Befriedigung, die, weil sie von der Quelle getrennt ist, als Kehre zum Tod sich enthüllt).

Die Gabe hält in dieser Situation den Geber gefangen, sie begrenzt und bringt ihn als den, der gibt und doch nicht gibt, in einem perversen Sinne zur «Verendlichung». Dem An-sich-halten des Seins korrespondiert also sein ohnmächtiger Sturz in die Endlichkeit, die, durch die Absorption des Ursprungs in sie hinein, zu aller Selbsttranszendenz unvermögend wird. Hier liegt die ontologische Wurzel dafür, daß alle «Gespanntheit» des

Lebendigen (in seiner Verklammerung mit dem Ursprung), nur auf einem *Todesweg* sich entspannen kann.

Brauchte der Mensch in der ersten Disposition der verweigerten Liebe nichts mehr zu verdanken, weil er, aufgrund der Verklammerung der Gabe mit dem Ursprung, nicht empfangen hatte, so verschließt er sich jetzt deshalb dem Dank, weil er in der Trennung der Gabe vom Ursprung die urbildliche Identität von Schenkendem und Gabe negiert. Er opfert das Leben dem Tod, wie er zuvor den Tod einem Scheinleben opferte.

In *beiden* Fällen wird das Sein als Liebe nicht mehr «umsonst» geschenkt: im *ersten* versucht der Knecht dem Herrn das Seins-ja zu entwinden, also die Kenosis der Gabe (anal-) aggressiv selbst zu inszenieren; im *zweiten* saugt er das Empfangene in einer pervertierten «Oralität» in sich auf und vernotwendigt dadurch die Gabe auf sich selbst hin. Der Schenkende wird einmal von der «Oralität», zum anderen von der aggressiven «Analität» dessen, der ihm unterworfen ist, abhängig. Die verabsolutierte Oralität der haben-wollenden Fixierung im Ursprung endet, wie wir sahen, im Herabsinken des Haben-wollenden in die Endlichkeit. Darin ist er einerseits (schein-)reich, zum anderen, vom Ursprung getrennt, (schein-)arm. Es bleibt also der Quell, der im *Jenseits* liegende, ferne Ursprung des Lebens nur dadurch in ihm, *in* der Endlichkeit *gegenwärtig*: daß der Knecht selbst zum Quell seiner Selbstentäußerung wird; der vormalige orale Konsum in aggressive Arbeit umschlägt. Denn im Maße wie der Mensch jetzt seine Wesenskräfte, die er durch die *Schein*-Verendlichung (der *echte* Tod im Austrag der *Einheit* von Leben und Tod in der Verendlichung der Gabe war negiert worden) in die Endlichkeit gebracht hat, aus sich heraus-lebt und entäußert, scheint er zu bezeugen, daß die Quelle, die die Oralität stillte, nicht abwesend, sondern mitten im Fleisch und Blut der Endlichkeit anwesend ist: Sie springt aus ihr selbst auf. Der Mensch stirbt somit den Tod der Aggression (nach außen); überherrscht, tötet das (den) Andere(n) in der Horizontalen, versucht aber in der Todesarbeit nur die (verlorene) Gegenwart des Ursprungs zu «wiederholen», das Da-sein des Lebens zu affirmieren (=zum Ursprung zurückzukehren). Der nicht gestorbene Tod in der Verendlichung der Gabe (des Seins als Liebe) wird als Töten nach außen gekehrt. Die verweigerte *Trennung* vom Ursprung (als dem Anderen) ist durch Töten des Anderen ersetzt, worin der Tötende als «Sieger» einerseits den Platz des getöteten Anderen einnimmt, an dessen Stelle tritt (Schein-entäußerung) und andererseits, weil der Andere tot ist, doch nur als Ich-(Leben) vorkommt. Die perverse Rekapitulation der Einheit von Leben und Tod ist offenkundig.

III. DIE DIALEKTIK VON LEBEN UND TOD IN DER SELBSTWERDUNG DES MENSCHEN UND DIE GENESIS DER KULTUR

1. Die Trennung von Leben und Tod als Wurzel a-sozialer Scheinkultur

a. Die Trennung von Lust-Ich und Realität: das Haben-wollen

Wir sahen, daß Freud, aufgrund der Logisierung des Seins, den Eros einem *gegen* seine Kenosis abgetrennten, bei-sich-selbst-seienden und selig in sich schwingenden Leben des «Ich=Ich» (Lust-Ich); den Todestrieb aber der *gegen* die Lebensfülle des Anfangs (urbildliche Identität des Seins mit dem Ursprung) geschiedenen Kenosis des Ich=Ich zur Pluralität des konkret Wirklichen (Realitätsprinzip) hintergründig zuordnete. Hieraus ergeben sich für das Verhältnis von Kind und Eltern entscheidende Konsequenzen.

Eingelassen in die *für sich gesetzte* urbildliche Einheit mit seinem Ursprung *muß* die Liebe des Kindes anfänglich «auto-erotisch», d.h. «haben-wollend» sein. Es lebt in einem «narzißtischen Eros», im reinen «Lust-Ich», dessen physiologische Grundlage die Beziehung des Kindes zum «bonum diffusivum sui» der Mutterbrust ist. Freud glaubt, daß jede spätere Liebesbeziehung von Ich und Du das In-Bild dieses *Anfangs* wiederhole. Liebe zu sich selbst und Liebe zum «Anderen», Ich-libido und Objekt-libido sind an der Wurzel noch *nicht* dissoziiert.

Aber: diese ursprüngliche Einheit kann als solche nicht gewahrt werden; die «spielende Existenz», in der Innen und Außen noch nicht unterschieden werden, läßt sich nicht «halten». Denn das «auto-erotische Lust-Ich» erfährt die *Unmöglichkeit* einer durchgängigen, ungebrochenen Identifikation mit dem Anderen, der ihm den personalen Inbegriff aller «Realität» repräsentiert: «Ich» ist *nicht* die «Realität». Dies nicht nur deshalb, weil die Realität, mit der das «Lust-Ich» eins ist, sich immer wieder «entzieht», sondern auch darum, weil das «Begehren» *als sol-*

ches die Differenz von Subjekt und Du (Objekt) setzt. Das Haben-wollen gibt nicht «frei», es läßt nicht produktiv «sein», denn es «glaubt» sich nicht als an ihm selbst erfüllt, zur eigenen Subsistenz befreit. Ihm bleibt die Gabe und in ihr der Geber äußerlich.

Die Spaltung bricht daher von *zwei* Seiten her auf. Dem Haben-wollenden ist die Gabe im Ursprung «vorenthalten», *weil* er «haben» *will.* Daher ist ihm *einerseits* die Einverwandlung des Entzogenen, *andererseits* aber auch die Trennung von dem notwendig, der, *weil* er sich vorenthält, das Haben-wollen gerade provoziert. Schon im Anfang taucht die *Trennung* von Leben und Tod auf.

Da das Kind sein Ich als im Selbst des Mutter-Du aufgehoben und sich von einem Anderen her als «es selbst» bejaht (oder verneint) erfährt, kann es sich der «urbildlichen Einheit» mit seinem Ursprung nicht entziehen. Zugleich sagt sich der Schenkende in der plastischen «Grenzenlosigkeit» (analog zum «Sein als Gleichnis Gottes») im Lust-Ich «restlos» aus. Hier scheint somit die urbildliche Einheit mit dem Anderen auf der «Seite» des Kindes und seines «Narzißmus» («Ich und der Andere (Ursprung) sind eins») erfüllt zu sein.

Deshalb entbirgt sich der Anfang als «Widerspruch»: die Seligkeit der Unmittelbarkeit im «reinen Sein» ist für sich selbst (jenseits der Abhängigkeit) ein «reines Nichts». Denn das Kind ist (für sich) im Mutter-Selbst «alles». Würde es sich diesem entziehen, müßte es in den Tod versinken. Im Anfang dieses Seins ist alles, was werden kann, *gewesen.* Aber das Kind ist im Anderen auch «noch nicht» an ihm selbst bejaht. Das «Sein» in der Form des «reinen Lust-Ich» ist «Nichts». Es ist alles und muß doch erst alles werden. Im Sein des Anfangs enthüllt sich also die unmittelbare Einheit von Zu-kunft (alles wird, weil Sein «nichts» ist) und Vergangenheit (alles ist im Anfang gewesen). Solchermaßen lebt das Kind scheinbar in der «reinen Gegenwart» des Anfangs, in dem Vergangenheit und Zukunft sich selbig füreinander verwenden.

An diesem Ort wird der Anfang der hegelschen *Logik*: «Sein-Nichts» gewissermaßen konkret anschaubar, aber auch in seiner tiefen *Zweideutigkeit* relevant. Denn die «Armut» des

Lust-Ich, aus der die *Trennung* von der Mutter, also die Kenosis ins Selbstsein des Kindes entspringt, wird nicht als ein Resultat der positiven urbildlichen Identität von Mutter und Kind in der Liebe erfaßt (générosité). Die Armut ist vielmehr eine Funktion des für-sich-seienden und *deshalb* sterbenmüssenden «Lust-Ich», das in der «reinen Einfachheit» des Anfangs *alles*, aber so: «nichts» ist. Die Trennung entstammt nicht dem Reichtum der ursprünglichen Einheit in der freigebenden Liebe. Sie deutet sich bloß *negativ*, sofern das Ich=Ich im «reinen Sein» an-sich-hält, die Verendlichung der zu empfangenden Gabe verweigert, in der «reinen Einfachheit» bleiben will: und *dadurch* seiner Todesohnmacht überführt wird. Der autoerotische Narzißmus ist an ihm selbst nicht wirklich arm. In ihm wird der Andere als «ich selbst» geliebt. Und eben hier scheint die Zweideutigkeit auf.

b. Die Zweideutigkeit der Trennung

Das «Ich=Ich» *kann* einmal bloße Aufhebung des Anderen in mich hinein bedeuten, bzw. Logisierung des Du im Selbstbewußtsein des «reinen Seins», indem «Ich» für sich «alles» ist (zu sein scheint). Es *kann* auch bedeuten, daß das Selbst des Kindes, das sein «Ich» von Mutter und Vater als Gabe an sich selbst empfängt, immer schon als vom Ursprung «getrennter» Anderer in unverfügbarer *eigener* Subsistenz gemeint ist; daß seine Zukunft von der Mutter her in ihm selbst schon *gewesen* ist, d.h. das das Sein als Liebe sich *nicht nachträglich* zu seiner Epiphanie in der urbildlichen Einheit von Mutter und Kind, sondern «immer schon» verendlicht hat. In beiden Fällen ist das «Ich» im «Allgemeinen» (urbildliche Identität) und im «Besonderen» seines Selbst situiert! Aber, es kommt darauf an, ob die Vermittlung («Ich» als Gabe an «Mich»-selbst) bloß auf der Basis des «Allgemeinen und Besonderen» ausgetragen wird, oder ob sie aus dem Sein als Liebe, das *diese* Dialektik sprengt, und als in ihm beheimatet gelebt wird.

Das Kind ist zum «Vernehmen» seines Ich von der Mutter her nur fähig, weil es *an ihm selbst* sich immer schon empfangen *hat*, d.h. ein «Ich-Du», ein Ich *und* der Andere ist, ein

«Verhältnis, das sich zu sich selbst verhält»[20]. Von hier aus gesehen *kann* «Lust-Ich des Narziß» bedeuten: ich schaue mich selbst als Ich-Du an und affirmiere mich darin als Ich, als welches ich mich empfangen habe. Ich bin imstande, an mir selbst der Andere zu sein, *nicht* durch bloße Introjektion eines Anderen in mich hinein, sondern aufgrund der entäußerten Liebe, die «mich»: mir selbst geschenkt, meine Einheit mit dem Anderen *durch* die Trennung enthüllt hat; dadurch, daß ich durch die Trennung an mir selbst «Ich und der Andere» (ein Ich-Du) geworden bin.

Dies besagt, daß das Mutter-Du und die Realität (alles Andere), die dieses Du mir vergegenwärtigt, nicht eine bloß *gegen* mich getrennte Andersheit ist; daß nicht erst die Ich-Bildung die Realität zum adaequaten Objekt des Es umgestaltet, sondern daß das Ich-Du-Sein *an mir selbst* alles Andere mir in apriorischer Vollendung: als immer schon *innerlich* enthüllt. Ich komme zum Du, *weil* ich (ontologisch) schon bei ihm *gewesen* bin; ich bin zur Realität fähig, weil ich immer schon in sie eingelassen bin. Aber so, daß ich den Anderen und die Welt nicht in mir selbst antizipieren kann. Sie bleiben «Zu-kunft», da der Austrag des «Ich bin Mir gegeben» für mich *unschließbar* ist. Die Trennung wird in der Form des Empfangens (= des Dankes) vollzogen.

Die vorgängige Spaltung von Lust-Ich und Realität («Sein» und «Verendlichung» zur konkreten Subsistenz als Ich-Du an mir *selbst*) macht jedoch für Freud *diese* Vermittlung unmöglich. Trägt das Kind sein Selbstsein aber nicht in der Gestalt von Ich-Du *an ihm selbst* aus, so muß es die Dissoziation beider erst «nachträglich» überwinden. *Dann* sucht es die erfahrene Isolierung seines Lust-Ich gegen die Realität des Anderen dadurch aufzusprengen, daß es sein Ich *im* entzogenen Anderen durch Aggression einholt, bzw. in der Oralität der «urbildlichen Einheit» im Du fixiert bleibt. Es will die Lichtsphäre des «reinen

[20] «Das Selbst ist ein Verhältnis, das sich zu sich selbst verhält, oder ist das an dem Verhältnisse, *daß* das Verhältnis sich zu sich selbst verhält; das Selbst ist nicht das Verhältnis, sondern *daß* das Verhältnis sich zu sich selbst verhält». S. Kierkegaard: «Die Krankheit zum Tode», WW (Diederichs), Abt. 24/25, S. 8. (Hervorhebung von F. Ulrich)

Seins» nicht verlassen und, wenn es sie verlassen muß, dann so, daß es die Trennung aus der Erinnerung an die «verlorene» Einheit wiederherstellt: auf einem regressiven Lebensweg, also bloß *scheinbar* nach vorne. Denn dem Lust-Ich (als dem sinnlichen Repräsentanten der Schwebe im «reinen Sein») kann nichts äußerlich sein, außer das Nichtsein, so daß die Assimilation alles Anderen in *diesem* Lichte gerechtfertigt zu sein scheint.

Da aber Aggression den «Tod» impliziert, denn die «Einverwandlung» des Anderen in mich beruht sowohl auf einer *Entäußerung* des Ich=Ich als auch auf der Todesentäußerung des Anderen, der jetzt aufhört, ein nur *gegen* mich Geschiedener zu sein, so «wiederholt» die Aggression jene Trennung, die zuvor, im Festhalten des Ich=Ich an sich selbst, verdrängt wurde. «Verdrängt» in einem doppelten Sinne: durch nicht sterbenwollende Oralität (in der «urbildlichen Einheit» mit dem Anderen) und durch Vorwegnahme des Du in mir als einem sich selbstgenügenden «Ich-Du», das sich auch nicht vom konkreten Anderen zu «trennen» braucht, da das, *wovon* es sich trennt, *schon immer* «in ihm ist». Die Aggression übersetzt somit (durch die Entäußerung) das Ich=Ich in den Anderen hinein. Das Ich «bildet» sich in die Realität aus und wird von sich selbst scheinbar «frei». Zugleich rückt dadurch das «fremde Andere» in das Ich ein. Indem die Welt und der Andere aggressiv beherrscht werden, wiederholt das «Ich» jenen Tod, den es in der Einheit von Leben und Tod (seiner Selbstwerdung in der *Liebe*) *nicht* gestorben ist. Der Todeswunsch des Lust-Ich (als Ich=Ich und als monadische Individualität, also als Allgemeines und Besonderes) verwandelt sich in den Wunsch zu töten, in die Gewalt über den Anderen, weil «Ich» den Tod an ihm selbst als die Form seines *Lebens* nicht austrägt, nicht in der Einheit von Leben und Tod lebt.

Nun «wird» das Ich=«Ich» durch Aggression ein Ich-«Du»; aus den vormaligen An-sich-halten heraus scheinbar frei, weshalb der Prozeß der Vermittlung zur Intersubjektivität oder die Dynamik der arbeitenden Sozialisierung der bloßen *Sicherung* einer im Grund entäußerungslosen, in sich ungeschiedenen und von allem Anderen geschiedenen «In-dividualität» dient. Ein aggressiver Selbstverlust im Dienst der *vermittelten*, durch Todesentäußerung entbundenen Ich-Gewinnung! Das Ich «macht» seinen Tod, den es in der *Einheit* von Leben und Tod als sein *Selbst* nicht annehmen wollte.

Gesellschaft wächst hier durch die Flucht vor der echten Todestrennung; aus der Angst, das «Selbstsein» zu verlieren, wenn man den Anderen verläßt. Die Gruppenbildung als Repräsentation des «umgreifend Allgemeinen» wiederholt die Fixierung des nicht-sterben-wollenden Ich in der pervertierten «urbildlichen Identität» mit dem Ursprung. Es vollzieht sich eine Form von «Transzendenz» des Ich, das sich selbst *nicht* aufgeben will, also regressiv in der Verklammerung des Seins mit Gott gebunden ist und durch seine Scheinkenosis die *Gesellschaft mit Gott selbst zu identifizieren* beginnt: weil es als Ich a-sozial ist!

c. Verlorene Transzendenz und Scheinkultur

In Wirklichkeit aber kann die urbildliche Einheit von Ich und absolutem Du, das die Eltern dem Kinde vergegenwärtigen, nur dadurch zur Sprache kommen, daß das Kind im Anfang sein Ich vom Ursprung her als in sich hinein verendlicht erfährt; daß es den Anderen (durch die bejahte Kenosis der Ich-Gabe an sich und in sich): *in sich selbst* vollzieht. Erst dann ist es imstande, das konkret begegnende Du anzunehmen, der Realität zu vertrauen. Erst aus dieser apriorischen, dialogischen Verfaßtheit als «Ich-Du» wird es selbst zum konkret begegnenden Anderen seiner selbst vermögend und offen. Allein *so* bekundet es die Einheit mit dem Ursprung, sofern es Zeugnis davon ablegt, daß es sich von ihm her empfangen hat. *Darin* affirmiert es den Schenkenden und wird vertikal und horizontal zur liebenden Selbstentäußerung, d.h. zum erkennenden und wollenden «Werden des Anderen» frei.

In dem Maße also, wie die Eltern dem Kind im Raum der urbildlichen Identität das Geheimnis der Liebe eröffnen, kann sich das Kind auch um so tiefer, in einem vorbehaltlos *absoluten* Sinne, als Gabe an sich selbst *und* in sich selbst bejahen. Es ist vom Anfang her nicht nur endlich, sondern «unendlich», weil im Zuge des absoluten Ja, durch die Ferne eines absolut gegenwärtigen unendlichen Du, auf sich bezogen: sich geschenkt. Es ist seiner selbst in einem «unendlichen» Sinne entäußert und somit «*unendlich*» fähig, auf die Seite des Anderen zu treten, gerade dort, wo es im beschränkten Raum des Daseins den «Nächsten» bejaht.

Wird aber die Todestrennung vom Ursprung ausgeklammert, will der Mensch sein Ich=Ich erst nachträglich durch bloße immanente Sozialisierung zur Entäußerung bringen, dann zerfällt der Bezug von Ich-Du und Ich-Welt. Jeder Versuch, ihn auf der Basis des Zerfalls wiederherzustellen: endet in einer *Schein-Kultur.*

In *dieser* Kultur versucht der Mensch das «Dasein um seiner selbst willen» durch progressive Vergegenständlichung zu schaffen, indem er sich in einer Schein-Kreativität seiner selbst entäußert, sich ausspielt, aber nicht aus «Überfluß» (er muß sich ja erst gewinnen!), sondern aus dem «Hunger» nach sich selbst, um sich einen «bleibenden Namen» zu machen. Das Kultur-Werk fällt dadurch ins Gegenständliche ab und die Freiheit verstellt sich selbst als lebendiges Kunstwerk (in der lebendigen Einheit von Leben und Tod) durch «Kunst», die sie «braucht» (also nicht wirklich «umsonst» hervorbringt), weil sie «sich» haben, besitzen will. Das «Werk» deformiert und zerbricht die lebendige Gegenwart von Freiheit zu Freiheit in der Einheit von Leben und Tod.

2. Das «Lust-Ich» und die Spaltung von Geist und Leib. Die versuchte Vermittlung der Dissoziation in der Scheinkultur

a. Die negative Physiognomie des Geistes und Freiheit im Leib-Sein

Kehren wir an diesem Punkt nochmals zum Anfang der Überlegungen zurück. Wir sahen, daß der echte «Automorphismus» (E. Neumann) des Kindes mit dem freudschen «Narzißmus» *nicht* identisch ist. Denn die dem Ich als Selbst immanente Du-Beziehung läßt sich nicht eliminieren. Die Selbst-Liebe gelingt nur durch das Arm-werden auf den Ursprung hin, d.h. im Ja zum Empfangen-haben.

Kommt die personale Vermittlung von Ich-Du im frei-gegebenen Selbst des Kindes nicht zustande, dann dissoziiert das kindliche Selbst in ein «ideales» und ein «empirisches» Ich, analog zur Spaltung der Verendlichung der Gabe in die *ideale* Schwebe des Seins und die dumpfe *Faktizität* des «Realen».

Das «ideale Ich» gewinnt im Raum des selbständigen «Selbst der Mutter» die Züge des Sicheren, Klaren, Eindeutigen und Allgemeinen, das der zufälligen Beliebigkeit des faktischen Ich in seiner Todesnot und leiblichen Anonymität enthoben ist. Umgekehrt zeigte sich, daß die lichte Seinsschwebe nur die Kehrseite der unvermittelten Substantialität des isolierten materiellen Lebensgrundes ist, dem Freud das «Es» zuordnet.

Daher kann man sagen: die «urbildliche Identität» des Kindes mit der Mutter vollziehe sich in der *biologischen* Es-Sphäre des «reinen Lust-Ich». Sie sei also elementar in die sinnliche Libido eingelassen; dort sei die ursprüngliche «Ganzheit» zu finden. Hingegen sei der Bezug zum idealen, «geistigen» Ich ein Resultat der verdrängten *leiblichen* Libido, ein Reflex der Tatsache, daß sich das Ich als Gabe (von der Mutter her) dem in der «freien» Leiblichkeit wohnenden Selbst des Kindes nicht geschenkt hat bzw. nicht zur Fleischwerdung gekommen sei, und eben dadurch die Leiblichkeit (und das Es) von außen her inadaequat beschränkt würden. «Geist» wird, von hier aus gesehen, *entweder* der «Rest» des nicht-verendlichten Lebens des Seins (Leben *gegen* Tod) *oder* die harte Kruste einer Leiblichkeit, die an ihrem äußersten Rand erstarrt (Tod gegen Leben), *weil* sie *nicht plastisch* die Fülle des restlos entäußerten Seins als Liebe: *verleibt* zu leben vermag.

Die Spaltung von Geist und Leib hat unter dieser Voraussetzung ihren Grund darin, daß die Entäußerung des Seins als «Liebe», d.h. die Trennung des Kindes vom Ursprung (der *Tod*) verdrängt worden ist. Die nicht losgelassene, an-sich-haltende Idealität des Seins (der «Geist») zieht das Ich gleichsam aus dem Verleibt-Sein in die «Einheit» eines hypostasierten Anfangs (die «urbildliche Identität» mit dem Ursprung) zurück und treibt auf diesem Weg das Kind andererseits regressiv in die (vom Kinde) festgehaltene Autoerotik der Leiblichkeit zurück, die aber, weil sie der (entzogenen) Einheit nicht teilhaftig ist, die Seinsfülle nicht «lebt», d.h. ihre eigene Liebeskraft (Libido) auch nicht allseitig (polymorph) darleben kann.

Die Dimension des Geistes (und mit ihm alle «Kultur») gewinnt dadurch ganz folgerichtig eine *negative* Physiognomie! Das primäre Lust-Ich einer in sich schwingenden «Animalität» wird zum Prinzip, an dem die Entfremdung des Menschen in die Sphäre des logisierten Seins hinein gemessen werden kann. Konsequenz: der Mensch «verdrängt»; er spaltet die Einheit von Reichtum und Armut der Libido auseinander und *deshalb* gibt es für ihn das spezifische Todesphänomen der Trennung von Leib und Seele.

Aber das «Tier» verdrängt nicht. In seinem rein biologischen An-sich-sein *scheint* die Kenosis des Seins aus der Idealität in die Realität hinein vollendet zu sein. Es «denkt» ja auch nicht über das «Bestehen oder Nicht-Bestehen» der Verendlichung des Seins nach. Es ist «schuld-los», schuldet den Austrag des Seins als Gabe nicht. Es ist gewissermaßen immer schon dort, wohin der Mensch erst durch den *geistigen* Vollzug der Einheit von Leben und Tod gelangen «will»: im «Umsonst». Da er dieses Umsonst nicht (wie das «Tier») lebt: schafft er Kultur, den Raum des «Um-seiner-selbst-willen», die Sphäre, in der nicht Leben *gegen* Tod, nicht Tod *gegen* Leben steht. Aber, *dieses* Umsonst fällt aus ihm heraus. Es «ist» nicht der Mensch. Deshalb muß für Freud alle Kultur letztlich *scheitern*.

Hieraus ergibt sich, daß man versucht ist, die *Neurose als Ursprung aller Kultur*, als eine Defizienz der animalischen Integrität zu deuten, in die hinein das (*gegen* den Tod) in den «Himmel» des Ursprungs entrückte Lust-Ich zur Verendlichung, d.h. jetzt zur «Realität» (die ihm zuvor noch äußerlich war) gebracht werden *muß*.

Nur die Rückkehr zur «Leiblichkeit» bringt dann Erlösung, aber nicht im Sinne eines Abstiegs von oben nach unten, denn das «Oben» («Sein») ist «Nichts»; sie ist als Rückkehr vielmehr schöpferischer, umsonst-getaner Anfang und zwar dort, wo Ich präsent bin: im Leib, besser: *als* Leib. Also: kein Versuch «sich» zu verleiblichen, sondern, dort zu sein, wo man «immer schon» ist. Nicht Geist (Leben) gegen Leib (Tod) oder Geist (Tod) gegen Leib (Leben), vielmehr Einheit von Leben und Tod im Leib-*Sein*!

Nietzsche sagt: es gehe um «den *Leib* und seine große Vernunft».[21] Er wird das Kriterium der vollzogenen oder nicht vollzogenen Entäußerung. Und Marx ringt in seinem «positiven Humanismus» um eben diese Verleiblichung als Gewähr der präsenten, daseiend gewordenen Menschlichkeit «durch und für den Menschen». Dadurch würden die «haben-wollenden Sinne» (Marx) des individualistischen Ich-Kapitalismus zu «menschlichen Sinnen», in denen Freiheit einerseits entäußert, andererseits um ihrer selbst willen, d.h. nicht unter der «Herrschaft der Sachen», gegenwärtig sei.[22]

[21] «Und dies redlichste Sein, das Ich – das redet vom Leibe, und es will noch den Leib, selbst wenn es dichtet und schwärmt und mit zerbrochenen Flügeln flattert» (WW (edit. K. Schlechta) II, S. 298). «Aber der Erwachte, der Wissende sagt: Leib bin ich ganz und gar, und nichts außerdem: und Seele ist nur ein Wort für ein Etwas am Leibe. Der Leib ist eine große Vernunft, eine Vielheit mit *einem* Sinne, ein Krieg und ein Frieden, eine Herde und ein Hirt» (S. 300). «‹Ich› sagst du und bist stolz auf dies Wort. Aber das Größere ist, woran du nicht glauben willst – dein Leib und seine große Vernunft: die sagt nicht Ich, aber tut Ich» (ebd).

[22] «Frühschriften»: «Das Auge ist zum *menschlichen* Auge geworden, wie sein *Gegenstand* zu einem gesellschaftlich *menschlichen,* vom Menschen für den Menschen herrührenden Gegenstand geworden ist. Die *Sinne* sind daher unmittelbar in ihrer Praxis Theoretiker geworden. Sie verhalten sich zu der *Sache* um der Sache willen, aber die Sache selbst ist ein *gegenständliches menschliches* Verhalten zu sich selbst und zum Menschen und umgekehrt. Das Bedürfnis oder der Genuß haben darum ihre *egoistische* Natur und die Natur ihre bloße *Nützlichkeit* verloren, indem der Nutzen zum *menschlichen* Nutzen geworden ist» (Hrsg. v. S. Landshut, Stuttgart 1953, S. 240/241).

Im Werk der Kultur sind *jetzt* Haben und Besitzen-wollen eliminiert. Denn dort, wo die Sache selbst zum Menschen sich «menschlich» verhält, steht sie im Lebensraum der Freiheit; ist sie kein *gegen* diese geschiedenes Anderes, das ich mir erst egoistisch einverleiben (oder an das ich mich ebenso egoistisch verlieren müßte, damit ich mich auf den Gegenstande einlasse, mich ihm überlasse). Insofern lebt das Kulturprodukt «als solches» *in* der Einheit von Leben und Tod, es *kann* sein und kann *nicht sein*! Es ist vom Kunstwerk der Freiheit als Leib-Sein getragen und überholt, weil das Kulturprodukt im Leib-Sein seiner Erlösung teilhaftig, d.h. selbst «Freiheit» geworden ist.

b. Kultur als Überwindung von Gegen-Welt und Gegen-Mensch

Dem bloßen Begehren und Besitzen-wollen steht das vorenthaltene Sein im Anfang *gegenüber*. Das entzogene Ich im Selbst der Mutter vergegenwärtigt daher dem Kind die Welt als die Dimension seiner Selbstentfremdung. Welt ist «Gegenwelt», Du-(Ich) ist Gegen-Du (Ich). Nur durch den Tod des Anderen findet sich dann das Ich.

Aber dieser Widerspruch, diese Zerfallenheit der Freiheit bleibt im Anfang in den Horizont des an-sich-haltenden, «reichen» *Lust-Ich* eingelagert. Das Sein ist «logisiert» in Besitz genommen und so entdeckt der Mensch mitten in der Dissoziation der Entfremdung gerade das Instrument ihrer scheinbaren Überwindung; jenen Raum, der «alles» einschließt: die *durch* das An-sich-halten aufgerichtete Schwebe des «Seins als solchen». Also: die Entzogenheit meiner selbst (als nicht gegebene «Gabe») im Anderen schenkt mir geradezu die Macht, durch die ich meine eigene Selbstentfremdung, die Gefangenschaft im mich von außen her bewegenden Gesetz einer nur fordernden, nicht schenkenden, gegenständlichen Du-Welt aufsprengen kann. Die Spaltung von Leben (Selbst des Ich *im* Du) und Tod (Trennung des Ich-Selbst vom Du) erstellt ihre eigene Aufhebung in der Gestalt des alles in sich fassenden «reinen» Seins.

Auf diesem Weg erscheint die menschliche Kultur als die progressive Einverwandlung der Gegen-Welt und des Gegen-Menschen in eine Ich-Welt und ein Ich-Du; als der Versuch, die in den Anderen hinein «verzweckte» Freiheit aus dem bloßen Gebraucht- und Verbrauchtwerden heraus – und in das «spielende» Dasein «um ihrer selbst willen» hereinzuholen. Dieser Versuch endet allerdings wieder in einer *Scheinkultur*, da er von der Entselbstung des Menschen in der Barbarei des logisierten Seins her lebt, das die Dialektik von Einheit und Vielheit, Leben und Tod nur zum Schein vollzieht.

c. Das Ringen um die ursprüngliche Einheit von Leben und Tod in der Versöhnung von Es–«Über-Ich»–Realität: durch das Ich

Die eben skizzierte Vermittlung impliziert noch eine andere «Notwendigkeit». Die negative Urbeziehung des Kindes zur Mutter eröffnet, wie wir sahen, die Hypostasierung des Ich im Selbst der Mutter. Dadurch wird das Ich des Kindes seinem unbewußten Selbst («Es») entrückt, das, aufgrund der verweigerten Kenosis des Ich von der Mutter her und ins Selbst des Kindes hinein, a priori als ich-los erfahren wird. Ich und Es sind gespalten. Das «Ich *am* Es» kann somit nur durch deformierende Verdrängung (bzw. durch Sublimierung des Verdrängten) des Es wachsen. Andererseits schenkt jedoch gerade das im logisierten Sein hypostasierte Ich des Kindes dem Es (als dem Element des Lust-Ich) die Möglichkeit, sich das anzueignen, was ihm, aufgrund der negierten Verendlichung des Ich in das Es, noch vorenthalten ist. Die Spaltung von Ich und Es wird Bedingung der Möglichkeit für den *Realitäts*-bezug des Es und dadurch der Grund für eine Synthese des vormals Gespaltenen, also einer Überwindung der Dissoziation von Ich und Es.

Darüberhinaus zeigt sich, daß die Einheit von «Ich und der Andere» im Lust-Ich (Sein=Sein) dem Kind die Mutter innerlich sein läßt, obwohl das Kind erfährt, daß die Mutter (Realität) sich ihm immer wieder entzieht. In der Seinsschwebe, die die Trennung negiert, gewinnt also das Kind nicht nur die Möglichkeit, sich das Andere als Realität (im Ganzen) einzuverwandeln, es vermag auch von diesem Punkt aus jene Instanz einzuholen, die ihm sein «Ich» noch vorenthält. Dies geschieht durch die Introjektion des Über-ich, wodurch der Andere «zugleich» innen und außen ist.

In diesem Prozeß rückt das zuvor gegen das Es gespaltene Ich «kenotisch» in das Es ein, auf welchem Weg das Es nun der zuvor vorenthaltenen Realität näher kommt. Solchermaßen geraten Ich-Es: Über-Ich-Realität progressiv in ein «harmonisches» Verhältnis, in dem, wie leicht einzusehen ist, nichts anderes vollbracht werden soll als der Austrag der Vermittlung von Leben und Tod im Sein als Liebe. Die ganze Psychoanalyse Freuds ringt *darum*!

d. Lust-Ich und Sein als Gabe

Terminus dieses Geschehens bleibt (ausdrücklich oder unausdrücklich) die durch die *Annahme* des zuvor verdrängten Todes zu sich selbst «befreite Leiblichkeit» als «Mensch», dessen Verdrängungen erlöst werden sollen. Das Lust-Ich wird biologisch qualifiziert, wobei ihm (ontologisch gesehen) das logisierte Sein in seiner «abstrakten Identität» entspricht.

Die «Lust» wird also hintergründig an das *verbegrifflichte* Gute gebunden: «Lust» als dunkle Kehrseite eines purifizierten: «puritanischen»: «reinen Seins», in der Gestalt des zum Gesetz logifizierten Guten, das kein «diffusivum sui» in der Einheit von Leben und Tod ist. Deshalb mußte Freud die Lust narzißtisch isolieren und das Lustprinzip vom Realitätsprinzip (mehr oder weniger) scheiden, wodurch das Ich keine andere Funktion haben kann als zwischen dem Es, der Realität und dem Über-Ich zu vermitteln. Es dient als werkzeugliches, rationales Ich der «Anpassung» an die Realität. Lust entspringt also nicht primär dem *Bezug* zum lebendigen Guten, zum Sein als Liebe, das «in den Dingen ist». Zu diesem Sein als dem Guten ist der «Verstand» des Ich unvermögend, da er an der Logisierung des Seins festhält. «Unlust» besagt jetzt «Erregungsanstau», der innerhalb der Ich-Kruste im Es tobt. «Lust» bezeichnet den Zustand der zum «Gleichgewicht zurückgekehrten Erregung». Der Verbegrifflichung des Seins korrespondiert die psychische *Quantifizierung* von Lust und Unlust. Beide werden auf die Animalität des «Es» reduziert.

Die aus dem leibhaftigen Ich-Du-Sein des kindlichen *Selbst* entspringende Lust fehlt.

Für Thomas v. Aquin hingegen bedeutet «Geist» nicht Dissoziation des Selbst durch seine Gefangenschaft in der entzogenen Gabe (=Nicht-Gabe) des logisierten Seins, sondern das Vermögen zum Austrag der Einheit von Leben und Tod als Liebe: in der Vermittlung von «urbildlicher Identität *mit*» und (durch) «Trennung *vom*» Ursprung. Die Lust ist für ihn daher eine Frucht der Liebe: «Alle Wesen begehren nach Lust, wie sie auch nach dem Guten verlangen. Doch erstreben sie die Lust um des Guten willen und nicht umgekehrt. Es folgt also nicht, daß Lust das größte Gut und ein Gut in sich selbst sei, sondern daß jegliche Lust aus einem Guten entspringe, und daß auch dem, was das höchste Gut und durch sich selbst ein Gut ist, eine Lust entspringe».[23] Denn ein jedes Wirkliche «wird zu einer Quelle der Lust, insoweit es geliebt wird».[24] Die Lust ruht im Sein als Liebe aus. In ihr ist das Begehren gestillt, ruhig in sich selbst lebendig. Sie vollendet sich im leibhaftigen Liebesspiel, in dem die «Erregung» allseitig beruhigt ist und nicht in die kalte Notwendigkeit einer auf die Genitalfunktion beschränkten «Energieabfuhr» sich «einschließt». Die Liebe spielt verleibt im *ganzen* Leib, der sich als Ur-Akt der Liebeshandlung enthüllt, Gegenwart der *ganzen* Freiheit wird, die die *ganze* Freiheit des Du meint, *auch dann*, wenn sie sich in die Besonderung der pluralen Funktionen des Leibes hinein bricht und darin ausspielt. (Hier somatisiert sich das, was die christliche Spiritualität «Jungfräulichkeit» der eucharistischen *Ganz*-Hingabe nennt: nehmet und esset, das ist nicht ein Teil von mir, sondern das bin ich selbst: Leib = Liebe.)

Da die Einheit der Liebe in ihrem Reichtum an ihm selbst arm ist, so gehört die Todestrennung in das Wesen der Lust als Frucht der Liebe. Hier entsteht die Unlust erst im Maße der verweigerten Liebe, also durch die Verdrängung der Einheit von Leben und Tod.

Der Lust des «Narzißmus» aber muß eine jede Störung seiner befriedeten und doch leeren Gleichgültigkeit als «Unlust» empfinden, da sie den Tod ausschließt, das Opfer negiert und dadurch *verdrängt*. Diese Verdrängung resultiert aus einer vorgängigen Substanziierung des überwesenhaften Seins als Liebe in der Leiblichkeit, die ihre sie übersteigende lebendige Einheit im Sein in der Trennung nicht austragen will, also verdrängen muß.

Die Verdrängung bezeugt daher nur in einer *pervertierten* Form, daß die Fülle des Seins als Liebe zwar ganz und restlos

[23] S. Theol. I-II, 2,6 ad 2.
[24] S. Theol. I-II, 31, 6.

empfangen ist, aber niemals mit dem Seienden zur Deckung kommt, d.h. als überwesenhafte Fülle unantastbar bleibt: nicht deshalb, weil sie sich vom Ursprung nicht getrennt hätte, sondern *weil* sie verendlicht *«ist»*.

3. Die Dialektik von Leben und Tod als Selbstwerdung durch kulturelle Selbstempfängnis der Freiheit

a. Ich-Es-Realität und die «Unschuld des Geistes»

Das bisher Gesagte zeigt, in welcher Zweideutigkeit das Verhältnis von «Lustprinzip» und «Realitätsprinzip» bei Freud verstrickt ist. Das Lust-Ich setzt die Realität a priori «außer sich», weil es seine Selbigkeit nur durch den Ausschluß (Negation) des Anderen erhalten zu können glaubt. Zugleich ermächtigt es eben diese seine («ontologische») Disposition dazu, das ausgeschlossene Andere zu negieren, so, daß es zwischen «Selbstsein» und «Abhängigkeit» hin- und herschwingt. Es oszilliert gleichsam im Widerspruch von Sein=Nichts, worin es einerseits unendlich «reich», andererseits «leer und nichtig» ist. Ein Blick auf das, was Kierkegaard in «Der Begriff Angst» sagt, vermag uns in dieser wichtigen Problematik ein wenig weiterzuhelfen.[25]

Kierkegaard entdeckt das Phänomen, das Freud als «Lust-Ich» bezeichnet, in der «Unschuld des Geistes», die dem «unmittelbaren Wissen» in Hegels «Phänomenologie des Geistes» sehr verwandt ist. Der Unterschied zu Freud besteht darin, daß Kierkegaard eine Befindlichkeit des *«Geistes»* charakterisiert und nicht bloß «somatisch» vorgeht, *obwohl* er den Geist in unmittelbarer Einheit mit seiner Leiblichkeit («Natürlichkeit») sieht. Von Hegel unterscheidet sich der Ansatz dadurch, daß er dessen Logisierung im «Entschluß» zum Anfang als «Sein = Nichts» in der «reinen Einfachheit des Denkens» zu überwinden versucht.

«Die Unschuld ist Unwissenheit. In der Unschuld ist der Mensch nicht als Geist bestimmt, sondern seelisch bestimmt in

[25] Kierkegaard: «Der Begriff Angst» WW (Diederichs) Abteilung 11/12, Düsseldorf 1958.

unmittelbarer Einheit mit seiner Natürlichkeit. Der Geist ist träumend im Menschen»[26]. Der *Geist* «träumt», nicht ein «Es». Trotzdem ist der Mensch in dieser Verfaßtheit der Unschuld noch nicht als Geist «bestimmt». Um mit Freud zu sprechen: Ich und Es sind noch nicht getrennt, die Realität im Medium der *Phantasie* gegenwärtig, die das Außen ins Innen und dieses ins Außen verwandelt, die Einheit beider vollzieht. Die Gegenständlichkeit des Anderen wird *im* «Ich-Ich» imaginiert. Der Andere *ist* der Andere und ist *nicht* der Andere: mein Ich ist der Andere oder: ich bin an mir selbst ein Anderer. In diesem Zustand herrscht «Frieden und Ruhe».

Aber, und das ist entscheidend, da ist noch etwas Anderes, das sich mit der träumenden Phantasie nicht identifizieren läßt. Es ist kein Streit, kein Unfriede, sondern «Nichts»[27], wie Kierkegaard sagt. Wo ist das «Nichts»? Es ist zugleich «innen und außen»: *innen*, weil der unschuldige Geist in dieser seiner urbildlichen Identität mit dem Ursprung noch nicht zur Trennung, in den Tod, d.h. zur Verendlichung ins *konkrete* Bei-sich-sein gekommen ist. Der Reichtum seiner anfänglichen Identität ist arm, subsistenz-los: «completum et simplex, sed *non subsistens*» sagt der Aquinate.[28] Er ist noch nicht zur Realität entäußert, das Sein hat sich *noch nicht* in das ihm *real verschieden* vorausgesetzte Wesen (als Ermöglichungsgrund seiner endlichen Subsistenz) preisgegeben. Mit Kierkegaards Worten: «Träumend plant der Geist seine eigene Wirklichkeit, aber diese Wirklichkeit ist Nichts». Zugleich kreist er in dieser seiner Selbigkeit in sich: «Nichts» ist ihm äußerlich, *außer* das *Nicht-sein*. Daher: «Dieses Nichts sieht die Unschuld fort und fort außerhalb ihrer».[29]

Die «Unschuld» ist zweideutig: sie *kann* den Anfang in der *Fülle* des Seins als Liebe bedeuten, das an ihm selbst *arm* ist und deshalb alles Nichtsein ausschließt, «außer sich sieht». Sie *kann* aber auch die *logisierte* Dialektik von Leben und Tod, Reichtum und Armut meinen: Eine «primäre Wunscherfüllung des Lust-Ich» (Freud) wird durch Phantasie halluzinatorisch besetzt

[26] Kierkegaard, a.a.O., S. 39.
[27] Ebd.
[28] Vgl. De potentia 1,1.
[29] Ebd. S. 40.

und die Realität imaginativ eingebildet, ohne daß das Ich=Ich darin gestillt ist. Es entwirft seine Wirklichkeit in sich und *träumt* doch nur. Die Realität liegt draußen. Das Ich=Ich bedarf des Anderen, um «konkret» werden zu können.

Alles ist einerseits in mir, das Nichts ausgeschlossen. *Aber* die Negation reduziert sich andererseits auf die Schwebe des logisierten Seins in seiner «Einfachheit». In dieser Situation ist das Ich weder eindeutig bei sich selbst noch eindeutig beim Anderen: es ist ein zweideutiges Ich-Du.

«Wach ist der Unterschied zwischen mir selbst und meinem Andern gesetzt, schlafend ist er suspendiert, träumend ist er» (*nicht* verschwunden!) «ein *angedeutetes* Nichts».[30] Und dieses Nichts gebiert die Angst, sich *im* Sein=Sein *von* ihm zu trennen; aus der «urbildlichen Einheit» mit dem Ursprung: der Kenosis, der Todestrennung sich auszuliefern. Es «ist da *kein* Etwas», also die positive Realität (für Kierkegaard) noch nicht erreicht; das «Sein» seiner Realität («res», die von der «essentia» her ihren Namen hat!) noch nicht als des Anderen inne, d.h. eigentlich: das Selbst ist an ihm selbst «noch nicht» Ich-Du. Aber: Alles hat der Anfang in sich und so ist er «Nichts» (Hegel).

b. Die «versuchte» Unschuld: Spaltung der Einheit von Leben und Tod

Da hört der Mensch das Wort des «Versuchers»: «Hat Gott euch wirklich gesagt: ihr dürft von keinem Baum essen, der im Garten ist»? Nein, das hat er nicht gesagt, sondern alle Frucht der Realität dem Menschen «umsonst» geschenkt. Er hat ihm im Sein als Liebe alles gegeben. Aber – «da ist noch etwas Anderes»! Er sagte: «von dem Baum, der in der Mitte des Gartens

[30] Ebd. – Man vgl. dazu Shakespeares «Hamlet» (III 1): «Sein *oder* Nicht-Sein, das ist hier die Frage». Ist es besser durch Aggression das «Bedroht-sein von außen», die Abhängigkeit, «zu enden», oder bloß rezeptiv die «Pfeile des wütenden Geschicks zu ertragen». Also: zur Wahl steht Trennung ins Selbstsein (Tod) oder Fixierung in der «urbildlichen Identität» mit der Herkunft. «Schlafen ... sterben ...» Ja, aber im Schlaf kommen die Träume, da taucht der nicht vollzogene, verdrängte Anfang, die fragwürdige «Dialektik» von Selbstsein durch Selbstempfängnis, Leben und Tod wieder auf.

steht, dürft ihr nicht essen, sonst müßt ihr sterben». Der Mitte müßt ihr *glauben:* Ihr braucht sie nicht zu «begehren»; durch die «Trennung» von ihr *seid* ihr: *eins* mit ihr! Die Mitte wird nur durch die geschenkte lebendige *Einheit* von Leben und Tod im Vertrauen vollzogen. Ihr braucht sie nicht aggressiv zu assimilieren, von ihr zu essen, sie euch «ungestillt» einzuverleiben, um die Frucht des Daseins aus eigener Kraft, d.h. im *negativen* Tod «selbst-ständig» aus euch hervorzutreiben, zu entwickeln. Sie ist euch «umsonst» geschenkt. Sonst setzt ihr die verweigerte Liebe, das an-sich-haltende Gesetz, den tötenden Buchstaben voraus. Ihr negiert das Sein als Liebe *und* den lebendigen Gott als seinen Ursprung. Ihr «macht» euch im «Wie-Gott-sein» die pervertierte «urbildliche Identität» und in eurem «Selbstsein» den pervertierten «Tod». Ihr müßt sterben, wenn ihr *davon* eßt, weil ihr die Einheit von Leben und Tod spaltet, Gott als einen Nur-Reichtum «vorstellt», der an ihm selbst nicht arm ist.

Der Versucher macht also die Einheit von Reichtum und Armut, die Mitte als Gabe (=das Sein) «zweideutig». Jenseits der erfüllten Begabung durch den Ursprung, jenseits des Lust-Ich liegt das Andere, Vorenthaltene, mit dem ich nicht «eins» bin. Meine Lust im Ganzen des «reinen» Seins ist «gehemmt», wird durch das «Gesetz» aufgewühlt. Die Differenz von Subjekt und Objekt, Ich-Du wird zweideutig. Einerseits hat Gott alles gegeben, andererseits ist da noch «Etwas». Was? «Nichts», denn er hat *alles* gegeben! Und doch *nicht* «Nichts»: denn da spricht noch etwas Anderes mit, was ich «noch nicht» bin. «Lustprinzip» und «Realitätsprinzip» dissoziieren. Die Einheit von Selbstwerdung durch Sich-empfangen wird zerspalten: Ich bin im Bezug zu diesem Anderen noch nicht «ich selbst»: Gott hat gelogen!

Nun will der Mensch aber nicht nur relativ, sondern absolut bejaht (=geliebt) sein. Daher pervertiert er das Vertrauen in die ihn sein-lassende, bejahende Liebe durch einen Rückzug auf das «Ich=Ich» *gegen* die (ausgeschlossene) Realität, die er als «störend» empfindet und durch die er sich verunsichert weiß. Seine Einheit im «Sein» wird dann durch «Nichts» begrenzt (er ist bei sich selbst); aber als das «ausgeschlossene» Andere erfährt er es zugleich als «Etwas», dessen er bedürftig ist.

c. Die Ängstigung durch das Nichts

Auf diese Ängstigung durch das Nichts kann er in doppelter Hinsicht antworten. Einmal dadurch, daß er an der mit dem Ursprung verklammerten Seinsschwebe, am reinen «Lust-Ich» regressiv festhält und dadurch die Bedrohtheit durch das Nichts negiert. Zum anderen dadurch, daß er (auf seine faktische Individualität konzentriert) den Reichtum des «Anderen», in dem er leben muß, als «nichtig» erfährt und ihn durch eine «gemachte Kenosis» zur Entäußerung bringt; aber in einer Verendlichung, die nicht der Fülle des Seins als Gabe der Liebe entspringt, sondern nur der ohnmächtige Reflex des verkrampft an-sich-haltenden individuellen Ich ist. Er hebt die Bedrohung durch das (den) Andere(n) dadurch auf, daß er sich *arbeitend* (im Schmerz und in der Not des Negativen) in deren Realität hinein preisgibt, um sein Selbstsein zu retten. Er überwindet die Angst, indem er «*Kultur*» schafft und in *solchem* Schaffen gerade *das* voraussetzt, was er zu vernichten trachtet: die Spaltung von Leben und Tod. Die «gemachte Kenosis» seiner dynamischen Praxis treibt ihn ins logisierte Sein zurück.

d. Der «Schwindel» und die Schuld

Wieder überfällt ihn die Angst, der «Schwindel» (in seiner Zweideutigkeit) des An-sich-haltens über dem Abgrund, die Todesangst in der *Verweigerung* der Liebeskenosis. Durch diesen Schwindel im Scheinreichtum der «unbegrenzten Möglichkeiten» kommt er zu «Fall». Indem er sich aus ihm wieder aufrichtet, stellt er sich «geschichtlich» im *zweideutigen* Austrag der Verendlichung des Seins dar, die aus der verfehlten Einheit von «Todestrennung» und «urbildlicher Identität» hervorgegangen ist.

Er kam zu Fall, weil er sich nicht trennen, den Scheinreichtum des logisierten Seins und seiner «Möglichkeiten» nicht aufgeben wollte. Die *Scheidung* von Idealität und Realität des Seins, die Dissoziation von Ich und der Andere, von Selbstsein und Abhängigkeit sollte überwunden werden. Der Fall aber hat die Spaltung gerade bestätigt! Er hat die Zerrissenheit beider zu einem Konstitutiv des Menschen gemacht, der das «Vorenthaltene» vom «Baum der Erkenntnis» (im Medium des logisierten Seins) an-sich-reißt; er wird «schuldig». Aber der Rückzug auf das Ich=Ich im reinen Sein, das die (zuvor entzogene) Realität des Anderen eingeholt zu haben *scheint*, besitzt keine Tragfähigkeit. Die Krümmung auf sich selbst hat den Menschen vielmehr der Herrschaft des Anderen über ihn unterworfen, wodurch der Schuldige dann nochmals als «Schaffender» seine zuvor negierte Kenosis pervertiert «wiederholen» kann. Er «muß» arbeiten! Die Humanisierung des «Anderen» durch progressive Weltverwandlung ersetzt ihm die Entäußerung des Seins als Liebe. Er «verdient» seine Subsistenz im «Schweiße seines Angesichts» und kommt darin nie zu sich selbst.

e. Fall und zerfallene Zeit

In Wahrheit gewinnt er sich nur, wenn er sich als *Gabe* der Liebe vertraut und glaubt: Das Du, mit dem ich «urbildlich eins» bin, gibt mich frei; ich bin an mir selbst bejaht, liebend mir überantwortet. Darin erfährt das Kind, daß die Welt, die ihm die Mutter repräsentiert, ein Horizont der *Zukunft* ist; kein erstarrtes Gegenüber, das nachträglich bloß aufzuarbeiten wäre, sondern die Dimension des freien Zu-kommens des Ich zu sich als Selbst in der Freiheitsgestalt des Ich-Du. Ich bin in der Sphäre des Anderen nicht ein verfügter Gegenstand, keine Sache («für mich»), die im «Fall» mir zu-fällt, sondern eine mir zukünftige *Freiheit*, die um ihrer selbst willen anerkannt wird. Erst die Offenheit *dieser* Zukunft, die als das anbrechende Morgen vom Menschen her nicht *gewesen* gemacht werden, nicht erleistet werden muß, denn sie schenkt sich «umsonst», legt das Fundament aller echten Kultur, in der der Mensch sich selbst als Ich-Du-Wir schöpferisch «ausspielt».

Denn in *dieser* Zukunft (auf sich selbst zu) wird er derjenige, der er schon «gewesen» ist, *ohne* sich bloß linear-einsinnig ins univoke Sein hinein und zurück «erinnern» und eine Anamnesis vollziehen zu müssen, der die Kenosis der Liebe äußerlich ist. Nein, «Ich» als Gabe kommt auf mich zu: ich bin gewollt, sein-gelassen! Ich habe mich immer schon empfangen und fange nicht im Punkt Null der kulturellen «tabula rasa» an, da ich durch Übergabe (tra-ditio) an mich selbst in die Gegenwart der Freiheit hinein befreit bin. Meine Zukunft ist nicht gegen mich geschieden. Ich darf vielmehr, «alles für das Heute» tun, weil ich ausgeruht im Heute das Morgen erwarte, das mir «wird», weil ich glaube, daß ich schon durch die Zukunft des Seins als Liebe unendlich begabt bin. *Deshalb* kann Augustinus sagen: «Dies septimus *nos ipsi* erimus», wir selbst *sind* heute die Vollendung zur Einheit und *werden* es sein, weil die Zukunft der geschenkten Vollendung unsere Freiheit im Heute *ist.* Also: kein Heraus-gebären des Kommenden durch die evolutive Arbeit in der progressiven Zeit, sondern Geburt der Zukunft aus der Freiheit des Empfangen-*habens* im Heute!

Diese Zeitgestalt der liebenden und geliebten Selbstwerdung macht den Menschen erst frei zum Schaffen von Kultur, da er nach vorne hin aufbrechend *weder* nur einen unerfüllten Wunsch wiederholt *noch* aus der bloßen Erinnerung des ihm Geschenkten (tra-ditio) in seinem Selbstsein «verraten» und regressiv an die Herkunft verfallen ist. In dieser Zeitgestalt der Liebe liegt *die* Wurzel von Kultur, in der der Mensch aus dem eisigen Bann des Vergangenen und der ihn aufwühlenden Entzogenheit von Zukunft erlöst ist: zur Kultur der ursprünglichen «*Gegenwart*» des spielenden Daseins *in* der Arbeit!

4. Die zweifache Verdrängung von Leben und Tod in der menschlichen Selbstwerdung und das Phänomen der Kultur

a. Verdrängung und Gesetzessituation der Freiheit

«In einer Darstellung der Lehre von der Verdrängung wäre auszuführen, daß ein Gedanke durch das Zusammenwirken zweier ihn beeinflussenden Momente in die Verdrängung gerät. Er wird von der einen Seite (der Zensur des Bewußtseins) weggestoßen, von der anderen (dem Unbewußten) angezogen ...»[31]. Freud er-

[31] WW II/III, S. 553.

örtert das Gemeinte am Beispiel der Platzangst, also einer hysterischen Phobie.[32]

Wird das neurotische Phänomen dadurch aufgehoben, daß man den Kranken zwingt, z.B. über eine Straße oder ein freies Feld zu gehen, dann erfolgt ein Angstanfall, den die neurotische Phobie zuvor verdrängt hatte. Das System wurde «konstituiert, um den Ausbruch der Angst zu verhüten; die Phobie ist der Angst wie eine Grenzfestung vorgelegt».

Die Neurose sichert also gleichsam den Normalzustand des Nicht-Angst-Habens, obwohl der Neurotiker in Wirklichkeit Angst hat, die er verdrängt. Die Neurose überwindet und fixiert zugleich die Angst, d.h. der Mensch nimmt sich nicht in dem an, was er wirklich ist, sondern vollzieht neurotisch eine pervertierte Selbstannahme und gerade dadurch pervertiert er seine Schwäche. Es darf also nicht offenbar werden: «wer» ich bin, warum ich so bin. Was nach «außen» erscheint, dies verdeckt den innerlichen Mangel, das Nicht-sein, der nun «draußen» bekämpft wird.

In *diesem* Sinne beschreibt die Neurose die «Gesetzessituation» der verfallenen Freiheit: der Mensch entäußert sich zum Schein, er arbeitet in einer scheinbaren Hingabe, «stirbt» in der Erfüllung des Gesetzes und ist im Grunde doch einer, der ansich-hält, sein Leben nicht opfert. Der Tod im Gesetz ersetzt ihm die negierte Kenosis der Liebe. Die Neurose ist ein Phänomen jenes Austrags, den wir als die logisierte Vermittlung der zerspaltenen Einheit von Leben und Tod deuteten: das nurreiche Leben des Ich=Ich inszeniert seinen Tod und verharrt in ihm als das tote Gewesene, obwohl es sich durch den gemachten Tod aus der Selbstwiederholung im Ich=Ich zu befreien versucht.

Wird die Angst nun analytisch eruiert, auf ihre Wurzel hin befragt, dann setzt sich (nach Freud) das Ich mit dem Unbewußten auseinander. Die Mauern der Neurose werden daher in dem Maße abgebaut: wie sich das Ich selbst annimmt, d.h. in Freiheit die Verendlichung seines Ich als Gabe der Liebe an das Ich austrägt und sich selbst als «Ich-Du» realisiert.

[32] A.a.O., S. 587.

Aufgrund der schon erwähnten Diastase von Ich und Es (bei Freud) kann diese Vermittlung jedoch nur in einem *äußerlichen* Sinne geschehen, da in der Genesis des Ich die Verdrängung bestimmend bleibt. Was verdrängt wird, ist das Lust-Ich. Andererseits «wird» dieses (als Ich) allererst durch die *erste* Verdrängung der Realität als des Anderen, so daß schließlich die unerfüllten Wünsche des Lust-Ich in Unlust sich verkehren, welche nochmals verdrängt und durch die Neurose gleichsam «positiv» als «Lust» wiederhergestellt wird (Dialektik: «Negation der Negation»).

Eben *dadurch* scheint aber das Andere (die Realität), das die Erfüllung der Wünsche zuvor nicht gewährte, wiederum *positiv* bejaht zu sein. Die Realität ist nicht mehr das mich unbefriedigt abstoßende Andere, sondern eine «sich schenkende» Realität, die sich mir «gewährt», aber nicht *real* von sich selbst her, sondern dadurch, daß ich sie neurotisch mir zur Gabe «gemacht» habe.

Die Neurose erfüllt einen unbewußten Wunsch, indem er als unerfüllter verdrängt wird. (Ontologisch gesprochen: Das Sein als Begriff in der Form von «Alles und Nichts zugleich» ersetzt die lebendige Einheit von Leben und Tod im Sein als Liebe). Das aus dem Es herauswachsende Ich löst den Konflikt der Spaltung von Leben und Tod: Es stellt einerseits das (jetzt) zur Realität entäußerte «Lustprinzip» dar und manifestiert zugleich andererseits die Tatsache, daß die Realität (dem nun zur Kenosis gekommenen Lust-Ich gegenüber) nicht mehr fremd, sondern angemessenes Objekt der Wunscherfüllung ist. Die «Armut» der Realitätsbezogenheit deckt den «Reichtum» des bewußten Ich auf. M.a.W.: Der Mensch, der das Gesetz erfüllt und sich durch dieses Tun dem Willen des Anderen unterwirft, demonstriert einerseits die «Produktivität» seines (auf den «Anderen» bezogenen) Ich und schenkt dadurch dem zuvor fremden, anonymen Macht-willen des Anderen eine «positive Physiognomie», d.h. *sich selbst* das «Anerkanntsein» durch den Anderen, der durch mich ein «Mich»-Bejahender geworden ist.

Durch nachträgliche Vergegenständlichung trägt das Ich also die logisierte Dialektik von Leben und Tod aus. «Das Ich ist bemüht, den Einfluß der Außenwelt auf das Es *und* seine Absichten zur Geltung zu bringen; das Realitätsprinzip an die Stelle des Lustprinzips zu setzen, welches im Es uneingeschränkt regiert».[33] Die Realität wächst dem Es (bzw. Lust-Ich) wieder *nachträglich* zu. Die Verendlichung des Ich zur Realität ist ein Produkt der logisierten Kenosis seiner *abstrakten* Identität.

b. Analogie in der Gesetzesethik und «erlöste» Verdrängung in der Kultur

Analog dazu die «Freiheit» in der Gesetzesethik: Sie erfüllt das Gesetz, das ihr, *weil* sie sich im An-sich-halten der lieblosen, aber alles in sich einfassenden («könnenden») Seinsschwebe ansiedelt, grundsätzlich erfüllbar zu sein scheint. Aber sie verdrängt es zugleich als unerfülltes Sollen (an dem sie ständig schuldig wird) gerade durch seine «Erfüllung», wodurch sie sich dem Schuldig-werden entziehen zu können meint. Das Gesetz als äußere Instanz der Determination versetzt somit gewissermaßen die in der «Indifferenz des Seins» wohnende Freiheit in einen «Erregungszustand» und macht sich dadurch als vorausgesetzte Andersheit zu ihr geltend. Hieraus entspringt der Wunsch, das ursprüngliche Gleichgewicht wiederherzustellen, die Unlust abzugleichen.[34] Das Sollen «will» erfüllt werden, damit die Freiheit durch solche Identifikation ihre konkrete Identität wieder erreiche.

Diese Einheit von Ich und Andersheit ist aber schon einmal geschehen. Denn in der «Befriedigungserinnerung» wird die Vermittlung von Selbstsein und Selbstempfängnis, Leben und Tod präsent. Daher kann Freud sagen: «Das erste Wünschen dürfte ein halluzinatorisches Besetzen der Befriedungserinnerung sein». Aber, und dies ist entscheidend, die eingebildete Erfüllung, die «Halluzination erwies sich als *untüchtig*, das Aufhören des Bedürfnisses, also die mit der Befriedigung verbundene Lust herbeizuführen» (ebd). *Hieraus* entspringt die

[33] Freud, WW XIII, «Das Ich und das Es», S. 252.

[34] Dazu Freud, a.a.O., S. 604: «Eine solche von der Unlust ausgehende, auf die Lust zielende Strömung im (psychischen) Apparat, heißen wir einen Wunsch», dessen «Ablauf automatisch durch die Wahrnehmung von Lust und Unlust geregelt wird».

Kehre zur *Realität* (von der «phantastischen Verwirklichung des Menschen zum *wirklichen* Wesen des Menschen», Marx) und zwar in dem Maße: wie die Imagination des Ich=Ich in der Seinsschwebe frustriert. Die «Wahrnehmung» der Einbildungskraft sättigt den Wunsch nicht, der im reinen Lust-Ich «schon» erfüllt war und als erfüllter imaginiert wurde.

«Ein *zweites System* wird notwendig, das die vom Bedürfnisreiz ausgehende Erregung auf einen Umweg leite, der endlich über die willkürliche Motilität die *Außenwelt so verändert,* daß die *reale Wahrnehmung* des Befriedungsobjektes eintreten kann».[35] Der Mensch wendet sich aus dem «reflexiven» Beisich-sein *praktisch* handelnd, die Welt verändernd, sie nicht bloß «anschauend» (vgl. Marx) der Realität zu. Warum? Um darin sich selbst in seiner «ersten» Liebe wiederzufinden, die im «Vernehmen» (Vernunft!) des Seins in der «urbildlichen Identität» nicht glückt. *Alles* ist Rückkehr zur «ersten Liebe».

Dadurch *scheint* aber der Kurzschluß der Bedürfnisbefriedigung durch Halluzination zerbrochen: Die Entäußerung des Ich=Ich zur Realität ist *spontan* vollzogen, die «Abhängigkeit» des Ich in der «urbildlichen Identität» mit seiner Herkunft aufgehoben, aber durch die Praxis der «real» gewordenen Freiheit «wiederholt». Erst jetzt kommt das Ich im Anderen als Du-(Ich) auf sich zu, hat es die früher im Ich=Ich verdrängte Todestrennung vom Ursprung selbst geleistet und ist mit der Realität «verschmolzen» («Homo-Natura» in der Form des «gesellschaftlichen Menschen», Marx). Der Mensch trinkt die Flammen, die aus ihm schlagen, nicht mehr in sich zurück.[36] Er wird in die Realität hinein «transsubstantiiert» («Transsubstantiation der Philosophie im Weltlichwerden des Denkens», Marx). Seine psychischen Kräfte sind nicht mehr intrasubjektiv gebunden, sondern «kenotisch» praktisch, d.h. *leiblich* geworden. «Was innerliches Licht war, wird zur verzehrenden Flamme, die sich nach außen wendet. So ergibt sich die Konsequenz, daß das

[35] A.a.O.

[36] Anders Nietzsche im «Nachtlied» des «Zarathustra» vgl. WW II, S. 362: «Licht bin ich, ach, daß ich Nacht wäre! Aber dies ist meine Einsamkeit, daß ich von Licht umgürtet bin» ... «Aber ich lebe in meinem eigenen Licht, ich trinke die Flammen in mich zurück, die aus mir brechen».

Philosophisch-Werden der Welt zugleich ein Weltlich-Werden der Philosophie, daß ihre Verwirklichung» (Leben) «zugleich ihr Verlust» (Tod), «daß, was sie nach außen bekämpft, ihr innerer Mangel ist ...» (M.a.W.: sie tötet nur, weil sie den Tod der Kenosis des Seins nicht selbst stirbt). So Marx in seiner «Doktordissertation»[37].

Für Freud kommt der Mensch durch das bewußte Ich im «sekundären System» erst zur eigenen «Subsistenz», aber damit zur Realität, die ihn «stillt», sofern er sie verändert. Diese Veränderung wird im Maße der Entäußerung des Lust-Ich möglich. Anders ausgedrückt: das Subjekt erweist sich nicht nur als Ich=Ich, sondern durch das «sekundäre System» als an ihm selbst schon gegenständlich real, so daß seine Wesenskräfte als «gegenständliche» praktisch zur Realität (als dem vormals gegen das Lust-Ich geschiedenen Anderen) vermögend werden.[38]

Die Psyche hat sich von der ersten Unlust-Erfahrung (aus der Unverfügbarkeit des Anderen) abgewandt und das Verlorene durch *eigene* praktische Kenosis in der Kultur wieder «vergegenwärtigt». «Diese mühelose und regelmaßig erfolgende Abwendung des psychischen Vorgangs von der Erinnerung des einst Peinlichen, gibt uns das Vorbild und das erste Beispiel der psychischen *Verdrängung*»[39]. «Obwohl verdrängt und unbewußt, sind diese Triebe» (die sexuellen, libidinösen) «die Energie, welche die Kultur des Menschen geschaffen hat; ihre Existenz anerkennen heißt, die Kultur neu deuten, sie mit dem Menschenleibe wieder verbinden. Eros schafft Kultur, und Eros ist der körperliche Sexualtrieb»[40].

Aber *diese* «somatische» Kulturanalyse ist zum Scheitern verurteilt. *Einerseits* deshalb, weil sie die Einheit von Leben und

[37] A.a.O., S. 17.

[38] Vgl. dazu dasselbe Anliegen bei Marx: A.a.O., S. 273: «Es» (das gegenständliche Wesen als gegenständliches *Subjekt*) «schafft, setzt nur Gegenstände, weil es durch Gegenstände gesetzt ist, weil es von Haus aus *Natur* ist. In dem Akt des Setzens fällt es also nicht aus seiner ‹reinen Tätigkeit› in ein *Schaffen* des *Gegenstandes*, sondern sein *gegenständliches* Produkt bestätigt nur seine *gegenständliche* Tätigkeit, seine Tätigkeit als die Tätigkeit eines gegenständlichen natürlichen Wesens».

[39] Freud, a.a.O., S. 606.

[40] N.O.Brown, ZE, S. 37.

Tod a priori als zerspalten voraussetzt, also die konservativen Triebe (Lebenstrieb und Todestrieb) nur die vergebliche Synthesis der Spaltung von urbildlicher Identität und Trennung (oder, in theologischer Analogie: nur die zerbrochene Wesensgleichheit des Logos mit dem Vater in der gehorsamen Kenosis seiner Fleischwerdung) wiederholen; *andererseits*, weil sie die Einheit in einem «Soma» zu vermitteln trachtet, das in seiner «Unmittelbarkeit» nochmals eine Funktion der vorausgesetzten Spaltung von Leben und Tod, d.h. die animalische Kehrseite des logisierten Seins ist. Obwohl, und das muß gesehen werden, Freud nichts anderes wollte: als eben *diese* Dissoziation überwinden.

c. Die Substitution der Liebe durch das Gesetz und die Verdrängung der Einheit von Leben und Tod

Nach dieser mehr allgemeinen Deutung des Phänomens der Verdrängung können wir sie im Blick auf die Dialektik von Leben und Tod im Raum menschlicher Selbstwerdung etwas tiefer erörtern. Wir sahen, daß Freud den Anfang der Selbstwerdung als in einem Widerspruch verstrickt erfährt: Das Sein ist «gegeben und doch nicht gegeben». Die verweigerte Liebe ist *das* Schicksal des Menschen. Der Seinsentzug durch die in und von der Mutter repräsentierte Realität wird verdrängt. Denn die Differenz von Schenkendem und Empfangendem ist von aller Anfang an bloß *negativ* qualifiziert, die Todestrennung nicht als Frucht der Einheit mit dem Ursprung, sondern gegen das Einssein mit ihm *vereinseitigt*.

Vergessen wir nicht, daß die Verklammerung der Gabe mit dem Geber jedoch erst dann relevant wird, wenn der Empfangende, der in der Gabe «sich selbst» sucht, ihre Todeskenosis vom Ursprung nicht bejaht, d.h. die Gabe *nicht* als «gegeben» annimmt. Der verdrängte Tod ist eine Flucht vor dem Sein (als «umsonst» geschenkte Liebe), ein Reflex seiner *negierten* Verendlichung. – Die Gabe wird aber auch dann nicht als «gegeben» bejaht, wenn sie vom Empfangenden ihrer «urbildlichen Identität» mit dem Schenkenden beraubt wird. Eine Gabe, in der das Antlitz des Ursprungs nicht aufleuchtet, ist nicht *gege-*

ben. Nicht nur die *verdrängte Todeskenosis*, sondern auch die *verdrängte urbildliche Einheit* der Gabe mit dem die Freiheit begabenden Ursprung zerstört die positive Selbstbejahung des Menschen. Eben diese doppelte Verdrängung geschieht im Anfang menschlicher Selbstwerdung. Die Einheit von Leben und Tod wird neurotisch kompensiert, so daß man sagen kann, daß *erst die Verdrängung das Sein zum Widerspruch* macht und die Vermittlung von Selbstsein durch Selbstempfängnis zerreißt. Oder: Die endliche Freiheit konstituiert als solche immer schon den Widerspruch mit, in den sie hineingeboren ist.

Der Prozeß ihrer Selbstwerdung zum Dasein «um ihrer selbst willen», woraus die Kultur als «Spiel-Form» der Existenz hervorgeht, besteht demnach in einer versuchten Auflösung des ursprünglichen Widerspruchs. Dieser besagt, daß die dialektische Einheit von Leben und Tod im Anfang nicht verwirklicht ist: Unbefriedigt bleibt der Wunsch nach Trennung, unbefriedigt auch der Wunsch nach urbildlicher Lebenseinheit mit dem Ursprung. Die Unlust der beiden unerfüllten Urwünsche (Tod und Eros) wird verdrängt und diese Verdrängung neurotisch kompensiert durch den Austrag der *zerbrochenen* Einheit von Leben und Tod in dialektischer Gestalt, in *logisierter* Form, d.h. in der Figur der ins «Gesetz» verwandelten Liebe.[41]

M.a.W.: die selbige Verwendung von Leben (Fülle des Seins) und Tod (Armut des Seins in seiner «Nicht-subsistenz» als *Gabe*) wird *neurotisch* durch die Todesdialektik von allgemeinem Sein als Begriff (Scheinreichtum) und Entäußerung desselben (Scheinarmut des Seins als Funktion seiner Logisierung zum ens rationis) ersetzt. Das nicht erfüllte Streben wird als solches (im Hinblick auf Leben *und* Tod) verdrängt, aber neurotisch als «erfüllt» vollzogen. Das ist die «vanitas huius mundi», «ihrer» Geschichte und Kultur!

Die Seinsschwebe substituiert die urbildlich *lebendige* Einheit von Gabe und Geber: weil dem ens als «intelligibile», sofern es «gedacht» (bzw. bloß *gewußt*) wird, «nichts äußerlich

[41] Von hier aus müßte man einmal den Römerbrief deuten und zeigen, wie Paulus gerade diese Lösung im «Fleisch»: aus dem Glauben *positiv* in die Einheit von Leben und Tod der Liebe hinein überwindet.

ist, außer das Nichtsein», kompensiert der Mensch das Nicht-Empfangen der Gabe durch ihre reflexive Verinnerung im «Wissen». Im Medium des logisierten Seins oder des für sich seienden «Lust-Ich» scheint ihm alles innerlich zu sein. Da aber das logisierte Sein die Epiphanie einer «Gabe» ist, die sich vom Ursprung *nicht* trennt, mit ihm substanziell verklammert bleibt, so bekundet es eine sich meiner Freiheit nicht mitteilende Autorität, die «der Nur-Andere» bleibt. *Insofern* ist mir, gerade in der neurotischen Logisierung des Seins, der Ursprung als der Andere (den ich schon «in mir habe») zugleich «äußerlich», ein «wirklicher Anderer», d.h. die Realität, der ich mich jetzt scheinbar zu «verdanken» habe, bleibt sozusagen unverfügbar. Urbildliche Lebensfülle in der Todestrennung: Der *Schein* der Liebe ist gewahrt! Der Lebenstrieb wiederholt also die urbildliche Identität von Ich und Ursprung, der Todestrieb die Kenosis. Umgekehrt wiederholt der Todestrieb in der Selbstüberbietung meines Ich die urbildliche Identität: «Ich im Anderen» und der Lebenstrieb die Trennung dieses «Ich im Anderen»: in seine konkrete Subsistenz als Ich-Du hinein.[42] Wiederholt wird der *unerfüllte* Wunsch nach Erfüllung der Einheit von Leben und Tod, Reichtum und Armut im geschaffenen Sein als Liebe, d.h. die *reine Gestalt der Endlichkeit* des geschaffenen Seins. Alles Ringen des Menschen, vornehmlich im Raum der Kultur, meint nichts anderes als die Wiederherstellung der primären «Befriedigung», die als solche zerbrochen ist und als neurotische Vermittlung von Leben und Tod (im Anfang der Freiheit) wiederkehrt.

[42] Damit könnte eine der Grundfragen Freuds einer Beantwortung näher gebracht sein: «Wir anerkennen zwei Grundtriebe und lassen jedem sein eigenes Ziel. Wie sich die beiden im Lebensprozeß vermengen, wie der Todestrieb den Absichten des Eros dienstbar gemacht wird, zumal in seiner Wendung nach außen als Aggression, das sind Aufgaben, die der Forschung der Zukunft überlassen bleiben. Wir kommen nicht weiter als bis zur Stelle, wo sich eine solche Aussicht vor uns auftut. Auch die Frage, ob der konservative Charakter nicht allen Trieben ausnahmslos eignet, ob nicht auch die *erotischen Triebe* einen *früheren* Zustand wiederbringen wollen, wenn sie die *Synthese des Lebenden* zu *größeren Einheiten* anstreben, auch diese Frage werden wir unbeantwortet lassen müssen» (WW XV, S. 115).

d. Verdrängte Todestrennung: Totenkult

Verdrängt wird der *Tod der Trennung* (der Tod der Gabe meines Ich an mich selbst in der Gestalt des sich verendlichenden Seins als Liebe): durch die regressive Flucht zum Ursprung, durch die Wiederholung des «Anfangs in der zerfallenen Zeit», durch die versuchte Aufhebung der Geschichte im Mythos der «Wiederkehr des Anfangs». Aber das Verdrängte wird eben *dadurch* wiederholt: Die Abgeschiedenen, Getrennten, die Toten kehren in der Repräsentation der urbildlichen Identität von Ich-Du mit dem Ursprung wieder zurück.[43]

Der Mensch der archaischen Kulturen erträgt die Geschichte nur schwer und versucht, sie durch Wiederholung des kosmogonischen Aktes im «Sein», aus dem eine «neue=alte» Initiative zur Gestaltung des nichtigen Chaos empfangen werden kann, aufzuheben. Jeder Akt der Kultur trägt also den Schöpfungsakt im Sinne der Verendlichung des Seins aus, weshalb von hier aus gesehen, alle Kultur eng mit dem Ahnen- und Totenkult zusammenhängt.

Der wiederholte «Anfang» in der Zeit vernichtet durch seine Gegenwart die zeitliche Dissoziation der getrennten Dimensionen von Herkunft und Zukunft. Die dem Toten ins Grab gelegten Kunstwerke (als Kulturgegenstände) sind von tiefer Zeichenhaftigkeit. Sie sagen: der Tod selbst ist in *diesen* Zeichen, in denen sich endliche Freiheit nicht «verzweckt», sondern an ihr selbst: «spielend» aussagt, überwunden. Zeit ist aufgehoben; in diesen Zeichen der Anfang präsent als Einheit, die alle Trennung übersteht und diesen Sieg in der Trennung behauptet. Je größere Einheit des Lebens in der Einheit von Leben und Tod. Was hier begraben liegt, das ist «unsterblich», d.h. in der Trennung von den Lebendigen gerade *eins* mit dem unvergänglichen Ursprung des Lebens und *deshalb* den Lebendigen gegenwärtig.

Aus dieser *zweideutigen* Vernichtung des Todes heraus (die Negation *kann* aus der bloßen Verdrängung, sie *kann* aber

[43] Dazu M. Eliade: «Kosmos und Geschichte. Der Mythos der ewigen Wiederkehr», Hamburg 1966, S. 55.

auch dem Sein als Liebe, der reinen Einheit von Leben und Tod entspringen) bleibt in allen Kulturen auch der Totenkult *zweideutig*! Der Mensch kann *einerseits* den geliebten Toten nicht «tot-sein lassen wollen» nicht Abschied nehmen, sich von ihm nicht trennen, wie er ja auch die kenotische *Verendlichung* des Seins als Gabe des Ursprungs verdrängt, d.h. sich nicht empfangen, sich nicht verdanken, als Ich-Du-Selbst nicht «endlich» sein will. Sich von den Toten trennen heißt: die eigene Endlichkeit anerkennen. «Laßt die Toten die Toten begraben». Das soll nicht sein! Der Tote muß «gegenwärtig» bleiben, er darf nicht untergehen. Der Stein der Pyramiden überdauert die Trennung, das Grabmal durchsteht die Zeit. Nur das Verzweckte ertrinkt im Meer der Zeit. Also: etwas «umsonst» tun; die Zwecke, mitten in ihnen, transzendieren! Im Raum der Kultur versucht der Mensch also, das Gewesene im «Heute» zu halten und es für das Morgen zu bewahren. Er will die Zeit vernichten, sich «verewigen» und seinen Namen in den von der Zeit umbrandeten Felsen der Ewigkeit einritzen. Er negiert seine Endlichkeit, indem er sich in einem pseudo-unsterblichen Ich verfestigt, das dem Tod nicht preisgegeben ist. Er sagt «ja» zur Transzendenz und verneint sie zugleich, weil er seine Endlichkeit nicht annimmt. Er negiert den Tod durch Verdrängung und entschließt sich eben darin *zum Tod: gegen* das Leben. Weil er ihn nicht bejaht, kann er ihn nicht ins je größere Leben hinein übersteigen. Indem er sich durch Kultur «verewigt», hält er gerade am zeitlichen «Status» seiner Existenz fest, negiert er Gott (unter dem Deckmantel der religiösen Regression).

Andererseits versucht er seinen Tod dadurch zu verdrängen, daß er sich in Abhängigkeit von den Ahnen hält. Wollte er zuvor die Integrität seines Selbstsein durch die Negation der Trennung sichern, so gibt er jetzt das Selbstsein auf und bleibt durch Regression vom Gewesenen abhängig. Er zieht sich in eine «archaische Kindschaft» zurück und fixiert sich in der Herkunft, um dadurch sein Selbstsein nicht annehmen zu brauchen und in der Grenzenlosigkeit seiner wirklichkeits-losen, in die Schranken der Zeit hinein nicht eingefaßten Möglichkeiten sich «offenhalten» zu können. Der Totenkult führt ihn in eine unentschiedene Infantilität und perpetuiert die (nicht durchschnittene) Nabelschnur. Die Vergangenheit wird als Sicherung der eigenen, noch nicht festgelegten Zukunft «konserviert». Sie wahrt deren unausgeschöpftes Potential (Totenkult als Zukunftsmotivation).

e. Verdrängtes Leben: negierte Tradition

Aber, und das ist die *zweite* Seite, es wird nicht nur die Trennung verdrängt (und, wie Freud sagt, «neurotisch» wiederholt). Auch die urbildliche *Einheit* mit dem *Leben* des Ursprungs wird verdrängt: um des Selbstseins, d.h. um des Todes der Trennung willen, in der sich der Mensch *konkret* seiner selbst bewußt, also das in der Gegenwart zu werden versucht («wiederholt»), was ihm im Lebensreichtum seines Anfangs als erfülltes Dasein schon gegenwärtig «war». Er verneint die urbildliche Identität, um sich aus der Abhängigkeit vom Anderen zu erlösen. Er erklärt das Sein als «Nichts», um das Jenseits abzubauen und als befreite Endlichkeit mit seinem ihm allererst jetzt «verendlicht» zu eigen gewordenen Leben zusammenwachsen zu können.

Soll ihm jedoch im Prozeß dieser Kenosis nicht die von der Mutter vergegenwärtigte Realität, von der her er lebt, entschwinden, dann muß er sich seine Welt, in die er durch die Trennung sich immer tiefer einlassen will, als Mutter-Natur so umgestalten, daß sie ihm zu einem Objekt der Befriedigung wird. Er muß aggressiv die Welt verwandeln, um die verlorene Identität mit dem Ursprung, der ihm die Realität repräsentierte, als Kultur wiederzugewinnen. So schafft er Kultur, sagt darin einerseits spontan seine zu sich selbst gekommene Freiheit und ihre geschichtliche Initiative aus, um sich andererseits nochmals an die institutionellen Aussageformen der Kultur zu binden und damit seine Abhängigkeit von der Herkunft, die er verdrängte, zu wiederholen: unter dem Schein der Verfügung über diese Einheit von Aktion und Passion.

Daher zeigt gerade die Verdrängung, daß der Mensch die erste «Objektbindung» (an die «Mutter») nicht loslassen will, obwohl er gegen sie kämpft, um zum «direkten Selbstbewußtsein» (Marx) zu kommen. In der «Humanisierung der Natur», d.h. durch Kultur, führt er sie wieder ein.

Der Kampf gegen Autorität und Tradition bleibt also zweideutig, denn der Mensch deutet (aufgrund der vorausgesetzten Spaltung von Leben und Tod) das tra-dere *nicht* als Über-«gabe» seiner selbst an sich selbst. Tradition gibt ihn nicht frei, sondern macht ihn «abhängig». Autorität vermehrt nicht seine Freiheit (auctoritas-augere-vermehren), sondern setzt sich als blinde Macht in seiner Ohnmacht durch. Die Kulturgestalten von Autorität und Tradition scheinen ihn dem Gewesenen auszuliefern. Der Neurotiker (für Freud: «der Mensch») kann der Vergangenheit nicht entkommen. «Die Hörigkeit aller Kultur ihrem kulturellen Erbe gegenüber ist eine neurotische Verstrickung».[44] Das Erbe wird also a priori kenosis-los gedacht. Kommt es zur Entäußerung, dann muß diese als «Verrat» (tradere: verraten) an der ursprünglichen Identität mit der Herkunft erscheinen. Deshalb scheint jede Selbstwerdung die «Schuld» dem Ursprung gegenüber nur zu vertiefen. In ihr wird die Herkunft «verraten». Erst die völlige *Nichtigkeit* der Herkunft eröffnet die Erlösung vom Schuldzwang.

f. «Kultur» des Weizenkorns

Kultur aber, die aus der heilen Einheit von Leben und Tod entspringt, überliefert sich gerade schenkend «in der Nacht, da sie verraten wird». Sie liefert sich dem Tod des Verrats (der «Verdrängung») aus und überwindet sie eben darin. Indem sie sich dem fleischlichen Gesetz der zweifachen Verdrängung von Leben und Tod preisgibt, entbirgt sie die heile Einheit des Lebens in der Einheit von Reichtum und Armut, Leben und Tod.[45] Nicht die «begehrende Bedürftigkeit» des erfüllten und doch

[44] Brown, ZE, S. 28.

[45] «... Und noch immer mißt sich die Größe eines Werkes am Sich-absterben seines Wirkers. Das Weizenkorngleichnis des Johannesevangeliums ist vielleicht das tiefste Wort über echte Kulturarbeit: ‹Wenn das Weizenkorn nicht in die Erde fällt und stirbt ...›. In das tiefe Dunkel der Einsamkeit mit Gott, in die Stummheit des Sterbens für Welt und Ich. Das Grundgesetz des Christentums heißt nicht ungehemmte Entfaltung des Weisen und Reichen und Starken, sondern daß der Weise ‹töricht› werde und der Reiche ‹arm› und der Starke ‹schwach›, weil Gott erwählt hat, was töricht vor der Welt ist und schwach vor ihr ... und ohne Ansehen und verachtet» (1 Kor 1,27) E. Przywara, a.a.O., S. 101.

nicht wirklich reichen (weil nicht *armen*) «Lust-Ich» kommt über sich hinaus: zur Realität und zum Du. Nicht dieses ist eigentlich schöpferisch! Produktiv ist nur der liebende Mensch in der reichen und armen Unbedürftigkeit seiner Ebenbildlichkeit mit der absoluten Einheit von Reichtum und Armut des Seins selbst, das wir Gott nennen.

«Geist» als Lebensorgan aller Kultur gründet nicht im Versuch einer nachträglichen Synthesis der *zerbrochenen*, zweifach *verdrängten* «Einheit» von Leben und Tod des Seins als Liebe. Er ist kein substituierendes Sublimierungsprodukt dessen, was in der Dimension somatischer Unbewußtheit nicht erfüllt zum Austrag gekommen ist. Er reicht tiefer als die Pseudoeinheit von Reichtum und Armut des logisierten Seins, obwohl er zutiefst in sie verstrickt ist.

Da Freud jedoch a priori die (verdrängte) Dissoziation von Leben und Tod dualistisch voraussetzt, muß er sagen: «Das Denken ist nur ein Umweg von der als *Zielvorstellung* genommenen Befriedigungserinnerung» (d.h. der Einheit von Leben und Tod, Selbstwerdung durch Selbstempfängnis, Selbstsein und Abhängigkeit; oder «ontologisch»: des Seins als Fülle (completum et simplex), die aber nicht in sich subsistiert, als «non subsistens» geschenkt ist) «bis zur identischen Besetzung derselben Erinnerung, die auf dem Weg über die motorischen Erfahrungen wieder erreicht werden soll».[46] Nein, der Geist ist kein *Umweg*, weil er ursprünglich ins Sein als Liebe hinein aufgebrochen ist, aus ihm lebt, freilich in all der unleugbaren Zweideutigkeit, von der wir sprachen und die in allem kulturellen Schaffen impliziert ist. Andernfalls wäre die Differenz von Mensch und Tier nichts anderes als die Neurose: der Mensch als das «kranke Tier», das seine Liebeskraft und Sterbenskraft verdrängt, um das Verdrängte als «Kultur» zu sublimieren. Neurose wäre die «Kehrseite der Begabung des Menschen für Kultur»[47].

Man wird den Verdacht nicht los, daß Freud die Krankheit durch die Krankheit erklärt und sie nicht auf ihren Grund hin

[46] WW II/III, S. 607.
[47] Brown, ZE, S. 25.

befragt: nämlich auf die Gesundheit der *reinen Endlichkeit*, (das «Heil der Kranken»). Um sie kreist all unser Denken. Sie darf (was aus der *Logisierung* des Seins heraus «nahe» liegt) nicht mit der Vitalität des großen «Tieres» der Apokalypse verwechselt werden. Denn dieses «Tier» ist als Gegenständlichkeit der logisierten Liebe im Schematismus des verbegrifflichten Seins, nämlich in die Dialektik von «Allgemeinem und Besonderem» eingebunden.

Der Mensch «leidet» an *dieser* Dialektik und man muß fragen: warum? Die Antwort kann nicht sein: weil er sich der somatischen Verdrängung seiner animalischen «Integrität» durch Kultur entwindet und darin doch nicht zur Befriedigung kommt («Unbehagen in der Kultur»). *Diese* Lösung wäre der vergebliche Austrag der *wahren* Einheit von Leben und Tod durch die «logisierte», die wahrhaftig «Unbehagen» (und mehr als das) bereitet. Die Wurzel der Kultur liegt tiefer!

5. Der Reifeweg des Kindes und die Ambivalenz von Leben und Tod in der Kultur

a. Zwielichtige Einheit von Leben und Tod

Wir nehmen nochmals den *Anfang* der menschlichen Selbstwerdung reflektierend auf, in dem, wie Freud sagte, Objekt-Libido und Ich-Libido noch nicht unterschieden sind. Die Trennung ängstigt das Kind. Umgekehrt erzeugt die Angst allererst die Diastase von Lust-Ich und Realität. Ontologisch: Der Mensch versucht die kenotische Vermittlung des Geistes durch Verleiblichung, der seins-vernehmenden Vernunft in der «ratio discursiva» zu verdrängen. *Was* er aber verdrängt, den Tod, das holt er durch aggressive «Selbstentäußerung» nach. «Der Mensch errichtet – aggressiv – unsterbliche Kulturen und macht Geschichte, um gegen den Tod zu kämpfen.»[48] – Die Aggression ersetzt die sterbende Liebe. Somit erscheint die Kultur als der Versuch, die Individuation durch Fleischwerdung aufzuheben. Sie ist ein Produkt jenes «Unglaubens», der die Tren-

48 Brown, ZE, S. 130.

nung nicht als Epiphanie der urbildlichen Identität mit dem Ursprung bejaht.

Da das Sein als vorenthaltene Gabe vorausgesetzt war, kann meine Trennung vom Ursprung nicht die Wahrheit entbergen, daß der Abschied mein «Geliebt-*Sein*» offenbar macht. Der Weg zur eigenen Subsistenz erscheint nur als Tod. Die Trennung depotenziert, ent-mannt mich (Kastrationskomplex): Ich versinke in das reine Nichts. Der endliche Ursprung wird vergötzt, mit Gott identifiziert, ohne den ich *nicht* «sein» kann.

Umgekehrt ist die quasi-göttliche Präsenz meiner (endlichen) Herkunft (die «mich» mir selbst nicht verendlicht schenkt) jene Instanz, die mir nur die nichtige Rezeptivität, die leere Offenheit meinerseits übrigläßt. Da ich jedoch dadurch nicht an mir selbst, sondern *außerhalb* meiner selbst bejaht bin, so muß ich, um zum Ja (meiner selbst) zu gelangen, *das* negieren, was ich konkret an mir selbst bin, d.h. ich muß mich im «Sein als Sein» *gegen* dessen Verendlichung sichern.

Dazu «verführt» auch die große Abhängigkeit des Kindes von den Eltern. Denn die Frucht der menschlichen Liebe fällt nicht einfach aus dem «uterus spiritualis familiae» (Thomas v. Aquin), dem «sozialen Uterus» (A. Portmann) heraus, sondern bleibt dem «älteren Du» (Nietzsche) überantwortet. Hier liegt die große Zweideutigkeit. Das Kind ist als Mensch «vollendet» und doch ganz «bedürftig». Es lebt aus der Einheit von Reichtum und Armut des geschaffenen Seins oder, anders ausgedrückt, in der Einheit einer apriorischen Vollendung von spontaner (intellectus agens) und rezeptiver (intellectus possibilis) «Vernunft in Welt». In der Sprache des Biologen heißt das: das Kind ist ein «sekundärer Nesthocker» (A. Portmann). Es steht a priori im Raum der Kultur, die ihm auf seinem Reifegang schicksalhaft in der befreienden oder (und) entfremdenden Gestalt vor- und eingelebt wird. Die ontologische Armut seines Reichtums macht es spontan und rezeptiv zur Kultur vermögend.

Aber, *nicht* die Familie als kulturelle Institution «treibt die menschlichen Wünsche in zwei entgegengesetzte Richtungen» auseinander.[49] Selbstsein und Abhängigkeit werden in dieser Di-

[49] Brown, ZE, S. 146.

mension *nicht* a priori zerspalten, woraus, wie N.O.Brown glaubt, die Ambivalenz von Leben und Tod, Liebe und Haß hervorgeht: «Der Widerspruch zwischen dem subjektiven Traum der liebenden Vereinigung mit der Welt und der objektiven Tatsache der Abhängigkeit mit dem passiven Bedürfnis geliebt zu werden, wie es die Libido bewirkt, ergibt einen Antagonismus in der Dialektik von Vereinigung und Abgesondertsein, Abhängigkeit und Unabhängigkeit, Art und Individuum, also: Dialektik von Leben und Tod»[50].

Ja, aber es kommt nur darauf an, *worin* die Dialektik gründet: Ist sie eine Frucht des logisierten Seins, das sich eo ipso «animalisch somatisiert» darstellt, d.h. das «Tier» zum Kriterium für die «heile» Einheit von Leben und Tod erhebt, *oder* eine Frucht der geschaffenen Liebe? Dann ist das Bedürfnis geliebt zu werden *keine* Passivität, sondern die personale Ermächtigung des Selbstseins. Und dieses nicht die bloß spontane Setzung der Unabhängigkeit, sondern Manifestation des verdankten Daseins. Das logisierte Sein spricht «buchstäblich» diesselbe Dialektik aus, aber es *tut* sie nicht, sondern «weiß» sie nur. *Darauf* jedoch kommt es letztlich nicht an! Die Todestrennung des logisierten Seins kennt den kenotischen Gehorsam des Abschiednehmenden (dem Ursprung gegenüber) nicht. Es ersetzt ihn durch den ohnmächtigen Herabfall ins Endliche, ins «Selbstsein». Aber: Je tiefer die urbildliche Einheit der preisgegebenen Gabe mit dem Geber, umso abgründiger der Tod! Der Tod des mit dem Vater *wesens*-einen Wortes seiner Liebe bleibt daher immer *unvergleichlich* anders als alles menschliche Sterben.

b. «Oralität» und die Spaltung von Leben und Tod im «Haben-wollen»

Freud sieht den kindlichen Reifeweg in diesem Zusammenhang primär in drei aufeinander folgenden und zugleich einander implizierenden Phasen sich entfalten: in der oralen, der analen

50 Brown, a.a.O.

und phallisch-ödipalen. Wir versuchen sie ontologisch zu befragen.

Die *erste* Phase ist *oral* bestimmt. Schlicht gesagt: das Kind ist auf das Saugen an der Mutterbrust «versessen» und will sich nicht von ihr trennen. Das Haben-wollen verdrängt, wie wir früher schon sagten, den «*Abschied*». Die Seinserfahrung, die sich in diesem konkreten Geschehen verbirgt, deutet an, daß das Kind einerseits durch die stillende Begabung von der Mutter her mit dieser verbunden ist, aber die Gabe sich nicht in ihm *selbst* (!) als «empfangene» auswirken lassen will. Es opfert die sekundäre Kausalität *seines* Daseins der primären Kausalität der Mutter und definiert *dadurch* seine «causa prima» als an-sich-haltenden Reichtum, der das Andere seiner selbst nicht freizugeben vermag.

Theologisch gesprochen: Der Mensch verharrt in einer pervertierten «Gottsüchtigkeit» (M. Buber) und bindet die Gabe des Seins durch einen Pseudo-Dank an den Ursprung zurück. Er negiert die Trennung von Geber und Gabe. Er gibt Gott dadurch die «Ehre», daß er den Vater als: seinen Sohn wie einen «Raub» *gegen* die Kenosis an-sich-haltend denkt. Der Sohn aber erscheint als in seine originäre Herrlichkeit verliebt. Seine Macht besteht darin, beim Vater so zu sein, daß er ihn als Schenkenden verunmöglicht, um sich darin der Kenosis als Sohn zu entziehen.

Die verabsolutierte *Oralität* bleibt im bloßen Vernehmen (Schmecken – «sapere»), Binden, Saugen, Verkosten, im «concipere» stecken, ohne aus dieser erfüllten somatischen «Kontemplation» zur Aktion, aus der «Theorie» zur Praxis, aus dem «frui» ins werkzeugliche «uti», aus dem Vernehmen der Vernunft in den Vollzug des begreifenden Verstandes (der ratio *dividens* et componens) zu gelangen. Die Intuition des Gewesenen und Mit-sich-gleich-Bleibenden verschließt sich der Arbeit auf dem «kleinen Weg», der Pluralität, der «Spezialisierung» und schützt ihren Reichtum *gegen* das Arm-werden.

Hier liegt die Gefahr eines jeden Seinsdenkens, das das «esse completum et simplex» *gegen* sein «non-subsistens» scheidet, um aus der negierten Verleiblichung, der negierten Verendlichung zur Subsistenz, d.h. der sich überlassenden Annahme seiner selbst: in eine geistlose Animalität *oder* aus der festgehaltenen «univoken Einheit» des Anfangs in die aequivoke Unbestimmtheit des Vielen zu fallen.

Das Kind verspürt, daß das große Wunschziel der lustvollen Einheit mit der Welt (als «Mutter») in die Krisis gerät, d.h. unerfüllt bleibt. Die Realität «entzieht» sich. Dies bewirkt «Unlust», die verdrängt wird, so, daß das primäre Lust-Ich, wie sich schon zeigte, nur durch Verdrängung geschaffen wird.

Analog dazu: die Einheit des Seins «schützt sich» durch die Verdrängung ihres «Nichts» (non-subsistens), die Negation wird negiert. Der Rückzug auf die Identität mit sich selbst eröffnet jedoch gerade die Abhängigkeit des Ich=Ich vom Anderen! Seine «abstrakte Identität» impliziert mit Notwendigkeit den Schmerz des Negativen oder das Außer-sich-sein. Der Formalismus des Seinsbegriffs ist nach Materialität süchtig, denn er kommt (auch in der Perversion) um das Ja («Liebe») zum «Anderen» seiner selbst nicht herum – und wenn es nur ein Sichüberlassen an das: «von Natur aus Bestehende» (K. Löwith); die «Mater»-ia (Materialismus jeder Spielart), das «*strukturale*» Apriori der de facto so und nicht anders seienden Welt (Strukturalismus) ist. – Man *kann* das ontologische Sprechen über die dem Seinsakt real verschieden vorausgesetzte Dimension der (materiellen) *Wesens*-gestalten (essentiae) «vergessen» – aber die *Wahrheit*, daß das Sein nur durch Verendlichung, Sich-überlassen, Empfangen-sein *in ihnen* (der Ermöglichungsdimension seiner Kenosis!) positiv *es selbst* ist – bleibt. So oder so macht sich das Verdrängte geltend, denn das Verdrängte bannt den Menschen. Da die Trennung nicht bestanden wird (als Ermöglichung meines Selbstseins, meiner konkreten Identität), kehrt der Tod als die der abstrakten Identität immanente Negativität wieder (vgl. Hegel).

Die Annahme der Trennung als Bedingung der Möglichkeit von Selbstwerdung wäre Aufhebung der Verdrängung. Da der Mensch das «Gehabte» nicht loslassen *will*, wird er *krank*. Aber *darin* besteht *nicht* das neurotische Gepräge seines Daseins, sein «Unterschied zum Tier», wie N.O. Brown meint, sondern seine *Un-menschlichkeit*!

Der verdrängte Tod in der Subjekt-Objekt-Spaltung kehrt wieder. Im Verhältnis von Ich:Welt wird die «Einheit» von

Selbstsein und Trennung, Rückkehr zum Wesen und Entäußerung in die Erscheinung, «reflectio intellectus super seipsum» und «conversio ad phantasmata», Einheit und Vielheit «spielend» als die Philosophie von «Geist in Welt» wiederholt.

Die Subjekt-Objekt-Spaltung ist also *einerseits* ein Resultat des Ich=Ich im logisierten Sein; *andererseits* bietet sie dem Menschen scheinbar die Möglichkeit, seine abstrakte Identität aufzubrechen und zu pluralisieren, aus dem An-sich-halten in der logisierten Notwendigkeit des Seins heraus: in der Unbestimmtheit «ins Spiel» zu gelangen. Dies geschieht dadurch, daß die Einheit des Daseins in die Vielheit sich entäußert, diese aber in die Einheit (die als solche nicht mehr substanziiert *neben* dem Vielen auftritt) wieder eingeholt, d.h. die Identität von Sein und Werden vollbracht wird (vgl. Nietzsche: *Der Wille zur Macht*: «die ewige Wiederkehr des Gleichen» als Aussagegestalt des absoluten Heute *in* der Zeit und *als* Zeit).

Aber das Spiel (als Kultur), das hier gespielt wird, ist vanité *ohne* gratuité! Es entstammt der pervertierten Einwilligung in einen «*gemachten*» Tod. Die Verendlichung als Austrag der Einheit von Leben und Tod geschieht nur zum *Schein*. In *dieser* Kehre zur «Humanisierung der Natur» und «Vernatürlichung des Menschen» wird die *Realität* gesucht; denn der Mensch bedarf (und *bedurfte*) des Anderen, um leben zu können. Aber sie wird aus dem logisierten Sein heraus gesucht, das in Wahrheit *nicht* sterben will. Sie wird also als Realität gerade weggestoßen und *nicht* gefunden! Ebenso gerät das Lust-prinzip durch diese Dialektik in die Entäußerung, aber es tritt *nicht* auf die Seite der Realität, da seine Entäußerung nur eine Funktion seines An-sich-haltens ist.

c. Die polymorphe Libido. Ganzhingabe und spielendes Dasein im Verfall

Damit geschieht allerdings eine tiefe Entscheidung über den ontologischen Modus des kulturellen Schaffens, das sich in der Sphäre des bloß «Werkzeuglichen», «Verzweckten» zu lokalisieren beginnt und hintergründig diese seine Depotenzierung zu negieren glaubt: im *Schein* des Spiels. Was heißt das?

Freud sagt, daß der ganze Leib des Kindes libidinös von (leiblicher) Liebeskraft durchströmt und durchherrscht ist. Das Kind ist auto-erotisch: die Dimension seiner Leiblichkeit «erogen»; alles schenkt Lust. Freud umschreibt das Phänomen mit «polymorph-perverse Sexualität», was mit unserem geläufigen Begriff von «sexueller Perversität» *nichts* zu tun hat, sondern das Gegenteil davon meint: Die Liebeskraft des Kindes ist auf *keine* «partikulare» Zone seiner Leiblichkeit hin festgelegt. Die Liebeskraft waltet ungeteilt im Leib und ist noch nicht auf die «Genitalfunktion», d.h. «werkzeuglich» *vereinseitigt*.

Die «Vereinzelung» der Libido im Sektor der Genitalorganisation tritt erst durch die «ödipale Krise» auf, in der das Kind (grob gesagt) durch Identifikation mit dem Vater der Mann der Mutter, d.h. sein *eigener Vater werden* will. Es tritt in seinen schöpferischen Anfang und «zeugt sich selbst». Aber es erfährt, daß die Autorität des Vaters (als Mann der Mutter) «stabil» ist, und *dies* treibt die zweideutige «Selbstwerdung» im Tun des eigenen Anfangs hervor: die Behauptung des Selbstseins *gegen* die Autorität und damit die Potenzierung jenes Organs und seiner Funktion, in dem das Kind dem Vater gleicht: des Geschlechtsorgans.

Die Autorität des Vaters wird also auch hier a priori nicht in der Gestalt der «Mehrerschaft» des Daseins sichtbar, die dem Kind dazu verhilft, sein Leben zu leben und solchermaßen als Freiheit (die alle Bestimmung in der Form von Selbstbestimmung vollbringt) «sein eigener Vater» zu werden. Nein, der Vater ist als bloße Macht (entsprechend dem An-sich-halten des kindlichen Ich) als der Verweigerer des Seins (als Liebe) vorausgesetzt. Er gibt nicht frei und enthüllt seine Herrschaft dadurch, daß er das Kind entmächtigt, «kastriert». Das Kind erfährt nicht, daß es «um seiner selbst willen» angenommen und bejaht ist, was ihm den nicht besonderten, ab-strakten, verzweckten Blick, das nicht dissoziierte Verhalten zu sich selbst und zum Du offenhalten würde. Nein, durch die Macht wird ihm das Dasein «perspektivisch» zerspalten.

Hieraus ergibt sich die Reduktion der polymorph-perversen («jungfräulichen») Libido der «*Ganzhingabe*» auf die Genitalfunktion, in der sich die Erfahrung verdichtet: Ich bin nicht an mir selbst sein-gelassen, sondern einer transzendenten Konkurrenz, d.h. der *verweigerten* Liebe unterworfen, die mich nur «teil»-weise (oder gar nicht, was dasselbe ist) bejaht, im Hinblick auf welche ich mich also durchsetzen, mein *eigener* Vater werden *muß*, «damit» ich endlich: «um meiner selbst willen» dasein kann.

Um das vollbringen zu können (aber aus der *Spaltung* von Leben und Tod, Selbstsein und Selbstempfängnis heraus), wird die Genitalfunktion der Libido akzentuiert, die das junge Leben zu befähigen scheint, in der Gestalt des Vaters die Vereinigung mit der Mutter zu vollziehen. Aber im selben Augenblick ist die «Ganzhingabe» zerbrochen, d.h. das Dasein nicht mehr in der Form des Dankes (= «eucharistisch») gelebt.

Die Partikularisierung der Libido geschieht also nicht im Zuge der *Verendlichung* eines ursprünglich empfangenen Liebes-*reichtums*, der seine Fülle *in* der Besonderung enthüllt, die *Ganzheit in* der Division und Armut des Differenzierten eröffnet. Nein, die Ganzheit und Integrität des Daseins wird aus der Partikularisierung, gleichsam von unten nach oben, per modum abstractionis, erstellt. Sie wird «gemacht». Das «spielende Dasein» als Prinzip aller Kultur soll als Frucht aus der *erleisteten* Ganzheit der Existenz hervorgehen, die Kultur der *gemachten* Vereinigung durch *Zivilisation* entspringen. Die Ruhe des schlichten Vernehmens, der «actio immanens» in der polymorph-perversen Libido weicht der Aggression einer diskursiven Besonderung, einem «machenden» Begreifen, das sich nicht «spielend» selbst genügt, sondern sich anschickt, die ausstehende Zukunft des (nicht geschenkten) Seins «arbeitend» einzuholen und dadurch zur Ruhe einer ent-schränkten Libido zu gelangen (Aufhebung des «uti» ins «frui», im Genießen eines «ästhetischen Universums»).

d. Arbeitsteilung (Marx) und Fixierung der Libido auf die Genitalfunktion (Freud)

Ein analoges Problem finden wir in der Analyse der «Arbeitsteilung», wie Marx sie uns in seinen «Frühschriften» vorlegt. Wir versuchen das, was Marx meint, in unserer Terminologie zu formulieren. Die Arbeitsteilung resultiert aus der Unfähigkeit des Menschen, sich im Raum sozialer Interdependenz an ihm selbst in der *Einheit* von Geist und Leib als «gegenständliches Wesen», im Verleibt-*sein* zu vollziehen. Er vermag sich in der Pluralität der Gesellschaft nicht ungeteilt seiner selbst zu entäußern, gerade dann, wenn er in einer fruchtbaren Weise für die Anderen dasein will. Er teilt sich in seinem Werk, das er schafft, nur *partiell* mit und erscheint somit für den Anderen nicht in «menschlicher Gegenwart», sondern in einer depotenzierten, zerfallenen Form. Arbeitend bringt er seine ihm eigenen Wesenskräfte nicht «vollständig» zur Entäußerung und wird als Mensch für den Anderen daher nur in einer *beschränkten* Weise «gegenwärtig». Denn er ist im «Kapital», das ihn ausbeutet, sich selbst in eine Schizophrenie der Existenz hinein entzogen: Er ist nicht er selbst! Sein Lebensmittel gehört einem *Anderen*: sein Wunsch ist der «unzugängliche Besitz» eines *Anderen*, seine Tätigkeit nicht *seine* Tätigkeit; ein jedes Ding ist ein «anderes als es selbst».

Dadurch kann er die *Einheit* seines Mensch-seins (die «Universalität des Gattungslebens») nicht *konkret* in Fleisch und Blut aus sich herausleben. Er ist nicht als Mensch lebendig «da». Die «Ganzhingabe» wird daher arbeitsteilig funktionalisiert. Sofern der Mensch aber darin nicht seine *Freiheit* ausdrücklich werden läßt, beginnt die Sache (in der er nie um seiner selbst willen, sondern nur «verzweckt» vorkommt), ihre Herrschaft über ihn anzutreten. Durch diese Besonderung (Division) der Praxis im Medium der Leiblichkeit (und des materiellen Weltwerkes) werden Geist und Leib geschieden, da eine restlose Verleiblichung des Geistes, eine totale Kenosis unmöglich geworden ist.

Aus der Hypostasierung des Geistes entspringt jedoch (ontologisch gesehen) eine entfesselte «ratio», die das der Freiheit entfremdete Andere wiederzugewinnen und dadurch die Freiheit in ihr ursprüngliches Menschen-Recht einzusetzen versucht. Die Welt ist im Medium des gegen den Geist getrennten Leibes zum entzogenen Anderen geworden, in das der unnatürliche («=geistige») Mensch wieder eindringen muß, um ein *natürlicher* «Homo-Natura» zu werden. *Diese* Form der Verleiblichung durch «Materialisation» und die «regressive Uterustendenz» bei Freud sind in ihrer strukturalen Analogizität nahe verwandt.

Auch für Marx ist die arbeitsteilige Kenosis im Sinne der *Vergegenständlichung* der Freiheit nicht nur negative Entfremdung des Menschen, sondern «Bedingung der Möglichkeit» seines befreiten Selbstseins als Ich-Du, d.h. als «vergesellschafteter Mensch». Die Barbarei der negativen Entfremdung (Expropriation des Menschen durch *das* Andere, die Welt, und *den* Anderen, den Kapitalisten) birgt in sich schon die Möglichkeit der Emanzipation der Freiheit, die nur der Wahrheit (über sich selbst) sich noch nicht bewußt geworden ist: sie weiß nicht, daß die ihr als Entfremdung erscheinende Entäußerung (der «Zwang» der Kenosis) im Grunde schon ihr Selbstsein verbürgt, daß in der «negativen» schon die «positive» Armut der befreiten Freiheit gegenwärtig ist; weshalb das «Reich der Freiheit» durch Arbeit errichtet werden *kann* und dem Proletarier (dem «Armen») verheißen ist. Aber, die positive Armut des Befreit-*seins* tritt als solche nicht hervor; vielmehr bleibt die Armut der kenotischen Liebesfreiheit eine Funktion der negativen Armut der Entfremdung, die, nicht unterschieden von ihr, alle Verheißungen der Emanzipation in sich birgt.

Dennoch rettet nicht der Rückzug aus der arbeitsteiligen Dissoziation die Freiheit, sondern ihre positive Sozialisierung ist es, in der der «Mensch für den Menschen ein Mensch» wird. Die produktive Selbstaussage als Ich-Du-Wir sprengt die partikulare Selbstaussage in Weltwerk, macht *«Freiheit»* im Schaffen transparent und das Werk selbst «menschlich». Nur im *Ja* zur Gegenwart der leibhaftig existierenden, «da»-seienden Freiheit ist kulturelle Produktion demnach nicht mehr bloße Frucht der «Arbeit», in der der Mensch vom Anderen (Natur und Mensch) her sich gewinnen, sich einholen und Leistung besitzen will, sondern, *weil* er sich schon besitzt, in Seinsfreiheit da ist, die *positive* Entäußerung der Freiheits-Arbeit zu vollziehen vermag. Nur die reiche Freiheit, nicht die gegen das «Kapital» des Anderen geschiedene «Armut» der Sub-Kultur des Nur-Proletariers, ist *produktiv* «arm».

Hier, wie bei Freud, ein *Ringen* um die Gegenwart des *an ihm selbst* bejahten und damit für den Anderen als Mensch da-seienden Menschen *gegen* das Verzwecktsein der Freiheit unter die Herrschaft der Sachen. Die *arbeitende* «Selbstaneignung des Menschen durch und für den Menschen» (Marx), wodurch er sein «eigener Vater» wird, verbürgt somit die «Kultur der Freiheit».

Das Unternehmen muß aber scheitern, denn auch bei Marx wird das Sein als Instanz der autoritär expropriierten Freiheit, d.h. als ein Reflex der menschlichen Ohnmacht interpretiert, weshalb die Kenosis der Todestrennung ins Selbstsein *nicht* durch die Selbstempfängnis des sich verdankenden Daseins, sondern nur durch die Aggression des «Arbeiters» realisiert werden kann: *trotz* des Ansatzes im «positiven Humanismus», der «*reell* und unmittelbar zur Wirkung gespannt» ist[51], als «positiv von sich selbst beginnende(r)» Humanismus[52].

Aber, aufgrund seiner Voraussetzung, zerstört Marx seine *eigene* Intention, die darauf zielte, die Armut vom Wesen des Reichtums her, d.h. an ihr selbst als *reich* zu verstehen. Denn die dem bloßen An-sich-halten des Reichtums entspringende Armut kann, auch im Bewußt-werden über ihren Zustand, nie «reich» werden: wenn sie nicht «Armut» aufgrund des Schon-empfangen-habens ist. Ebenso muß Freuds Identifikation mit dem Vater scheitern, weil sie *gegen* dessen An-sich-halten geschieht, also in einer Selbstsetzung endet, die nochmals ohnmächtig in ihre primäre unerfüllte Besonderung versinkt.

Die Frucht der Freiheit kann jedoch nie gegenständlich «erstellt» werden, was *nicht* heißt, man dürfe sie außerhalb aller Zwecke, außerhalb des «uti» idealiter hypostasieren und ungeschichtlich verallgemeinern. Die Ambivalenz von Leben und Tod läßt sich nicht in Reinkultur zur Darstellung bringen. Sie bleibt auch dort, wo ihre «heile» endliche Vermittlung präsent ist, immer zweideutig. Ihre Zweideutigkeit eindeutig «machen» und nicht ertragen wollen, hieße: nochmals ihrer Dissoziation verfallen.

51 «Nationalökonomie und Philosophie», «Frühschriften», S. 237.
52 Vgl. a.a.O., S. 281.

e. Vernehmende Vernunft und aggressiver Verstand

Mit dem Problem der «besonderten» Reduktion der Libido auf die Genitalfunktion, in der sich die ganz-verleibte Freiheit gleichsam nur partiell entäußert und, sofern sie ihre Einheit mit diesem Teil zur Deckung bringt, auch «technisch» verfügbar und pervertiert «somatisch» analysierbar wird, ist noch eine andere Frage verknüpft, die in diesem Zusammenhang (hinsichtlich der «Oralität») behandelt werden muß.

Wir sahen schon, daß sich für Freud das menschliche Ich der Differenzierung des Es verdankt, das primär vom Lust-Ich durchwaltet wird und, aufgrund der Verdrängung, sich gegen die Realität abgesetzt hat. Das Ich ist ursprünglich ein Körper-Ich. Es kann jedoch die im «Es» verdrängten Wünsche nicht befriedigen. Das Lust-Ich ist im Es ganz: «Ich und der Andere».

Ontologisch: Das Es symbolisiert das in der Seinsschwebe in sich kreisende Ich=Ich und seine abstrakt-unmittelbare Identität. Die Seinsschwebe enthüllte sich uns aber als die Kehrseite des in die materielle Substanz absorbierten Seins, des somatischen Ich=Ich als Lustprinzip im «Es». Deshalb kann das aus dem leiblichen Lust-Ich durch die Differenzierung des Es erwachende Ich nichts anderes als *«rationales Ich»* sein, in das sich die «große Vernunft des Leibes» (in der Auseinandersetzung mit der Realität) entäußert.

Die ontologische Entäußerung der *seinsvernehmenden* Vernunft in die «ratio discursiva» wird hier spiegelbildlich parallel, gleichsam von unten nach oben, entwickelt, da das Lust-Ich «somatisiert» ist. Der verdrängte libidinöse Wunsch des Lust-Ich nach Ganzheit (Ich=Ich), der nichts äußerlich ist, außer das Nicht-sein, ersetzt die Universalität der Vernunft im «quodammodo omnia» ihrer Offenheit auf das Ganze der Wirklichkeit. Und wie die Vernunft die Fülle des Seins im Anfang nur durch den Austrag seiner Verendlichung bestehen kann, d.h. durch ihre eigene Vermittlung zur ratio, die in der Vielfalt des materiell Seienden und seiner Erscheinungen auf dem Wege ist, so muß sich die Fülle des Lust-Ich im Es seiner selbst entäußern und wird durch das Ich mit der plural strukturierten Realität vermittelt. Das Ich repräsentiert die «ratio» der leiblichen Vernunft.

Man kann diesen Prozeß jedoch noch von einer anderen Seite her sehen und sagen: Für Freud rebelliert der «Leib und seine große Vernunft» *gegen* den Untergang der Vernunft in den Verstand. Freud will die Schizophrenie von Geist «und» Leib überwinden. Es geht ihm gerade darum, das *Vernehmen* der Vernunft (sapere-sapientia-Verkosten!) zu rehabilitieren. Weil sie ihm aber nur in der Gestalt der *gegen* die Verleiblichung geschiedenen Rationalität gegenwärtig ist, so substituiert er das leere logisierte Sein (das die Trennung von Leib und Seele bewirkt) durch das «erfüllte» Sein des «Es» und des in ihm herrschenden Lust-Ich.

Nun hängt der Versuch, das Denken von unten nach oben zur «Resultation» zu bringen, ohne es durch das befreiende Sein als Gabe von oben nach unten in der Leiblichkeit zu akzeptieren, wiederum an der Erfahrung des logisierten Seins, das als «Allgemeines» die Kehrseite seiner materiellen Substantialität ist, weshalb der Leib (in dieser von Freud erörterten Rationalität des Ich) mit seiner großen *Vernunft* gar *nicht* zur Sprache kommen kann. Was hier von unten her resultiert, das muß in der abstrakten Allgemeinheit enden und alle Kultur zu einer Funktion der ratio werden, die durch die Implikation des *nicht* verleibten, logisierten Seins: *fleischlos* ist. Die analytische Versöhnung von Ich-Es-Realität bleibt vergeblich.

f. «Analität» und die Spaltung der Einheit von Leben und Tod in der Aggression

Während in der Phase der *«Oralität»* die Einheit von «urbildlicher Identität *mit» und* «Trennung *vom*» Ursprung in die Krisis tritt, also (ontologisch) das Verhältnis des Seins zu seiner Verendlichung fragwürdig wird, so versucht der Mensch in der Phase der *«Analität»* die zerbrochene Dialektik von Leben und Tod durch die Vermittlung von *Spontaneität* und *Rezeptivität* zu erlösen.

Die Fixierung im bloßen Empfangen hatte das Kind in die Passivität gestoßen und der Herr-Knecht-Dialektik preisgegeben. Einerseits ist es dem Ursprungs-Du bis auf den Grund hin ausgesetzt; andererseits deutet es das Empfangen existentiell als *negative* Abhängigkeit. Hieraus folgt, daß seine *rezeptive* Verklammerung mit dem Ursprungs-Du dieses gerade verdrängt. Würde das Ursprungs-Du sich nämlich in der Rezeptivität des Kindes wirklich aussprechen, d.h. mitteilen, dann würde sich die rezeptive Armut als Reichtum des Selbstseins im Kind offenbaren und das «Empfangen» die Wurzel des Selbst-seins bekunden.

Die bloße Rezeptivität als Ohnmacht depotenziert jedoch zugleich die sie überherrschende Macht. Denn die Macht ist zur Selbstmitteilung nur durch das *außer ihr* liegende Nicht-sein (die Pseudo-Armut des Knechtes) vermögend. Im Maße der Abhängigkeit des Knechtes verwandelt sich dieser sozusagen ins «Selbstsein» und zwar dadurch, daß die Ohnmacht die über sie und in ihr herrschende Macht als Ohnmacht («Nichts») entlarvt und sich dadurch als «Sein» setzt, in dem der Knecht zur aggressiven Aktivität (Praxis als Selbstbestätigung) durchbricht. Damit soll aber nur die «heile» Vermittlung von Tod (Abhängigkeit) und Selbstsein (Leben) vollzogen werden, was insofern vergeblich ist: als die Struktur der *Dissoziation* «als solche» aus sich ihr *Heil* zu gebären versucht.

Der Tod der Abhängigkeit erscheint daher nur in seiner Kehrseite: im *Scheinleben* der tödlichen Aggression. Diese kommt nun zum Zuge, da die Nur-Armut des Knechtes den Schein-Reichtum seines Herrn entlarvt hat (der ohnmächtig ist, sich selbst mitzuteilen). Der Reichtum dieses Herrn macht den Herrn zu seinem eigenen Knecht.

Entbindet sich aber die vormalige Rezeptivität des Kindes zur «Spontaneität» der Aggression, dann übersteigt der Knecht scheinbar die Schranken seines früheren Ghettos. Er entäußert sich seiner selbst und wird durch arbeitende Identifikation der «Andere», um diesen «als Anderen» aufzuheben, d.h. ein Ich-Du zu werden. Sofern jedoch der Andere a priori in der Gestalt des an-sich-haltenden Herrn präsent war, der sein eigener *Sklave* ist, so wird durch die Aggression nicht nur das Ich des Knechtes ein Ich-Du, sondern auch das isolierte Du des ohnmächtigen Herrn ein Du-Ich. Was der Herr von sich aus nicht vollbrachte: die Selbstmitteilung im Frei-geben des Anderen (= des Knechtes), das vollbringt der Knecht jetzt durch Arbeit, in der er die positive Fülle seines Selbst in der Entäußerung enthüllt und *dadurch* die Wahrheit (von sich her) setzt: «daß» er selbst durch den Herrn gleichsam «reich», d.h. an ihm selbst bejaht und nicht mehr Knecht ist.

g. Die phallisch-ödipale Phase und die «Aufhebung» der Armut in den Reichtum

Dadurch mündet die Phase der «Analität» schon in die *dritte Phase*: die *phallisch-ödipale* ein. Der aggressiv «frei» gewordene Knecht setzt sich selbst durch, da er seine Armut in «Reichtum» verwandelt hat. Er erfährt allerdings, daß er abhängig bleibt, seiner Selbstwerdung wird die Subsistenz entzogen: Der Herr gibt seine Macht nicht auf und «entmannt» denjenigen, der sich mit ihm identifizieren will.

Von hier aus gesehen muß dann alle Verendlichung im Empfangen als ein *defizienter* Modus des Seins gedeutet werden. Oder: Im Maße der Annäherung des Endlichen an Gott hört dieses auf: «es selbst» zu sein und wird seiner Nichtigkeit überführt: Das «Nichtsein des Endlichen ist das Sein des Absoluten».

Freud sagt, daß die im Prozeß dieser Krisis von Mannheit und Entmannung (in der uns das Geheimnis der «analogia entis» aufleuchtete) verdrängte Liebeskraft («ich kann nicht «ich selbst» sein, weil nicht der Ursprung, d.h. mein eigener Vater werden») *Kultur* schafft, worin der Mensch den unbefriedeten Austrag der Dialektik von Selbst-sein durch Selbstentäußerung «spielend» wiederholt, um ihn zu heilen. Im Spiel wiederholt er selbsttätig den Tod der Trennung, der sich ihm von außen her aufnötigte, weil er ihn, als nicht Geliebter und selbst nicht liebend, verweigerte.

Freud skizziert das Gemeinte in «Jenseits des Lustprinzips»[53] aus der Beobachtung eines spielenden Kindes, das in seiner Lust am Spielen die Unlust des erfahrenen *Fortgehens* der Mutter, die es zuerst «passiv» erdulden «mußte», nun aktiv als Abschied vom «Ursprung» spielt: «Die Deutung des Spiels lag dann nahe. Es war im Zusammenhang mit der großen kulturellen Leistung

[53] Vgl. WW XIII, S. 13.

des Kindes, mit dem von ihm zustande gebrachten Triebverzicht (Verzicht auf Triebbefriedigung), das Fortgehen der Mutter ohne Sträuben zu gestatten. Es entschädigte sich gleichsam dafür, indem es dasselbe Verschwinden und Wiederkommen mit den ihm erreichbaren Gegenständen selbst in Szene setzte».

Im Schaffen der Kultur trägt der Mensch somit ein «Umsonst» aus, von dem er sich im Anfang getrennt hat, bzw. getrennt worden ist: das «Umsonst» der Liebe in der Einheit von Leben und Tod. Er macht sich darin zum «Schöpfer seines Schöpfers», den er töten muß, «um zu leben»; er ringt um eine unbedingte, voraussetzungslose Initiative der Freiheit in Welt und Geschichte, ohne *diese* Voraussetzungslosigkeit sich schenken zu lassen. Er rückt ständig in das ihn tragende «Vorweg» ein, ohne sich ihm zu überlassen – und entäußert sich des «eingeholten» Reichtums wieder im Schaffen von Kultur; er will das ergriffene, in-Besitz-genommene Leben des Anfangs wieder «los-werden», – weil er (im Grunde) weiß: *daß* er es «umsonst» besitzt.

6. Sublimierung der Liebe und Über-Ich. Kultur als Hemmung und Befreiung

a. Die gegenseitige Überwindung von «Geist» und «Materie»

In der zweideutigen Dialektik von Leben und Tod schafft der Mensch «Kultur»: durch *Sublimierung* seiner verdrängten leiblichen Liebeskraft (Libido). Er wiederholt auf einer «zweiten» Ebene das, was ihm auf der ersten mißglückt und als unbefriedigt verdrängt worden ist. M.a.W.: Die Sphäre des Geistes resultiert aus der nicht restlos ausgetragenen Verendlichung des Seins, das deshalb (gegen seine leibliche Subsistenz abgetrennt) im Zustand der Logisierung verharrt und das Medium der kulturellen Sublimation bildet. – *Umgekehrt* sublimiert der Leib die in seiner Materialität nicht vollzogene Dialektik von Leben und Tod des Seins als Liebe in die Sphäre einer ihm übergeordneten Idealität («Ich») hinein – und zwar deshalb, weil ihm der logisierte Austrag der Verendlichung (von oben nach unten) nicht «genügt». – Seine «große Vernunft» setzt sich gegen die bloß *«rationale»* Vermittlung von Leben und Tod durch, die sich in der Scheidung von Lustprinzip (Ich=Ich) und Realitätsprinzip (an-sich-seiende Substanz) äußerte.

Sofern aber das Sein *vertikal* sich nicht als *Fülle* durch Armut in die Materie hinein verendlichte, so kann in der Sublimierung (von unten nach oben) auch nicht der Reichtum und die Schönheit der urbildlichen Identität von Gabe und Geber, von Sein und Ursprung sich enthüllen. Die Resultation von «Geist» und «Sein» in der Sublimierung von unten nach oben muß also ein leerer, spröder Reflex der vorgängigen Substanziierung des Seins im Medium der materiellen Realität (d.h. der Spaltung von Leben und Tod im Medium der Leiblichkeit) bleiben und im bloß begrifflichen «Überbau» einer abstrakten Idealität enden. «Geist» ist somit *entweder* «gnostische Hypostase» über dem Leib *oder* ein Epiphänomen des Materiellen.

Der Mensch als Kind hat die urbildliche Identität mit seinem Anfang in der Kenosis nicht losgelassen, sondern sowohl den Tod als auch die Einheit mit seinem Ursprung verdrängt. Die unausgetragene Vermittlung beider taucht nun «jenseits» seiner Leiblichkeit: als Aufgabe des «Geistes» in logisierter Gestalt wieder auf. Sie ist in der Dialektik des «Begriffs» beheimatet, der das Mysterium der Liebe (des Pneuma) im «Wissen» wiederholt (vgl. Hegel). Alle Kultur ist (nach Freud) *dieser* Aufgabe verpflichtet.

Der Mensch logisiert sein Sein im Anfang, um nicht sterben zu müssen und doch (aufgrund der Nichtigkeit dieses Begriffs, der «leer» ist) «sterben» zu können. Das ist der «Anfang seiner Kultur». Er sublimiert die verdrängte *Liebes*-einheit mit dem Ursprung und läßt sie als «quodammodo omnia» des Geistes wiederkehren, worin er, nach Freud, scheinbar *das* verwirklichen «kann», was in der Dimension des *libidinösen* «Ich=Ich» nicht erfüllt worden ist: die «conformitas cum alio».

Auf *diesem* Wege wächst der Geist über die Materie hinaus, wird der Mensch zu einem «außer der Welt hockenden Wesen» (Marx), gerät er in die «Schizophrenie der Existenz» (Nietzsche), wodurch er sich «in zwei Seiten auseinanderlegt» und in die Dualität von «jenseitigem» Geist und «diesseitigem Leib» dissoziiert. Das Körper-Ich aber wird zu einer «Seele», die vom

Körper verschieden ist, und zugleich der äußerste, verhärtete Rand des Leibes (aber jetzt: als «Körper»), der sich seiner selbst ganzheitlich (*seins*-haft) *nicht* zu entäußern vermag. Ontologisch betrachtet gehört also die Sublimierung in die Schwebe des in seiner Verendlichung verweigerten, hypostasierten «Seins», das sich nicht verleiblichen will.

Aber, und das hat Freud nicht beachtet, sie gehört *auch* in die Kehrseite des logisierten Seins und seiner entäußerungs-lo-sen Idealität, nämlich in die bloß an-sich-seiende, materielle Substanz des Leibes, der zum «Körper» geworden ist, der das Sein substanziiert in sich festhält, es nicht verdankt, seine Überwesenhaftigkeit (die von keiner materiellen Andersheit affizierbar ist) nicht bejaht und *deshalb* in seiner «Leiblichkeit» sich isoliert.

Nicht nur die «Geist-werdung» (in dem oben erörterten Sinne) ist eine Form der Sublimierung der verdrängten, unerfüllten Liebeskraft, sondern auch das Sich-ausbreiten des Seins im Medium einer geschlossenen Körperlichkeit (der individuierten «res extensa»), in der Sphäre der einsinnigen materiellen Realität: ist eine Form der Sublimierung der verdrängten Liebe. Das Nur-Leib-bleiben-wollen ist als solches schon Resultat einer Verdrängung, nämlich der negierten urbildlichen Einheit des Seins mit Gott, ohne die die Kenosis des Seins in der Verleiblichung, im Leib-sein sinnlos wird.

Für Freud ist jedoch *diese* Dimension der urbildlichen Einheit (aufgrund der logisierten Seinserfahrung, in deren Schematismus er denkt) a priori hypostasiert, d.h. der «Geist» nur Repräsentant der verdrängten Fleischwerdung (der Kenosis) des Seins als Liebe, weshalb sich alles um die Verdrängung des Todes dreht, bzw. um die Verdrängung eines Lebens, das, im *Gegensatz* zu dieser Hypostasierung, das Medium der Materie als Entäußerungsdimension des Seins akzentuiert, die Verleiblichung ermöglicht: das Soma und *seine* Psyche.

Auf dieses Soma hin muß, wie bei Marx, der abgeschiedene (=tote) Geist überwunden werden, obgleich das so vorausgesetzte Soma eben den gegen seine Verleiblichung getrennten Geist rückläufig wieder provoziert. Hinter all dem steht ein schlechter Idealismus, der krampfhaft bemüht ist, beim «sinnlich Positiven» anzufangen, unbedingt verendlicht, verleibt sein will, aber nicht glaubt, vertraut, daß er es ist: als *Getragener*!

b. Objektverlust und Flucht zum Anderen: der «gedachte» Andere und die Macht

Hieraus ergeben sich wichtige Konsequenzen für den sogenannten «Objektverlust». Der Mensch «kann den Objektverlust nicht ertragen» (Freud). Er erfährt ihn als Tod, d.h. aber: er kann sein «Selbstsein» nicht ertragen und flüchtet aus der Bejahung seiner selbst «zum *älteren* Du»[54]. Das *nicht* bejahte Selbstsein gebiert sein ideales «Ich», das als eine Funktion des Anderen nicht sterben will.

Andererseits ist der Objektverlust (Trennung von der Mutter) Abschied von jener Dimension, in der das Kind das Selbstsein gewinnt. Das Kind kann also den Objektverlust auch deshalb nicht ertragen, *weil* es ganz «ich selbst» sein will. In der regressiven Flucht vor dem Tod will der Mensch verzweifelt *nicht* er selbst sein; im Raum der Herkunft angekommen, will er jedoch verzweifelt «er selbst» sein, sein Ich vom Anderen weg und *in sich hinein* gewinnen. Er will also «Ich und der Andere» sein, *ohne* an ihm selbst ein «Ich-Du» zu sein. Das Du (in *diesem* «Ich-Du» als Selbst) ist a priori in die Sphäre des gegenständlich vorgestellten Nur-Anderen entrückt, daher kein Ich als Gabe an das Ich, der Mensch an ihm selbst kein Du.

Deshalb muß Freud dem Objekt-*verlust* eine so große Bedeutung beimessen und sagen, daß der Mensch in allem Schaffen nur das Verlorene zu wiederholen versucht (was ihn der Vergangenheit ausliefert und im Grunde zukunftslos macht).

Da er a priori an ihm selbst, durch den *verfehlten* Austrag der Entäußerung *«seines»* Seins in ihn, d.h. in seine freie Subsistenz hinein, kein Ich-Du ist, so wird er auch in der *Gegenwart* nicht frei. Er *wird* der nicht, der er *gewesen* ist und ist der nicht gewesen, den er als noch *ausstehende* Zukunft (im Sinne des *Über-Ich*) vor sich hat. Der Verlust des geliebten Gegenstandes ist somit unerträglich. Daher wird jede Trennung negiert, wes-

[54] Nietzsche WW II, S. 324/325.

halb das Objekt im Raum des Wünschenden selbst *wiederhergestellt* oder die Realität zum Befriedigungsobjekt transformiert werden muß. Der Mensch läßt demnach das Objekt nur los, indem er sich mit ihm identifiziert, d.h. es *reflexiv* in sich vollzieht oder «erkennt». Das bewußte Ich sagt demnach der Libido, daß sie mit dem Verlorenen «eins» ist. Das Wissen ersetzt die Liebe, die sich im Anderen ihrer selbst vollzieht.

Hieraus ergibt sich, daß der Wille gar nicht mehr strebend dem Sein als dem Guten *in den Dingen* sich einverwandeln, dem um seiner selbst willen da-seienden, konkreten Du sich nicht zuwenden und hingeben kann. *Diese* Form der Vereinigung ist schon gescheitert. Er muß auf das reflexiv dem Bewußtsein verinnerte Gute zielen. Das Gute wird «entwirklicht» und zum bloßen «Gesetz», das das Ich weiß. In diesem (!) Selbst-Bewußtsein bestätigt aber das Ich auch die diesem Gesetz adaequate «Realität», nämlich die Autorität als bloße *Macht*, die sich ihrer selbst nicht entäußert, sondern die Freiheit von außen überfremdet, sie nicht freigibt.

In der Trennung durch Liebesgehorsam hingegen wäre der Abschied vom Anderen in der *Liebe* geschehen und nicht abstrakt in der Dialektik von «Loslassen des Objekts» und «reflexiver Identifikation» mit ihm vollzogen. Die Selbst-Identifikation würde gerade aus der Trennung leben, da der Mensch im gegebenen Wort die Welt des Anderen nicht nur in sich selbst vollzieht, sondern sie eben so sehr an ihr selbst sich zeigen und erscheinen läßt. Die reflexive Identifikation mit dem Objekt wäre nicht nur ein Ersatz für seinen Verlust, sie wäre nicht eine *gegen* den Tod errichtete Selbstbehauptung des Menschen unter der Formel: «Ich und der Andere sind eins». Nein, sie bliebe der Trennung «bedürftig», und damit das kreative Bei-sich-selbst-sein des Menschen im Wort ein befreiender, schöpferischer *Dienst* am *Anderen* seiner selbst. – Die verdrängte Trennung jedoch macht das Wort zu einem bloß «begreifenden Begriff» und zerstört gerade dadurch alle echte Kultur der Sprache. Andererseits bestätigt jedoch die im Gesetz waltende Autorität (als *Macht*) die verdrängte Trennung. Sie will nicht, daß das Ich es selbst wird, sondern fixiert es in *negativer* Abhängigkeit von ihr. Die Macht selbst provoziert also das Nicht-ertragen des Objektverlustes. Sie konstituiert, wie wir sahen, das Ich als «Ich».

Entscheidend bleibt die diesen Vorgang bestimmende *Kehre* von der Objekt-Liebe zur «narzißtischen Libido», die das Andere *in sich selbst* liebt, das Wollen in der «Reflexion» (im weitesten Sinn des Wortes) festhält und die Objekt-Liebe in die «Allgemeinheit» des Selbstbewußtseins und *seiner* «Sprache» auflöst. Das *wirkliche* Liebesziel ist verloren! Nun richtet sich die Libido auf einen «geistigen» Inhalt. Sie gewinnt in ihm Ersatzbefriedigung. «Die Realität, die das Ich so aufbaut und wahrnimmt, ist *Kultur*; und Kultur, wie Sublimierung und Neurose, hat die entscheidende Eigenschaft ‹Ersatzbefriedigung› zu sein, eine blasse Nachahmung vergangener Lust als Ersatz für gegenwärtige Lust und daher wesensgemäß entsexualisiert»[55]. Aber «Sublimierung befriedigt die Triebe in ähnlicher Weise, wie *Landkarten* Reisewünsche befriedigen können»[56].

c. Wort des Fleisches und Logos vom Vater. Kultur und logisierte Liebe

Der Weg von der Libido zur Kultur ist, um eine theologische Analogie zum Vergleich heranzuziehen, umgekehrt proportional dem Verhältnis von Neuem und Altem Bund. Das Neue Testament vollendet das Alte. Die Liebe stirbt im Fleisch des Buchstabens, tötet und *erfüllt* ihn. Das buchstäbliche Wort ist ihr nicht «Ersatz», nicht äußerlich: Es ist in diesem Sinne nicht «mehr» als sie selbst, *weil* sie das Gesetz erfüllt!

Das würde im Blick auf das Anliegen Freuds bedeuten: Was die Kultur «ersetzt», das enthüllt sich jetzt als erfüllte Liebe im Fleisch. Oder: Kultur ist «aufgehoben», der heile Austrag von Leben und Tod *wirklich* gegenwärtig. Allerdings muß das für Freud in einem Fleisches-Logos geschehen und nicht durch den Logos des Vaters. Denn *dies* hieße (angesichts der schon erörterten Voraussetzungen): Der Mensch verdränge den Tod seines Selbstseins und wolle wieder «mehr» sein als er selbst (Gott-

[55] Brown ZE, S. 206/207.
[56] A.a.O., S. 212.

Mensch!). Die Leiblichkeit des Heils werde wiederum in der «Person» eines göttlichen Logos hypostasiert, sublimiert, also der schon geschehene Tod des logisierten Seins, die überwundene Spaltung von Leben und Tod, Licht und Finsternis (analog zu «Jenseits von Gut und Böse», Nietzsche, und zur Einheit von «universalem Gattungsleben und Individuum», Marx), durch neue Sublimierung wieder rückgängig gemacht und die Befriedigung auf eine «andere» Ebene verschoben.

Aus demselben Grund hatte schon Hegel im Übergang von der «offenbaren Religion» zum «absoluten Wissen» gesagt, daß der «allgemeine göttliche Mensch», die Gemeinde: «ihr eigenes Tun und Wissen zu ihrem Vater; zu ihrer Mutter» (die als *wirkliche* Mutter, für Hegel das *Selbst*-bewußtsein repräsentiert) «aber die ewige Liebe» hat, die sie «nur *fühlt*», also in sublimierter Logisierung abstrakt gegenständlich noch außer sich vorstellt.[57] Daher sei der allgemeine göttliche Mensch mit seinem Dasein noch entzweit. Das «absolute Wissen» jedoch «vollbringt» für Hegel das, woran Freud scheitert: die Einheit von substantiellem Ansich (Vater) und selbstbewußtem Für-sich (Mutter). Analog: Die befreite Leiblichkeit wird mit der Sublimierung versöhnt (Freud).

Daher kann jetzt, nicht nur für Freud, sondern auch für E. Bloch, das Wort «Ich und der Vater sind eins» nur besagen: «Gott ist Mensch und nichts als Mensch». Die Herr-Knecht-Dialektik der Spaltung von Leben und Tod sei überwunden. Die Sublimierung hingegen «verewigt eine negative, narzißtische und regressive Lösung, die kindliche Lösung des Problems, über Leben und Tod *verfügen* zu können; Sublimierung verewigt einen kindlichen Traum»[58].

Der Traum, der hier geträumt wird, ist die reine Gestalt der Liebe als Einheit von Leben und Tod. Sie ist durch die Verwandlung von Objekt-Libido in Ich-Libido in der *Spaltung* von Leben *«und»* Tod, Ich *«und»* der Andere zerrissen. Die Spaltung wird verdrängt und in der Sublimierung als Einheit weiterge-

[57] Vgl. «Phänomenologie des Geistes», S. 548. Dazu: «Hegel und die Zeitgestalt der Freiheit» in Hegel-Jahrbuch 1968/69, S. 233-250.

[58] Brown, ZE, S. 213.

träumt, als die Einheit der Gegenwart der Freiheit durch die präsente Vergangenheit und angekommene Zukunft des Ich-Selbst in sich selbst, als heiler Austrag der Verendlichung des Seins.

Der Mensch träumt also das «Ende der Geschichte» in der je «letzten Stunde», die «da» ist (vgl. 1 Joh); er träumt in der «Fülle der Zeit». Die Sublimierung verewigt den Traum, dessen Inhalt und Form der Mensch nie verwirklicht: das Sein als Liebe. Der Traum wird im «logisierten Sein» geträumt, in jenem «Alles und Nichts», in dem der Mensch den unerfüllten Wunsch des Anfangs als erfüllt *denkt*, also reflexiv die Ohnmacht seiner Liebe substituiert, in der Sehnsucht nach Erfüllung Kultur schafft, aber darin nochmals scheitert, weil er nicht glaubt, daß ihm das, worum er ringt, «umsonst» geschenkt ist: in der Menschwerdung der Liebe, die das logisierte Sein und seine Scheinarmut in den Tod führt und es dem Menschen als *«armen»* Reichtum, als die *Einheit* von Leben und Tod der Liebe überantwortet.

d. Geschichte als versuchte Wiederholung der Einheit von Leben und Tod

Für Freud bleibt das Phänomen der Kultur als sublimierte (verdrängte) Es-Potenz und entsexualisierte Liebe in die Sphäre der Seinsschwebe eingelagert. Indem der Mensch den Widerspruch seines Anfangs in diesem Medium durch Kultur aufzulösen trachtet, merkt er (zu Recht), daß *diese* (!) Kultur seine Liebe nicht befriedigen kann. So wendet er sich der Tiefe des Es zu und erinnert dort den «heilen» Anfang der «gelungenen Vereinigung» von Ich und Du. Aber auch hier erliegt er einer Täuschung, denn die Vermittlung ist ihm auch dort nicht gelungen: Er träumt sie nur.

Seine «Geschichte» (im ganzen Spektrum ihrer Vielfalt) erscheint somit als der Versuch, die Einheit von Leben und Tod «im Anfang» zu wiederholen, ohne daß dies (unter den schon erörterten Voraussetzungen) gelingen könnte.

Jede Wiederholung, die die Geschichte weitertreibt, enthüllt nur die Ohnmacht des Menschen in seiner «versuchten» Liebe. Was der Mensch als das Gewesene erinnert, eben dies nötigt ihn, da er es *nicht* verwirklicht hat, nach vorne. Der Bann der Vergangenheit treibt ihn in die Zukunft. Das Gewesene bleibt der Gegenwart fremd, und das Zukünftige zeigt sich als ausstehende Dimension, die progressiv zu erobern ist, da sie nicht geschenkt wird. Geschichte erscheint nicht als «Geduld der Liebe» im «Immer-schon» ihres «Noch-nicht». Sie ist nicht in der Einheit von Selbstsein und je größerem Empfangen von Zukunft eröffnet. Sie manifestiert sich vielmehr als dissoziierte Zeit, in der der Mensch so zu sich gekommen (Mensch «gewesen») ist, daß er, da er die Todestrennung des Seins als Liebe verweigert, die Zukunft «noch immer» vor sich hat. Zukunft und Gewesen sind in dieser Disposition Gestalten seiner Selbstentfremdung. Daher eilt er nach vorne, nicht um Zukunft zu gewinnen, sondern um sie *vergangen* zu machen und er kehrt regressiv zum Vergangenen zurück, um eben dort sein Nicht-bejaht-sein von der Zukunft her zu erfahren. Die Sublimierung fließt in eine zerfallene Zeit aus, die der Sinnlosigkeit, die die Spaltung von Leben und Tod im Anfang beherrscht, einen Sinn, d.h. die «heile Einheit» zu schenken versucht.

e. Über-Ich in der Dialektik von Leben und Tod

In diesem «geschichtlichen Kontext» läßt sich auch das Über-Ich im Medium der kulturellen Sublimierung deuten. Da das Kind sein Selbstsein *gegen* das Empfangen-haben allererst gewinnen muß, bleibt ihm auch dort, wo es (wie wir sahen) die Trennung durch Aggression ersetzt, seinen Tod «macht» und damit die entzogene Realität sich einzuverwandeln trachtet: der Andere äußerlich. Die Einheit von «urbildlicher Identität mit» und «Trennung vom» Ursprung kann durch Sublimierung nicht restauriert werden. Weil der Reichtum des Ursprungs-Du nicht an ihm selbst als arm erfahren ist, so bleibt die *Gabe* des kindlichen Ich (aus seiner Herkunft an es selbst) dem Ursprung «vorbehalten» und dadurch idealiter hypostasiert. Es ist daher *einerseits* das «Ich» des Kindes, *andererseits* nur der Reflex einer die kindliche Rezeptivität von außen her überwältigenden Macht: die durch die negierte Todestrennung einen unaufhebbaren Zwang ausübt. Das nicht entäußerte Sein erhält den Charakter eines Instrumentes der Macht, die es zum allgemeinen Gesetz formalisiert, das nicht Fleisch wird, nicht stirbt.

In diesem Gesetzes-Horizont sind alle Voraussetzungen der kindlichen Selbstwerdung inbegriffen. Denn er ist ja nicht unmittelbare Präsenz des Anderen, sondern die «Art und Weise» wie das Ursprungs-Du die Bedingungen der kindlichen Selbstverwirklichung festgelegt hat: also bloß Phänomen der institutionalisierten Kultur, in die das Kind hineinwächst und von der es a priori unterfangen und bestimmt wird. Aber, «bestimmt» in der Weise, daß *diese* Voraussetzung nicht seine Selbstsetzung ermöglicht, sondern unterbindet und erstickt.

Diese Instanz setzt sich als Tradition ohne befreiende Übergabe, also durch die *Spaltung* von Leben und Tod, im Kind durch. Das Kind existiert daher in *dieser* Situation nicht in «apriorischer» Vollendung als Ich-Du an ihm selbst. (Dies hieße ja: Die «Voraussetzung» hat sich entäußert, der Selbstverfügung einverwandelt, die Gabe des Ich an das Selbst des Kindes hat dieses zum Ich-Du-Selbst ermächtigt.) Deshalb ist das Kind gezwungen, das *ideale*, reine Ich als «Reichtum», sein *unmittelbares Ich* als schmutzige «Armut» auszulegen.

Sofern ihm darüberhinaus das Ich im Gesetzeshorizont des logisierten Seins als das sein-sollende «Gute» vorgestellt wird, so muß es seine konkrete Existenz als nicht-sein-sollend oder als «böse» deuten. Der Kampf des Oben gegen das Unten (und umgekehrt) beginnt. Das «gute» Ich verharrt als Instrument der Macht im Über-Ich des an-sich-haltenden Ursprungs-Du und ist von diesem kulturell normiert. Das «böse» Ich wurzelt in der Zone der Leiblichkeit, die sich von der Idealität des Geistes trennt. Die *ontologische Differenz* des Seins zu seiner leiblichen Subsistenz ist zerbrochen, die Grundgestalt endlicher Freiheit dissoziiert.

Die befreite Bildung des Über-Ich, die der reifenden kindlichen Freiheit notwendig ist, würde nur gelingen, wenn sich die «urbildliche Identität» seines Seins mit dem Ursprung als Wurzel der «Todeskenosis» zum Selbstsein des Kindes, also der Reichtum (seiner Einheit mit der ursprünglichen Lebensfülle) an ihm selbst als *arm* erweisen würde. Das Über-Ich und die in es eingelagerte Struktur von Kultur wird allerdings dann eine negative Forderung, ein Sollen, das nicht zugleich das Können schenkt, sondern das Kind vergewaltigt, wenn dessen Selbst «narzißtisch» im Ich=Ich («Ich und der Andere») *gegen* die Trennung sich einzuschließen versucht, also durch den Abschied vom Ursprung nicht dessen frei-gebendem, weil positiv «entäußertem» Ja gehorcht.

«Normalerweise, wenn eine Kultur im Ausgleich ist, steht das sich entwickelnde Ich zwischen Über-ich und Sozität auf der einen, Selbst und Automorphismus auf der anderen Seite. Es befindet sich zwar in einem dauernden Konflikt, aber dieser führt zu immer neuen Progressionen und Synthesen»[59]. Die patriarchalische Autorität als entäußerungslose *Macht* hingegen nötigt das Kind unter die vorausgesetzten Kulturformen und zwingt es regressiv zur Selbstwiederholung. *Andererseits* provoziert sie die tödliche Aggression. Denn das Kind versucht, durch den Rückzug auf die Idealität seines Ich in der logisierten Seinsschwebe, die nicht verendlicht ist, von diesem Indifferenzpunkt seiner Existenz her: sowohl die Macht, die an diesem Punkt sich (entäußerungslos) selbst beschränkt, als auch die kulturellen Voraussetzungen, denen es unterworfen ist, zu vernichten und sich seine Voraussetzung selbst zu schaffen. Gerade die regressive Bindung an die Kulturformen des Über-Ich *scheint* es daher «frei»-zu-machen für den arbeitenden Aufbruch in die Zukunft, für den Anfang im Punkt Null. «Bindung an Kultur» heißt jetzt: Hemmung und Enthemmung der eigenen Spontaneität.

Es gibt eine Pseudoverpflichtung kultureller Tradition, aus der die progressive Selbstvernichtung aller Kultur entspringt. Man müßte einmal kritisch fragen, ob nicht gerade die heutige Kulturflucht «nach vorwärts» zur «*einen* Weltkultur» ein *Resultat* ohnmächtiger Regression in eine tote Gewesenheit von Kultur ist; der Versuch, das «kulturierende Über-Ich» durch aggressive Trennung (=Tod) abzubauen und die nicht vollzogene Kenosis in der Tra-ditio durch die Kenosis der Aggression zu substituieren. Es wäre auch zu fragen, ob nicht die sogenannte «Anthropozentrik» (in der der Mensch als Subjekt «frei-gestellt»,

[59] E. Neumann: «Das Kind», Zürich 1963, S. 146.

aus dem Bann der vormals numinos qualifizierten Natur erlöst: zum «Schicksal» alles Anderen, Gott eingeschlossen, wird) nichts anderes als die Frucht der Gefangenschaft der Freiheit im Kulturkanon eines sie überherrschenden Über-Ich ist und *deshalb* hintergründig, bei aller «Spontaneität» auf Zukunft hin, der toten Gewesenheit des logisierten Seins, dem Organ der pseudo-väterlichen Macht verfallen ist. Daher die Ablösung des «Humanismus» durch den «Tod des Menschen» im Strukturalismus.

Dasselbe gilt für die nach vorne zielende Dynamik einer «evolutiv» sich selbst überbietenden Kultur, die sich einerseits aus dem Sog der «Materia: Mutter» (als «potentia pura», die der Andersheit der aktiven (männlichen) «Forma» bedarf) – und andererseits aus der Hypostasierung der «patriarchalischen» Herrschaft des Seinsaktes als Über-Ich, das nur die «bloße Potenz» außer sich hat, befreien, also wiederum nur die Einheit von Reichtum und Armut der Freiheit auf der Basis ihrer *Gespaltenheit* herstellen will.

f. Kultur und «illusionäre Religion»

Analoges betrifft, wie schon angedeutet, die Religion. Verharrt das Sein im Über-Ich (als Klammer zwischen dem Endlichen und Absoluten), dann provoziert es jenen Widerspruch, dessen Auflösung nur besagen kann: Gott muß sterben, damit die Welt lebe, – die Welt muß sterben, damit Gott lebe. Die urbildliche, wesenhafte Einheit des Seinswortes mit seinem ursprungslosen Ursprung (Vater) wird nicht als *Grund* der die *endliche* Freiheit absolut (d.h. durch ihr Mit-sterben hindurch) zu sich befreienden *Kenosis* (Todestrennung des Wortes vom Vater) erfahren. Religion muß vielmehr als ein Reflex der Ohnmacht der Freiheit erscheinen, die im Über-Ich ihrer selbst entfremdet, als «Leib» noch nicht mit sich verschmolzen ist. Der Mensch, der seinen Tod vom Ursprung weg *nicht* wagte, sichert Gott die «Existenz» durch den *verdrängten* Tod in seiner (= des Menschen) menschlichen Verleiblichung.

In der Religion müsse daher der Mensch sein *nicht* gelebtes Leben in der Gestalt des göttlichen Lebens anschauen. Sein

Wunsch bleibt der unzugängliche Besitz eines Anderen. Oder: Die Religion ist eine Illusion, d.h. nicht die reale, sondern «phantastische Verwirklichung des menschlichen Wesens» (Marx), wie das für Freud alle Kultur ist, in der der Mensch die vollendete Einheit von Leben und Tod träumt.

Wir sahen schon, daß die Trennung von «Ich=Ich» und «Realitätsprinzip» das Fundament dieser Illusion ist, worin der Mensch eine absolute Wunscherfüllung sucht, die er an ihm selbst nicht erreicht oder als erreichte schon wieder verloren hat. Daher projiziert er die Erfüllung seiner Endlichkeit in die Über-Endlichkeit und *schaut* dort seine Befriedigung an, ohne sie hic et nunc konkret und praktisch tun zu können. Somit ist die Religion als ein Phänomen der Kultur «neurotisch», aber im Feld einer Neurose, wo der Mensch die neurotische Spaltung von Leben und Tod *außerhalb* seiner selbst, *jenseits* seiner wirklichen Not, zu heilen versucht. Deshalb wird eine Kehre «von der Kritik des Himmels zur Kritik der Erde» (Marx) notwendig. Um wieder «gesund» zu werden, muß der Mensch die Schätze, die er in der kulturellen Entfremdung als Über-ich «an den Himmel verschleuderte» (Nietzsche) wieder auf die Erde zurückholen: Er muß *«Selbst»*-sein im *«positiven* Humanismus» und im *ja-sagenden* «Willen zur Macht».

7. Das Über-Ich, die Kultur und die Gegenwart der Liebe

An diesem Punkt ist ein Blick auf Paulus und Johannes sehr aufschlußreich. Paulus sagt, daß Christus für uns starb «als wir noch Sünder waren» (Röm 5,8). Er hat uns «als *Feinde* mit Gott versöhnt» (Röm 5,10). Gott hat «alle in *Ungehorsam* verschlossen, um sich aller zu erbarmen» (Röm 11,32). Paulus aber ist der Versuchung *nicht* erlegen, dadurch das Ereignis der Erlösung *«jenseits»* der endlichen Verfallenheit zu hypostasieren.

Für eine spätere Theologie im logisierten Sein liegt es allerdings nahe, die Ohnmacht des Fleisches «für-sich» zu setzen und das Erlöst-sein des Menschen jenseits dieser Todeszone zu fixieren, wodurch der Versuch provoziert wird, eben dies, was hier bloß im «Glauben» (Hegel: in der «Ahndung», im «Gefühl» und in der «sinnlichen Vorstellung») geschieht, in den «absoluten Begriff» einzufassen und in der Form und im Inhalt des absoluten *Selbstbewußtseins,* d.h. als *absolute Gegenwart* zu wissen. Der absolute Begriff ersetzt jene Dimension der «reinen Endlichkeit», die mitten im Verfall bezeugt, daß die Erlösung des Menschen nicht neben oder jenseits, sondern im Herzen seiner Endlichkeit geschieht. *Dieser* Raum war durch die schlechte Differenz «Sein» (Heil) und «Nichts» (Sünde) verdrängt und *dadurch* auch die Liebeskenosis als Todestrennung des fleischgewordenen Wortes zum Vater *neutralisiert* worden.

Bei Johannes bleibt das Vorweg-geliebt-sein unüberholbar maßgebend: «Er hat uns *zuerst* geliebt» – aber «wenn *wir* einander lieben, *dann* bleibt Gott in uns», ja, dann ist seine Liebe in uns «vollkommen». Sie ist immer schon «vollkommen», aber nicht in substanzieller «über-Ich»-hafter Geschlossenheit in sich selbst, durch das An-sich-halten der frucht-losen, weil *nicht* empfangenen Gabe (von oben her), sondern durch Entäußerung als *armer* Reichtum in uns, d.h. in der Gestalt der *reinen* Endlichkeit, in der geschaffenen Einheit von Leben und Tod als der *personalen* Wahrheit aller echten Kultur.

Die Herrlichkeit des *Vaters* wird dadurch offenbar, «daß *sie* geglaubt *hat*, daß in Erfüllung gehen *wird*, was ihr gesagt *worden ist* vom Herrn» (vgl. Luk 1,45). «Glaubt nur, daß ihr empfangen *habt*, und es *wird* euch sein» (Mark 11,24). «Wenn also der Sohn euch frei *macht*, dann *werdet* ihr wirklich frei sein» (Joh 8,36). Denn «das Wasser, das ich ihm geben *werde*, wird ihm zu einem *Quell von Wasser*, das aufsprudelt zum ewigen Leben» (Joh 4,14).

Gerade aus der urbildlichen Einheit im Vorweg der Liebe (dem wahren «Über-Ich» als Bild des Vaters) wird die endliche Freiheit im Glauben produktiver *Quell* von Leben; der Quell «von oben» ist mitten im Endlichen *als Endlichen* präsent, also keine phantastische Wunscherfüllung kultureller Sublimation, nicht eingelagert in den vom Leib geschiedenen «Geist» des logisierten Seins, sondern: «Wer an *mich* glaubt, aus dessen *Leib werden*, wie die *Schrift* gesagt *hat*» (also nicht jenseits des Buchstabens der Kultur, sondern als seine Erfüllung, als die immer neue Erfüllung der *vergangenen* Schrift, die gesagt *hat*!) «Ströme lebendigen Wassers fließen» (Joh 7,38). Sie *werden* fließen; spielend, nicht aus «Ich» oder «Über-ich», sondern aus dem *Leib*, der mit dem Geist eins ist –, ohne Gesetzesleistung und verkrampfte Kulturproduktion. Die *gemachte* Einheit von Leben und Tod wird «überflüssig» und die Geburt der wirklichen Kultur als Epiphanie der Freiheit in der Einheit von Leben und Tod «wirklich».

Wäre die Kultur analytisch als bloße Illusion entlarvt, dann bliebe die Kehre zur Leiblichkeit des versinnlichten Daseins eine «*abstrakte* Philanthropie».[60] Wie ja auch Nietzsche sagte, daß durch den bloßen Nihilismus *nichts* gewonnen, sondern nur alles verloren ist. Das Über-ich ist entschwunden, aber dadurch das «Ich» an ihm selbst noch nicht verleibt «reich» geworden, noch *kein* schöpferischer «Wasserquell», *wenn* es nicht beginnt arm zu sein, d.h. «umsonst»: «ja-zu-sagen»![61] Aber, das heißt doch letztlich: wenn es nicht *liebt*. Und um eben *diese* Liebe, die aus dem *Leib* des erlösten Menschen strömt, ringen Freud, Marx und Nietzsche – und: wer nicht?

60 Vgl. Marx: «Nationalökonomie und Philosophie», a.a.O., S. 237, 248, 281.
61 Vgl. Nietzsche, WW II, S. 1264f.

IV. UNIVERSALITÄT DER WISSENSCHAFT – VIELHEIT DER KULTUREN – EINHEIT DES GLAUBENS

1. Das Wissen und die «verbrauchte» Kultur-Potenz

Es wäre noch vieles zu sagen! Wir müßten die kulturelle Progression als Resultat der verdrängten Wunscherfüllung der Liebe noch tiefer befragen, um die Todesdialektik von Selbstbehauptung und Selbstvernichtung des Menschen angemessen zu erörtern. – Darüberhinaus sollte das Verhältnis von Mann-Frau, Vater-Mutter in seiner Bedeutung für das Phänomen der Kultur durchdacht werden, wobei sich zeigen würde, daß Kultur als Spiel erst dort aufbricht, wo die Differenz von Mann und Frau als «*zwei in einem* Fleisch» zur Einheit der Liebe: «alle *Einer* in Christus» erlöst ist, aber gerade dadurch beide je an ihnen selbst die Einheit von Leben und Tod vollbringen. Wir konnten das auf unserem Weg, im Zusammenhang mit der Herr-Knecht-Dialektik, nur kurz andeuten. – Dann wäre es wichtig, den Prozeß menschlicher Selbstwerdung im Raum der Familie (bei Hegel) zu verfolgen und dabei das dialektische Ringen von Mann-Frau, Vater-Mutter in der «Rechtsphilosophie» zu erörtern. Wir würden erkennen, daß Hegel hier gerade um den befreiten Symbolos aller Kultur ringt. – Und schließlich müßte noch Hegels Scheitern in seinem Kampf um die Einheit von Leben und Tod entfaltet werden, vor allem im Hinblick auf die Frage, der wir uns jetzt noch ganz kurz zuwenden wollen und die sich in der Dialektik von «Wissen und Liebe» entscheidet. Damit sind wir an den Ausgangspunkt dieser Betrachtung zurückgekehrt und haben die Frage nach dem «Idealtypos» von Kultur im Sinne der «reinen Endlichkeit» (im Sinne der «Alltäglichkeit» des lebendigen Kunstwerks «Freiheit») wieder aufgenommen.

N.O. Brown sagt: «Freud bezeichnet den *Kern des Problems*, wenn er die Notwendigkeit aufzeigt, zur Klärung der Beziehung zwischen Kultur und Neurose ein Bild der ‹normalen› oder gesunden Kultur zu entwickeln, an dem die neurotischen Kulturen des Geschichtsablaufs gemessen werden können». ... «Der Mangel eines solchen Konzepts erklärt die Tatsache, daß Historiker wie Psychoanalytiker versagten, als es galt, Freuds bahnbrechende Pionierleistung weiterzuentwickeln».[62]

Der *konkrete* (nicht im Sinne von «geschichtlich konkret», d.h in der dissoziierten Zeit *zerbrochene*) Archetyp aller schöpferischen Kultur enthüllte sich uns in der freien Gegenwart der Einheit von Leben und Tod im geschaffenen Sein als Liebe, also weder im An-sich des «Tieres» noch in der Sphäre des logisierten Seins, in dem sich der lieblose «Geist», das die Liebe ersetzende «Wissen» angesiedelt hatte. Der Idealtypos von Kultur ist weder in einen isolierten Sektor dieser Weltzeit und dieses Weltraumes einordenbar, noch kann er idealiter «universalisiert» werden. Und trotzdem: «Die Erforschung gewisser Kulturen und ihre Bestimmtheit durch ‹basic personality›, das heißt die Geformtheit der kindlichen Struktur innerhalb dieser Kultur, bleibt *unvollständig*, wenn sie nicht den Mut hat, alle derartigen Entwicklungen an einem *Idealtyp menschlicher Artentwicklung wertend* zu messen».[63]

Wir sahen aber, daß der Mensch versucht ist, diesen Idealtypos von Kultur logisiert zu begreifen und ihn dadurch nochmals als ein Phänomen *konkreter* «Kultur» (im *geschichtlichen* Sinne, also als Reflex seiner Dissoziation in der Spaltung von Leben und Tod) zu fixieren. Er gewinnt ihn dann durch Abstraktion, aus der *Vielheit* (!) der Kulturen. Und da in diesen die «eine» Dialektik von Leben und Tod maßgebend ist, so will er sie durch Abstraktion «universalisieren», d.h. im «absoluten Wissen» zur Darstellung bringen. Die «Universalität der Wissenschaft» integriert folglich die Vielheit der Kulturen (in ihrer geschichtlichen Besonderung) im logisierten Idealtypos, der als Begriff alle Vielheit umgreift und sie doch insofern freizugeben *scheint*: als er selbst «leer» ist. Solchermaßen könnte der Idealtypos auch in den Abnormitäten wirken und wäre doch unantastbar: ein Telos, das durch die es zerreißenden Aberrationen

[62] ZE, S. 30.
[63] E. Neumann, a.a.O., S. 82/83.

nicht affiziert wird. Die «absolute Wissenschaft» vereinigt auf diese Weise «Einheit und Vielheit» in sich selbst und stellt als «Einheit in Mannigfaltigkeit» zugleich das Prinzip einer möglichen Integration aller Kulturen zur «einen Weltkultur» dar. Allein, dies geschieht wiederum im Horizont des logisierten Seins, d.h. in einer Univokation, die die Kehrseite der aequivoken Vielheit der in sich isolierten Kulturen ist. Der Schein einer «pneumatischen» Vermittlung der «absoluten Wissenschaft» in der Vielheit kann diese Tatsache nicht verdecken.

Umgekehrt glaubt man, daß die Vermittlung der Kulturen in der Universalität von Wissenschaft der einzige Weg sei, sie aus der monadischen Frustration zu befreien. Man sagt, der Mensch habe sich in seiner kulturellen Selbstaussage erschöpft und in den mannigfaltigen Kulturformen sein Wesen «ausgespielt». Seine Potenzen seien verbraucht, es könne nichts «Neues» mehr ans Licht kommen. Deshalb sei er gerade in dem, worin er seine (um ihrer selbst willen da-seiende) Freiheit bezeugte, nämlich im «frui» der spielenden Existenz und der ihr adaequaten Gegenständlichkeit, seiner selbst *entfremdet*. Er müsse sich also «anthropozentrisch» auf sich zurückziehen und als freies Subjekt die *Pluralität* seiner gegenständlichen Selbstaussagen «zu einigen» versuchen. Dies geschehe dadurch, daß er die Sphäre, in der er durch kulturelles Schaffen «sich anders» geworden ist, nochmals seiner Subjektivität verinnere, im Wissen ihrer Materialität entkleide und dadurch «Ich und das Andere» werde. Die Trennung von den gewesenen Formen der Kultur könne nur in dieser Weise geschehen, daß das Vergangene (im Wissen der Wissenschaft) Gegenwart im Subjekt gewinne und dadurch auf eine (mögliche) neue, aber jetzt integrale Gestalt von Kultur universaler Menschlichkeit hin, im «Humanus» vollendet werde (vgl. dazu das «Ende der Kunst» in Hegels «Ästhetik»).

Hingegen ist zu fragen: inwiefern ermöglicht gerade die Vielheit der Kulturen die Einheit und Universalität von Wissenschaft? – *Zwei Wege* tauchen auf, die gleichsam ineinander verlaufen und doch grundverschieden sind.

Auf dem *ersten* Weg läßt die Pluralität der Kulturen in einer abstrakten Form die Einheit als Resultat ihrer Dissoziation sich entspringen. Die «einzelne» Kultur versucht den Mangel ihrer

Geschiedenheit *gegen* die anderen zu verdrängen, die Trennung nicht als *Tod in* je ihrem Kultur-Leben zu vollziehen, sondern auf höherer Ebene, d.h. jetzt: im Raum der Wissenschaft zu überwinden. Die Todestrennung der vielen Kulturen hebt sich selbst in das Scheinleben eines sich wissenden «universale concretum» des absoluten Selbstbewußtseins auf.

Der *zweite* Weg gelangt dadurch aus der Vielheit der Kulturen zu ihrer Einheit, daß er sich der Frage nach der Einheit des Seins als Liebe, d.h. der Liebesdialektik von Leben und Tod erschließt. Darin eröffnet sich der Horizont einer Einheit, die nicht das Sublimierungsprodukt der den Tod ihrer Vereinzelung verdrängenden Kulturen ist, sondern eine Einheit, in der sich das Geheimnis von Leben und Tod, urbildlicher Identität und Trennung ausspricht, das nicht «gewußt» werden kann, ohne daß es *getan* wird. Die theoretische Reflexion *dieser* Einheit ist die Theorie ihrer Praxis.

Aber, wie wir sahen, rettet nur der aus diesem Geheimnis «spielende Mensch» (die «geschaffene Weisheit», Augustinus, vgl. Conf. XII), die Einheit im Sein als Liebe vor der Logisierung. Sofern dieser «eine» Mensch, die *lebendige Kultur befreiter Freiheit*, jedoch als endlicher *allen* Kulturen immanent (wenngleich unverfügbar!) ist, so hält er allein dem Denken die alles «einende» Seinsfrage unverstellt offen. Er wahrt ihre Überwesenhaftigkeit, die sich in der abstrakten Einheit des bloß rationalen Diskurses nicht verbrauchen läßt.

2. *Abstrakte und konkrete Universalität der Kultur*

Die Einheit der Wissenschaft in ihrer Universalität wird heute immer mehr von den Denkformen der Naturwissenschaft her bestimmt. Man glaubt, diese allein besitze «Allgemeingültigkeit». Ihre Aussagen seien überall verbindlich und eine (natur)wissenschaftliche Erkenntnis in Paris ebenso wie in Rom, Peking oder Moskau verifizierbar. Die Ergebnisse ließen sich, sind die Bedingungen für das Experiment gegeben, beliebig wiederholen und seien intersubjektiv kontrollierbar.

Durch die Vermittlung solcher Erkenntnis trete der kulturell «gebundene» Mensch gleichsam aus sich heraus. Er entziehe sich dem Anderen nicht mehr durch das Ghetto einer (dem Du nicht zugänglichen) «fremden» Kultur, die den Kanon des individuellen und sozialen Verhaltens bestimmend präge. Um den «Anderen» zu verstehen, brauche ich mich also nicht mehr in *seine* Kultur einzuleben. Wir bewegen uns auf einer gemeinsamen Ebene der Verständigung. Um den Anderen zu begreifen, kann ich daher *scheinbar* von meiner und seiner kulturellen Tradition absehen; denn «allgemeingültige» Aussagen seien nicht an «Raum und Zeit» gebunden. Ich bin dadurch dem Anderen gleichsam «unmittelbar» geworden, da ich der geschichtlichen Vermittlung durch Kultur nicht mehr bedarf. Die Einheit *in* der Todestrennung des Vielen *scheint* erreicht zu sein.

Trotzdem handelt es sich bei dieser «Einheit» nur um eine *negative* (abstrakte) Universalität, die, ontologisch gesehen, ihren Ort in der ratio und nicht in der seinsvernehmenden Vernunft hat. Dic Universalität des rationalen Begriffs darf aber mit der Einheit des Seins als Liebe nicht verwechselt werden. Der rationale Diskurs hat sein eigenes, unantastbares Recht. Er kann sich jedoch nicht an die Stelle der ins überwesenhafte Sein erschlossenen Vernunft setzen, will man das Element, aus dem das Philosophieren lebt, nicht nochmals in den Schematismus des «Allgemeinen und Besonderen», d.h. einer «animalischen» Dialektik von «Gattung und Individuum» hinein depotenzieren.

Die Denkform der ratio kommt über die Vermittlung von Gattung und Individuum nicht hinaus. Verabsolutiert sie sich, dann versucht sie die Seinsdialektik von Einheit in Mannigfaltigkeit, Leben und Tod personaler Liebe durch die formalisierte Dialektik von Reichtum und Armut des logisierten Seins zu ersetzen. *Formal* ähnelt sie dem philosophischen Grundakt. Sie erkauft aber die Allgemeingültigkeit durch den Verlust der *personalen* Freiheit von Ich und Du.

Oder: Das Sein als Liebe bleibt «hinter» der Universalität des rationalen Begriffs *deshalb* zurück: *weil* die Kenosis der Liebe die *personale* Unverfügbarkeit der Freiheit als Ich und Du freigibt, d.h. aufgrund der tieferen *Einheit*, die sie schenkt (*dieser* Einheit ist nichts äußerlich, außer das Nichtsein), auch die *Todestrennung* intensiviert und deshalb *niemals* die «Besonderung» der Vielen überspringt. Im Gegenteil: «*Pluralitas* pertinet ad rationem *boni*», sagt der Aquinate.

Und *umgekehrt*: Der rationale Begriff, nach dem man die Einheit der Wissenschaft ausrichten will, bleibt *hinter* der Universalität des Seins zurück, weil ihm die freie Differenz von Ich und Du in ihrer Unverfügbarkeit *fremd* ist. Entzieht er sich aber der Dialektik von Leben und Tod im Sein als Liebe völlig, dann wächst seine intersubjektive Verifikation im Maße der Reduktion *personaler* Selbstaussage des Menschen. Die Pluralität der Kulturen in ihrer *Besonderung* hält also gerade die Dimension der *überwesenhaften* Einheit als den Ort liebender Kommunikation, die sich *nie* durch Wissen überflüssig machen läßt, *offen*! Das «Ärgernis» der Pluralität der Kulturen ist «universaler» (im Blick auf die mögliche Integration) als die Universalität der rational objektivierenden Wissenschaften.

In dieser Erschlossenheit auf das überwesenhafte Sein als Liebe (in all der Zweideutigkeit, die wir aufgezeigt haben) wahrt somit die positive *Vielheit der Kulturen* dem verständigen Denken die Dimension der *seins*-vernehmenden Vernunft, deren Kenosis, im Vollzug der Verendlichung des Seins, in die Vielheit: die *ratio* gerade entspringt.[64]

Eine abstrakte Einigung der Kulturen in der logisierten Universalität von Wissenschaft würde dieser gerade den Ursprung ihrer echten, unaufgebbaren Rationalität rauben, sie von ihrem Quellgrund abtrennen und sterilisieren. Deshalb kann man sagen, daß die Philosophie durch die Seinsfrage das wirkliche Verhältnis von universaler Wissenschaft und Vielheit der Kulturen ermöglicht. Sofern die Philosophie als «Weisheit» die Rationalität der Wissenschaft in das Sein als Liebe (und damit in die lebendige Einheit von Leben und Tod) aufbricht, nimmt sie der Wissenschaft einerseits den Drang zur schlechten Unifikation der Kulturen; sie gibt den Kulturen aber dadurch *das Element* frei, aus dem sie leben. Andererseits befreit die Philosophie jedoch in dieser scheinbaren Negation der «Rationalität des Begriffs» die Wissenschaft in ihrer adaequaten Universalität *zu sich selbst.* Denn sie vermag das Sein nur durch seine Todes-

[64] Dazu: «Homo abyssus», Freiburg ²1998, S. 436ff.

kenosis, d.h. sich selbst nur durch Entäußerung zur ratio zu affirmieren. Von hier aus gesehen gewinnt dann die Wissenschaft als einigende Macht eine Dienstfunktion an den Kulturen, ohne ihrerseits in deren Pluralität absorbiert werden zu können. Vielmehr wird Wissenschaft in diesem Dienst gerade an ihr selbst frei. Denn je tiefer der Mensch im «spielenden» Austrag von Kultur engagiert ist, umso fruchtbarer wird seine ratio.

Vergessen wir auch nicht, daß die sogenannte «Universalität der Wissenschaft» heute fragwürdiger ist, denn je. Ihre Ganzheit als idealer Zieltypos ist ja zerbrochen, in die Pluralität der Spezialisierung untergegangen. Die Einheit als solche ist nur noch in der «gewagten» Intersubjektivität, im Gespräch, relevant, d.h. dadurch, daß der Einzelne den fragmentarischen Sektor von Wissenschaft, auf dem er arbeitet, interpersonal durch den Dialog verantwortet. Dieser Dialog bleibt aber unfruchtbar, wenn in ihm die Vielen, die sich begegnen, einander nicht von *je ihrer* kulturellen Herkunft her ernstnehmen, sondern sich zu Momenten am Großkörper einer «universalen Wissenschaft» degradieren. Auch hier gilt, daß der positive Tod im Selbstsein nicht dem Scheinleben einer sozial vermittelten Einheit von Wissenschaft geopfert werden darf.

3. Der «eine Mensch» und die befreite Freiheit in den vielen Kulturen

Was hat der Glaube im Blick auf das Verhältnis von Universalität der Wissenschaft und Vielheit der Kulturen zu sagen?

Er gibt im Vernehmen und Tun der Offenbarung die heile Einheit von Leben und Tod frei und enthüllt *alle* Formen der Trennung als Epiphanie der urbildlichen *Identität* des Seins mit dem absoluten Geheimnis seines Ursprungs. Er versammelt das Besonderte im «Anfang», indem er die fleischliche Dissoziation des Getrennten erduldet. Er einigt im Sterben. Durch seine Armut auf Gott hin ist er das einigende Element aller Aussagegestalten endlicher Freiheit. Er nimmt «alles Denken in den Gehorsam auf Christus hin gefangen» und *befreit* es aus der Knechtschaft der Sünde und ihrer Dissoziation zur Dienstbarkeit für den *einen* Herrn aller: «Captivam duxit *captivitatem*»:

Das Exil «bleibt» und wird als solches gefangen weggeführt, ohne sich darin dem radikalen Tod und der Auferstehung entziehen zu können.

Der Glaube ist daher an keine bestimmte Kultur gebunden und nichts anderes als das vorbehaltlose Ja zum (=im) sterbenden Weizenkorn des göttlichen Wortes, also das Leben seiner *inkarnierten* personalen *Universalität*: «Selig, wer an mir kein Ärgernis nimmt», d.h. meine geschichtliche Besonderung als Zeichen der Preisgabe für *alle* (aber in *dieser* Raumzeitlichkeit) bejaht und erträgt. Selig, wer das Wort nicht logisiert, im pervertierten Sinne «entmythologisiert», um dadurch seine «Universalität» für alle Kulturen zugänglich zu «machen». Er hätte gerade *so* den Reichtum des ewigen Wortes vom Vater, das *Leben* der Welt, verfehlt.

Diejenige Kultur aber, in die sich das Wort für alle inkarniert hat, versteht sich nur recht, wenn sie ihren Reichtum durch den Tod hütet. Wie keine andere muß sie «täglich sterben», damit die in ihr gegenwärtige Fülle den Anderen mitgeteilt werde. Will sie das nicht, dann wird sie ausgerottet werden. Dann gilt das Nietzsche-Wort: «Man wird dir den Bauch aufschlitzen – du hast Gold verschluckt.»[65]

Dieses Sterben ist jedoch keine Anpassung, kein indifferentes Verschmelzen mit anderen Kulturen, kein blasses «aggiornamento», das im Grunde doch nicht den Tod wagt, sondern durch Konformismus sich selbst retten will. Nein, dieses Sterben ist «Preisgabe des Abendlandes»; Darangabe, Opfer und Kreuzigung. Damit das Wort vom Vater in *diesem* Fleisch transparent werde, wird dieses Fleisch gekreuzigt. Allein so wird Gott, in dieser entstalteten Fleischesgestalt, *alles* an sich ziehen, *wenn* er will. Nirgendwo sonst wird die wesentliche Substanz der abendländischen Kultur tiefer gehütet und fruchtbar werden als in *diesem* Tod. Wenn sie nicht stirbt, bleibt sie allein und vermodert!

Der Glaube allein «sieht» und «hört» die entäußerte, lebendige Einheit aller Kulturen *in ihnen* selbst, ohne das eine, lebendige Wort in den vielen Menschen-Worten mit dem Fleisch

[65] «Von der Armut des Reichsten», vgl. WW II, S. 1264f.

der Geschichte zu identifizieren oder es «fleischlich» (im biblischen Sinne) zu «universalisieren». Er «sieht» und «hört» aber auch das Wort vom Vater in einer *bestimmten* Kultur unter den Vielen und weiß doch, daß diese «Besonderung» nichts anderes als der *Tod* der Liebe ist, die ihr Leben *für alle* und *in allen* offenbart.

Nicht die jenseitige Logisierung des Logos als himmlischer Archetyp über der Welt wahrt die Einheit der Kulturen, sondern seine Armut, sein Tod in der dissoziierten Raum-Zeitlichkeit des Daseins enthüllt den Reichtum durch den alle leben, – *oder* (!): wenn auch im Fleisch «lebendig», schon tot sind. Die Universalität des Heils bezeugt sich nicht durch seine Separation *gegen* den Tod in den getrennten Vielen, sondern in ihnen. Daher ist *keine* Kultur für die anderen die zentripetale Instanz, auf die hin sie sich zu einigen hätten. Und selbst jene Kultur, in der Gott Mensch geworden ist, hat das Leben der Einheit für die Vielen nur durch ihren Tod, d.h. *wenn* sie den anderen so dient, daß diese unter das *allen* unverfügbare, weil geschenkte Heil gerufen und von ihm begabt werden.

Es ist ein großer Irrtum zu glauben, daß die Universalität von Wissenschaft durch ihre allgemeingültige Rationalität dadurch der Universalität des Heils den Weg ebnen könnte, daß sie die Vielheit der Kulturen «entindividuiert», also den Tod der Besonderung verdrängt, um dadurch die Vielen vor das Angesicht des «einen» Logos zu stellen, d.h. den Logos selbst durch die absolute Logik der Wissenschaften zu ersetzen. Dann erschließt nicht mehr der Tod des Wortes vom Vater im Geist der Liebe die universale Gestalt des Heils für alle, sondern die Wissenschaft bringt den Vielen den Tod um eines «Lebens» willen, das nur die Kehrseite des Todes ist.

Diese Gefahr bleibt: Heute ist sie akuter denn jemals zuvor! Die Versuchung bleibt, sie ist für alle Zeiten «je-jetzt». Aber: Er *hat* die Welt überwunden und uns ihre reine Gestalt in der befreiten endlichen Freiheit, in der Einheit von Leben und Tod des geschaffenen Seins als Liebe geschenkt, in der Virgo-Mater Ecclesia.

Sie ist das lebendige Kunstwerk; der *Anfang*, in dem der Logos, ihr Erstgeborener in *vielen* Brüdern *ist, war* und *sein* wird;

der Mensch als reine Schöpfung, dem haben-wollenden Ich abgestorben durch die Kraft Seines Todes; die Freiheit, die ihren Ort im absoluten Leben hat: dorthin leibhaftig aufgenommen: ganz sie selbst ist. Der spielende Mensch in der Zeit: vor der Zeit, aus dessen *Leib*, der der Leib Christi ist, Ströme lebendigen Wassers fließen. Das Kunstwerk des lebendigen Friedens. In der «einen» Bluttaufe geboren und im unblutigen «Streit» des *gebrochenen* Lebensbrotes ausgeteilt. Verschenktes *Leben* für alle, die das Leben suchen und in ihm sind.

Und wie durch die Heimkehr des Logos zum Vater, dieser den Geist über und in alle ausgoß, so, daß jeder den Anderen in *«seiner»* Sprache hörte und verstand, so öffnet sich in der «Aufhebung» der reinen Endlichkeit in den Ort ihres absoluten Ursprungs die Sendung des Geistes im Endlichen *als Endlichen*: das «konkrete Allgemeine» aller Kultur, das lebendige «Katholon», ein neuer Anfang des Glaubens, dem wir *heute* vertrauen: mitten in der zerbrochenen Zeit, in der das liebende Denken nicht nur «Wasser» (=Zeit), sondern «Blut und Wasser» (=das Opfer der Liebe in Zeitgestalt) sieht, d.h. die Zeitgestalt des Seins als Liebe erfährt.

ZEUGEN UND VERURSACHEN

DAS MACHEN UND DIE SCHÖPFERISCHE ARMUT DER SUCHENDEN MACHT DER LIEBE

Zu Dschuang Dsi: «Der Holzschnitzmeister»

Gebend spricht der Schenkende sich selbst, seine Seinsmächtigkeit aus. Die Gabe geht als Entäußerung seines Selbstvollzugs auf. Je reicher er an ihm selbst ist, umso selbst-loser ist er als Weggeschenkter da. Das Geben vollzieht sich als die Ek-stasis seiner Hypo-stasis. Der Gebende ist also in dem Maße seiner selbst entäußert: wie er lebendig er selbst ist, sich besitzt und in diesem Sinne faßt, *hat*. Damit ist kein gegenständliches Sichhaben (Ich:Es) aus *Angst* vor dem Sich-verlieren gemeint, die dann durch das Festhalten an sich selbst überwunden werden soll, wodurch sich das Gehabte nur noch mehr dem Ich entfremdet und ihm verloren geht. Nein, gemeint ist ein Sich-nehmen und Sich-haben in der Form der gelassenen Selbigkeit der Freiheit mit sich selbst. In einem solchen nehmenden Haben sind Halten und Loslassen dasselbe. Wer sich im Vertrauen ins Sich-gegeben-sein hat, der muß den Inhalt seines Daseins nicht wie ein Es umfassen und umschließen, er muß sich nicht «haben». Er braucht die Identität des Gegebenen mit sich nicht durch aggressive Identifikation von Gabe und nehmendem Ich behaupten. Er ist gelassen er selbst und bejaht sich darin als geschenkte Freiheit, die, freiwillig, als Gabe der Freiheit angekommen: ich selbst gewesen ist. Weder Vergangenheit noch Zukunft seines Seins ängstigen ihn, weil er in Freiheit, d.h. liebend da ist. Wer er selbst ist, braucht sich nicht zu halten. Gottes Wesen ist Geben (Vater) als Sich-nehmen (Empfangen, Fassen: Sohn) im selben Wesen. Die personale Einheit, das lebendige Wir der Einheit von Geben und Nehmen ist der Geist, die Liebe.

Wir müssen also eine zweifache Krise von «Haben» (Nehmen) unterscheiden: das Nehmen (Haben) aus dem Unglauben an das Sein als Liebe und das Nehmen als Kraft des Sich-begreifens, als Ja zum Empfangen-haben und somit als gehorsames Ja zum Willen des Schenkenden, der das Gegebensein der Gabe will. Wenn Geben Selbstmitteilung, aber diese Vollzug des Selbstseins des Gebenden ist, dann ergibt sich daraus für die endliche Freiheit: Geben heißt: das Sein als Gabe, durch das ich subsistiere, in mir selbst gründe, *tun*. Die Gabe, durch die ich bin, *tun*, heißt: Sich geben. Gebend vollbringe ich, wodurch ich bin und wer ich bin, sofern ich meinen Lebensakt, der *Gabe* ist, lebe. Diese Gabe ist mir durch Empfangen-haben zu eigen, d.h. dadurch, daß ich sie in Freiheit genommen, mich in und durch sie selbst angenommen habe. Kraft meines Nehmens (Fassens) im Empfangen faßt sich die Gabe selbst, west sie als Mitte meiner Freiheit an, ist sie tragender Unter-halt meines Daseins. Ich kann sie also nicht leben, d.h. nicht geben, wenn ich darin nicht die Form, in der sie gegenwärtig ist, vollziehe. Diese Form ist das empfangende Nehmen. Daher: Sofern ich liebend gebe, nehme ich, was ich gebe, ohne dadurch im geringsten dem Gesetz von «do ut des» zu verfallen oder einen Verlust durch Gewinn auszugleichen. Denn das Geben ist ja nichts anderes als das wachsende Leben meines Selbstseins, meiner Subsistenz, in der ich nehmend, empfangen-habend das Gegeben-sein der Gabe bejahe. Das nehmende Ja *ist* das Geben.

Und umgekehrt: Das Geben als Tun der Gabe, durch die ich bin, mich empfangen und genommen, ergriffen habe, ist das Nehmen. Das Geben hat somit das Genommen-*haben* (ohne sich dabei im Raum der Gewesenheit der Freiheit abzuschließen), also das Dasein kraft des Nehmens, kraft des Sichempfangens ohne Unterlaß wesenhaft in sich. Geben bedeutet demnach nicht nur, sich einer Gabe zu entäußern, sondern im Schenken innerlich die eigene Subsistenz durch die empfangende Übernahme der Gabe (wodurch sie und der Schenkende bejaht sind) zu zeitigen, d.h. zu nehmen. Wer gibt, geht nehmend in den eigenen Grund des Gebens zurück. Er schafft über sich hinaus, indem er sich selbst bejaht. Wer von sich gibt, der teilt nicht nur die Gabe aus, sondern durch sie die Kraft des Nehmens. Er vermag kraft seines Selbstseins das Genommen-werden (-können) des Geschenkten, und dies nicht bloß für sich, sondern gerade auch für den empfangenden Anderen. Wer gebend an ihm selbst nicht nimmt, dessen Gabe hat nicht die Kraft, in das Empfangen (-genommen)-werden durch den Anderen einzugehen. Sie kann nicht der Andere werden. Die ursprünglichste, fruchtbarste Form des Gebens ist also jenes, das mit der Armut des Nehmens wesenseins ist: Es kann absolut über sich hinaus schaffen, in unvordenklicher Weise empfangen werden, das Genommen-werden durch den Anderen mitschenken, und ist das Nehmen des Anderen im selben Wesen.

Ebenso vermag jemand nur dann zu befehlen, wenn er befehlend gehorchen kann. Andernfalls verstummt sein Wort vor der Tür des Anderen, da er befehlenden Gehorsam des Anderen nicht vermag und im Ghetto der eigenen Macht erstickt. Nur der Befehl dessen kann vernommen werden, der an ihm selbst das Vernehmen «er-kann». Wer dem Gehorchenden im Befehl die Kraft zum Gehorchen schenkt, der gewährt ihm dadurch zugleich die Macht, durch sein Gehorchen den Befehl von sich selbst her zu tun, d.h. sich selbst in Freiheit zu befehlen, im Nehmen ein Gebender zu sein. Darin gründet die Selbstgesetzgebung der Freiheit, die tiefster Gehorsam ist.

Dasselbe gilt umgekehrt vom Nehmenden her: nimmt er nur passiv, in Gestalt einer subsistenzlosen Möglichkeit, im schlechten Sinne seiner selbst «los», dann vermag er sich den Akt des Gebens und die Gabe nicht anzueignen, die Gabe an ihm selbst nicht zu werden. Sie dringt nicht in ihn ein, räumt ihn nicht aus, deckt nicht dadurch, daß sie der Nehmende wird, ihn erfüllt und bejaht, seine wesenhafte Armut auf. Die Gabe und mit ihr der Geber bleiben ihm äußerlich und er als der Besitzer seiner Armut, als der Herr seiner Leere neben ihnen liegen. Nur wer das Geben der Gabe, ihren Hervorgang aus dem Schenkenden, das Geschehen ihrer Genesis vermag, kann, d.h. die Gabe und das Geben des Schenkenden im Nehmen vermag (und dies ist nichts anderes als: Wer geben kann und gibt), der ist imstande, die Gabe zu nehmen und dadurch, daß er der Nehmende wird, dem Willen des Gebenden zu gehorchen, indem er diesen Gehorsam als seine eigene Freiheit lebt. Nehmen heißt: Das Geben *des* Gebenden und seine Gabe in der Weise erleidenden Empfangens aktiv tun. Wer im Nehmen nicht an sich selbst den Akt der ihm zukommenden Gabe vollbringt, nicht gibt, der ist außerstande schöpferisch zu nehmen. Was er nimmt, bleibt ihm fremd, wie dem jüngeren Sohn (Lk 15,11f.). Das Nehmen der Liebe ist ihr Geben, ihr Geben ist ihr Nehmen. Nehmend geht der Empfangende, der gibt, kraft seines Gebens dem Schenkenden entgegen, so daß dieser von der anderen Seite auf sich zukommt. Und gebend geht der Schenkende kraft seines Nehmens dem Empfangenden entgegen, so daß er sich selbst von der anderen Seite entgegenkommt. Jeder ist im anderen *gewesen* und zugleich sich *zu-kommend*. Jeder *kommt* dadurch auf sich *zu*, daß er im anderen *gewesen* ist, mit diesem zusammen und aus ihm sich findet. Das ist die volle Gegenwart der Freiheit, ihr Da-sein im Geheimnis ihres Sichzeitigens durch den Raum ihrer Subsistenz. Die ewige «Raum-Zeitlichkeit» (sit venia verbo) des trinitarischen Lebens.

Nehmen in der Form schöpferischen Gebens ist *freie* Einwilligung ins Gegebensein der Gabe. Ja zur eigenen Subsistenz, Vollzug des Selbstseins, das durch die Gabe, die empfangen ist, lebt: Tun der Gabe, daher Geben. Vollzug des Seins nicht als gehabte Habe, sondern als Akt, Tätigkeit, Sein im Verbum. Aber nicht nur dies! Die Einwilligung, das selbstlose Ja zum Gegebensein der Gabe ist Ja zur Selbstentäußerung des Schenkenden. Sofern dessen Entäußerung wesenhaft die lebendige Identität seines Selbst ist, d.h. sofern er sich im Geben selbst bejaht und vollbringt, geschieht im Nehmen, das an ihm selbst Geben ist, der Wille des Schenkenden in Ich und Du, wie im Himmel so auf Erden. Der Wille des Ursprungs wird nicht unterwürfig anerkannt, sondern als Seine Gegenwart in mir vollbracht, eben dadurch daß ich tue, wie er tut, daß ich bin, wie er ist. Hier tut sich der tiefste Gehorsam auf: Meines Vaters Vermögen ist mein Vermögen.

Versuchen wir, die Einheit von Geben und Nehmen in der Liebe noch aus einer anderen Richtung zu befragen, indem wir auf die Beziehung von Ich und Du im Medium des entfremdeten Habens reflektieren.

Der Habende erblickt in der Sphäre des gegenständlich gehabten und in Besitz genommenen Anderen sein eigenes Sein und hält es in der Figur einer verfügbaren Substanz fest. Er ist zur positiven Andersheit des Anderen, die in dessen freiwilliger Selbsterschließung wurzelt, unvermögend, wie er sich ja auch in seinem eigenen Selbstvollzug nicht als sich geschenkte, unverfügbare («andere») Freiheit annehmen und bejahend seinlassen kann, sondern sich im Modus des Es verwaltet. An ihm selbst zur Freiheit des Anderen unvermögend, schließt sich deshalb der Habende in die abstrakte Gleichgültigkeit von Ich= Ich ein, das sich monadisch neben dem besessenen Es etabliert und dieses von außen beherrscht: Das (der) Andere ist *Nicht*-ich.

Aufgrund dieser Konstellation tauchte eine merkwürdige Dialektik auf: Einerseits scheint der Habende sich im Anderen zu besitzen («ich bin, was ich habe»), darin den Reichtum seines Ich zu fassen; andererseits verkehrt er eben dadurch das Sein des Anderen, d.h. hier: sich selbst in eine leere Möglichkeit gegenüber der eigenen Macht. Während, wie sich schon zeigte, im positiven Haben: begreifendes Erfassen und freigebendes Loslassen des Anderen sich selbig füreinander verwenden, so pervertiert jetzt das seinlassende Bejahen des Anderen zum Sich-entgleiten des Habenden im Gehabten und die Macht des ergreifenden Besitzens zur Herrschaft des Ich über das entwesentlichte Es.

Ebenso hat das bloß her-stellende, eindimensionale Machen das (den) Andere(n) nur in der Gestaltlosigkeit eines formbaren Stoffes, eines nach den vom Ich entworfenen Gesetzen prägbaren Materials vor Augen. Die Leere (Potentialität) desselben bestimmt und bemißt sich aus der Intensität, in der sich der Machende auf den monologischen Fixpunkt seines «Ich will» zurückgezogen hat, woraus seine Selbstdurchsetzung im Feld passiver Möglichkeiten entspringt. Dieses «Ich will» gründet aber nicht gelassen in sich selbst. Es ist an ihm selbst nicht zum Anderen vermögend, kann sich als Freiheit nicht lassen. Daher ist es gezwungen, sein ihm mangelndes Selbstverhältnis durch gegenständliches Sichproduzieren im Feld arbeitenden Machens allererst herzustellen. Der auf Möglichkeit reduzierte Andere entartet zur Sphäre des Sich-gewinnens, die das «Ich will» fortwährend aus sich heraus und in den Produktionsprozeß hineinreißt.

Im Medium des Machens verdankt sich die Form des Hergestellten ausschließlich dem rationalen Konzept dessen, der das Gemachte verfügt und beliebig oft produzieren kann. Diese Beliebigkeit gründet darin, daß der begrifflich entworfenen Form des Gemachten im Machenden gerade nicht der Charakter der

Einmaligkeit und Unvergleichlichkeit des schaffenden Selbst eignet, das sein Werk kraft seines Frei-seins, seiner Warumlosigkeit und Freiwilligkeit ver-mag und er-kann. In der Konstellation Ich: Es kommt das Von-selbst der Freiheit nur verdeckt und verzerrt zur Sprache, da ihre Warumlosigkeit, das aut-exousion, durch die schlechte Voraussetzungslosigkeit des entwesentlichten Es ersetzt worden ist.

Hingegen bricht das Schaffen im Raum des Selbst allein durch das Dasein (αὐτῷ τῷ εἶναι), aus der Macht des gelassenen, in-sich-schwingenden Tätigseins (actio immanens) auf, das an ihm selbst, in seiner Fülle schon entäußerte Ver-anderung und somit lebendige Selbigkeit mit sich selbst ist, weshalb sich auch das Ja zu sich selbst selbig für das Ja zum Anderen verwendet, das Wirken aus sich selbst Wirken im Anderen ist (Ich=Wir, Wir=Ich). Es geschieht als spielendes Hervorbringen, in dem sich der Wirkende *selbst* für das Gewirkte verwendet. Das Werk erwächst dadurch nicht im Verlauf eines vom Ich-punkt auslaufenden linearen Sichdurchsetzens in der passiven Möglichkeit des Anderen, sondern aus dem *positiven* Verzicht auf das eindimensionale Setzen und auf die gehabten, überblickten eigenen Fähigkeiten, also aus der Absichtslosigkeit, einem Tun im Nichttun. Hier ist das Setzen selbst schon das Aufkeimen des Setzlings, der aus sich, von selbst wächst.

Im bloßen Machen prolongiert sich der Machende durch die werkzeuglich gehabte Form in den Stoff. Wie die Form als im Medium der Rationalität situierte und bloß gewußte zwar mit dem Wissenden eins, aber als gegenständliche Form nicht Inbild des Selbstvollzugs seiner Freiheit ist, der Transparenz auf das Von-selbst des Schaffenden ermangelt, so kann sich der Machende im Prozeß des die Möglichkeit in-formierenden Herstellens auch nicht im Anderen seiner selbst gegenwärtig aussprechen. Dem entwesentlichten Es eignet weder qualitative Gestalt noch Subjektcharakter. Nur dadurch wäre es imstande, das Zeugnis des Er-zeugers in einem gewissen Sinne von sich her zu bezeugen. Nur in dem Maße, wie ihm das Gepräge positiver Andersheit (in analoger Dichte) eingeräumt wird, d.h. der Schaffende aus ursprünglicher Selbstlosigkeit, in objektivem Gehorsam dem Werk gegenüber anfängt, kommt er aus sich selbst heraus schöpferisch zur Sprache. In der Dimension des entfremdeten Machens gründet aber die Andersheit des Anderen (des Werkes und des Du) nicht in der selbst-losen Leere des Schaffenden, der das (den) Andere(n) an ihm selbst freigibt und von sich her kommen läßt. Die Andersheit bleibt vielmehr einerseits Funktion der linearen Setzung, die sie durch eindimensionale Intentionalität des Ich fest-stellt; andererseits ist sie Resultat der Tatsache, daß die Möglichkeit des Es *Nicht*-Ich ist und daher die Freiheit des Selbst nicht in sich aufnehmen kann. Andersheit ist also hier nur ein anderes Wort für die Fremdheit des Stoffes (Es) gegenüber dem Ich bzw. für dessen Ohnmacht, als Selbst im Anderen seiner selbst sich auszuworten. Gerade durch seine verfügbare Passivität verselbständigt sich die Sphäre des Anderen gegenüber dem Machenden, d.h. Es tritt nur als negative Andersheit, als einschränkende Grenze, unter dem Vorzeichen der Negation auf. Aber seine Differenz zum Ich erwächst nicht aus der Positivität gegebener Wirklichkeit des Anderen, nicht aus der qualitativen Eigentümlichkeit seines Seins. Zwar scheint das Machen sich im Gemachten grenzenlos aus seiner Macht heraus setzen, das Ich sich seiner selbst zwanglos entäußern und von der anderen Seite als seine eigene, hergestellte Zukunft auf sich zukommen zu können. Trotzdem fällt es, wie im Medium des Habens, fruchtlos auf sich zurück, bleibt es in sich gefangen. Aufgrund dieser seiner Ohnmacht ist es zur Objektivität des Anderen unvermögend, kann es dieses als Anderes nicht seinlassen, sondern wird dem Herrschaftsanspruch der Sachen, über die es unbedingte Macht zu haben scheint, unterworfen.[1] Seine Offenheit der Sache

[1] Im Machen spannt sich zwischen Ich und Sache der gleichgültige Bogen einer abstrakten Verklammerung beider miteinander. Das Ich weiß sich durch diese Gleichung vom erwirkten Es vollkommen bestätigt. Da das Es nichts für sich ist, scheint das Ich im Akt der arbeitenden Entäußerung voll entbunden zur Sprache zu kommen: Ich bin das, was ich mache. Aber der Schein trügt. Wirklich ins Es hinausgetreten wäre es erst dann, wenn es von tiefer her sich aussprechen, d.h. handelnd an ihm selbst (Er), aus der Objektivität seines Selbst schaffen würde. «Objektivität des Selbst» heißt: Ich bin an mir selbst als geschenkte Freiheit: der Andere; ich (Nominativ) bin mir (Dativ) gegeben, als Freiheit mir (Freiheit) anvertraut; die Zukunft meiner selbst als Gabe verwendet sich, durch die unschließbare dialogische Differenz der Schenkung hindurch, selbig für die Gewesenheit meiner selbst; die Gegen-wart der Freiheit ist an ihr selbst (Er, Sie) Ich:Du. In der Tiefe der unzugänglichen Freiwilligkeit an ihm selbst (Er, Sie), aus

gegenüber besteht darin, daß es von ihr besessen wird. Daher ist sie nicht Rezeptivität aus dem Selbstsein, nicht schöpferische Selbstlosigkeit seines Selbstvollzugs, wie auch der bestimmende Anspruch von außen nicht aus der Positivität der Sache *selbst* stammt, sondern die Übermacht des Es bekundet, die sich aus der Ohnmacht des Machers nährt, der sich seine Potenz durch das Quantum des Hergestellten vor Augen führt, weil er seiner selbst in Freiheit nicht mächtig ist. Da er sich in dem sucht, was er nicht ist, so nimmt er im Hergestellten jedesmal nicht sich, sondern einen anderen als sich selbst wahr und bezieht zugleich aus dieser Verzweiflung den Schein des guten Gewissen, sich, d.h. sein Ich=Ich eben dadurch: ver-«andert» zu haben, d.h. zur produktiven Selbstentäußerung fähig zu sein.

Da der solchermaßen Wirkende nicht an ihm selbst, nicht kraft der Objektivität seiner personalen Subsistenz das Gewirkte vermag, weil er im Akt seiner Existenz nicht an ihm selbst das selbstlose Ja zum Anderen und *dadurch* er selbst ist, so, daß gerade in diesem Ja das Sein *des* Anderen, objektiv an diesem selbst sich enthüllt, so ist er unfähig, im hervorbringenden Schaffen, das der Akt des Selbstseins des Schaffenden ist, das Erwirkte von sich her, aus sich selbst, seiner eigenen Daseinsweise heraus sich ergeben zu lassen. Er kann es nicht aus der dem Anderen eigenen Gewesenheit, der Tiefe *seines* Anwesens heraus sich sagen und zeigen lassen. Die Zu-kunft seines Handelns auf das (den) Andere(n) hin ist nicht imstande, das Wirken (als Einsatz und Arbeit) in der Form des Sich-ergebens des Gewirkten aus seinem Wesen heraus zu vollbringen. Er ist zur Objektivität des Werkes unvermögend und somit im Grunde unfruchtbar.

dem Geheimnis der dritten Person in ihrem Leib-*sein* (Es) ist aber das Selbst des Wirkenden wirklich auf die Seite des Anderen (auch des Es) getreten und muß sich in ihm nicht selbst suchen. «Er» kann sich angesichts der Objektivität des Anderen selbst vergessen. Es geht ihm allein um das Werk. Gerade dieses Sich-vergessen als fruchtbares Außer-sich-sein vollzieht sich als selbstloses Handeln aus sich selbst, in dem der Wirkende sich an ihm selbst vollzieht, im positiven Sinne «sachlich» ist. Sein Handeln ist nicht mehr auf ichhafte Zwecke des eigenen Sichdurchsetzens, nicht auf die gleichgültige Symmetrie von Innen und Außen hin ausgerichtet, in der er sich selbst bespiegelt, sondern aufgrund der Indirektheit (Er) in die Fülle der Wirklichkeit, auch des Es, hinein erschlossen und in ihr unterwegs. Er ist im Anderen seiner selbst wirk-lich, d.h. an ihm selbst schöpferisch.

Die Pseudo-armut des bloßen Machens, dessen Macht sich aus der gegenständlichen Summe des Gemachten ableitet, also von außen her bestimmt, diese seine scheinbare Rezeptivität dem Produkt gegenüber entspringt also der negativen Selbständigkeit des Gemachten, das vom Herstellenden abfällt, seine Gegenwart im Werk nicht zuläßt, sein Sich-auswirken gerade verhindert. Das Gemachte verharrt in einer toten Grenze gegenüber dem Machenden. Durch diese Grenze schließt das Es die Macht, der es passiv unterliegt, von sich aus und provoziert somit je neue Anläufe ihres Sich-durchsetzens. Ebenso eröffnet auch das Ich durch seine Grenze dem Anderen (Es) nicht den positiven Freiraum des Sichzeitigens, denn die Grenze des monologischen Ich=Ich kann nur negierend ausschließen, aber nicht seinlassen und freigeben. Sie ist das Profil der negativen Selbständigkeit des Machenden.

Die Armut des schöpferischen Hervorbringens hingegen verwendet sich selbig für das Vermögen des Anderen (genitivus objectivus) in der Form der ruhigen Selbst-losigkeit des Daseins, das «von selbst» schafft. Denn das lebendig daseiende Selbst ist in einem: aktiv selber mit sich selber selbig und eben dadurch seiner selbst entäußert, in der gelassenen Fruchtbarkeit des Freiseins weggeschenkt. In diesem Sinne wirkt es je schon außer sich, ist es im Anderen unterwegs: gerade im Inne-bleiben seines Wohnens. Sein In-sich-gründen vollzieht sich als schöpferische Selbstüberbietung und als Über-sich-hinaus-wachsen. Indem es sich läßt, *sich* als Anderen, der an ihm selbst leibhaftig «Ich:Du» ist, freigibt, bejaht es dadurch positiv die Andersheit des konkreten Anderen (Du:Er, Sie) und in dessen Horizont die positive Andersheit seines eigenen Werkes an diesem selbst, «außer» ihm. Der Verzicht auf das Sich-haben, Sich-machen, (*Etwas* aus sich machen) ist das Durchbrechen des entfremdeten Selbstverhältnisses aus dem Modell «Ich:Es (Ich)», worin der Triumph höchster Selbstbestimmung (*Ich* als Herr über *mich* in Gestalt des Es) mit der Abschaffung der Freiheit, d.h. ihrer Reduktion auf verfügbare Gegenständlichkeit zusammenfällt. Die Herrschaft des Herrn baut sich durch seine Versklavung auf.

Das zeugende Schaffen bringt kraft seiner schöpferischen Leere, die die Fülle der Wirklichkeit des Schaffenden, sein Reichtum ist, das Werk zustande, hebt es durch seine Armut ins Sein. In dieser Leere des Nicht-an-sich-haltens, nicht Sich-habens – wer «er selbst» ist, muß sich nicht haben-wollend besitzen, er hat sich schon gelassen – befindet sich der Schaffende auf der anderen Seite, die er in keiner Weise vorwegnimmt, obwohl er an sich selbst, mitten in seiner Freiheit, im eigenen Dasein, kraft seiner Selbstbejahung als Schaffender, in der er «Ich:Anderer» ist, das (den) Andere(n) vermag, kann, und allein dadurch tut, daß er «ist». In dieser Armut befindet sich der Schaffende nicht in passiver Offenheit einer auf den Ichpunkt zurückgekrümmten Erwartung neben oder außerhalb der Zu-kunft, dem Aufgehen und Wahrnehmen des Anderen, sondern mitten in ihm. Der Wirkende erwirkt durch seine Armut das Kommen des Erwirkten aus der Tiefe seiner (=des Anderen) Gewesenheit, die er dem Werk durch die Leere des Nicht-Tuns seinlassend ausräumt. In *diesem* Sinne weiß er nicht, was er will; hat er kein bestimmtes, linear intendiertes Etwas vor Augen. Er handelt aus der lebendigen Bestimmtheit seiner selbst, aus der Notwendigkeit seiner Freiheit, der das objektive Gesetz des Werkens innerlich ist. Aus sich wirkend gehorcht er dem Maß des Anderen. Die Maß-gabe des Anderen ist Maß seiner Freiheit. Er nimmt das Andere aus der Verborgenheit, der Tiefe seines Von-selbst entgegen und bleibt so der Zukunft seines Sich-ergebens treu. In der losgelassenen, ruhigen Macht seines lebendigen Könnens ist er im Anderen gewesen, je schon im Anderen am Wirken, ohne es dadurch zum bloßen Ausläufer seines Tuns herabzusetzen. Indem er im Anderen wirkt, hofft er, daß es ihm von selbst entgegenkomme.

Die Einheit beider Akte ist die ursprüngliche Weise des schöpferischen Suchens. Das Werk wird er-findend hervorgebracht, in der Hoffnung, daß es sich finden läßt. So ist das produktive Suchen: Schaffen des Gesuchten, indem es zugleich aus seinem Bestehen, durch das es sich von selbst er-gibt, erwartet wird. Aber, dieses Erwarten ist Geduld des Sich-geschehen-lassens dessen, was in jenem Raum beheimatet ist, der (wachsend und von selbst aufgehend) das Werk gewährt. Er ist das Außen dessen, der innen von selbst handelt, nichts erzwingt. Da er sich in solcher Befindlichkeit dem «Material» zuwendet, übersteigt er die indifferente Sphäre des Es, die dem Machen korrespondiert, in eine Tiefe, deren «natürliche» (natura: nasci!) Verborgenheit das Werk bringt, dessen Sich-ergeben die nicht erzwungene Antwort auf die gelassene Bereitschaft des Schaffenden ist. Dieser sucht das Werk im Material nicht gemäß einer schon gehabten Vorstellung (*nach* der er wählt und sein Wirken entscheidet), sondern um seiner selbst willen, d.h. er läßt es sich von sich her geben, – und eben *diese* Rezeptivität ist höchste Spontaneität des Einsatzes, fruchtbarstes Wirken, das das Hervorzubringende so intendiert, daß es eben dadurch die Objektivität seines Daseins vermag: eine in sich ruhende Vollkommenheit. Indem der Schaffende solchermaßen das Werk erkennt, stellt er es nicht durch die Synthesis von Form und Stoff her, sondern er geht so auf die physis des Materials (*nicht* auf ein leeres Es) im betrachtenden Nicht-tun ein, daß ihm durch *diesen* Einsatz (von selbst) das Werk (von selbst) aufgeht. Insofern bedeutet Suchen: die Energie des Zeugens im Sich-ergeben-lassen des Werkes.

Diesen Zusammenhang versinnbildet eine tiefe Geschichte von Dschuang Dsi: Ein Holzschnitzer wurde beauftragt, einen Glockenständer zu schnitzen. Das Werk gelang ihm in wunderbarer Weise. Auf die Frage, wie er ein so herrliches Gebilde habe hervorbringen können, antwortete er: «Ich habe den Auftrag bekommen, einen vollkommenen Glockenständer zu schnitzen. Der Anfang meines Tuns liegt im *Fasten.* Ich fastete drei Tage und dachte dann nicht mehr an Lohn und Ehren. Nach fünf Tagen war es mir gleichgültig, ob ich Lob oder Tadel empfangen werde, und am siebten Tag meines Fastens hatte *ich mich selbst* ganz und gar *vergessen.* So befreit ging ich in den Wald und betrachtete die Bäume, ließ ihren natürlichen Wuchs auf mich wirken. Ich entdeckte den passenden Baum, und in dem Augenblick stand der Glockenständer in seiner *vollendeten Gestalt* vor meinen Augen. Ich brauchte nur noch Hand anzulegen und das Holz wegzuschlagen, das den Glockenständer bis jetzt umklammerte. Diesem Baum habe ich mein Werk zu verdanken. Ich habe mich ganz auf die Wirklichkeit des Baumes eingelassen.»[2]

[2] Dschuang Dsi: Südliches Blütenland. Der Holzschnitzmeister, München 1969, S. 203. Vgl. dazu auch vom Verf. «Gegenwart der Freiheit»; Einsiedeln 1974, S. 198 ff.

Als der Meister den Auftrag vernahm, fragte er nicht: «Worin besteht die Vollkommenheit eines Glockenständers? Wie hat er auszusehen? Wie und wo finde ich einen idealen Maßstab dafür?» So läge das Maß der Vollkommenheit noch außerhalb des Werkes, das mit dem, was sein soll, verglichen würde. Aber, das Werk soll in seiner Wirklichkeit, an ihm selbst vollkommen sein und dies von sich her aussprechen. Was sein soll, ist aus ihm selbst abzulesen. Seine einmalige und unvertauschbare Wirklichkeit ist selbst die Quelle der Regel, «nach» der es zu werden hat. Daher muß das, was werden soll, um seiner selbst willen gesucht werden. Wie ist das möglich, wenn der Holzschnitzmeister das Werk noch gar nicht kennt? Wo liegt die Quelle des Um-seiner-selbst-willen?

Er setzte sich nicht hin und dachte darüber nach, wo er ein passendes Material *für* sein Werk finden könnte. Denn im Blick auf einen vollkommenen Glockenständer kann das Holz, aus dem das Gebilde herausgearbeitet wird, kein bloßes Mittel, kein Umzu und Damit sein. Der Stoff darf nicht *für* die Prägung durch die Form verwendet werden, als empfange er allein dadurch die Bestimmtheit des Werkes. Er selbst muß diese Bestimmtheit schon in sich tragen, die natürliche matrix der Form sein. Nur so werden durch sie *seine* Möglichkeiten entbunden. Daher muß er gerade durch seine Rezeptivität den Verlauf des Wirkens führen. Er liegt nicht neben dem angezielten Werk, sondern wird letztlich in der einen und selben Wirklichkeit des Werkes entdeckt, d.h. als geformter wahrgenommen. Wie soll er gefunden werden, wenn das Werk noch nicht da ist?

Der Holzschnitzmeister bemüht sich nicht, bestimmte Vorstellungen eines Glockenständers fortschreitend zu perfektionieren, um dann die entsprechende vollkommene Form dem Holz als der neutralen Möglichkeit ihres konkreten Erscheinens einzuprägen. Denn die Vollkommenheit hängt nicht allein von der Form ab. Die sie aufnehmende Materie muß zu ihr fähig sein, so, daß sie gerade durch das Geformt-werden sich selbst entfaltet, d.h. kraft der Vollkommenheit des Werkes ihre Möglichkeiten entbunden werden, ihre Materialität gewissermaßen potenziert wird.

Der Holzschnitzmeister fragt auch nicht: «Kann ich das? Reichen meine Fähigkeiten dafür aus?» Er läßt alles Vergleichen zwischen sich und dem zu schaffenden Werk fahren und übersteigt dadurch in einem ersten Schritt die Differenz zwischen sich (dem Anderen) und dem Werk (das Andere). Er verzichtet auf die gegenseitige Verrechnung von Ist und Soll. Sein Können bestimmt sich nicht durch das Entsprechen; es ermißt sich nicht durch symmetrische Gegenüberstellung zum vorgestellten Werk. Er tritt nicht als dritte Instanz (Ich) neben sein Vermögen und das zu Schaffende, sondern wendet sich seinem Vermögen an ihm selbst zu, nicht im Blick auf das «für etwas», vielmehr um seiner selbst willen, «für nichts». Dadurch befreit er sich aus dem Eingefordertwerden von außen her und überläßt sich im Vertrauen seiner «Freiwilligkeit von *innen*». Durch den Verzicht (Leere) geht ihm der Reichtum der Kraft seiner Seinsfreiheit tiefer auf: Er wird «mehr», indem er abnimmt. Nicht: «Was soll ich tun und was kann ich machen?», sondern loslassende Rückkehr ins grundlose Nicht-tun, ins Tun umsonst, ins Von-selbst, das äußere Bedingungen und Voraussetzungen übersteigt und so zur Quelle des Un-bedingten mitten im Bedingten durchbricht.

Er beginnt zu fasten und löst sich aus der Verklammerung von «do ut des»: «Was hat das für einen Zweck? Wozu ist das gut? Was bekomme ich dafür? Welchen Lohn, welche Ehre werde ich gewinnen?» Diese Fragen ziehen von der Sammlung auf die Objektivität des Werkes ab. Sie zerstören die Armut des entdeckenden Vernehmens, den Mut zum Sich-ergeben des Werkes, das Verweilen in der Sache. Sie zerteilen aber auch die Schaffenskraft, zersetzen die ursprüngliche Einheit der Initiative des Hervorbringens und lösen die Dichte des Einsatzes auf. Sie entfremden den Wirkenden von sich selbst und berauben ihn der gelassenen Ruhe in seiner Mitte, wo er, allein dadurch, daß er «da» ist, d.h. kraft seines gelassenen Selbstvollzugs, zum Anderen seiner selbst vermögend ist, durch den Akt seines Daseins, die Gegenwart seiner Freiheit, das Werk kann.

Am fünften Tag war er noch weiter gekommen. Nicht nur Lohn und Ehre sind ihm gleichgültig, sondern auch Lob und Tadel: das, was andere sagen, wie sie sein Werk einschätzen.

Ihre Vorstellungen und möglichen Urteile sind nicht mehr maßgebend. Er handelt nicht mehr im Sog der Erwartungen des Anderen. Er fragt nicht: «Werde ich entsprechen? Werde ich es ihnen recht machen, um mich so ihren Forderungen gegenüber zu entschuldigen?» Er wirkt nicht mehr aufgrund geheimer Wiedergutmachung, d.h. um sich selbst durch seine Arbeit zu rechtfertigen und dadurch recht zu handeln, daß er dem sich ihm auferlegenden Sollens-Gesetz genügt. Er reift zum Handeln von innen her, von selbst: nicht um Schuld abzuzahlen, sondern umsonst.

Aber noch hat der Verzicht nicht ihn selbst erreicht, sondern nur den Raum eröffnet, in dem dies geschehen kann. Alles «Um-zu» und «Damit», das «Wenn-dann», die äußeren Voraussetzungen (sachhafte und mitmenschliche) sind im schöpferischen Verzicht losgelassen. Nun ist der Meister sich selbst gegenwärtig geworden: *«sich»*, dem Subjekt (Ich) der Fähigkeiten, die er nicht mehr kalkuliert; «sich», dem Adressaten der Einschätzungen von außen her von Lob und Tadel, die ihm gleichgültig sind; «sich», dem Ich, das so gerne das «Ist-gleich» zwischen sich und dem Werk stellt, um sich dadurch selbst zu bestätigen, sich im Gewirkten selbst zu suchen, durch Entäußerung seine Macht zu fassen, sich zu verlieren, *um* sich in schlechter Weise zu gewinnen. Noch ist der Schritt ins reine Von-selbst nicht getan.

Am 7. Tag hatte er *sich selbst* vergessen. Er hat und hält sich nicht mehr als ichhafte Macht fest, die in sich selbst verliebt ist. Er hat sich gelassen, sich selbst als Freiheit, die umsonst, von selbst da ist, durch dieses Sich-vergessen: *bejaht.* Er vertraut der Ursprünglichkeit seiner Freiheit, die er nicht mehr als einen Besitz betrachtet, *mit* dem man etwas machen kann; mit der er nur in dem Maße eins ist, wie er sie um ihrer selbst willen, zwecklos, absichtslos, in der Freude des Daseinkönnens, d.h. umsonst bejaht: für nichts! Das äußerste Opfer ist der Mut, von sich selbst nichts haben zu wollen, sondern das Sein als «Geschenk umsonst» zu leben, sich die Freude des Geliebtseins zu gönnen und sie zu leben. So ist er an ihm selbst in der warumlosen Tiefe seiner Freiheit gegenwärtig, in einem Ja, das die Grenzen des sich *gegen* den Anderen abscheidenden und durch Verneinung unterscheidenden Ich hinter sich gelassen hat. Er vollzieht das Sein als Liebe, die nicht das Ihrige sucht, da sie, selber mit sich selber selbig überströmende Quelle sein-lassender Freiheit ist. Er ist positiv er selbst und gerade so schon im Anderen seiner selbst. Er lebt aus dem Geheimnis des Nichtanderen. Er rechnet nicht mehr mit seinem Können, sondern ist an ihm selbst dieses Können des Anderen (genitivus objectivus), das Vermögen des Werkes. Deshalb bewegt er sich auch schon objektiv in ihm. Das ist die Macht des Von-selbst: auf der anderen Seite ein Von-selbst zu vollbringen, sich im Anderen so zu erwirken, daß das (der) Andere eben durch es (er) selbst ist, von sich, aus der Gewesenheit seines leibhaftigen Daseins aufgeht.

Er sucht nicht mehr sein Vermögen, die Potenzen der notwendigen Produktivität in dem, was er selbst *gewesen* ist, wie in einem durch ihn verfügbaren substantiellen Bestand, aus dessen Kenntnis er die Zukunft des Werkes und die notwendige Art und Weise seines Handelns ableiten könnte. Er zerreißt die Prolongation des schaffenden Ich ins Werk, zerbricht die Macht der Vergangenheit, die sich gleichgültig nach vorne schiebt. Er *hat* sich nicht mehr durch lineare Erinnerung seiner selbst, sondern läßt das, was er an ihm selbst gewesen ist, los, weil er darauf vertraut, daß Freiheit von selbst kommt und er kraft dieser Freiwilligkeit des schöpferischen Selbst schaffend mit sich selber selbig ist. Er lernt sich *selbst*, indem er sich vergißt. Dadurch, daß er fortgeht, erinnert er sich lebendig der Freiheit seines Grundes. Er handelt nicht mehr gemäß dem Gesetz seiner Vergangenheit, sondern aus der Gegenwart dieser Vergangenheit heraus, wie er auch nicht dem Gesetz der Zukunft des Werkes entsprechend wirkt, sondern sie aus seiner Gegenwart heraus kommen läßt.

Solchermaßen selbst-los und ganz er selbst geht er in den Wald: «so vor sich hin», im nicht-suchenden Suchen. Dieses Suchen ist der Weg der schöpferischen Leere, die Absichtslosigkeit des Schaffenden, dem von der anderen Seite das Gesuchte entgegenkommt, da er suchend das Sich-zeigen des Anderen von ihm selbst her vollbringt. Suchen ist Nicht-sehen, aber in der Armut des Suchens ist das Nicht-sehen kein Mangel, sondern «schöpferische Blindheit», kraft welcher das Licht des Anderen, seine Wesensgestalt aufgeht. Die Leere des suchenden Nichtsehens ist der freigebende, seinlassende Raum des Erscheinens des Werkes aus seiner Verborgenheit. Das Nicht-sehen ist das Wahrnehmen der Verborgenheit freiwilligen Sich-ergebens.

Dieses Suchen erwächst aus einer zweifachen Ferne: aus der Armut des Suchenden und der Verborgenheit des Gesuchten. Deshalb meint es nicht «Sucht», die das noch nicht Gefundene in sich hereinreißt. So wäre das Suchen weder selbst-los noch entschieden, das Andere *als Anderes* zu finden: von diesem selbst her. Der Suchende wäre nicht um willen des Gefunden-werdens des Anderen unterwegs, sondern nur zum Zwecke seiner Selbsterfüllung, wodurch er im negativen Sinne erblinden würde.

Die Armut des Suchens entspringt aus der Gelassenheit des Selbstseins, das allein dadurch, daß es *da* ist, das Gesuchte an ihm selbst vermag, er-kann und es dadurch in seinem *ihm eigenen* Wesen schöpferisch seinläßt. Kraft der Armut des Suchens gründet das Gesuchte also in sich selbst, west es in seiner Gestalt an.[3] Das heißt aber: Der Verzicht des Fastens auf der Seite

[3] Hier eröffnet sich im Glauben die Wahrheit des göttlichen Suchens: Der Sohn ist Gottes Suchen in Person. Er kommt in sein Eigentum, das er hervorbringend verfügt; die Hörenden leben aus dem, der als Wort den Raum ihrer Offenheit durch sich selbst, durch seine Hingabe ausräumt. Aber nicht im selbstischen Sichdurchsetzen, sondern in der Armut des Gehorsams, durch den er sich die Seinen *vom Vater*, aus der Verborgenheit des ursprungslosen Ursprungs, geben läßt: «Niemand kommt zu mir, außer mein Vater zieht ihn». Daß der Sohn sich das geschehen läßt, obgleich er doch Schöpfer, das Leben der Gezogenen ist, enthüllt die Armut seines Suchens, das die Gesuchten durch den Vater empfängt, so wie er selbst sich vom Vater her gegeben ist. Im Sohn «verzichtet» der Vater auf sich selbst, in ihm vergißt er sich selbst; der Sohn ist die Freiheit seiner Liebe in Person, so daß sich dadurch die Gesuchten, deren Ursprung er ist («Alles ist durch das Wort geworden»), von dem her, was sie *gewesen* sind (aufgrund ihrer Geburt aus Gott) ihm freiwillig ergeben können. Durch das Suchen des Sohnes lebt die Welt. Suchend läßt Er *sich* und die Anderen durch ihn: *sich* finden. Er schafft, vergibt, erweckt die Toten ins Leben. Er ist der Hirte, der dem Verlorenen suchend nachgeht, weil er die personale Armut der väterlichen Macht, des Könnens seines Ursprungs, dessen personales Vermögen ist. Daß der Vater ihm die Gesuchten gibt, das ist die Tat des Sohnes; das verdankt sich ganz dem Einsatz seines Lebens, *ist* durch ihn (der sich für seine Schafe opfert) aber so, daß er durch die Armut seines Suchens schon die Macht ist, die die Gesuchten in der Fremde von ihrem Wesen her sie selbst sein läßt. – Deshalb kann der verlorene Sohn in der Fremde sagen: «Ich will aufstehen» (wodurch das Sich-aufrichten der *in-sich-gründenden* Freiheit sich anzeigt) und zu meinem Vater gehen, ihm zu-kommen, – denn er ist gefunden: durch die Armut des Vaters daheim, der sein ganzes Vermögen verteilt hat und in Seinem Sohn als Suchender unterwegs ist. Der SOHN ist die Gestalt der Armut des verschenkten väterlichen Reichtums in Person. In ihm ist der Vater als Suchender unterwegs. Im SOHN ist der Verlorene wiedergefunden, durch sein Suchen kann er sich er-geben, in Freiheit als er selbst aufbrechen.

des Meisters geschah nicht nur in ihm, sondern, da sein schöpferisches Selbst zum Anderen *vermögend* «Ich:Du (Es)» ist, zugleich auf der Seite des Anderen, des Werkes, das von selbst wächst, wie der nicht gemachte Baum, in dem es gefunden wird. Durch kein ichhaftes Machen wird das Werk aus dem bloßen Baumstoff herausgeschnitten. Der Baum (das Material) ist nicht eshafte Möglichkeit «für» das Sich-durchsetzen der machenden Macht, sondern der Stoff ist selbst er-giebig (matrix), von sich her fruchtbar, er ist die Gestalt des im Verborgenen von selbst wachsenden Werkes: wie auch der Künstler im Loslassen aller bloß eshaften, die Freiheit einschränkenden Grenzen seines Schaffens, bis zum Sich-vergessen wirkt: im Nicht-tun von selbst. Dieses Von-selbst meint aber keine leiblose Subjektivität; es ist nicht der Inbegriff eines aus der Körperlichkeit auf sich selbst zurückgezogenen Geistes, sondern freies Selbst des Leib-seins, lebendige Einheit von Geist und Leib im einen und selben Sein (als Liebe) des ganzen Menschen. Deshalb ist das sich ergebende Werk ebenso leibhaftig da: in vollkommener Materialität. Der Künstler braucht nur noch Hand anzulegen und ein wenig Holz wegzuschlagen, die Umhüllung des Werkes zu lösen, um ans Licht zu bringen, was von sich her da ist und durch dieses Dasein die Umschalung schon von innen gelöst hat. Das Geheimnis liegt in der *physis* (von φύω: zeugen, hervorbringen) des Baumes, der von selbst, aus sich heraus wächst: in der Ruhe kraftvoller Anwesenheit: warumlos: «Ich habe mich ganz auf die Wirklichkeit des Baumes eingelassen».

PERSONENREGISTER

Die römischen Ziffern beziehen sich auf die Einleitung